Große Emotionen, große Dramen, große Abenteuer – von Austen bis Fitzgerald, von Flaubert bis Zweig. Ein Bücherregal ohne Klassiker ist wie eine Welt ohne Farbe.

F. Scott Fitzgerald (1896–1940) kam in den Roaring Twenties nach New York, um hier seinen Traum zu leben, und gehörte mit seiner Frau Zelda bald zu den begehrtesten Celebrities der Stadt. Seine in der luxuriösen Welt des amerikanischen Geldadels spielenden Romane *Die Schönen und Verdammten* (1922) und *Der große Gatsby* (1925) wurden auf Anhieb zu Bestsellern. 1937 ging der Autor nach Los Angeles und arbeitete als Drehbuchschreiber in Hollywood.

«Ein atemberaubendes Buch, witzig, voller Erotik, aber auch voll tiefer Trauer über die Unbarmherzigkeit einer angeblich neuen Gesellschaft.» *Brigitte*

«Wohl der sinnlichste amerikanische Schriftsteller der ersten Jahrhunderthälfte.» *Paul Ingendaay, Deutschlandradio*

«Fitzgerald gibt dem aufgeregten Jahrzehnt nicht nur den Namen – er ist der Erfinder des Jazz-Age. Er beschreibt es nicht nur – er inszeniert und lebt es.» *Kyra Stromberg, Süddeutsche Zeitung*

F. Scott Fitzgerald

DIE SCHÖNEN UND VERDAMMTEN

Roman

Aus dem Englischen
von Renate Orth-Guttmann

Mit einem Nachwort von
Tilman Höss

Die Originalausgabe erschien 1922
unter dem Titel *The Beautiful and Damned*.

Penguin Random House Verlagsgruppe FSC® N001967

2. Auflage 2025

in der Penguin Random House Verlagsgruppe GmbH,
Neumarkter Straße 28, 81673 München
produktsicherheit@penguinrandomhouse.de
(Vorstehende Angaben sind zugleich
Pflichtinformationen nach GPSR.)

Umschlaggestaltung: Regg Media in Adaption der traditionellen
Penguin Classics Triband-Optik aus England
Satz: Greiner & Reichel, Köln
Druck und Bindung: GGP Media GmbH, Pößneck
Printed in Germany
ISBN 978-3-328-10671-5
www.penguin-verlag.de

Dieses Buch ist auch als E-Book erhältlich.

ERSTES BUCH

1 ANTHONY PATCH

1913 war Anthony Patch fünfundzwanzig, und bereits zwei Jahre zuvor hatte ihn – zumindest theoretisch – die Ironie, der Heilige Geist unserer Tage, berührt. Ironie, das war die letzte Politur auf dem Schuh, der allerletzte Strich mit der Kleiderbürste, eine Art intellektuelles «Na bitte!» – doch zu Beginn dieser Geschichte ist er über die Bewusstseinsphase noch nicht hinausgekommen. In dem Moment, da wir ihn kennenlernen, fragt er sich häufig, ob er nicht ehrlos und ein bisschen verrückt ist, eine schmachvolle und abscheuliche Schicht, die auf der Oberfläche der Welt schillert wie Öl auf einem sauberen Teich, wobei solche Überlegungen natürlich mit anderen abwechseln, in denen er sich für einen ziemlich außergewöhnlichen jungen Mann hält, ausnehmend weltgewandt, seiner Umgebung gut angepasst und eine Spur bedeutender als alle anderen ihm bekannten Leute.

Es war dies ein Zustand, der ihm überaus zuträglich war, ihn munter und liebenswürdig machte und äußerst anziehend auf intelligente Männer und auf alle Frauen wirken ließ, ein Zustand, in dem er sich sagte, dass er eines Tages irgendeine diskrete, subtile Tat vollbringen würde, die den Auserwählten wohlgefällig war, und dass er sich nach seinem Hinscheiden den matter leuchtenden Sternen an einem nebulösen, ungewissen Himmel zwischen Tod und Unsterblichkeit zugesellen würde. Bis die Zeit kam, diese Tat zu vollbringen, würde er sich damit begnügen, Anthony Patch zu sein, kein Bild von einem Mann, aber eine fest umrissene, dynamische Persönlichkeit, eigenwillig, anmaßend, von innen nach außen wirkend – ein Mann, der sich bewusst war, dass es keine Ehre geben konnte, und der dennoch Ehre im Leib hatte, der um die Sophisterei des Mutes wusste und dennoch tapfer war.

Ein ehrenwerter Mann und sein begabter Sohn

Dass er der Enkel von Adam J. Patch war, schenkte Anthony ebenso viel gesellschaftliche Sicherheit, als hätte er sein Geschlecht übers Meer bis zu den Kreuzfahrern zurückverfolgen können. Das war unvermeidlich: Ungeachtet der Virginier und Bostoner, die das Gegenteil beweisen, verlangt eine ausschließlich auf Geld gegründete Aristokratie vom Einzelnen vor allem Wohlstand.

Adam J. Patch, auch – und zwar nicht ohne Grund, da er ein rechter Murrkopf war – unter dem Beinamen «Cross Patch» bekannt, hatte die Farm seines Vaters in Tarrytown Anfang 1861 verlassen, um in ein New Yorker Kavallerieregiment einzutreten. Er kehrte als Major aus dem Krieg zurück, stürmte die Wall Street und raffte unter viel Getöse und Tamtam, Bekundungen des Beifalls wie des Unmuts ungefähr fünfundsiebzig Millionen Dollar zusammen.

Diese Aufgabe beanspruchte bis zu seinem siebenundfünfzigsten Lebensjahr seine ganze Kraft. Nach einer schweren sklerotischen Attacke beschloss er, sein restliches Leben in den Dienst der moralischen Erneuerung der Welt zu stellen. Er wurde ein leuchtendes Vorbild für alle Reformer. Den bewundernswerten Leistungen Anthony Comstocks nacheifernd, nach dem sein Enkel benannt wurde, kämpfte er mit einem Hagel von Uppercuts und Bodyblows gegen Alkohol, Literatur, das Laster, die Kunst, Patentmedizin und sonntägliche Theatervorstellungen. Unter dem Einfluss jenes heimtückischen Mehltaus, der bis auf wenige Ausnahmen die meisten Menschen befällt, warf er sich voller Hingabe auf alles, was seine Zeit empörte. Von seinem Sessel im Arbeitszimmer auf dem Anwesen in Tarrytown aus führte er gegen den machtvollen hypothetischen Feind, die Verworfenheit, einen Feldzug, der fünfzehn Jahre währte und in dem er sich als fanatischer Monomane, uneingeschränkter Quälgeist und lästigster Langweiler erwies.

In dem Jahr, in dem unsere Geschichte beginnt, hatten seine Kräfte bereits nachgelassen, aus den großen Schlachten waren Scharmützel geworden. 1861 und 1895 wurden allmählich eins. Seine Gedanken kreisten sehr häufig um den Bürgerkrieg, gelegentlich um seine tote Frau und seinen toten Sohn und verschwindend selten um seinen Enkel Anthony.

Zu Beginn seiner Laufbahn hatte Adam Patch eine anämische Frau von dreißig Jahren, eine gewisse Alicia Withers, geheiratet, die hunderttausend Dollar mitbrachte und ihm ein untadeliges Entree zu New Yorks Bankenkreisen verschaffte. Unverzüglich und recht beherzt hatte sie ihm einen Sohn geboren und sich, als habe diese Großtat sie völlig entkräftet, danach in die Schattenwelt des Kinderzimmers zurückgezogen. Der Knabe, Adam Ulysses Patch, entwickelte sich zum beispielhaften Mitglied zahlreicher Clubs, Kenner guter Umgangsformen und Tandemfahrer. Im zarten Alter von sechsundzwanzig Jahren begann er mit der Abfassung seiner Memoiren unter dem Titel «Die New Yorker Gesellschaft, wie ich sie gesehen habe». Sobald gerüchteweise die Entstehung dieses Werkes bekannt wurde, traten eilfertige Verleger mit Angeboten an ihn heran, aber da sich nach seinem Tod herausstellte, dass es unmäßig wortreich und überwältigend langweilig war, kam es später nicht einmal als Privatdruck heraus.

Dieser Chesterfield der Fifth Avenue heiratete mit zweiundzwanzig. Seine Frau war Henrietta Lebrune, «Salon-Altistin» aus Boston, und der einzige Spross dieser Verbindung wurde, dem Wunsch seines Großvaters entsprechend, auf den Namen Anthony Comstock Patch getauft. Als er nach Harvard ging, fiel das Comstock aus seinem Namen heraus und in einen tiefen Orkus des Vergessens und tauchte nie wieder auf.

Der junge Anthony besaß ein einziges Bild, auf dem seine Eltern zusammen zu sehen waren. So oft hatte es ihm in seiner Kindheit vor Augen gestanden, dass es für ihn mittlerweile die Unpersönlichkeit eines Möbelstücks besaß, aber jeder, der sein Schlafzimmer betrat, betrachtete es voller Anteilnahme. Es zeigte einen schlanken, gut aussehenden Dandy aus den neunziger Jahren neben einer hochgewachsenen brünetten Dame mit Muff und angedeuteter Tournüre. Zwischen ihnen stand ein kleiner Junge mit langen braunen Locken in einem Samtanzug à la Lord Fauntleroy. Das war Anthony im Alter von fünf Jahren, im Todesjahr seiner Mutter.

Seine Erinnerungen an die Bostoner Salon-Altistin waren nebelhaft und mit Musik verbunden. Sie war eine Dame, die im Musikzimmer ihres Hauses am Washington Square unentwegt sang – manchmal umgeben von Gästen, Männern mit verschränkten Armen, die mit angehaltenem Atem sich auf dem Rand von Sofas wiegten, und Frauen, die die Hände in den Schoß gelegt hatten, hin und wieder den Männern etwas zuflüsterten, stets begeistert klatschten und nach jedem Lied leise, girrende Rufe ausstießen –, häufig aber auch ganz allein für Anthony, in Italienisch oder Französisch oder in einem fremden und grauenhaften Dialekt, den sie für die Sprechweise der Neger aus den Südstaaten hielt.

An den stattlichen Ulysses, den ersten Mann, der in Amerika die Revers seines Rocks rollte, erinnerte er sich sehr viel deutlicher. Nachdem Henrietta Lebrune Patch «in einen anderen Chor» eingetreten war, wie ihr Witwer gelegentlich mit belegter Stimme bemerkte, lebten Vater und Sohn bei Großpapa in Tarrytown, und Ulysses kam täglich in Anthonys Kinderstube und sonderte – manchmal eine ganze Stunde lang – vergnügliche, stark duftende Worte ab. Er versprach Anthony ständig Jagdausflüge und Angelpartien und Abstecher nach Atlantic City – «wirklich ganz bald» –, aus denen aber nie etwas wurde.

Eine Exkursion machten sie dann doch zusammen. Als Anthony elf war, reisten sie nach England und in die Schweiz, und dort, im besten Hotel von Luzern, starb sein Vater schwitzend und schnaufend und lautstark um Luft ringend. Ein zutiefst verzweifelter und verstörter Anthony wurde nach Amerika zurückgebracht, einer unbestimmten Schwermut verhaftet, die ihn sein ganzes Leben lang begleiten sollte.

Vergangenheit und Person des Helden

Mit elf hatte er einen Horror vor dem Tod. Innerhalb von sechs empfänglichen Jahren waren ihm beide Eltern gestorben, und seine Großmutter war fast unmerklich dahingewelkt bis zu dem Tag, an dem sie zum ersten Mal seit ihrer Hochzeit unbestritten die Hauptperson in ihrem Salon war. So war denn für Anthony das Leben ein Kampf gegen den Tod, der an jeder Ecke wartete. Als Zugeständnis an seine hypochondrische Fantasie gewöhnte er sich an, im Bett zu lesen, was ihn beruhigte. Er las, bis er müde wurde, und schlief häufig ein, wenn das Licht noch brannte.

Bis zu seinem vierzehnten Lebensjahr beschäftigte er sich am liebsten mit seiner für einen Jungen seines Alters ungewöhnlich umfangreichen Briefmarkensammlung, von der sein Großvater törichterweise glaubte, sie sei dazu geeignet, die Geografiekenntnisse des Enkels zu fördern. Anthony korrespondierte mit fünf, sechs Briefmarken- und Münzhändlern, und kaum ein Tag verging, an dem ihm die Post nicht neue Briefmarkenalben oder Päckchen mit glänzenden Probebogen brachte. Für ihn lag ein geheimnisvoller Zauber darin, seine Neuerwerbungen endlos von einem Album ins andere zu transferieren. Die Briefmarken waren sein größtes Glück, und jeder, der ihn störte, wenn er mit ihnen beschäftigt war, handelte sich ungehaltene Blicke ein. Sie verschlangen sein monatliches Taschengeld, und nachts lag er wach und sann unermüdlich ihrer Vielfalt und Farbenpracht nach.

Mit sechzehn hatte er kaum Kontakte nach außen; er war ein wenig redegewandter, völlig unamerikanischer Knabe, der seine Mitmenschen mit höflicher Ratlosigkeit betrachtete. In den zwei vorangegangenen Jahren hatte er mit einem Privatlehrer Europa bereist, der ihm dringend zu einem Studium an der Harvard-Universität riet. Dort würden sich ihm «Türen öffnen» und ungeahnte neue Kräfte zuwachsen. Diese Hochschule würde ihm unzählige aufopferungsvolle und ergebene Freunde schenken. Also besuchte er Harvard; es war die nächstliegende Lösung.

Da er mit den dortigen Gepflogenheiten nicht vertraut war, hauste er eine Weile allein und unbeachtet in einem hohen Zimmer in Beck Hall – ein schlanker, mittelgroßer, brünetter Junge mit einem schüchternen, sensiblen Mund und einem mehr als großzügigen Taschengeld. Er schuf die Grundlage für eine Bibliothek, indem er von einem herumziehenden Bibliophilen Erstausgaben von Swinburne, Meredith und Hardy und einen vergilbten, verblassten, eigenhändig von Keats geschriebenen Brief erwarb, wobei er, wie er hinterher feststellte, kräftig übers Ohr gehauen worden war. Er wurde ein ausgesuchter Dandy, brachte eine fast rührende Sammlung von Seidenpyjamas, Brokathausmänteln und Krawatten zusammen, die zum Tragen in der Öffentlichkeit zu auffallend waren. In diesem geheimen Staat stolzierte er in seinem Zimmer vor einem Spiegel auf und ab, lag in Satin gehüllt auf seinem Fenstersitz, sah auf den Campus hinaus und nahm unbestimmt das lebhafte Treiben dort unten zur Kenntnis, an dem er wohl nie teilhaben würde.

In seinem letzten Studienjahr aber stellte er zu seiner Überraschung fest, dass er sich in seiner Klasse eine gewisse Position erworben hatte. Er bemerkte, dass er als eine einigermaßen romantische Erscheinung galt, als ein Gelehrter, Einsiedler, eine Leuchte der Gelehrsamkeit. Das amüsierte ihn, insgeheim freute er sich aber auch darüber. Er begann auszugehen, erst ein wenig, dann sehr häufig. Er wurde sogar im Pudding aufgenommen. Er trank – diskret und wie es die Tradition vorschrieb. Wäre er nicht so jung ins College gekommen, sagte man, hätte er es «weit bringen können». Als er 1909 seinen Abschluss machte, war er erst zwanzig Jahre alt.

Danach ging er wieder nach Europa, diesmal nach Rom, wo er abwechselnd auf dem Gebiet der Architektur und der Malerei dilettierte, das Geigenspiel erlernte und etliche schauerliche italienische Sonette schrieb – vorgebliche Betrachtungen eines Mönchs aus dem 13. Jahrhundert über die Freuden des kontemplativen Lebens. Unter seinen engeren Studienfreunden sprach sich herum, dass er in Rom war, und wer in jenem Jahr nach Europa kam, besuchte ihn und entdeckte mit ihm auf so mancher Exkursion bei Mondlicht vieles in der Stadt, was älter als die Renaissance oder auch die Republik war. Maury Noble aus Philadelphia beispielsweise blieb zwei Monate; gemeinsam erfreuten sie sich an dem eigenartigen Reiz südländischer Frauen und genossen das Gefühl, sehr jung und frei in einer sehr alten und freien Kultur zu sein. Auch etliche Bekannte seines Großvaters suchten ihn auf, und hätte ihm der Sinn danach gestanden, hätte er in Diplomatenkreisen zur *persona grata* werden können; ja, er stellte fest, dass er immer mehr Gefallen an der Geselligkeit fand, auch wenn die aus dem langen Abstandhalten der Adoleszenz resultierende Schüchternheit noch immer sein Verhalten bestimmte.

1912 kehrte er wegen einer der plötzlichen Erkrankungen seines Großvaters nach Amerika zurück, und nach einem ausnehmend unerfreulichen Gespräch mit dem ständig rekonvaleszenten alten Herrn beschloss er, sich erst dann auf Dauer in Europa niederzulassen, wenn sein Großvater gestorben war. Nach langem Suchen fand und mietete er eine Wohnung in der Fifty-second Street und schien allmählich häuslich werden zu wollen.

Im Jahre 1913 war Anthony Patchs Anpassung an die Welt nahezu vollzogen. Körperlich hatte er sich seit seiner Studienzeit gut entwickelt. Er war noch immer zu dünn, aber seine Schultern waren breiter geworden, und der furchtsame Erstsemesterblick hatte sich verloren. Er war, auch wenn er das nicht nach außen dringen ließ, ein sehr ordentlicher Mensch und stets geschniegelt und gebügelt. Seine Freunde schworen, sie hätten ihn noch nie mit zerzaustem Haar gesehen. Seine Nase war zu spitz, sein Mund, unglückseligerweise ein getreuer Spiegel seiner Stimmungen, neigte dazu, sich in Phasen der Unzufriedenheit nach unten zu verziehen, aber die blauen Augen hatten – ob sie einen nun mit wacher Intelligenz anblickten oder in einem komisch-schwermütigen Ausdruck halb geschlossen waren – einen ganz eigenen Charme.

Obschon ihm die Symmetrie der Züge fehlte, die als unerlässlich für das arische Ideal gelten, sprach man hier und da von ihm als einem gut aussehenden Mann. Überdies war er sowohl äußerlich als auch in Wirklichkeit sehr reinlich; es war dies jene spezielle Sauberkeit, die eine Anleihe bei der Schönheit genommen hat.

Die Wohnung ohne Fehl und Tadel

Die Fifth und Sixth Avenue waren für Anthony die Holme einer endlos langen Leiter, die vom Washington Square bis zum Central Park reichte. Wenn er in einem Omnibus auf dem Oberdeck in Richtung Fifty-second Street fuhr, hatte er unweigerlich das Gefühl, sich Hand über Hand an einer Reihe tückischer Sprossen hochzuhangeln, und wenn der Omnibus ruckelnd an seiner eigenen Sprosse anhielt, empfand er, während er die widerspenstigen Metallstufen zur Straße hinunterstieg, fast so etwas wie Erleichterung.

Danach führte sein Weg nur noch einen halben Block die Fifty-second Street hinunter und an einer massigen Reihe von Brownstone-Häusern vorbei, dann stand er schon hochzufrieden unter der hohen Decke seines großen Vorderzimmers – denn hier begann das Leben. Hier schlief er, frühstückte er, las er und empfing seine Gäste.

Das Haus war Ende der neunziger Jahre aus einem dunklen Naturstein erbaut worden. Wegen der ständig wachsenden Nachfrage nach kleinen Wohnungen hatte man alle Etagen von Grund auf umgebaut und einzeln vermietet. Von den vier Wohnungen war die von Anthony gemietete im zweiten Stock die reizvollste.

Das Vorderzimmer hatte schöne hohe Decken und drei große Fenster, die sich zur Fifty-second Street öffneten. Bei der Einrichtung hatte man geschickt vermieden, sich auf einen bestimmten Stil festzulegen; sie zeigte sich weder steif noch muffig, weder karg noch dekadent. Das Zimmer roch weder nach Zigaretten- noch nach Weihrauch – es war hoch und bläulich. Schläfrigkeit umwaberte wie leichter Dunst eine Chaiselongue aus weichstem braunem Leder. Ein hoher Wandschirm – eine chinesische Lackarbeit, auf der man dekorative Fischer und Jäger in Schwarz und Gold bewundern konnte – bildete eine Nische für einen voluminösen Sessel, dem eine orangefarbene Stehlampe als Wachposten beigegeben war. In der Tiefe des Kamins stand ein schwarz verrußter gevierter Wappenschild.

Durch das Esszimmer, das, da Anthony zu Hause nur das Frühstück einnahm, allenfalls vielversprechende Möglichkeiten bot, und über einen ziemlich langen Gang kam man zu dem Herz- und Kernstück der Wohnung – Anthonys Schlafzimmer und Bad.

Beide Räume waren riesig. Unter der Decke des ersteren wirkte sogar das breite Himmelbett nur durchschnittlich groß. Auf dem Boden lag eine exotische Brücke aus scharlachrotem Samt, der weich wie Vlies seine nackten Sohlen streichelte. Das Badezimmer war im Gegensatz zu der ein wenig einschüchternden Atmosphäre des Schlafraums fröhlich, hell, sehr wohnlich und sogar ein wenig verspielt. An den Wänden hingen gerahmte Fotografien von vier berühmten thespischen Schönheiten des Tages: Julia Sanderson als «The Sunshine Girl», Ina Claire als «The Quaker Girl», Billie Burke als «The Mind-the-Paint Girl» und Hazel Dawn als «The Pink Lady». Zwischen Billie Burke und Hazel Dawn hing ein Druck, auf dem über einer weiten Schneefläche eine bedrohlich frostige Sonne stand, die, wie Anthony zu sagen pflegte, Sinnbild für die kalte Dusche war.

Die mit einer sinnreichen Buchhaltevorrichtung versehene Badewanne war groß und niedrig. Daneben türmte sich in einem Wandschrank genug Wäsche für drei Männer sowie eine ganze Generation von Krawatten. Statt eines dürftigen Vorlegers, eines besseren Handtuchs, lag dort eine üppige Brücke von der gleichen wunderbaren Weichheit wie jene im Schlafzimmer, die den nassen Fuß, der aus der Wanne kam, gleichsam massierte.

Alles in allem ein Raum, mit dem sich zaubern ließ. Es war leicht einzusehen, dass Anthony sich dort ankleidete, dort sein makelloses Haar kämmte und überhaupt Sämtliches dort erledigte außer Essen und Schlafen. Das Badezimmer war sein ganzer Stolz. Hätte er eine Liebste gehabt, hätte er wohl ihr Bild direkt gegenüber der Badewanne aufgehängt, um sich, von den beruhigenden Dampfwolken des heißen Wassers umschmeichelt, zurückzulehnen, zu ihr aufzusehen und sinnlich-genüsslich über ihre Schönheit nachzusinnen.

Für die Sauberkeit der Wohnung war ein englischer Diener mit dem ausnehmend, fast dramatisch treffenden Namen Bounds verantwortlich, dessen Erscheinung nur durch die Tatsache beeinträchtigt wurde, dass er einen Umlegekragen trug. Wäre er zur Gänze Anthonys Bounds gewesen, wäre dieser Mangel sehr schnell behoben worden, aber Bounds war noch zwei weiteren Herren in der Nachbarschaft verpflichtet. Vormittags von acht bis elf Uhr aber gehörte er ganz und gar Anthony. Er brachte die Post mit und bereitete das Frühstück zu. Um halb zehn zupfte er an Anthonys Bettdecke und äußerte einige wenige, knappe Worte; Anthony merkte sie sich nie im Einzelnen, hatte aber den Verdacht, dass es etwas Abfälliges war. Dann stellte ihm Bounds das Frühstück auf einen Beistelltisch im Vorderzimmer, machte das Bett und ging, nicht ohne sich mit einem feindseligen Unterton zu erkundigen, ob Anthony noch weitere Wünsche habe.

Mindestens einmal in der Woche suchte Anthony vormittags seinen Börsenmakler auf. Sein Einkommen – die Zinsen aus dem von seiner Mutter ererbten Vermögen – belief sich auf etwas unter siebentausend im Jahr. Sein Großvater, der seinem Sohn nie gestattet hatte, sich über ein ausnehmend großzügiges Taschengeld hinaus weiterzuentwickeln, war der Meinung, dass diese Summe für die Bedürfnisse des jungen Anthony ausreichte. Zu Weihnachten schickte er ihm stets einen Pfandbrief über fünfhundert Dollar, den Anthony nach Möglichkeit gleich verkaufte, da er stets ein wenig – wenn auch nicht ernsthaft – knapp bei Kasse war.

Mit seinem Börsenmakler führte er einmal halb private, dann wieder ernsthafte Gespräche über die Sicherheit achtprozentiger Anlagen und genoss beides gleichermaßen. Ihm schien, dass das große Konzerngebäude ihn eindeutig mit den großen Vermögen verband, deren Solidarität er respektierte und die ihm die Gewissheit gaben, dass er von der Finanzhierarchie angemessen beschützt wurde. Jene stets eiligen Herren vermittelten ihm das gleiche Gefühl der Sicherheit, das ihn erfüllte, wenn er sich mit dem Geld seines Großvaters befasste – oder sogar in noch stärkerem Maß, denn Letzteres schien ihm wie ein täglich kündbares Darlehen, das die Welt Adam Patchs moralischer Redlichkeit gewährte, während das Geld an der Wall Street von nackter, unbezähmbarer Stärke und ungeheurer Willenskraft zusammengerafft und festgehalten wurde; überdies schien es endgültiger und ausdrücklicher – Geld zu sein.

So dicht Anthony auch stets seinem Einkommen auf den Fersen blieb, glaubte er doch, damit auskommen zu können. In einer goldenen Zukunft würde er selbstverständlich über viele Millionen verfügen; inzwischen besaß er einen *raison d'être* in der theoretischen Abfassung von Aufsätzen über die Päpste der Renaissance. Und damit blenden wir zurück zu dem Gespräch, das er unmittelbar nach seiner Rückkehr aus Rom mit seinem Großvater geführt hatte.

Er hatte insgeheim gehofft, seinen Großvater nicht mehr lebend anzutreffen, aber als er vom Pier aus anrief, erfuhr er, dass es Adam Patch wieder vergleichsweise gut ging, und so war er denn am nächsten Tag, seine Enttäuschung tapfer verbergend, nach Tarrytown gefahren. Fünf Meilen vom Bahnhof entfernt bog die Motordroschke in eine gepflegte Auffahrt ein, die sich durch ein wahres Labyrinth von schützenden Mauern und Maschendrahtzäunen schlängelte, weil, wie die Leute sagten, bekanntlich einer der ersten, den die Sozialisten umbringen würden, der alte Murrkopf Patch wäre.

Anthony hatte sich verspätet, und der würdige Philanthrop erwartete ihn in einer Glasveranda, wo er die Morgenzeitungen zum zweiten Mal überflog. Edward Shuttleworth, sein Sekretär, der vor seiner moralischen Erneuerung Spieler, Kneipenwirt und Tagedieb gewesen war, geleitete Anthony hin und führte seinen Retter und Wohltäter vor wie einen Schatz von ungeheurem Wert.

Sie schüttelten sich feierlich die Hand.

«Freut mich sehr, dass es dir besser geht», sagte Anthony.

Patch senior, der so tat, als habe er seinen Enkel erst letzte Woche gesehen, zog seine Uhr hervor: «Zugverspätung?», fragte er sanft.

Dass er auf Anthony hatte warten müssen, verdross ihn. Er gab sich der irrigen Meinung hin, dass er in seiner Jugend nicht nur all seine Vorhaben mit der größten Sorgfalt abgewickelt und zu jedem Termin auf den

Schlag pünktlich gekommen war, sondern dass dies auch der unmittelbare und wichtigste Grund für seinen Erfolg war.

«Er hatte im letzten Monat ziemlich oft Verspätung», bemerkte er mit einem Hauch sanften Vorwurfs in der Stimme. Und nach einem tiefen Seufzer: «Setz dich.»

Anthony betrachtete seinen Großvater wie stets mit wortlosem Staunen. Dass dieser gebrechliche, beschränkte alte Mann mit so viel Macht ausgestattet war, dass sich – was immer die Boulevardpresse schreiben mochte – mit den Menschen, deren Seelen er nicht direkt oder indirekt hätte kaufen können, kaum White Plains bevölkern ließ, schien so undenkbar wie die Vorstellung, er könne in ferner Vorzeit ein rosafarbenes Baby gewesen sein.

Die Spanne seiner fünfundsiebzig Lebensjahre hatte wie ein magischer Blasebalg gewirkt. Dieser hatte ihm im ersten Vierteljahrhundert pralles Leben eingeblasen und ihm im letzten alles wieder genommen. Er hatte Wangen und Brust, Arme und Beine leergesogen. Er hatte gebieterisch seine Zähne gefordert, einen nach dem anderen, seine kleinen Augen in dunkel-bläuliche Säcke gebettet, ihm die Haare geraubt, an manchen Stellen Grau zu Weiß, an anderen Rosa zu Gelb verfärbt, rücksichtslos Farben tauschend wie ein Kind, das einen Malkasten ausprobiert. Er hatte ihm Nachtschweiß und Tränen und grundlose Ängste geschickt. Dann hatte er sich über Körper und Seele an sein Hirn herangemacht, hatte die geballte Normalität von Adam Patch in Leichtgläubigkeit und Argwohn gespalten. Aus dem groben Klotz seiner Begeisterungsfähigkeit hatte er Dutzende kleiner, aber verdrießlicher Obsessionen geschnitzt. Seine Tatkraft war zu dem Unmut eines verwöhnten Kindes geschrumpft, und an die Stelle seines Machtstrebens war ein törichtes kindisches Verlangen nach einem Land der Harfen und Lobgesänge auf Erden getreten.

Nach einem angemessenen Austausch von Artigkeiten dachte sich Anthony, dass nun wohl von ihm erwartet wurde, seine Zukunftspläne zu umreißen, zugleich aber warnte ihn ein Glitzern in den Augen des Alten davor, von der beabsichtigten Verlegung seines Wohnsitzes ins Ausland zu sprechen. Er hatte gehofft, Shuttleworth – den Anthony verabscheute – würde taktvoll genug sein, das Zimmer zu verlassen; der aber hatte es sich in einem Schaukelstuhl bequem gemacht und ließ seinen welken Blick zwischen Patch junior und Patch senior hin- und hergehen.

«Jetzt, wo du zurück bist, solltest du etwas *tun*», sagte sein Großvater sanft. «Etwas leisten.»

Anthony wartete vergeblich auf die Floskel «etwas hinterlassen, wenn du aus der Welt gehst …», dann sagte er vorsichtig: «Ich denke … ich habe den Eindruck, dass ich mein schriftstellerisches Talent nutzen könnte …»

Adam Patch zuckte zusammen, offensichtlich sah er einen Familiendichter mit langem Haar und drei Mätressen vor sich.

«… um über Geschichte zu schreiben.»

«Geschichte? Welche Geschichte? Die Sezession? Den Unabhängigkeitskrieg?»

«Also eigentlich … nicht direkt, Sir. Eine Geschichte des Mittelalters.» Gleichzeitig wurde eine Idee für eine aus einem völlig neuen Blickwinkel dargestellte Geschichte der Renaissance-Päpste geboren. Trotzdem war er froh, dass er «Mittelalter» gesagt hatte.

«Mittelalter? Warum nicht eine Geschichte deines eigenen Landes? Etwas, worin du dich auskennst.»

«Ich habe so viel Zeit im Ausland verbracht …»

«Warum du übers Mittelalter schreiben willst – ‹das finstere Mittelalter› haben wir es nur genannt –, ist mir ein Rätsel. Keiner weiß, was damals wirklich los war, und keinen kümmert es, Hauptsache, das ist jetzt alles vorbei.» Er verbreitete sich noch ein paar Minuten über die Nutzlosigkeit einer solchen Dokumentation, wobei natürlich auch die spanische Inquisition und die «Verderbtheit der Klöster» nicht unerwähnt blieben.

Dann: «Glaubst du, dass du in New York wirst arbeiten können – oder willst du überhaupt arbeiten?» Letzteres kam mit leisem, fast unmerklichem Zynismus.

«Aber ja, selbstverständlich, Sir.»

«Und wann soll die Sache fertig sein?»

«Zunächst ist ein Exposé zu erstellen, und ich werde viel lesen müssen.»

«Na, das hast du ja bis jetzt schon recht ausgiebig besorgt.»

Das Gespräch schleppte sich mühsam noch eine Weile hin, bis Anthony ziemlich abrupt aufstand, auf die Uhr sah und bemerkte, er habe heute Nachmittag einen Termin bei seinem Börsenmakler. Er hatte eigentlich ein paar Tage bei seinem Großvater bleiben wollen, aber nach einer ziemlich stürmischen Überfahrt war er müde und schlecht gelaunt und hatte keine Lust, sich in raffiniert scheinheiligem Ton unter Druck setzen zu lassen. Er werde in ein paar Tagen wiederkommen, sagte er.

Dennoch hatte sich infolge dieser Begegnung der Gedanke an Arbeit in ihm festgesetzt. Im Laufe des Jahres, das seither vergangen war, hatte er mehrere Quellenverzeichnisse erstellt, hatte sogar mit Kapitelüberschriften und der Einteilung seines Werks in Zeitabschnitte experimentiert, doch gab es derzeit noch keine einzige Zeile Text, und es schien nicht wahrscheinlich, dass es jemals eine geben würde. Und entgegen jeder anerkannten Lehrbuchlogik gelang es ihm aufs Trefflichste, sich abzulenken.

Nachmittag

Es war der Oktober des Jahres 1913 und Wochenmitte in einer Woche schöner Tage. Der Sonnenschein bummelte durch die Nebenstraßen, und die Luft war so träge, als hinge sie voll von geisterhaft fallendem Laub. Es war vergnüglich, müßig am offenen Fenster zu sitzen und ein Kapitel aus «Erewhon» zu Ende zu lesen. Es war vergnüglich, gegen fünf genüsslich zu gähnen, das Buch auf einen Tisch zu werfen und summend über den Gang zum Bad zu schlendern.

«To ... you ... beaut-if-ul lady»,

sang er, während er den Hahn aufdrehte.

«I raise ... my ... eyes;
To ... you ... beaut-if-ul la-a-dy
My ... heart ... cries ...»

Er hob die Stimme, um sich gegen das in die Wanne flutende Wasser durchzusetzen, und während er das Bild von Hazel Dawn an der Wand betrachtete, legte er eine eingebildete Geige an die Schulter und strich sanft mit einem geisterhaften Bogen darüber. Mit geschlossenen Lippen brachte er ein Summen zustande, das unbestimmt an einen Geigenton erinnerte, dann aber stellten die Hände ihre Kreisbewegungen ein und fingen an, das Hemd aufzuknöpfen. Entkleidet und in der athletischen Pose des Tigerfellmanns aus der Reklame besah er sich mit einiger Zufriedenheit im Spiegel, um dann probehalber mit einem Fuß im Wasser zu planschen. Nachdem er einen Hahn nachgestellt und ein paar vorbereitende Grunzlaute ausgestoßen hatte, ließ er sich in die Wanne gleiten.

Als er sich an die Wassertemperatur gewöhnt hatte, verharrte er in einem Zustand wohliger Entspannung. Nach seinem Bad würde er sich in Muße ankleiden und über die Fifth Avenue zum «Ritz» gehen, wo er sich zum Abendessen mit den beiden Freunden verabredet hatte, mit denen er am häufigsten zusammen war, Dick Caramel und Maury Noble. Danach wollte er mit Maury ins Theater, Caramel würde vermutlich nach Hause traben und an seinem Buch arbeiten, das seiner Vollendung entgegenging.

Anthony war heilfroh, dass er nicht an *seinem* Buch zu arbeiten brauchte. Die Vorstellung, sich hinsetzen und nicht nur Worte hervorbringen zu müssen, in die man seine Gedanken kleiden konnte, sondern vor allem auch Gedanken, die einer solchen Mühe überhaupt wert waren! Nein, die ganze Sache erschien ihm nicht im mindesten erstrebenswert.

Er stieg aus der Wanne und rubbelte sich mit der gewissenhaften Sorgfalt eines Schuhputzers ab. Dann ging er ins Schlafzimmer und lief, eine unbestimmte Melodie pfeifend, hin und her, schloss hier einen Knopf, rückte da etwas zurecht und genoss die Wärme des dicken Teppichs unter seinen Füßen.

Er zündete sich eine Zigarette an und warf das Streichholz aus dem geöffneten oberen Teil des Fensters. Dann blieb er, die Zigarette bis auf fünf Zentimeter vor den halb geöffneten Mund geführt, wie angewurzelt stehen. Sein Blick fixierte einen leuchtenden Farbfleck auf dem Dach eines weiter hinten im Durchgang stehenden Hauses.

Es war eine junge Frau in rotem, vermutlich seidenem Négligé, die sich in der heißen, von keinem Hauch bewegten Luft des sonnigen Spätnachmittags die Haare trocknete. Sein Pfeifen erstarb in der stickigen Zimmerluft. Vorsichtig, unter dem plötzlichen Eindruck, dass sie schön war, trat er noch einen Schritt näher ans Fenster heran. Auf der steinernen Brüstung neben ihr lag ein Kissen von der gleichen Farbe wie das Kleidungsstück, das sie trug, und jetzt stützte sie beide Arme darauf, während sie auf den besonnten Durchgang hinuntersah, in dem Anthony Kinder spielen hörte.

Er beobachtete sie mehrere Minuten lang. Etwas hatte ihn berührt, was sich nicht durch den warmen Duft des Nachmittags oder das sieghaft leuchtende Rot erklären ließ. Er wurde von dem Gefühl bedrängt, dass sie schön war – und dann begriff er, was es war: ihre Distanz – nicht eine edle, kostbare Distanz der Seele, aber immerhin eine wenn auch nur in irdischen Ellen gemessene Entfernung. Die Herbstluft, die Dächer und undeutlichen Stimmen – all das stand zwischen ihnen. Und doch war er eine nicht ganz erklärbare Sekunde lang einem Gefühl der Anbetung näher gewesen als in dem innigsten Kuss, den er je erlebt hatte.

Er vervollständigte seine Garderobe, holte eine schwarze Schleife heraus und band sie sorgfältig vor dem dreiteiligen Spiegel im Badezimmer. Dann ging er, einer spontanen Regung folgend, rasch noch einmal ins Schlafzimmer und sah aus dem Fenster. Die junge Frau war aufgestanden; sie hatte das Haar zurückgeworfen, und er konnte sie jetzt deutlich erkennen. Sie war korpulent, mindestens fünfunddreißig und völlig unbeachtlich. Er schnalzte kurz mit der Zunge, ging zurück ins Badezimmer und scheitelte sein Haar neu.

«To … you … beaut-if-ul lady»,

trällerte er vergnügt.

«I raise … my … eyes …»

Mit einem letzten bändigenden Bürstenstrich, der eine schimmernde Fläche aus schierem Glanz schuf, verließ er das Badezimmer und seine Wohnung und ging die Fifth Avenue hinunter zum «Ritz-Carlton».

Drei Männer

Um sieben sitzen Anthony und sein Freund Maury Noble an einem Ecktisch auf dem kühlen Dach. Wenn man Maury Noble ansieht, drängt sich der Vergleich mit einem großen, schlanken, imposanten Kater auf. Die Augen sind schmal und blinzeln unablässig. Das Haar liegt wie von einer herkulischen Katzenmutter beleckt glatt an. Während Anthonys Studienzeit in Harvard galt Maury als die auffallendste Erscheinung seiner Klasse, eine brillante, originelle Figur, gescheit, zurückhaltend – und als einer der Erwählten.

Diesen Mann betrachtet Anthony als seinen besten Freund, es ist der Einzige unter seinen Bekannten, den er bewundert und – mehr als er selbst zugeben würde – auch beneidet.

Sie freuen sich beide über das Wiedersehen, in ihren

Blicken steht eine große Zuneigung, als sie sich nach kurzer Trennung wie neu betrachten. Ihre Spannung löst sich; wenn sie zusammen sind, umfängt sie gelassene Heiterkeit. Maury Noble mit seinem eindrucksvollen, lächerlich katergleichen Gesicht scheint fast zu schnurren, und der nervöse, ruhelose Irrwisch Anthony hat zur Ruhe gefunden.

Sie führen eins dieser lakonischen, knapp formulierten Gespräche, wie sie sich nur Männer leisten, die jünger als dreißig oder stark beansprucht sind.

ANTHONY: Sieben Uhr. Wo steckt bloß dieser Caramel? *(ungeduldig:)* Wird Zeit, dass er seinen endlosen Roman abschließt. Ich bin schon halb verhungert …

MAURY: Er hat einen neuen Titel. «The Demon Lover» – nicht übel, was?

ANTHONY *(interessiert)*: «The Demon Lover»? Nein, gar nicht schlecht.

MAURY: Recht gut. Wann hattest du gesagt?

ANTHONY: Um sieben.

MAURY *(nicht feindselig, aber mit leichter Missbilligung im Blick der verengten Augen)*: Neulich hat er mich zur Verzweiflung gebracht.

ANTHONY: Wie denn?

MAURY: Diese Angewohnheit, sich Notizen zu machen.

ANTHONY: Geht mir auch so. Offenbar hatte ich am Abend zuvor etwas gesagt, was er verwenden wollte, aber vergessen hatte, und nun ging es ständig: «Überleg doch mal … Kannst du nicht versuchen, dich zu konzentrieren?» Und ich: «Du ödest mich an. Ich weiß es einfach nicht mehr.»

(Maury lacht lautlos, indem er seine Züge verständnisvoll in die Breite gehen lässt.)

MAURY: Dick sieht nicht unbedingt mehr als andere Leute. Er kann nur einen größeren Anteil von dem, was er sieht, zu Papier bringen.

ANTHONY: Dieses durchaus beeindruckende Talent …

MAURY: Oja. Beeindruckend!

ANTHONY: Und diese Energie – ehrgeizige, zielgerichtete Energie. Er ist so unterhaltend, so unheimlich an- und aufregend. Es verschlägt einem oft geradezu den Atem.

MAURY: Oja.

(Schweigen, und dann …)

ANTHONY *(dessen schmaler, ein wenig unsicherer Gesichtsausdruck sehr überzeugt wirkt):* Aber keine unerschöpfliche Energie. Irgendwann wird sie sich immer mehr verflüchtigen und sein durchaus beeindruckendes Talent ebenfalls, und Zurückbleiben wird ein schmächtiges und kleines Männchen – reizbar, selbstsüchtig und geschwätzig.

MAURY *(lacht):* Da sitzen wir nun und versichern einander, dass unser kleiner Dick nicht so tiefsinnig zu denken vermag wie wir, dabei möchte ich wetten, dass er seinerseits das Gefühl hat, uns überlegen zu sein. Der kreative gegenüber dem rein kritischen Geist und so weiter.

ANTHONY: Ja, aber das sieht er falsch. Er wird auf tausend lächerliche Schwärmereien hereinfallen. Müsste er nicht als überzeugter Anhänger des Realismus im Gewand des Zynikers daherkommen, wäre er so … so leichtgläubig wie ein religiöser Anführer im College. Er ist Idealist, o ja, auch wenn er vom Gegenteil überzeugt ist, weil er dem Christentum abgeschworen hat. Erinnerst du dich noch, wie er es im College gemacht hat? Einen Schriftsteller nach dem anderen hat er sich einverleibt samt seinen Ideen, seiner Technik, seinen Figuren – Chesterton, Shaw, Wells –, ohne je Schluckbeschwerden zu kriegen.

MAURY *(noch mit seiner letzten Bemerkung beschäftigt)*: Ja, ich weiß.

ANTHONY: Wirklich. Der geborene Fetischist. Nimm nur die Kunst …

MAURY: Komm, wir bestellen. Er wird …

ANTHONY: Ja, gut, bestellen wir. Ich hab' ihm gesagt …

MAURY: Da kommt er. Schau, er wird mit dem Kellner zusammenstoßen. *(Er hebt grüßend einen Finger wie eine freundlich weiche Pfote:)* Da bist du ja, Caramel.

EINE NEUE STIMME *(grimmig)*: Hallo, Maury. Hallo, Anthony Comstock Patch. Was macht der Enkel des alten Adam? Sind die Debütantinnen immer noch hinter dir her?

(Richard Caramel ist klein und blond – mit fünfunddreißig wird er mit einer Glatze herumlaufen. Er hat gelbliche Augen – das eine ist auffallend klar, das andere trüb wie ein schlammiger Tümpel – und eine vorgewölbte Stirn wie ein Baby in einem Comic-Heft. Auch sonst ist er mit zahlrei-

chen Wölbungen ausgestattet. Sein Bauch wölbt sich prophetisch, die Worte quellen ihm in dicken Wölbungen aus dem Mund, sogar die Taschen seines Smokings wölben sich – als seien sie von der allgemeinen Tendenz infiziert – unter dem Druck von Fahrplänen, Programmen und vielerlei Zetteln, auf denen er sich, die ungleichen Augen zusammenkneifend und mit der freien linken Hand um Ruhe bittend, seine Notizen zu machen pflegt.

An ihrem Tisch angekommen, schüttelt er Anthony und Maury die Hand. Er ist einer von denen, die das Händeschütteln nicht lassen können, auch wenn sie den Betreffenden erst vor einer Stunde gesehen haben.)

ANTHONY: Hallo, Caramel. Schön, dass du da bist, wir brauchen dringend eine heitere Einlage.

MAURY: Du bist spät dran. Bist du einen Block mit dem Briefträger um die Wette gelaufen? Wir haben dich inzwischen genüsslich durchgehechelt.

DICK *(richtet das klare Auge erwartungsvoll auf Anthony):* Was habt ihr gesagt? Legt los, ich schreib's auf. Heute Nachmittag hab' ich in Teil eins dreitausend Worte gestrichen.

MAURY: Edler Ästhet. Und ich habe mir Alkohol in den Bauch geschüttet.

DICK: Das glaube ich dir aufs Wort. Ich wette, ihr zwei sitzt schon seit einer Stunde hier und redet übers Trinken.

ANTHONY: Aber wir kippen nie um, du Milchbart.

MAURY: Wir gehen nie mit Damen nach Hause, die wir in beschwipstem Zustand kennenlernen.

ANTHONY: Alles in allem zeichnen sich unsere Feste durch eine gewisse Vornehmheit aus.

DICK: Eine Ansammlung dieser besonders blödsinnigen Typen, die sich damit brüsten, «Schluckspechte» zu sein. Der Haken ist, dass ihr euch beide nach englischer Gutsherrenart vollaufen lasst, still und diskret, ohne richtigen Spaß daran zu haben. Das ist bei euch nicht drin. O nein, so was tut man nicht.

ANTHONY: Das ist wohl aus Kapitel sechs?

DICK: Wollt ihr ins Theater?

MAURY: Ja. Wir werden uns heute Abend einige hintergründige Gedanken über die Probleme des Lebens machen. Das Stück heißt kurz und bündig «Die Frau». Vermutlich wird sie «büßen» müssen.

ANTHONY: Ach, so was ist es? Dann doch lieber noch mal in die Follies.

MAURY: Die hängen mir zum Hals heraus, ich war dreimal da. *(Zu Dick:)* Das erste Mal sind wir nach dem ersten Akt gegangen und haben eine umwerfende Bar entdeckt. Als wir wieder rein wollten, sind wir im falschen Theater gelandet.

ANTHONY: Und haben des Längeren mit einem verstörten jungen Pärchen diskutiert, das wir im Verdacht hatten, unsere Plätze in Beschlag genommen zu haben.

DICK *(mehr oder weniger zu sich selbst)*: Ich denke, wenn ich noch einen Roman und ein Bühnenstück geschrieben habe und vielleicht einen Band mit Erzählungen, mache ich mal eine musikalische Komödie.

MAURY: Ja, mit intellektuellen Liedertexten, die keiner

hören will. Und alle Kritiker werden dem «guten alten HMS Pinafore» nachtrauern. Und ich werde weiterhin als brillant bedeutungslose Gestalt in einer bedeutungslosen Welt glänzen.

DICK *(gespreizt):* Kunst ist nicht bedeutungslos.

MAURY: Isoliert gesehen schon. Nur insofern nicht, als sie versucht, das Leben weniger bedeutungslos zu machen.

ANTHONY: Mit anderen Worten, Dick: Du spielst vor einer mit Gespenstern besetzten Tribüne.

MAURY: Was ihn nicht daran hindern sollte, eine gute Vorstellung zu geben.

ANTHONY *(zu Maury):* Im Gegenteil. Lebten wir in einer Welt ohne Bedeutung, würde ich mich fragen, warum ich überhaupt schreiben soll. Schon der Versuch, ihr Zweck und Ziel zu geben, ist doch dann zwecklos.

DICK: Aber du solltest trotzdem pragmatisch genug sein, um einem armen Schlucker den Sinn seines Lebens zu lassen. Möchtest du denn, dass alle diesen sophistischen Blödsinn akzeptieren?

ANTHONY: Warum nicht …

MAURY: Nein, mein Lieber! Ich glaube, dass in Amerika bis auf eine ausgewählte Tausendschaft jedermann gezwungen werden sollte, sich einem rigiden moralischen System – dem Katholizismus beispielsweise – zu verschreiben. Ich habe nichts gegen konventionelle Moralbegriffe, aber ich habe sehr viel gegen mittelmäßige Häretiker, die sich auf gewisse Erkenntnisse ihrer weltgewandten Mitmenschen stürzen und für sich daraus eine moralische Freiheit ableiten, zu der ihre Intelligenz sie keinesfalls berechtigt.

(Die Suppe kommt, und was Maury vielleicht noch weiter hätte ausführen wollen, ist auf immer dahin.)

Nacht

An einer Theaterkasse erwarben sie zu einem stolzen Preis Karten für eine neue musikalische Komödie mit dem Titel «High Jinks». Im Foyer blieben sie einen Augenblick stehen, um den Einzug des Premierenpublikums zu beobachten. Da gab es Abendmäntel aus vielerlei bunten Seiden und Pelzen; Juwelen, die von Armen und Hälsen und weißrosa Ohrläppchen troffen; ungezählte Glanzlichter an ungezählten Zylinderhüten; gold- und bronzefarbene, rote und tiefschwarz spiegelnde Schuhe; die hochgetürmten festgepackten Coiffuren vieler Frauen, das glatte, mit Wasser gebändigte Haar gepflegter Männer; und vor allem das Wogen gleiche Steigen und Fallen, das Murmeln und Glucksen und Schäumen der fröhlichen Menschenflut, die sich an diesem Abend als glitzernder Strom in die künstliche See des Gelächters ergoss.

Nach dem Stück trennten sie sich. Maury wollte zu «Sherry's» zum Tanzen, Anthony wollte heim ins Bett.

Langsam bahnte er sich seinen Weg durch das Gedränge am Times Square, dem das Wagenrennen und dessen tausend Satelliten eine seltene Schönheit, Helle und festliche Intimität verlieh. Gesichter jagten an ihm vorbei, ein Kaleidoskop hässlicher Mädchen, ja, Mädchen, die hässlich wie die Sünde, zu dick oder zu mager waren und doch von der Herbstluft getragen wurden wie auf ihrem eigenen warmen, leidenschaftlichen Atem, den sie in die Nacht entließen. Trotz ihrer Vulgarität fand er sie auf eine seltsame Weise geheimnisvoll. Achtsam atmend sog er Parfümduft und den nicht unangenehmen Geruch vieler Zigaretten ein. Er fing den Blick einer dunklen jungen Schönheit auf, die allein in einer geschlossenen Droschke saß. Im matten Licht suggerierte ihr Blick Nacht und Veilchen, und einen Augenblick regte sich in ihm wieder das halb vergessene Gefühl des Fernen, das ihn an diesem Nachmittag erfasst hatte.

Zwei junge Juden kamen an ihm vorbei, die sich mit lauter Stimme unterhielten und mit töricht arrogantem Blick den Kopf hierhin und dorthin wandten. Sie trugen die zu jener Zeit halb in Mode gekommenen übertrieben engen Anzüge, Umlegekragen mit einer Kerbe am Adamsapfel, graue Gamaschen und graue Handschuhe am Spazierstockgriff.

Eine verschüchterte alte Dame schwankte wie ein Korb voller Eier zwischen zwei Herren dahin, die ihr die Wunder des Times Square vorführten und die Erklärungen so rasch auf sie niederprasseln ließen, dass der Kopf des um unbefangene Anteilnahme bemühten Muttchens sich hin und her bewegte wie eine vom Wind verwehte dürre Orangenschale.

Anthony hörte einen Gesprächsfetzen: «Da ist das ‹Astor›, Mama!»

«Schau, die Leuchtreklame mit dem Wagenrennen ...»

«Da waren wir heute. Nein, *da!*»

«Grundgütiger!»

«Ist mir doch schnuppe, ob ich dünn wie ein Dime werde!» Das Witzwort des Jahres kam mit durchdringender Stimme von einem der Paare neben ihm.

«Und da hab' ich zu ihm gesagt, also, sag' ich ...»

Das leise Rauschen, mit dem Droschken an ihm vorbeirollten, schlug an sein Ohr, und Gelächter, Gelächter, krähenhaft heiser, laut und unablässig, darunter das Gerumpel der Untergrundbahn, darüber die kreisenden, bald größer, bald kleiner werdenden Lichter, die zu perlgroßen Punkten versprühten und sich zu glitzernden Stäben, Ringen, monströs-grotesken Figuren neu zusammenfanden, die verblüffend am dunklen Himmel standen.

Aufatmend flüchtete er sich in die Stille, die wie ein dunkler Wind aus einer Seitenstraße wehte, kam an einer Bäckerei mit Speiselokal vorbei, in der sich ein Dutzend Brathähnchen unermüdlich an einem elektrischen Spieß drehten und der ein teigiger heißer rosa Geruch entströmte, und an einem Drugstore, in dem es nach Medizin, vergossener Limonade und angenehm nach Kosmetikabteilung duftete. Die dampfige stickige chinesische Wäscherei war noch geöffnet, sie roch nach Zusammengelegtem und leicht Vergilbtem. All das deprimierte ihn. An der Ecke Sixth Avenue machte er einen Abstecher in einen Zigarrenladen. Danach fühlte er sich wesentlich besser. Der Zigarrenladen war ein heiterer

Ort: in marineblauen Nebel gehüllte Menschheit, die sich ein Stückchen Luxus kaufte …

In seiner Wohnung angekommen, rauchte er, im Dunkeln am offenen Fenster des Vorderzimmers sitzend, eine letzte Zigarette. Zum ersten Mal nach mehr als einem Jahr genoss er New York ohne jeden Vorbehalt. Von der Stadt ging ein erstaunliches Prickeln, etwas fast Südstaatliches aus. Aber sie barg auch sehr viel Einsamkeit. Er, der allein aufgewachsen war, vermied es neuerdings, für sich zu sein. In den letzten Monaten hatte er, wenn er abends nicht verabredet war, nichts Eiligeres zu tun, als einen seiner Clubs aufzusuchen, um Bekannte zu treffen. Oh, diese Einsamkeit hier …

Seine Zigarette, deren Rauch wie leichte weiße Gischt an den dünnen Vorhangfalten hing, glühte, bis die Uhr von St. Anne's an der Ecke mit klagend-modischem Wohllaut eins schlug. Von der einen stillen halben Block entfernten Stadtbahn her tönte es wie leiser Trommelton; würde er sich aus dem Fenster lehnen, könnte er sehen, wie der Zug, einem zornigen Adler gleich, die dunkle Kurve an der Ecke nahm. Er musste an einen fantastischen Zukunftsroman denken, den er vor Kurzem gelesen hatte und in dem Städte aus fliegenden Zügen heraus bombardiert worden waren, und einen Moment stellte er sich vor, Washington Square habe Central Park den Krieg erklärt und dies sei eine gegen Norden donnernde, Verderben und plötzlichen Tod bringende Gefahr. Dann war der Zug vorbei, das bedrohliche Bild verblasste, übrig blieb ein immer leiser werdender Trommelwirbel und schließlich nur noch das ferne Grummeln des Adlers.

Der Klang der Glocken drang zu ihm und das ständige leise Hupen von Automobilen auf der Fifth Avenue, aber in seiner Straße herrschte Stille, hier war er in Sicherheit vor den Bedrohungen des Lebens, denn da waren seine Tür und der lange Korridor und das schützende Schlafzimmer – selige, selige Sicherheit. Die Bogenlampe, die ihr Licht in sein Fenster schickte, schien zu dieser Stunde wie der Mond, nur heller und schöner.

Rückblende ins Paradies

Die Schönheit, die alle hundert Jahre neu geboren wird, saß in einer Art Freiluftwartezimmer, durch das weiße Winde wirbelten und hin und wieder ein atemlos eiliger Stern. Die Sterne blinzelten ihr im Vorbeihasten vertraulich zu, die Winde zausten sanft ihr Haar. Sie war unbegreiflich, denn in ihr waren Seele und Geist eins – die Schönheit ihres Körpers war das Wesen ihrer Seele. Sie war jene Einheit, nach der Philosophen seit vielen Jahrhunderten streben. In diesem Freiluftwartezimmer der Winde und Sterne hatte sie sich nun hundert Jahre friedlich in die Betrachtung ihrer selbst versenkt. Schließlich wurde ihr kundgetan, dass sie wiedergeboren werden sollte. Seufzend begann sie ein langes Gespräch mit einer Stimme, die in dem weißen Wind war, ein Gespräch, das viele Stunden währte und von dem ich hier nur ein Teilstück wiedergeben kann.

SCHÖNHEIT *(mit fast unbewegten Lippen, den Blick wie stets auf ihr Inneres gerichtet)*: Wohin soll ich diesmal reisen?

DIE STIMME: In ein neues Land – ein Land, das du noch nie gesehen hast.

SCHÖNHEIT *(nörgelnd):* Ich hasse es, in diese neuen Kulturen einzudringen. Wie lange soll ich diesmal bleiben?

DIE STIMME: Fünfzehn Jahre.

SCHÖNHEIT: Und wie heißt das Land?

DIE STIMME: Es ist das prächtigste, reichste Land auf Erden – ein Land, dessen weise Männer nur wenig weiser als die Dümmsten unter seinen Bewohnern sind; ein Land, dessen Herrscher denken wie die kleinen Kinder und dessen Gesetzgeber an den Weihnachtsmann glauben. Ein Land, in dem starke Männer von hässlichen Frauen herumkommandiert werden …

SCHÖNHEIT *(erstaunt)*: Was?

DIE STIMME *(sehr bedrückt):* Ja, es ist ein wahrhaft trauriges Spektakel. Frauen mit fliehendem Kinn und formlosen Nasen laufen am helllichten Tag herum und sagen: «Tu das! Tu jenes!», und alle Männer, sogar die reichsten, gehorchen diesen Frauen, die sie vollmundig entweder als «Mrs. Sowieso» oder «Meine Gattin» bezeichnen.

SCHÖNHEIT: Aber das darf doch nicht wahr sein. Dass sie auf reizvolle Frauen hören, kann ich ja verstehen. Aber auf dicke Frauen? Auf knochige Frauen? Auf Frauen mit hageren, faltigen Wangen?

DIE STIMME: So ist es.

SCHÖNHEIT: Und wie steht es mit mir? Welche Chancen habe dann ich?

DIE STIMME: Du wirst dich recht schwertun, wie man so sagt.

SCHÖNHEIT *(nach einer unzufriedenen Pause):* Warum nicht die alten Länder, das Land der Trauben und charmanten Männer oder das Land der Schiffe und Meere?

DIE STIMME: Die dürften in Kürze sehr viel zu tun bekommen.

SCHÖNHEIT: Oh!

DIE STIMME: Dein Leben auf Erden stellt wie stets den Zeitabstand zwischen zwei bedeutungsvollen Blicken in einen irdischen Spiegel dar.

SCHÖNHEIT: Aber jetzt sag: Was werde ich sein?

DIE STIMME: Zunächst war daran gedacht, dich als Filmschauspielerin auf die Erde zu schicken, aber davon ist man abgekommen. Du wirst diese fünfzehn Jahre als sogenanntes «Soseiäti Görl» getarnt verbringen.

SCHÖNHEIT: Was ist das?

(Im Wind ist ein neuer Laut zu hören, den wir uns wohl als nachdenkliches Kopfkratzen der Stimme deuten müssen.)

DIE STIMME (nach geraumer Zeit): Eine Art Talmi-Aristokratie.

SCHÖNHEIT: Und was ist Talmi?

DIE STIMME: Auch das wirst du in diesem Land erfahren. Du wirst auf viel Talmi treffen. Und auch du wirst vieles tun, was Talmi ist.

SCHÖNHEIT *(resigniert):* Das klingt alles sehr ordinär.

DIE STIMME: Nicht halb so ordinär, wie es ist.

Man wird dich in diesen fünfzehn Jahren «Ragtime Kid», «Flapper», «Jazzbaby» und «Babyvamp» nennen. Du wirst neue Tänze tanzen – mit ebenso viel Anmut wie die alten.

SCHÖNHEIT *(flüsternd):* Wird man mich bezahlen?

DIE STIMME: Ja, wie üblich. Mit Liebe.

SCHÖNHEIT *(mit einem leichten Lachen, bei dem ihre sonst so unbeweglichen Lippen ganz kurz zucken):* Und wird es mir gefallen, wenn man mich «Jazzbaby» nennt?

DIE STIMME *(trocken):* Ja. Sehr sogar …

(Hier endet der Dialog. Die Schönheit sitzt noch immer still da, die Sterne bleiben in verzückter Bewunderung stehen, der weiße, böige Wind fährt ihr durchs Haar.

All das geschah sieben Jahre, ehe Anthony am offenen Fenster seiner Wohnung saß und den Glockenschlägen von St. Anne's nachhorchte.)

2 PORTRÄT EINER SIRENE

Einen Monat später legte sich frostige Frische auf New York; sie brachte den November mit, die drei großen Footballspiele und ein gewaltiges Gewoge von Pelzen auf der Fifth Avenue. Und sie brachte auch eine fühlbare Spannung und unterdrückte Erregung in die Stadt. Jeden Morgen waren jetzt Einladungen in Anthonys Post. Drei Dutzend tugendhafte Damen aus der obersten Schublade der Gesellschaft taten ihre Befähigung, ja, ihre ausdrückliche Bereitschaft kund, drei Dutzend Millionären Kinder zu gebären. Fünf Dutzend tugendhafte Damen der zweiten Schublade begnügten sich nicht damit, diese Befähigung kundzutun, sondern ließen sich von ihren hochfliegenden Plänen im Hinblick auf besagte drei Dutzend junge Männer nicht abbringen, die natürlich zu sämtlichen sechsundneunzig Partys geladen wurden – ebenso wie die Freunde, Bekannten, Collegestudenten und begehrlichen jungen Außenseiter der jeweiligen jungen Dame. Dann gab es noch eine dritte Schublade junger Damen aus den Randbezirken, aus den Vororten von Newark und Jersey bis hinauf ins kalte Connecticut und zu den nicht gesellschaftsfähigen Vierteln von Long Island – und danach zweifellos weitere Schubladen bis hinunter zur untersten Krabbelkiste: Jüdinnen debütierten in einer Gesellschaft jüdischer Männer und Frauen von der Riverside bis zur Bronx und warteten hoffnungsvoll auf einen strebsamen jungen Börsenmakler oder Juwelier und eine koschere Hochzeit. Irische Mädchen richteten ihren Blick endlich einmal erlaubterweise auf eine Gesellschaft junger Politiker aus Tammany Hall, fromme Bestattungsunternehmer und erwachsene Chorknaben.

Und natürlich steckte diese Debütantinnen-Atmosphäre an; die Arbeiterinnen, arme hässliche Seelchen, die in den Fabriken Seife einwickelten und in den großen Kaufhäusern den Kundinnen Putz vorlegten, träumten davon, in der unglaublichen Erregung dieses Winters womöglich doch den ersehnten Mann zu ergattern – so wie ein unbegabter Taschendieb sich in einer leichtsinnigen Volksfestmenge erhöhte Chancen ausrechnen mag. Und die Schornsteine begannen zu rauchen, und in der stickigen Untergrundbahn spürte man einen Hauch von Frische. Und die Schauspielerinnen debütierten in neuen Stücken und die Verleger mit neuen Büchern und die Castles mit neuen Tänzen. Und die Eisenbahnen debütierten mit neuen Fahrplänen, die neue Fehler enthielten statt der alten, an die man sich als Pendler inzwischen gewöhnt hatte.

Die Stadt debütierte!

Als Anthony eines Nachmittags unter einem stahlgrauen Himmel über die Forty-second Street ging, lief er unvermutet Richard Caramel in die Arme, der aus dem Friseurladen des «Manhattan Hotel» kam. Es war ein kalter Tag, der erste wirklich kalte Tag, und Caramel hatte einen dieser knielangen, schaffellgefütterten Mäntel an, wie sie Arbeiter im Mittleren Westen tragen und die gerade von der modischen Welt entdeckt worden waren. Sein weicher Filzhut war von diskret dunkelbrauner Farbe, und darunter leuchtete sein klares Auge wie ein Topas. Begeistert hielt er Anthony an, schlug ihm – weniger spielerisch als aus dem Wunsch heraus, sich warm zu halten – auf beide Arme und legte nach dem unvermeidlichen Händedruck los.

«Verteufelt kalt heute! Ich habe den ganzen Tag gearbeitet wie besessen, bis es in meinem Zimmer so kalt wurde, dass ich Angst hatte, mir eine Lungenentzündung zu holen. Meine Wirtin ist verflixt knauserig mit den Kohlen, sie kam erst zum Vorschein, nachdem ich eine halbe Stunde auf der Treppe nach ihr gerufen hatte, und sie rechtfertigte sich des Langen und Breiten. Erst hat sie mich damit verrückt gemacht, dann aber interessierte sie mich als Figur, und ich habe mir, während sie redete, Notizen gemacht, natürlich ganz unauffällig, als ob ich nebenbei etwas aufschreibe.»

Er hatte Anthony am Arm gepackt und marschierte in flottem Tempo mit ihm die Madison Avenue hoch.

«Wohin?»

«Eigentlich nirgendwohin.»

«Was soll dann das Ganze?», fragte Anthony.

Sie blieben stehen und sahen sich an, und Anthony überlegte, ob sein Gesicht in der Kälte ebenso abstoßend wirkte wie das von Dick Caramel, dessen Nase scharlachrot, dessen vorgewölbte Stirn blau, dessen helle ungleiche Augen rot gerändert waren und tränten. Nach einer kurzen Pause gingen sie weiter.

«Bin mit meinem Roman schon ganz schön weit gekommen», sagte Dick emphatisch, den Blick auf den Gehsteig gerichtet. «Aber ab und zu muss ich auch mal raus, ein Wort reden.» Er warf Anthony einen entschuldigenden, gleichsam um Ermutigung flehenden Blick zu. «Ich glaube, dass die wenigsten Menschen jemals richtig *denken* – so, dass sie sich hinsetzen und überlegen und Gedanken aneinanderreihen, meine ich. Ich besorge das Denken beim Schreiben oder im Gespräch. Man braucht einen Ansatz ... etwas, was man rechtfertigen oder niedermachen kann ... Findest du nicht?»

Anthony brummte und entzog Dick vorsichtig seinen Arm. «Ich habe an sich nichts dagegen, dich zu schleppen, aber mit diesem Mantel …»

«Ich meine», fuhr Richard Caramel eindringlich fort, «dass auf dem Papier dein erster Absatz die Idee enthält, die du verdammen oder über die du dich ausführlicher auslassen willst. Im Gespräch kannst du dich an die letzte Bemerkung deines Gegenübers halten, doch wenn du einfach dasitzt und grübelst, jagen sich deine Gedanken wie Bilder in einer Laterna magica, bei der eins das andere ablöst und verdrängt.»

Sie ließen die Forty-fifth Street hinter sich und verlangsamten den Schritt. Beide zündeten sich eine Zigarette an und entließen gewaltige Rauch- und Wasserdampfwolken in die Luft.

«Lass uns auf einen Eggnogg bis zum ‹Plaza› gehen», schlug Anthony vor. «Die Luft wird dir guttun und bläst dir das widerliche Nikotin aus den Lungen. Komm! Du darfst auch auf der ganzen Strecke über dein Buch sprechen.»

«Nicht, wenn es dich langweilt. Mir zu Gefallen muss es nicht sein», sprudelte Dick hastig hervor und verzog, so gleichmütig er sich auch gab, besorgt das Gesicht, sodass Anthony sich bemüßigt fühlte zu protestieren: «Natürlich langweilt es mich nicht! Wo denkst du hin?»

«Ich habe eine Cousine …», setzte Dick an, aber Anthony unterbrach ihn, indem er mit einem leisen Schrei des Wohlbehagens die Arme ausstreckte.

«Schönes Wetter, nicht? Ich fühle mich wie ein Zehnjähriger. Oder so, wie ich mich von Rechts wegen als Zehnjähriger hätte fühlen müssen. Mörderisch! Himmel noch mal, eben noch ist das meine Welt, und gleich darauf hält sie mich wieder zum Narren! Heute ist es meine Welt, und alles ist ganz leicht. Selbst das Nichts ist leicht.»

«Ich habe eine Cousine im ‹Plaza›. Famoses Mädchen. Der könnten wir guten Tag sagen. Im Winter wohnt sie neuerdings mit ihren Eltern dort.»

«Ich wusste gar nicht, dass du Verwandtschaft in New York hast.»

«Sie heißt Gloria und ist aus meiner Heimatstadt – Kansas City. Ihre Mutter ist praktizierende Bilphistin, und ihr Vater ist furchtbar öde, aber ein echter Gentleman.»

«Sind sie literarisches Material?»

«Sie bemühen sich nach Kräften darum. Der Alte erzählt mir ständig, ihm sei gerade eine ganz wunderbare Romanfigur über den Weg gelaufen. Und dann erzählt er mir von irgendeiner blödsinnigen Bekannten und meint: ‹Na, wenn das keine Type ist! Über den sollest du schreiben. Für solche Burschen interessiert sich jeder.› Oder er kommt auf Japan oder Paris oder sonst einen nahe liegenden Ort zu reden und fragt: ‹Warum schreibst du nicht über diese Stadt, wär' doch ein großartiger Schauplatz für eine Geschichte.›»

«Und wie ist diese … diese Gloria?»

«Gilbert. Gloria Gilbert, du musst schon von ihr gehört haben. Sie geht zu College-Tanzereien … und so Sachen.»

«Der Name kommt mir bekannt vor.»

«Sieht gut aus. Verflixt attraktives Mädchen.»

Sie waren an der Fiftieth Street angekommen und bogen in die Fifth Avenue ein.

«Normalerweise interessiere ich mich nicht für junge Mädchen», sagte Anthony stirnrunzelnd.

Diese Aussage entsprach nicht ganz den Tatsachen. Zwar hatte er bei den landläufigen Debütantinnen immer den Eindruck, dass sie ihre Tage ausschließlich damit verbrachten, darüber nachzudenken und zu reden, was die große Welt in der nächsten Stunde für sie in petto hatte, ein Mädchen aber, das unmittelbar von ihrem guten Aussehen lebte, interessierte ihn sogar sehr.

«Gloria ist verteufelt nett. Keine Spur von Hirn im Kopf.»

Anthony ließ sein kurzes, schnaubendes Lachen hören. «Womit du wohl sagen willst, dass sie nicht hochgestochen über Literatur reden kann.»

«Durchaus nicht!»

«Dick, du weißt genau, was du unter Frauen verstehst, die Hirn im Kopf haben, wie du sagst. Das sind junge Damen, die mit dir in einer Ecke sitzen und fade Gespräche über das Leben führen. Frauen von der Sorte, die mit sechzehn allen Ernstes erörterten, ob Küssen recht oder unrecht und das Biertrinken für Erstsemester unmoralisch ist.»

Richard Caramel war sichtlich gekränkt. Seine Stirn war voller Knitterfalten wie ein zusammengeknülltes Blatt Papier.

«Nein …», setzte er an, aber Anthony fiel ihm rücksichtslos ins Wort: «O doch. Von der Sorte, die jetzt in Ecken sitzt und über den neuesten skandinavischen Dante in englischer Übersetzung debattiert.»

Dick sah ihn an. Sein Gesicht hatte sich bekümmert in die Länge gezogen, und er fragte Anthony fast flehentlich: «Was ist bloß los mit Maury und dir? Manchmal redet ihr, als wäre ich irgendwie zweitklassig.»

Anthony stutzte, aber weil er fror und auch ein bisschen verlegen war, entschied er sich für den Angriff als beste Verteidigung. «Ich glaube nicht, dass dein Hirn so wichtig ist, Dick.»

«Natürlich ist es wichtig», stieß Dick zornig hervor. «Was soll denn das? Wieso soll es nicht wichtig sein?»

«Vielleicht weißt du ja mehr, als deiner Feder guttut.»

«Ausgeschlossen.»

«Ich könnte mir vorstellen», beharrte Anthony, «dass jemand über so viel Wissen verfügt, dass sein Talent nicht ausreicht, um es angemessen zu formulieren. Wie bei mir. Angenommen, ich wäre klüger und weniger begabt als du. Das würde mir womöglich die Sprache verschlagen. Du hingegen hast genug Wasser, um den Eimer zu füllen, und einen Eimer, der groß genug ist, das Wasser aufzunehmen.»

«Ich kann dir nicht folgen», klagte Dick entmutigt. Er war so bestürzt, dass sich alles an ihm protestierend zu wölben schien, und weil er Anthony nicht aus den Augen ließ, stieß er immer wieder mit Passanten zusammen, was ihm böse Blicke einbrachte.

«Ich meine damit, dass ein Talent wie Wells die Intelligenz eines Spencer transportieren konnte. Aber ein zweitklassiges Talent wirkt nur dann ansprechend, wenn es zweitklassige Gedanken transportiert. Und je enger du etwas siehst, desto unterhaltender kannst du dich dazu äußern.»

Dick wusste offenbar nicht recht, wie ernst Anthonys Kritik zu nehmen war. Der aber sprach schon mit einer Geläufigkeit weiter, die ihn häufig überkam – mit leuchtenden Augen, hochgerecktem Kinn, erhobener Stimme, auch körperlich scheinbar über sich selbst hinauswachsend: «Angenommen, ich wäre stolz, vernünftig und weise – ein Athener unter Griechen. Dann könnte ich womöglich Schiffbruch erleiden, wo ein Geringerer reüssieren würde. Er könnte nachahmen, ausschmücken, sich begeistern, hoffnungsvoll konstruktiv ans Werk gehen. Mein hypothetisches Ich aber wäre zu stolz zur Nachahmung, zu vernünftig, um sich zu begeistern, zu weltgewandt für eine Utopie, zu griechisch für Ausschmückungen.»

«Dann glaubst du nicht, dass die Arbeit des Künstlers aus seiner Intelligenz erwächst?»

«Nein. Er verbessert, soweit er kann, das, was er stilistisch imitiert, und wählt aus der eigenen Interpretation seiner Umwelt das aus, was sich als Material anbietet. Aber jeder Schriftsteller schreibt schließlich, weil das seine Art zu leben ist. Erzähl mir nicht, dass du mit diesem Gewäsch von der ‹göttlichen Funktion des Künstlers› einverstanden bist …»

«Ich nenne mich ja nicht einmal selbst einen Künstler.»

«Dick, ich möchte dich um Verzeihung bitten», sagte Anthony in verändertem Ton.

«Wofür?»

«Für diesen Ausbruch. Es tut mir ehrlich leid. Er war reine Effekthascherei.»

Ein wenig besänftigt gab Dick zurück: «Ich sage ja immer, dass du im Grunde deines Herzens ein Philister bist.»

In der frostklirrenden Dämmerung verschwanden sie hinter der weißen Fassade des «Plaza Hotel» und schlürften genüsslich den Schaum und das sämige Gelb ihres Eggnogg. Anthony musterte seinen Begleiter. Auf Richard Caramels Nase und seiner Stirn zeigte sich allmählich wieder dieselbe Farbe: Aus Ersterer zog sich das Rot, aus Letzterer das Blau zurück. Bei einem Blick in den Spiegel sah Anthony zu seiner Genugtuung kein missfarbenes, sondern ein frisches, gut durchblutetes Gesicht. Noch nie, fand er, hatte er vorteilhafter ausgesehen.

«Mir reicht das», erklärte Dick im Ton eines Sportlers, der im Training ist. «Ich will mal eben hoch zu den Gilberts. Kommst du mit?»

«Warum nicht? Vorausgesetzt, du hängst mir nicht die Eltern an und verziehst dich mit Dora in eine Ecke.»

«Nicht Dora. Gloria.»

Sie ließen sich telefonisch anmelden, fuhren mit dem Aufzug in den zehnten Stock und folgten einem verwinkelten Gang bis zur Tür von Nr. 1088. Eine Dame mittleren Alters öffnete ihnen: Mrs. Gilbert höchstpersönlich.

«Einen schönen guten Tag, die Herren!» Sie sprach in dem gekünstelten Ton der konventionellen Amerikanerin. «Das ist ja wirklich ganz *schrecklich* nett …»

Und auf Dicks eilfertigen Einwurf hin: «Mr. Pats? Bitte, legen Sie Ihren Mantel dort ab», sagte sie, auf einen Stuhl deutend, mit einem von kleinen Japsern durchsetzten entschuldigenden Lachen. «Wirklich *reizend*. Du warst *so* lange nicht mehr hier, Richard – nein! nein!» Die Einschiebsel waren teils als Antwort, teils als Schlusspunkt für Dicks unbestimmte Gesprächsansätze gedacht. «Setz dich doch und erzähl, was du so getrieben hast.»

Man trat von einem Fuß auf den anderen, man stand da und verbeugte sich sacht; man versuchte sich immer wieder an einem hilflos-stupiden Lächeln; man überlegte, ob sie sich denn nie setzen würde; schließlich sank man erleichtert in einen Sessel, bereit, das Beste aus dem Besuch zu machen.

«Du hattest sicher viel zu tun und so weiter», lächelte Mrs. Gilbert ein wenig doppeldeutig. Das ‹und so weiter› sowie zwei weitere Floskeln: «Jedenfalls sehe ich das so!» und «Schlicht und einfach!» dienten ihren Äußerungen als zusätzliche Stütze. Abwechselnd eingesetzt, verliehen sie ihren Auslassungen den Anstrich profunder Lebensweisheiten – als habe sie in jedem einzelnen Fall das Problem reiflich erwogen und schließlich den Finger auf die Wunde gelegt.

Richard Caramels Gesichtsfarbe hatte sich, wie Anthony feststellte, inzwischen vollends normalisiert –

Stirn und Wangen waren fleischfarben, die Nase von höflicher Unauffälligkeit. Er hatte das hellgelbe Auge mit jener intensiven Aufmerksamkeit auf seine Tante gerichtet, die junge Männer allen weiblichen Wesen schenken, für die sie keine weitere Verwendung haben.

«Sind Sie auch Schriftsteller, Mr. Pats? Na, jetzt werden wir uns alle bald in Richards Ruhm sonnen können.»

Höfliches Gelächter, angeführt von Mrs. Gilbert.

«Gloria ist ausgegangen.» Es klang, als verkünde sie einen Grundsatz, aus dem sie sogleich Folgerungen zu ziehen gedachte. «Irgendwohin zum Tanzen. Gloria ist andauernd außer Haus. Andauernd. Ich weiß nicht, wie sie das aushält, und das sage ich ihr auch. Sie tanzt den ganzen Nachmittag und die ganze Nacht; ich sehe es kommen, eines Tages ist sie nur noch ein Schatten ihrer selbst. Ihr Vater macht sich große Sorgen um sie.»

Sie ließ ihr Lächeln von einem zum anderen wandern. Beide lächelten zurück.

Anthony stellte fest, dass sie aus einer Reihe von Halbkreisen und Parabeln bestand gleich jenen Gestalten, die begabte Mitmenschen auf der Schreibmaschine zu produzieren vermögen: Kopf, Arme, Büste, Hüften, Schenkel und Knöchel waren in einer verwirrenden Reihe von Rundungen angeordnet. Ansonsten wirkte sie sauber und adrett, das Haar hatte einen künstlich satten Grauton, das breite Gesicht, in das wetterharte blaue Augen eingebettet waren, zierte ein weißes Schnurrbärtchen.

Sie wandte sich an Anthony. «Ich sage immer, dass Richard eine alte Seele ist.»

In der nachfolgenden betroffenen Pause lag Anthony eine Bemerkung auf der Zunge – etwa in der Richtung, dass er sich ein Schlossgespenst eigentlich anders vorgestellt habe.

«Unsere Seelen sind nämlich alle unterschiedlich alt», fuhr Mrs. Gilbert strahlend fort. «Das sage ich jedenfalls immer.»

«Kann schon sein», erwiderte Anthony, wie von einer neuen hoffnungsvollen Idee beflügelt.

«Gloria hat eine sehr junge Seele», plätscherte es weiter. «Unverantwortlich und so weiter. Nicht die Spur von Verantwortungsgefühl.»

«Sie sprüht Funken, Tante Catherine», sagte Richard freundlich. «Verantwortungsgefühl würde sie nicht kleiden. Dazu ist sie zu hübsch.»

«Ja, also ich weiß nur, dass sie ständig außer Haus ist», räumte Mrs. Gilbert ein. Was sie noch weiter über Glorias Abwesenheit hatte sagen wollen, übertönte das Rumoren des Türknaufs, gleich darauf tat sich die Tür auf, und Mr. Gilbert erschien.

Er war ein ziemlich kurz geratener Mann mit einem Schnurrbart, der wie ein weißes Wölkchen unter seiner unbeachtlichen Nase hing. Er hatte ein Stadium erreicht, in dem sein Wert als soziales Wesen in ein dunkles, unwägbares Minus gerutscht war. Mit seinen Ideen war er in den vor zwanzig Jahren populären Irrtümern befangen. Sein Verstand dümpelte schwächlich schwankend im Kielwasser der täglichen Leitartikel dahin. Nach dem Abschluss an einer kleinen, aber bedrückenden Universität im Westen war er ins Zelluloidgeschäft eingestiegen, und da hierfür das von ihm eingebrachte äußerst geringe Maß an Intelligenz ausreichte, florierte sein Unternehmen bis zum Jahr 1911, als er sich, statt feste Verträge abzuschließen, auf unbestimmte Abmachungen mit der Filmindustrie einließ. 1912 beschloss die Filmindustrie, ihn zu schlucken, und hatte sich ihn sozusagen bereits genüsslich auf die Zunge gelegt. Bis auf Weiteres war er noch Betriebsleiter der «Associated Mid-Western Film Materials Company». In dieser Eigenschaft verbrachte er jedes Jahr sechs Monate in New York und die übrige Zeit in Kansas City und St. Louis. Er war der naiven Meinung, dass ihm gar nichts Besseres passieren könne, und seine Frau und seine Tochter sahen das genauso.

Mit Gloria war er ganz und gar nicht einverstanden. Sie kam spät nach Hause, sie aß nichts, sie geriet in ein Kuddelmuddel nach dem anderen. Einmal hatte er sie geärgert, da hatte sie ihm gegenüber Ausdrücke gebraucht, die er in ihrem Wortschatz nicht vermutet hätte. Mit seiner Frau war es leichter. Nach fünfzehn Jahren unablässigen Guerillakampfes hatte er sie bezwungen – es war ein Krieg des konfusen Optimismus gegen die organisierte Langeweile gewesen, und die Kunst, jedes Gespräch mit einer eindrucksvollen Anzahl von Jas zu vergiften, hatte ihm zum Sieg verholfen.

«Ja, ja, ja, ja», pflegte er zu sagen, «ja, ja, ja, ja. Moment. Das war der Sommer von – einen Moment noch – einundneunzig oder zweiundneunzig. Ja, ja, ja, ja …»

Nach fünfzehn Ja-Jahren war Mrs. Gilbert besiegt. Fünfzehn weitere Jahre dieser unaufhörlichen negativen Bejahung in Tateinheit mit dem ständigen Abklopfen der Aschekegel von zweiunddreißigtausend Zigarren hatten sie gebrochen. Und diesem Mann machte sie jenes letzte Zugeständnis einer Ehe, das umfassender und unwiderruflicher ist als das Gelöbnis, mit dem der Bund fürs Leben beginnt: Sie hörte ihm zu. Sie selbst sagte sich, dass die Jahre sie Toleranz gelehrt hatten. In Wirklichkeit hatten sie alles zunichtegemacht, was sie an Zivilcourage einst besessen haben mochte.

Sie machte ihn mit Anthony bekannt. «Das ist Mr. Pats», sagte sie.

Der Junge und der Alte gaben sich die Hand. Mr. Gilberts Hand war weich und wabblig wie eine ausgequetschte Grapefruit.

Danach begrüßten sich die Eheleute. Er wusste zu berichten, dass es draußen kälter geworden war. Er war zu Fuß zu einem Zeitungsstand in der Forty-fourth Street gegangen, weil er sich eine Zeitung aus Kansas City holen wollte. Eigentlich hatte er mit dem Bus zurückfahren wollen, aber es sei zu kalt gewesen zum Warten, «ja, ja, ja, ja, zu kalt».

Mrs. Gilbert gab seinem Abenteuer zusätzliche Würze, indem sie sich tief beeindruckt von dem Mut zeigte, mit dem er sich in die raue Luft hinausgewagt hatte.

«Das *war* aber schneidig», stieß sie bewundernd hervor. «Nein, so was von schneidig! Um nichts in der Welt hätte ich heute aus dem Haus gehen mögen.»

Mr. Gilbert überging diese Bekundung ehrfürchtiger Anerkennung mit männlichem Gleichmut. Er wandte sich an die beiden jungen Männer und fragte sie triumphierend zum Thema Wetter aus. Richard Caramel wurde aufgefordert, sich an den November in Kansas zu erinnern. Kaum aber hatte Mr. Gilbert ihm das Thema zugeschoben, riss er es wieder an sich, um dabei zu verharren, es hin und her zu wenden, auszuspinnen und ihm Saft und Kraft zu nehmen.

Erfolgreich wurde die These vorgebracht, dass die Tage irgendwie warm, aber die Nächte sehr angenehm gewesen waren, sodann einigten sie sich über die genaue Entfernung zwischen zwei Punkten auf einer von Dick leichtsinnigerweise erwähnten obskuren Eisenbahnlinie.

Anthony fixierte Mr. Gilbert mit starrem Blick und verfiel in eine Trance, durch die nach einer Weile Mrs. Gilberts lächelnde Stimme drang: «Mir kommt die Kälte hier feuchter vor … sie geht mir bis auf die Knochen.»

Da auch Mr. Gilbert just diese Bemerkung – mit einer entsprechenden Anzahl von Jas geziert – auf der Zunge gehabt hatte, konnte man es ihm nicht verdenken, dass er ziemlich unvermittelt das Thema wechselte. «Wo ist Gloria?»

«Muss jeden Augenblick kommen.»

«Kennen Sie meine Tochter, Mr. …?»

«Ich hatte noch nicht das Vergnügen. Dick spricht häufig von ihr.»

«Sie und Richard sind Vetter und Base.»

«Ach ja?» Anthony lächelte einigermaßen gequält. Er war das Zusammensein mit Älteren nicht gewohnt, und seine Lippen waren steif von übermäßiger Munterkeit. Wie nett, dass Gloria und Dick Vetter und Base waren … In der nächsten Minute gelang es ihm, seinem Freund einen hilfesuchenden Blick zuzuwerfen.

Richard Caramel meinte, sie müssten sich nun wohl leider verziehen.

Mrs. Gilbert bedauerte das außerordentlich.

Mr. Gilbert fand es schade.

Mrs. Gilbert fiel noch dahingehend etwas ein, dass sie sich sehr über den Besuch gefreut habe, auch wenn sie nur eine alte Dame vorgefunden hätten, die viel zu alt war, um mit ihnen zu flirten. Anthony und Dick belachten diesen Geistesblitz einträchtig im Dreivierteltakt.

Sie sollten doch bald einmal wiederkommen.

«Aber ja.»

Gloria würde es ganz schrecklich leid tun …

«Auf Wiedersehen …»

«Auf Wiedersehen …»

Lächeln!

Lächeln!

Bumm!

Zwei tieftraurige junge Herren gingen im zehnten Stock des «Hotel Plaza» den Gang hinunter in Richtung Fahrstuhl.

Hinter Maury Nobles attraktiver Trägheit, seiner Inkonsequenz und sanften Spottlust verbarg sich eine erstaunliche und überraschend reife Zielstrebigkeit. Bereits im College hatte er verkündet, er wolle drei Jahre mit Reisen verbringen und drei Jahre in völligem Müßiggang – um dann so schnell wie irgend möglich ungeheuer reich zu werden.

Die drei Reisejahre hatte er hinter sich. Den Eifer und Wissensdurst, mit dem er den Erdball bewältigt hatte und denen als Ausgleich ein gewisses spontanes Element fehlte, hätte man bei jedem anderen als pedantisch, fast wie Eigenschaften eines menschlichen «Baedekers» empfunden. In seinem Fall aber umgab diese Leistung ein Hauch geheimnisvoller Absicht, hintergründiger Planung – als sei es Maury Noble gleich dem Antichrist von der Vorsehung auferlegt worden, kreuz und quer die Erde zu bereisen, um sich die Billionen von Menschen anzuschauen, die sich auf ihr fortpflanzten, Tränen vergossen und sich hier und da gegenseitig totschlugen.

Nach Amerika zurückgekehrt, stürzte er sich mit der gleichen unbeirrbaren Tatkraft in die Suche nach dem Vergnügen. Er, der früher zu einem bestimmten Anlass nie mehr als ein paar Cocktails oder eine halbe Flasche Wein zu sich genommen hatte, brachte sich das Trinken bei, so wie er sich die griechische Sprache beigebracht haben würde; wie das Griechische sollte es das Tor zu einer Fülle neuer Empfindungen, neuer Seelenzustände, neuer freudiger oder kummervoller Reaktionen sein.

Seine Gewohnheiten gaben Anlass zu heimlicher Spekulation. Er bewohnte drei Zimmer einer Junggesellenwohnung in der Forty-fourth Street, war dort aber selten anzutreffen. Die Telefonistin hatte strenge Anweisungen, niemanden durchzustellen, wenn ihr nicht zuvor ein Name zur Weitergabe genannt worden war. Sie hatte eine Liste von fünf, sechs Leuten, für die er nie, und eine weitere Liste mit der gleichen Anzahl von Leuten, für die er immer zu sprechen war. Auf Letzterer standen Anthony Patch und Richard Caramel obenauf.

Maurys Mutter lebte bei ihrem verheirateten Sohn in Philadelphia, und dort verbrachte Maury gewöhnlich die Wochenenden, sodass es für Anthony, als er an einem Samstag in einem Anfall grässlichster Langeweile durch die frostigen Straßen streifte und auf gut Glück in den «Molton Arms» vorbeischaute, eine freudige Überraschung war, als man ihm sagte, Mr. Noble sei zu Hause.

Flinker noch als der schnelle Fahrstuhl schoss seine Stimmung in die Höhe. Wie schön, gleich mit Maury reden zu können, der sich ebenso über das Wiedersehen freuen würde, auch wenn sie beide ihre Zuneigung unter gutmütigen Sticheleien verbargen. Im Sommer wären sie ausgegangen, hätten genüsslich jeder einen langen «Tom Collins» getrunken und sich, während die Kragen erschlafften, die nur mäßig unterhaltsame Vorstellung eines müden Sommertheaters angetan. Heute aber war es kalt draußen, der Wind pfiff um die hohen Häuser, und der Dezember sah schon um die Ecke; da verbrachte man den Abend besser gemeinsam im sanften Lampenlicht, mit ein, zwei «Bushmill» oder einem Fingerhut von «Maurys Grand Marnier», indes die Bücher an der Wand wie Schmuckstücke glänzten und Maury breit und katergleich, eine göttliche Faulheit ausstrahlend, in seinem Lieblingssessel ruhte.

Da war er! Wohlig schloss sich der Raum um Anthony. Die Glut dieses starken, überzeugenden Geistes, des in seiner Gelassenheit fast orientalischen Temperaments wärmte Anthonys ruhelose Seele und schenkte ihr einen Frieden, der allenfalls mit dem vergleichbar war, den man einer dummen Frau verdankt. Es gilt, alles zu verstehen – oder alles als selbstverständlich hinzunehmen. Maury füllte tigergleich, katzengleich den Raum ganz aus. Der Wind draußen hatte sich gelegt, die Messingkerzenhalter auf dem Kaminsims leuchteten wie Altarkerzen.

«Wieso bist du heute hier?» Anthony breitete sich auf einem weichen Sofa aus und baute sich aus den Kissen eine Armstütze.

«Bin erst seit einer Stunde wieder da. *Thé dansant*. Ich bin so lange geblieben, dass mir der Zug nach Philadelphia davongefahren ist.»

«Erstaunlich, so lange zu bleiben», bemerkte Anthony verwundert.

«Stimmt. Was war bei dir?»

«Geraldine. Die kleine Platzanweiserin bei ‹Keith's›, du weißt schon …»

«Ah ja.»

«Kam gegen drei und ging gegen fünf. Eigenartiges Seelchen. Irgendwie geht sie mir unter die Haut. Sie ist so göttlich dumm.»

Maury schwieg.

«Du magst es glauben oder nicht», fuhr Anthony fort, «aber Geraldine ist sowohl was mich betrifft als auch sonst, soweit ich weiß, ein Muster an Tugend.»

Er kannte die junge Frau mit wenig Aufsehen erregenden und nomadischen Gewohnheiten seit einem Monat. Irgendjemand hatte sie beiläufig an Anthony weitergegeben, der sie amüsant fand und Spaß an den keuschen, feenhaften Küssen hatte, die sie ihm am dritten Abend ihrer Bekanntschaft geschenkt hatte, als sie im Taxi durch den Central Park gefahren waren. Sie hatte auch so etwas wie eine Familie – Onkel und Tante, beide vage Schatten, die eine Wohnung in dem Labyrinth der Hunderter-Straßen mit ihr teilten. Sie war eine vergnügliche Gesellschaft, umgänglich und erholsam. Weiter gedachte er das Experiment nicht zu treiben – nicht, weil er moralische Bedenken gehabt hätte, sondern weil er fürchtete, eine Liaison könne die zunehmende Abgeklärtheit seines Lebens stören.

«Sie hat zwei Angewohnheiten», teilte er Maury mit. «Einmal streicht sie sich das Haar über die Augen und pustet es dann weg, und zum Zweiten quittiert sie jede Bemerkung, die ihr zu hoch ist, mit einem ‹Du bist blö-ö-ö-d!› Für mich ist das faszinierend. Ich kann stundenlang dasitzen und mir anhören, wie sie immer mehr wahnhafte Symptome im Höhenflug meiner Fantasie findet.»

Maury regte sich in seinem Sessel. «Bemerkenswert, wie jemand so wenig begreifen und dennoch in einer so komplexen Kultur leben kann. Eine Frau wie sie nimmt das Universum als Selbstverständlichkeit hin. Vom Einfluss Rousseaus bis zu den Auswirkungen der Zollsätze auf ihr Abendessen sind ihr die Zusammenhänge völlig fremd. Sie ist aus dem Zeitalter der Lanzenspitzen heraus hierher versetzt worden – mit der Ausrüstung eines Bogenschützen, der in ein Pistolenduell geht. Man könnte die ganze Kruste der Geschichte wegreißen – und sie würde es nicht merken.»

«Über so eine Figur müsste unser Richard schreiben.»

«Du glaubst doch wohl nicht im Ernst, Anthony, dass sie es wert wäre!»

«Nicht mehr und nicht weniger als andere Leute.» Er gähnte. «Gerade heute habe ich mir gedacht, dass ich großes Vertrauen zu Dick habe. Solange er sich an Menschen hält und nicht an Ideen und solange seine Inspirationen aus dem Leben und nicht aus der Kunst kommen, glaube ich, dass er – eine normale Entwicklung vorausgesetzt – ein großer Mann werden kann.»

«Dass er ständig sein schwarzes Notizbuch zückt, beweist doch wohl, dass er aus dem Leben schöpft.»

Anthony stützte sich auf den Ellbogen und versetzte eifrig: «Er versucht, aus dem Leben zu schöpfen, so wie alle Schriftsteller es tun, bis auf die allerschlechtesten, aber die meisten leben von vorgekauter Nahrung.

Der Vorfall oder die Figur mag aus dem Leben gegriffen sein, doch gewöhnlich interpretiert der Schriftsteller beides im Sinne des letzten von ihm gelesenen Buches. Nehmen wir an, er begegnet einem Kapitän zur See und hält ihn für eine originelle Figur. In Wahrheit sieht er die Ähnlichkeit zwischen diesem Kapitän zur See und dem letzten, den Dana geschaffen hat oder wer immer sich diese Kapitäne ausdenkt, und deshalb weiß er, wie er seinen Kapitän aufs Papier zu bannen hat. Eine malerische Figur, einen originellen Typ kann Dick natürlich schildern, aber könnte er seine eigene Schwester präzise beschreiben?»

Daraufhin verbreiteten sie sich eine halbe Stunde über Literatur.

«Ein Klassiker», erklärte Anthony, «ist ein erfolgreiches Buch, das die Reaktion der nächsten literarischen Periode oder der Folgegeneration überlebt hat. Danach ist es so sicher etabliert wie ein Bau- oder Möbelstil. Es hat eine malerische Würde erlangt, die über das rein Modische hinausgeht …»

Nach einer Weile verlor das Thema vorübergehend seinen Reiz. Das Interesse der beiden jungen Herren galt nicht unbedingt der Technik, sie waren vielmehr in Verallgemeinerungen verliebt. Anthony hatte vor Kurzem Samuel Butler entdeckt, und die knappen Aphorismen des Notizbuches dünkten ihn die Quintessenz der Kritik. Maury, dem die Härte seines Lebensplans zu einem gründlich abgeklärten Gemüt verholfen hatte, schien unvermeidlich der Klügere, aber von der Intelligenz her gab es zwischen ihnen keinen wesentlichen Unterschied. – Von den schönen Künsten kamen sie auf die Denkwürdigkeiten des vergangenen Tages zu sprechen.

«Bei wem war der Tee?»

«Bei den Abercrombies.»

«Und warum bist du so lange geblieben? Hast du eine umwerfende Debütantin kennengelernt?»

«Ja.»

«Tatsächlich?», fragte Anthony verblüfft.

«Nicht direkt eine Debütantin. Sie hat angeblich vor zwei Jahren in Kansas City debütiert.»

«Sozusagen altes Mädchen, wie?»

«Nein», erwiderte Maury belustigt. «Das ist das Letzte, was ich von ihr sagen würde. Sie wirkte … sie wirkte jünger als alle anderen.»

«So jung kann sie gar nicht gewesen sein, wenn du ihretwegen deinen Zug verpasst hast.»

«Jung genug. Bildschön.»

Anthony ließ sein einsilbig schnaubendes Lachen hören. «Du wirst langsam schon wieder kindisch, Maury. Was heißt bildschön?»

Maury sah hilflos ins Leere. «Ich kann sie nicht genau beschreiben, ich kann nur sagen, dass sie bildschön war. So … so ungeheuer lebendig. Sie aß Gummibonbons.»

«Was!»

«Eine lässliche Sünde gewissermaßen. Sie ist ein nervöser Typ, und bei so einem Tee, sagt sie, muss sie immer Gummibonbons essen, weil sie so lange auf einem Fleck herumstehen muss.»

«Was habt ihr erörtert? Bergson? Bilphismus? Die Frage, ob der Onestep unmoralisch sei?»

Maury war nicht zu erschüttern. «Wir haben tatsächlich über Bilphismus gesprochen. Ihre Mutter ist offenbar Bilphistin. Vor allem aber haben wir über Beine gesprochen.»

Anthony schüttelte sich vor Vergnügen. «Mein Gott! Über wessen Beine?»

«Ihre. Sie sprach ständig davon wie über erlesenen Nippes und machte einem große Lust, sie anzuschauen.»

«Ist sie Tänzerin?»

«Nein. Es stellte sich heraus, dass sie eine Cousine von Dick ist.»

Anthony richtete sich so plötzlich auf, dass eins der losen Kissen sich aufstellte wie ein lebendiges Wesen und mit einem Kopfsprung dem Fußboden zustrebte.

«Heißt sie Gloria Gilbert?»

«Ja. Ist sie nicht erstaunlich?»

«Das weiß ich nicht. Aber wenn du einen Langweiler kennenlernen willst, solltest du ihren Vater …»

«Ihre Familie», fiel ihm Maury mit großer Überzeugung ins Wort, «mag so jammervoll sein wie ein Rudel Klageweiber, doch sie ist eine durchaus echte und originelle Person. Äußerlich genau der Typ, der zu den Abschlussbällen von Yale geht, aber in Wirklichkeit ganz und gar anders.»

«Weiter», drängte Anthony. «Sobald mir Dick sagte, sie habe nicht die Spur von Hirn im Kopf, wusste ich, dass sie etwas Besonderes sein muss.»

«Hat er das gesagt?»

«Mit dem denkbar größten Nachdruck sogar.» Anthony gab wieder seine schnaubende Lache von sich.

«Also, was Dick bei Frauen unter ‹Hirn› versteht ...»

«... ist gediegenes literarisches Halbwissen», fiel ihm Anthony ins Wort.

«Eben! Was ihm dabei vorschwebt, ist der Typ Frau, der glaubt, dass der von Jahr zu Jahr fortschreitende moralische Niedergang des Landes eine ausnehmend gute Sache ist, oder der Typ, der darin eine ausnehmend gefährliche Sache sieht. *Pince-nez* oder Tändelschritt. Aber dieses Mädchen hat über Beine gesprochen. Und über Haut. Ihre eigene Haut. Immer ihre eigene. Sie hat mir erzählt, welche Art von Sonnenbräune sie im Sommer gern hätte und wie nah sie ihrer Vorstellung zu kommen pflegt.»

«Und du warst gefesselt von ihrer tiefen Altstimme.»

«Von ihrem tiefen Alt? Keineswegs. Von der Sonnenbräune. Ich fing an, mich ernsthaft mit dem Problem der Sonnenbräune zu befassen. Ich überlegte, welche Farbe ich nach meinem letzten Sonnenbad hatte. Sie konnte sich durchaus sehen lassen. Ein satter Bronzeton, wenn ich mich recht erinnere.»

Anthony versank hilflos lachend in den Kissen. «Sie hat dich richtig auf Touren gebracht! O Maury! Maury, der Lebensretter von Connecticut. Die menschliche Muskatnuss. Extrablatt: ‹Erbin verliebt sich in knackig pigmentierten Rettungsschwimmer und brennt mit ihm durch. Tasmanische Abstammung erst später entdeckt.›»

Maury erhob sich seufzend. Er ging zum Fenster und hob das Rouleau an. «Es schneit wie verrückt.»

Anthony, der noch immer leise in sich hineinlachte, antwortete nicht.

«Schon wieder Winter.» Maurys Stimme vom Fenster her war fast ein Flüstern. «Wir werden alt, Anthony. Bei Gott, ich bin siebenundzwanzig. Noch drei Jahre und ich bin dreißig und das, was Studenten ‹einen Mann in mittleren Jahren› nennen.»

Anthony schwieg einen Augenblick. «Maury, du *bist* schon alt», meinte er dann. «Erste Anzeichen eines ebenso ausschweifenden wie vertrottelten Greisenalters: Du hast den Nachmittag damit verbracht, über Sonnenbräune und Damenbeine zu reden.»

Mit einem jähen Ruck zog Maury das Rouleau herunter. «Blödmann! Und das von dir! Hier sitze ich, mein Junge, wie ich eine Generation lang oder länger sitzen werde, und sehe muntere Seelen wie dich und Dick und Gloria Gilbert an mir vorüberziehen, Seelen, die tanzen und singen und einander lieben und hassen und sich bewegen lassen, ständig bewegen lassen. Während mich nur das Fehlen von Bewegung bewegt. Ich werde hier sitzen, und der Schnee wird fallen – wäre doch nur ein Caramel da, um sich Notizen zu machen! –, und der nächste Winter wird kommen, und ich werde dreißig sein, und ihr, du und Dick und Gloria, werdet euch bewegen lassen wie eh und je und tanzend und singend an mir vorbeiziehen. Aber wenn ihr alle verschwunden seid, werde ich Aussprüche tun, die neue Dicks aufschreiben können, werde mir die Enttäuschungen, Zynismen und Emotionen neuer Anthonys anhören, ja, und mit neuen Glorias über die Sonnenbräune kommender Sommer sprechen.»

Die Flammen züngelten im Kamin hoch. Maury stocherte mit einem Schürhaken in der Glut und legte ein Scheit auf den Kaminbock. Dann setzte er sich wieder in seinen Sessel, und seine Stimme verlor sich in dem frisch aufflammenden Feuer, das mit roten und gelben Zungen an der Borke leckte.

«Schließlich bist du der junge Romantiker, Anthony. Der viel Sensiblere, der Angst davor hat, dass ihn jemand aus seiner Ruhe aufstört. Während ich immer wieder versuche, mich bewegen zu lassen, mich tausendmal verliere und doch immer ich bleibe. Nichts kann mich je wirklich aufwühlen … – Und doch», setzte er nach einer weiteren langen Pause halblaut hinzu, «hatte dieses kleine Mädchen mit ihrer lächerlichen Bräune etwas an sich, was ewig alt war – wie ich.»

Turbulenzen

Anthony drehte sich schläfrig im Bett um und begrüßte einen Fleck kalter Sonne auf seiner Steppdecke, auf der sich die Schatten der bleigefassten Fensterscheiben kreuzten. Der Morgen erfüllte sein Zimmer. Die geschnitzte Truhe in der Ecke, der uralte, unergründliche Kleiderschrank standen da wie dunkle Sinnbilder für die Fühllosigkeit der Materie. Nur der Teppich winkte ihm, vergänglich unter seinen vergänglichen Füßen, und der mit seinem Umlegekragen so überaus rollenunkonforme Bounds war aus einem Stoff gemacht, der so flüchtig war wie die frostige Atemwolke, die er von sich gab. Er war nah am Bett, die Hand, mit der er eben an der Bettdecke gezupft hatte, noch gesenkt, die dunkelbraunen Augen ungerührt auf seinen Herrn gerichtet.

«Bows!», brabbelte der schläfrige Gott. «Bist du das, Bows?»

«Ja, Sir.»

Anthony drehte den Kopf, riss die Augen auf und blinzelte triumphierend. «Bounds.»

«Ja, Sir.»

«Kannst du – uaahhhh!» Anthony überkam ein grässliches Gähnen, und er hatte das Gefühl, als ob der Inhalt seines Hirnkastens in einem unentwirrbaren Chaos durcheinanderfiel. Er versuchte es erneut. «Kannst du gegen vier kommen und Tee und Sandwiches oder so servieren?»

«Ja, Sir.»

Anthony überlegte, aber die rechte Erleuchtung wollte sich nicht einstellen. «Ein paar Sandwiches», wiederholte er hilflos. «Käsesandwiches und welche mit Marmelade und Huhn und Oliven vielleicht. Und lass mal heute das Frühstück sein.»

Die Anstrengung war zu groß. Ermüdet schloss er die Augen, drehte den Kopf, der gleich wieder schlaff auf das Kissen fiel, und ließ seinen Gliedmaßen, die nach Entspannung verlangten, ihren Willen. Aus einer Spalte seines Hirns kroch das schattenhafte, aber erbarmungslose Gespenst der vergangenen Nacht, das sich allerdings in diesem Fall nur als ein nicht enden wollendes Gespräch mit Richard Caramel entpuppte, der ihn um Mitternacht heimgesucht hatte. Sie hatten vier Flaschen Bier getrunken und trockenes Brot dazu gegessen, während Anthony sich den ersten Teil des «Demon Lover» hatte vorlesen lassen.

Nach vielen Stunden schlug eine Stimme an sein Ohr, die Anthony ignorierte, da der Schlaf sich wieder auf ihn gesenkt hatte und drauf und dran war, sämtliche Hirnwindungen in Besitz zu nehmen.

Plötzlich war er wieder wach. «Was?», fragte er.

«Wie viele, Sir?» Noch immer Bounds, der geduldig am Fußende des Bettes stand; Bounds, der seine untadeligen Manieren auf drei Herren verteilte.

«Wie viele was?»

«Ich müsste wissen, wie viele Gäste Sie erwarten, wegen der Sandwiches, Sir.»

«Zwei», krächzte Anthony. «Eine Dame und einen Herrn.»

«Danke, Sir.»

Bounds entfernte sich samt seinem schmachvollen Umlegekragen – ein Vorwurf für die drei Herren, die ihn je zu einem Drittel in Anspruch nahmen.

Nach geraumer Zeit erhob sich Anthony und bedeckte seinen schlanken, erfreulich anzusehenden Körper mit einem opalisierenden Morgenrock in Braun und Blau. Mit einem letzten Gähnen betrat er das Badezimmer, machte Licht über dem Ankleidetisch (das Badezimmer hatte kein Außenfenster) und musterte aufmerksam sein Spiegelbild.

Wie meist am Morgen fand er, dass er eine recht klägliche Erscheinung war. Nach dem Schlafen hatte sein Gesicht eine unnatürliche Blässe. Er zündete sich eine Zigarette an, las ein paar Briefe und warf einen Blick in die «Tribune».

Eine Stunde später saß er, rasiert und angekleidet, an seinem Schreibtisch und besah sich einen kleinen Zettel, den er aus seiner Brieftasche genommen hatte und der mit schwer leserlichen Notizen bedeckt war: «Termin bei Mr. Howland um fünf. Haareschneiden. Rechnung Rivers erledigen. Buchhandlung.»

Und darunter: «Bargeld auf Konto $ 690 (durchgestrichen), $ 612 (durchgestrichen), $ 607.»

Schließlich ganz unten hastig hingekritzelt: «Dick und Gloria zum Tee.»

Der Eintrag erfüllte ihn sichtlich mit Genugtuung. Sein Tag, der gewöhnlich ein qualliges, form- und rückgratloses Wesen war, hatte eine mesozoische Struktur angenommen, marschierte sicher, ja unbeschwert auf einen Höhepunkt zu, wie es sich für ein Bühnenstück, wie es sich für einen Tag gehört. Er fürchtete jenen Augenblick – der dem Tag das Rückgrat brechen würde –, wenn er die junge Frau endlich kennengelernt, mit ihr gesprochen und dann mit einer Verbeugung Abschied von ihrem Lachen genommen hatte, um zu dem traurigen Bodensatz in den Teetassen und dem abgestandenen

Geruch übrig gebliebener Sandwiches zurückzukehren.

Anthonys Tagen mangelte es zunehmend an Farbe. Er war sich dieser Tatsache ständig bewusst und führte sie manchmal auf ein Gespräch mit Maury Noble vor einem Monat zurück. Dass etwas so Naives, so Spießiges wie ein Gefühl der Nutzlosigkeit ihn bedrücken konnte, war grotesk. Aber es ließ sich nicht leugnen, dass ihn das höchst unwillkommene Überleben eines Fetischs vor drei Wochen in die Stadtbibliothek getrieben hatte, wo er auf Richard Caramels Leseausweis ein halbes Dutzend Bücher über die italienische Renaissance entliehen hatte. Dass diese Bücher noch immer so, wie er sie nach Hause getragen hatte, auf seinem Schreibtisch gestapelt waren, dass sie seine Verbindlichkeiten täglich um zwölf Cents vergrößerten, änderte nichts an der Tatsache, dass sie in Leinen und Leder gebundene Zeugen seiner Pflichtvergessenheit waren. Mehrere Stunden hatte Anthony sich mit einer heftigen, zutiefst beunruhigenden Panik herumschlagen müssen.

Zur Rechtfertigung seiner Lebensweise ließ sich natürlich zuerst die Sinnlosigkeit des Lebens anführen. Als Adjutanten und Diener, Pagen und Knappen dieses großen Khan gab es tausend Bücher, die in seinem Regal prangten, gab es die Wohnung selbst und das viele Geld, das ihm gehören würde, wenn der Alte dort oben am Fluss endlich an seiner Moral erstickt war. Vor einer Welt von Debütantinnen und der Dummheit vieler Geraldines war er zu seiner Erleichterung sicher; vielleicht sollte er Maurys katergleicher Reglosigkeit nacheifern und stolz die akkumulierte Weisheit vergangener Generationen auf seine Schultern nehmen.

Dagegen aber sprach etwas, was sein Hirn beharrlich als lästig erkannt hatte und behandelte, was ihn aber – wenn auch von der Logik abgehakt und beherzt mit Füßen getreten – durch den Novembermatsch in eine Bibliothek getrieben hatte, die keines der Bücher besaß, die er am dringendsten zu lesen wünschte. Es ist wohl nur recht und billig, Anthony so weit zu analysieren, wie er sich selbst analysieren könnte; alles darüber hinaus ist natürlich reine Mutmaßung. Er entdeckte in sich eine zunehmende Angst und Einsamkeit. Der Gedanke, allein zu essen, war ihm ein Gräuel; lieber dinierte er mit Männern, die er verabscheute. Das Reisen, das ihn einst bezaubert hatte, schien ihm inzwischen unerträglich – ein vordergründig bunter Zeitvertrieb ohne Gehalt, eine Phantomjagd nach dem Schatten seines eigenen Traums.

«Wenn ich im Grunde meines Wesens schwach bin», dachte er, «brauche ich eine Arbeit.» Arbeit … Es war ihm eine bedrückende Vorstellung, dass er letztlich doch nur mittelmäßig und ohne Tiefgang war, ohne Maurys Contenance oder Dicks Enthusiasmus. Er hielt es für ein Unglück, dass er keine Wünsche hatte – und trotzdem … Irgendetwas, ja irgendetwas wünschte er sich doch. Hier und da blitzte auch eine Ahnung davon auf, was es war – ein Weg der Hoffnung, der ihn zu dem ihn sehr nah und bedrohlich dünkenden Alter führen sollte.

Nach Cocktails und einem Imbiss im «University Club» fühlte sich Anthony wesentlich wohler. Er war zwei Leuten aus seinem Harvard-Jahrgang über den Weg gelaufen, und im Vergleich zu der grauen Schwere ihrer Gespräche schien ihm sein Leben bunt. Beide waren verheiratet; einer umriss beim Kaffee ein außereheliches Abenteuer, das der andere mit verbindlich anerkennendem Lächeln quittierte. Beide, fand Anthony, waren Mr. Gilberts im Embryonalzustand. Hatte sich erst die Zahl ihrer Jas vervierfacht und eine Spanne von weiteren zwanzig Jahren ihr Wesen verhunzt, waren sie nur noch obsolete, defekte Maschinen, vorgetäuscht, weise und wertlos, von den Frauen, die sie zerbrochen hatten, bis zur völligen Senilität umhegt und gepflegt.

In lockerer Jungenhaftigkeit sah er sich als eine Macht auf Erden. Mit dem Geld seines Großvaters würde er sich einen Sockel bauen, würde ein Talleyrand werden können, ein Lord Verulam. Mit Hilfe eines so klaren, weltklugen, wendig-intelligenten Geistes, ein Ziel vor Augen, das noch im Schoß der Zukunft verborgen lag, würde es ihm gelingen, eine Arbeit zu finden. Bei diesen Molltönen aber verflüchtigte sich sein Traum. Arbeit … Als Kongressabgeordneter? In der Streu dieses unsäglichen Schweinestalls wühlend als Kollege engstirniger, schmieriger Zeitgenossen, die er manchmal im Tiefdruckteil der Sonntagszeitung sah, dieser besseren Proletarier, die unbekümmert ihre Schuljungenideen vor der Nation ausbreiteten, kleine Leute mit Lesebuch-Ambitionen, die mit Hilfe des Mittelmaßes aus eben diesem Mittelmaß in den glanzlosen und unromantischen Himmel einer Regierung durch das Volk aufgestiegen waren. Und die Elite, ein Dutzend gescheiter Männer an der Spitze, war in ihrem egoistischen Zynismus damit zufrieden, in diesem Chor von weißen Schleifen und Kragenknöpfen aus Draht die Vorsänger für ein misstönendes Kirchenlied zu sein, in dem Wohlstand als Lohn der Tugend und Wohlstand als Beweis des Lasters wirr durcheinandergingen und man unentwegt den lieben Gott, die Verfassung und die Rocky Mountains hochleben ließ.

Lord Verulam! Talleyrand!

In seine Wohnung zurückgekehrt, kroch ihn erneut das Grau an. Von der Wirkung der Cocktails waren nur Schläfrigkeit, Benommenheit und Missmut geblieben. Lord Verulam? Schon der Gedanke hatte einen bitteren Beigeschmack. Er, Anthony Patch, der keinerlei Leistungen vorzuweisen hatte, der weder die Kraft noch den Mut besaß, sich der Wahrheit zu stellen. Ein anmaßender Narr war er, der einer Cocktailkarriere nachlief und schlappschwänzig und im Geheimen den Zusammenbruch eines unzureichenden, jämmerlichen Idealismus beklagte. Nachdem er seine Seele mit erlesenem Geschmack möbliert hatte, sehnte er sich jetzt nach dem alten Trödel zurück. Er war leer. Leer wie eine alte Flasche …

Der Summer ertönte. Anthony sprang auf und griff zum Sprechrohr. Gestelzt und albern ließ sich Richard Caramels Stimme vernehmen: «Ich melde Miss Gloria Gilbert.»

«Herzlich willkommen», sagte er lächelnd und öffnete einladend die Tür.

Dick verbeugte sich. «Gloria, das ist Anthony!»

«Ah so!», sagte sie und streckte eine kleine behandschuhte Hand aus.

Unter dem Pelzmantel trug sie ein blaues Kleid wie Alice im Wunderland, um dessen hochgeschlossenen Ausschnitt sich steife Spitze krauste.

«Darf ich Ihnen den Mantel abnehmen?» Anthony streckte die Arme aus und fing die pelzigbraune Fülle auf.

«Danke!»

«Wie findest du sie, Anthony?», fragte Richard Caramel brutal. «Ist sie nicht schön?»

«Na aber!», bemerkte sie herausfordernd und im Übrigen ungerührt.

Sie sah blendend aus und strahlte. Es war eine Qual, ihre Schönheit mit einem einzigen Blick zu erfassen. Ihr Haar hatte einen himmlischen Glanz und verbreitete Heiterkeit vor den Winterfarben des Zimmers.

Anthony ging hin und her und ließ wie ein Zauberer die Stehlampe in orangefarbener Pracht aufleuchten. Der kupferne Kaminblock sah in dem neugeschürten Feuer aus wie frisch poliert.

«Ich bin der reinste Eisblock», sagte Gloria beiläufig und sah sich um. Die Iris ihrer Augen waren von einem ganz zarten, durchsichtigen Bläulichweiß. «Famos, das Feuer. Wir haben eine Stelle entdeckt, wo man auf einer

Art Gitterrost stehen konnte und von unten mit warmer Luft angeblasen wurde, aber Dick wollte sich nicht aufhalten. Ich habe gesagt, er soll allein weitergehen und mir meine Freude lassen.»

Das klang durchaus konventionell. Es schien, dass sie zu ihrem eigenen Vergnügen und ganz ohne Mühe zu plaudern verstand.

Anthony, der an einem Ende des Sofas saß, musterte ihr Profil vor der Lampe, die wunderbare Regelmäßigkeit von Nase und Oberlippe, das Entschlossenheit andeutende Kinn, das so vollkommen mit dem ziemlich kurzen Hals harmonierte. Auf einer Fotografie würde sie klassisch, fast kalt wirken, aber mit dem Leuchten im Haar und auf den Wangen war sie, von robuster Frische und zugleich zerbrechlich, für ihn der lebendigste Mensch, dem er je begegnet war.

«Einen so passenden Namen wie Ihren gibt's wirklich nicht noch einmal», sagte sie; es klang, als spräche sie noch immer mit sich selbst. Einen Moment ruhte ihr Blick auf ihm, um dann hastig an ihm vorbei zu den italienischen Wandlampen zu gleiten, die sich wie leuchtende gelbe Schildkröten an die Tapete klammerten, zu den vielen Bücherreihen, dann zu dem ihr gegenüber sitzenden Cousin. «Anthony Patch. Von Rechts wegen müssten Sie wie ein Pferd aussehen, ein langes schmales Gesicht haben und in Lumpen gehen.»

«Weil in ‹Patch› etwas vom Clown, aber auch etwas von Flickwerk steckt? Gewiss, doch das ist ja nur mein Familienname. Wie muss Anthony aussehen?»

«Sie sehen aus wie Antonius», versicherte sie ernsthaft … er hatte den Eindruck, dass sie ihn kaum wahrgenommen hatte …, «mächtig majestätisch und feierlich.»

Anthony lächelte leicht gequält.

«Eigentlich mag ich alliterierende Namen. Nur meinen nicht, der ist mir zu bombastisch. Ich habe einmal zwei Mädchen gekannt, die Jinks hießen. Nicht auszudenken, wenn ihre Eltern ihnen andere Vornamen gegeben hätten. Judy Jinks und Jerry Jinks. Lustig, nicht?» Der kindliche Mund war halb geöffnet und erwartete eine Antwort.

«In der nächsten Generation», meinte Dick, «werden alle Peter oder Barbara heißen, weil derzeit sämtliche reizvollen literarischen Figuren Namen wie Peter oder Barbara haben.»

Anthony setzte die Prophezeiung fort: «Da die Heldinnen der letzten Generation sich mit Namen wie Gladys und Eleanor schmückten, die derzeit ihre gesellschaftliche Blütezeit erleben, wird man sie in der nächsten Generation an die Ladenmädchen weitergeben …»

«… die dann Ella und Stella verdrängen werden», fiel Dick ihm ins Wort.

«Und Pearl und Jewel», ergänzte Gloria lebhaft, «und Earl und Elmer und Minnie.»

«Und dann», sagte Dick, «werde ich den altmodischen Namen Jewel wieder hervorholen, ihn einer ausgefallenen und sympathischen Romanfigur geben und ihm damit zu neuem Glanz verhelfen.»

Gloria nahm den Faden auf und führte ihn weiter,

mit einer am Satzende leicht, fast scherzhaft ansteigender Stimme, als wolle sie sich damit mögliche Unterbrechungen verbitten, und dazwischengeschobenen angedeuteten kleinen Lachern. Von Dick wusste sie, dass Anthonys Diener Bounds hieß, was sie famos fand. Dick hatte sich ein etwas lahmes Wortspiel über Bounds geleistet, der als «Patchworker» angestellt sei, aber wenn es etwas Schlimmeres als ein Wortspiel gäbe, sagte sie, sei das jemand, der es unweigerlich mit einem gespielt vorwurfsvollen Blick quittierte.

«Wo sind Sie geboren?», fragte Anthony. Er wusste es, aber vor ihrer Schönheit flogen die Gedanken davon.

«Kansas City, Missouri.»

«Im gleichen Jahr, als sie da das Zigarettenrauchen verboten haben.»

«Ist das in Kansas City verboten? Ich erkenne die Hand meines tugendhaften Großvaters.»

«Er ist ein Reformer oder so was, nicht?»

«Ich schäme mich für ihn.»

«Ich auch», gestand sie. «Ich verabscheue Reformer, besonders wenn sie mich reformieren wollen.»

«Kommt das oft vor?»

«Andauernd! Ständig heißt es: ‹Ach, Gloria, wenn du so viele Zigaretten rauchst, wirst du dir deinen schönen Teint verderben!› und ‹Ach, Gloria, warum heiratest du nicht und kommst endlich zur Ruhe?›»

Anthony stimmte ihr mit Nachdruck zu und überlegte gleichzeitig, wer wohl die Kühnheit besessen hatte, mit ihr in diesem Ton zu sprechen.

«Und dann», fuhr sie fort, «sind da all diese spitzfindigen Reformer, die dir wilde Geschichten erzählen, die sie über dich gehört haben, und beteuern, wie sie deinen Ruf verteidigt hätten.»

Er sah, dass ihre Augen jetzt grau waren, sehr ruhig und kühl, und als sie auf ihm ruhten, begriff er, was Maury damit gemeint hatte, als er meinte, sie sei sehr jung und sehr alt zugleich. Sie sprach – wie ein bezauberndes Kind – ständig von sich, und was sie über ihre Vorlieben und Abneigungen sagte, war ungekünstelt und spontan.

«Ich muss gestehen», sagte Anthony ernsthaft, «dass sogar ich etwas über Sie gehört habe.»

Mit einem Schlag hellwach, richtete sie sich auf. Die Augen, grau und zeitlos wie eine Klippe aus weichem Granit, hefteten sich auf ihn. «Das muss ich hören! Ich werde es Ihnen auch glauben. Ich glaube immer alles, was man mir über mich erzählt. Geht es euch auch so?»

«Absolut!», beteuerten die beiden Herren einstimmig.

«Also erzählen Sie!»

«Soll ich wirklich?», fragte Anthony neckend und lächelte unwillkürlich über ihr gespanntes Interesse, ihre fast komisch anrührende Selbstbezogenheit.

«Er meint deinen Spitznamen», sagte ihr Vetter.

«Was für einen Namen?», fragte Anthony höflich erstaunt.

Sofort wurde sie verlegen – dann lachte sie, ließ sich in die Kissen zurückfallen und sah zur Decke. «Vom Atlantik zum Pazifik – Gloria.» Das Lachen in ihrer Stimme war so undeutbar wie die wechselnden Schatten, die zwischen Feuer und Lampe über ihr Haar spielten. «O Himmel!»

Anthony tappte noch immer im Dunkeln. «Was ist damit gemeint?»

«Ich bin damit gemeint. Den Namen haben ein paar alberne Jungen für mich erfunden.»

«So begreif doch, Anthony», schaltete Dick sich ein. «Landesweit notorisch, weil sie so oft auf Achse ist und so weiter. Hast du das noch nicht gehört? So nennt man sie schon seit Jahren – seit sie siebzehn ist.»

In Anthonys Blick stand etwas wie lachende Schwermut. «Wer ist nur dieser weibliche Methusalem, den du mir da mitgebracht hast, Caramel?»

Auf diese Bemerkung ging sie nicht ein, vielleicht missfiel sie ihr, denn sie kam rasch wieder auf das für sie wichtigere Thema zurück. «Was haben *Sie* über mich gehört?»

«Etwas über Ihren Körper.»

«Ist das alles?», fragte sie enttäuscht.

«Über Ihre Sonnenbräune.»

«Meine Sonnenbräune?», fragte sie erstaunt zurück. Sie hob die Hand zum Hals und ließ sie einen Augenblick dort ruhen, als spürten ihre Finger unterschiedlichen Farbschattierungen nach.

«Erinnern Sie sich an Maury Noble? Sie haben ihn vor etwa einem Monat kennengelernt und haben großen Eindruck auf ihn gemacht.»

Sie überlegte einen Augenblick. «Ja, richtig. Aber er hat mich nie angerufen.»

«Er hat sich wohl nicht getraut.»

Draußen war es inzwischen stockdunkel, und Anthony staunte, dass ihm seine Wohnung je grau vorgekommen war, so warm und freundlich wirkten die Bücher und Bilder an den Wänden, der brave Bounds, der, respektvoll im Hintergrund verharrend, nur aus dem Schatten heraustrat, um den Tee zu servieren, und die drei netten Menschen, zwischen denen über das muntere Feuer hinweg Wellen der Anteilnahme und der Heiterkeit hin und her gingen.

Unzufriedenheit

Am Donnerstagnachmittag trafen sich Gloria und Anthony zum Tee im Grillroom des «Plaza Hotel». Ihr pelzbesetztes Kostüm war grau – «weil man zu Grau einfach viel Farbe auftragen *muss*», erklärte sie –, und eine kleine Toque saß keck auf ihrem Kopf, unter der sich in lässiger Pracht das gelbe Haar wellte. In der helleren Beleuchtung kam sie Anthony sehr viel weicher vor – sie wirkte so jung, als sei sie allenfalls achtzehn. Ihre Figur unter dem engen Futteralkleid mit dem modischen Humpelrock war bemerkenswert schlank und geschmeidig, die Hände weder «künstlerisch» noch pummelig, sondern klein, wie Kinderhände sein sollten.

Als sie hereinkamen, spielte die Band die ersten klagenden Töne einer Maxixe, eine Melodie voller Kastagnetten und seichter, leicht melancholischer Geigenklänge, sehr passend für den überfüllten winterlichen Grillroom mit den Collegestudenten, die in Erwartung der kommenden Feiertage außer Rand und Band waren. Nach sorgfältiger Prüfung verschiedener Möglichkeiten führte Gloria ihn, wie er mit einigem Unmut konstatierte, auf Umwegen und vor aller Augen zu einem Zweiertisch am anderen Ende des Saals. Dort angekommen, blieb sie erneut nachdenklich stehen. Sollte sie sich an die rechte oder die linke Seite setzen? Ihre schönen Augen und ihr Mund waren sehr ernst, während sie ihre Wahl traf, und Anthony dachte bei sich, wie kindlich jede ihrer Bewegungen war; sie nahm sich vom Leben, was sie wollte, als bediente sie sich unermüdlich mit Geschenken für sich selbst von einem unerschöpflichen Ladentisch.

Zerstreut sah sie eine Weile den Tänzern zu, und als ein Paar dicht an ihnen vorbeiwirbelte, sagte sie halblaut: «Da ist ein hübsches Mädchen in Blau.» Als Anthony gehorsam hinsah, fügte sie hinzu: «Da! Nein, hinter Ihnen … dort!»

«Ja», bestätigte er hilflos.

«Sie haben es nicht gesehen.»

«Ich schaue lieber Sie an.»

«Ich weiß, aber sie war hübsch. Nur dass sie dicke Fesseln hatte.»

«Ach ja?», sagte er gleichgültig.

Ein anderes Paar tanzte ganz in ihrer Nähe vorbei, und die junge Frau grüßte.

«Hallo, Gloria! O Gloria!»

«Hallo, ihr!»

«Wer ist das?», fragte er.

«Weiß nicht. Irgend jemand.» Sie hatte ein neues Gesicht entdeckt. «Hallo, Muriel.»

Sie wandte sich an Anthony. «Das ist Muriel Kane. Attraktiv, aber nicht zu sehr.»

Anthony lachte anerkennend in sich hinein.

«‹Attraktiv, aber nicht zu sehr.›»

Sie lächelte und war plötzlich ganz bei der Sache. «Warum ist das lustig?», fragte sie rührend eindringlich.

«Es war einfach lustig.»

«Möchten Sie tanzen?»

«Möchten Sie?»

«Warum nicht? Aber vielleicht bleiben wir erst noch ein bisschen sitzen», entschied sie.

«Und reden über Ihre Person? Sie reden doch gern über sich, stimmt's?»

«Ja.» Sie lachte, bei ihrer Eitelkeit ertappt.

«Ihre Autobiografie hätte vermutlich das Zeug, zu einem Klassiker zu werden.»

«Dick sagt, dass ich keine Biografie habe.»

«Dick!», stieß er hervor. «Was weiß der über Sie?»

«Nichts. Aber er sagt, dass die Biografie jeder Frau mit dem ersten Kuss anfängt, der zählt, und endet, wenn ihr das letzte Kind in die Arme gelegt wird.»

«Er redet so, wie es in seinen Büchern steht.»

«Er sagt, dass ungeliebte Frauen keine Biografie haben. Sie haben eine Geschichte.»

Anthony lachte wieder. «Sie wollen doch nicht behaupten, eine ungeliebte Frau zu sein?»

«Nein, eigentlich nicht.»

«Warum haben Sie dann keine Biografie? Hat Ihnen noch niemand einen Kuss gegeben, der zählt?» Die Worte waren kaum heraus, da sog er scharf die Luft ein, als wollte er sie wieder zurückholen. Dieses *Kind!*

«Was heißt hier ‹zählt›? Ich weiß nicht, was Sie meinen», protestierte sie.

«Verraten Sie mir, wie alt Sie sind?»

«Zweiundzwanzig.» Sie machte ein ernstes Gesicht. «Was haben Sie gedacht?»

«Achtzehn.»

«Darauf werde ich mich demnächst wieder zurückziehen. Ich bin nicht gern zweiundzwanzig. Es ist mir grässlich, grässlicher als alles in der Welt.»

«Was? Zweiundzwanzig zu sein?»

«Nein. Alt zu werden und das alles. Zu heiraten.»

«Wollen Sie denn nicht heiraten?»

«Ich will keine Verantwortung tragen und einen Haufen Kinder haben, die ich versorgen muss.»

Sie zweifelte offensichtlich nicht daran, dass aus ihrem Mund alles gut klang. Fast atemlos wartete er auf ihre nächste Bemerkung, weil er damit rechnete, dass sie das Thema weiter ausführen würde. Sie lächelte, nicht amüsiert, aber liebenswürdig, und nach einer kleinen Pause fielen folgende Worte: «Ich wünschte, ich hätte ein paar Gummibonbons.»

«Die sollen Sie haben.» Er winkte einem Kellner und schickte ihn zum Zigarrenstand.

«Es stört Sie doch nicht? Ich liebe Gummibonbons.

Alle uzen mich, weil ich ständig kaue – solange mein Vater nicht dabei ist.»

«Aber nein … Wer sind eigentlich diese jungen Leute?», fragte er. «Kennen Sie die alle?»

«Nein, das nicht. Sie sind aus … ach, von überallher. Sind Sie denn sonst nicht hier?»

«Sehr selten. Ich mache mir nicht viel aus ‹netten Mädchen›.»

Sie wurde sofort hellhörig, wandte den Tänzern entschlossen den Rücken zu, lehnte sich zurück und fragte: «Was tun Sie denn so?»

Dank eines Cocktails war Anthony die Frage durchaus willkommen. Er war in gesprächiger Stimmung, außerdem wollte er auf diese junge Frau, deren Aufmerksamkeit so aufreizend unberechenbar war, die innehielt, um auf überraschenden Weiden zu grasen, und das Offenkundige überging, gern Eindruck machen.

Er wollte posieren, wollte sich ihr in neuem heroischen Licht zeigen, sie aus der Gleichgültigkeit herausreißen, die sie allem außer ihrer eigenen Person entgegenbrachte.

«Ich tue nichts», begann er und merkte, dass seine Worte nichts von der beabsichtigten weltmännischen Eleganz hatten. «Ich tue nichts, weil nichts, was ich tun könnte, die Mühe lohnt.»

«Ah ja?» Er hatte sie weder verblüfft noch ihr Interesse geweckt, aber sie hatte ihn zweifellos verstanden – sofern er etwas gesagt hatte, was das Verstehen lohnte.

«Mögen Sie keine faulen Männer?»

Sie nickte. «Doch, wenn sie mit Anmut faul sein können. Bringt ein Amerikaner das fertig?»

«Warum nicht?», fragte er leicht gekränkt.

In Gedanken hatte sie das Thema jedoch schon verlassen und war zehn Stockwerke höher gestiegen. «Mein Daddy ist mir böse», bemerkte sie nüchtern.

«Weshalb? Aber ich möchte doch wissen, warum es einem Amerikaner nicht möglich sein sollte, mit Anmut faul zu sein …» Und mit wachsender Sicherheit fuhr er fort: «Darüber muss ich mich wirklich wundern. Warum die Leute denken, jeder junge Mann müsste in den besten zwanzig Jahren seines Lebens zehn Stunden täglich in einem öden, fantasielosen und ganz gewiss nicht altruistischen Beruf in New York schuften, ist mir unbegreiflich.»

Er hielt inne. Sie bedachte ihn mit einem undeutbaren Blick. Vergeblich wartete er auf ein Wort der Zustimmung oder Ablehnung.

«Bilden Sie sich nie ein Urteil über irgendetwas?», fragte er eher gereizt.

Sie schüttelte den Kopf und sah wieder zu den Tanzenden hin. «Ich weiß nicht», erwiderte sie. «Ich verstehe nichts von dem, was Sie tun oder was die Leute tun oder lassen sollten.»

Sie verwirrte ihn und hemmte seinen Gedankenfluss. Noch nie hatte er sich dringender gewünscht und sich zugleich so schwer damit getan, über seine eigene Person zu sprechen. «Also ich eigentlich auch nicht», räumte er entschuldigend ein. «Aber …»

«Mir ist nur wichtig», fuhr sie fort, «ob die Menschen da, wo sie sind, am richtigen Ort sind, ob sie ins Bild passen. Es stört mich nicht, wenn jemand nichts tut – im Gegenteil, ich staune immer, wenn jemand etwas tut.»

«Sie wollen nichts tun?»

«Ich will schlafen.»

Er stutzte, als habe sie das wörtlich gemeint. «Schlafen?»

«Naja, so was Ähnliches … Ich möchte einfach faul sein und dass ein paar Leute um mich herum sind, die etwas tun, weil ich mich dann behaglich und sicher fühle, und ein paar andere, die rein gar nichts tun, weil sie charmant sein können und es nett ist, mit ihnen zusammenzusein. Ich will die Menschen nicht verändern und rege mich auch nicht über sie auf.»

«Sie sind eine merkwürdige kleine Deterministin», lachte Anthony. «Das ist also Ihre Welt?»

Sie warf ihm einen raschen Blick zu. «Ja. Solange ich … jung bin.» Sie hatte vor den letzten beiden Worten eine kleine Pause gemacht, und Anthony vermutete, dass sie ‹schön› hatte sagen wollen. Zweifellos war es das, was sie gemeint hatte.

Ihre Augen funkelten, und er rechnete mit weiteren Auslassungen zum Thema. Zumindest hatte er sie zum Reden gebracht. Erwartungsvoll beugte er sich vor.

Aber dann sagte sie nur: «Gehen wir tanzen!»

Jener Winternachmittag im «Plaza» war die erste einer Reihe von Verabredungen, die Anthony in den stimulierenden hektischen Tagen vor Weihnachten mit ihr hatte. Sie war ständig beschäftigt. Es dauerte lange, bis er herausgefunden hatte, in welcher Schicht der New Yorker Gesellschaft sie sich bewegte, aber im Grund spielte es für ihn wohl auch keine Rolle. Sie ging zu den halb öffentlichen Wohlfahrtsbällen in den großen Hotels; er sah sie ein paarmal auf Abendgesellschaften bei «Sherry's», und als er einmal auf sie warten musste, weil sie noch nicht fertig angekleidet war, ratterte Mrs. Gilbert, wieder einmal die Unternehmungslust der Tochter beklagend, ein erstaunliches Festtagsprogramm herunter, zu dem auch ein halbes Dutzend Bälle gehörte, für die Anthony Einladungen erhalten hatte.

Er verabredete sich mehrmals mit ihr zum Lunch und zum Tee, was stets in Eile absolviert werden musste und zumindest für ihn unbefriedigend war; sie war unausgeschlafen und zerstreut, konnte sich auf nichts konzentrieren und seinen Bemerkungen nicht folgen. Als er ihr nach zwei dieser faden Treffen vorwarf, sie speise ihn mit den schäbigen Resten ihres Tages ab, willigte sie lachend ein, ihn in drei Tagen zu einer richtigen *tea time* zu treffen, was sich als sehr viel erfreulicher erwies.

Als er an einem Sonntagvormittag kurz vor Weihnachten bei ihr vorsprach, geriet er in die Stille nach dem Sturm eines gewichtigen, aber geheimnisvollen Streits.

In einem Ton, in dem sich Empörung und Belustigung mischten, teilte sie ihm mit, sie habe einem Mann die Tür gewiesen – was Anthony zu wilden Spekulationen veranlasste –, besagter Mann habe an diesem Abend ein kleines Essen für sie geben wollen, und natürlich würde sie nun nicht hingehen.

Woraufhin Anthony sie zum Abendessen ausführte.

«Gehen wir irgendwohin», sagte sie, als sie im Aufzug nach unten fuhren. «Ich möchte gern zu einer Varietévorstellung.»

Erkundigungen an der Theaterkasse des Hotels ergaben, dass nur zwei Sonntag-Abendkonzerte zur Wahl standen.

«Die sind doch immer gleich», sagte sie unzufrieden. «Immer dieselben jiddischen Komiker. Aber ich möchte so gern irgendwohin!»

Um sie nicht merken zu lassen, dass er sich einigermaßen schuldbewusst überlegte, ob er ihr nicht einen konkreten Vorschlag hätte machen sollen, trug Anthony eine wissende Munterkeit zur Schau. «Wir gehen in ein gutes Cabaret.»

«Die kenne ich alle in- und auswendig.»

«Wir suchen uns ein neues.»

Sie war sichtlich schlechter Laune. Der graue Granit in ihren Augen hatte sich verhärtet. «Also dann los.»

Er folgte der selbst in der Pelzverhüllung anmutigen Gestalt zu einem Taxi und wies, als habe er eine bestimmte Lokalität im Sinn, den Fahrer an, zum Broadway und dann den Broadway hinauf nach Süden zu fahren. Er machte mehrere Anläufe, ein beiläufiges Gespräch zu beginnen, aber da sie sich in einen undurchdringlichen Panzer des Schweigens zurückgezogen hatte oder ihm mit Sätzen antwortete, die ebenso viel Trübsinn verbreiteten wie die kalte Dunkelheit im Taxi, gab er es auf und verfiel seinerseits in düsteres Schweigen.

Nach zehn, zwölf Blocks entdeckte Anthony eine große, ihm bislang unbekannte Leuchtreklame – den Schriftzug «Marathon» in grellem Gelb, verziert mit elektrischen Blättern und Blumen, deren Spiegelungen auf der nassglänzenden Straße abwechselnd aufblitzten und verloschen. Er beugte sich vor, klopfte an die Scheibe und erfuhr gleich darauf von einem farbigen Türsteher, dies sei in der Tat ein Cabaret. «Schönes Cabaret! Beste Vorstellung in der Stadt!»

«Wollen wir es wagen?»

Seufzend warf Gloria ihre Zigarette aus der offenen Tür des Taxis und folgte ihm. Gleich darauf hatten sie den breiten Eingang unter der schrillen Leuchtreklame passiert, und ein stickiger Aufzug beförderte sie in diesen unbesonnenen Tempel des Vergnügens.

Von den heiteren Lebensräumen der sehr Reichen und der sehr Armen, der sehr Flotten und der sehr Kriminellen – ganz zu schweigen von den neuerdings weidlich ausgeschlachteten Ultrabohemiens – erhalten die tief beeindruckten High-School-Mädchen aus Augusta, Georgia, und Redwing, Minnesota, Kenntnis nicht nur durch die bebilderten und geschönten Berichte der sonntäglichen Theaterbeilagen, sondern auch durch die schockierte und alarmierte Sichtweise eines Rupert Hughes und anderer Chronisten der hektischen Jahre Amerikas. Die Exkursionen Harlems auf den Broadway aber, die Teufeleien der Langweiler und die Lustbarkeiten der reputierlichen Bürger sind Geheimtipps, die den Beteiligten vorbehalten bleiben.

Derlei Tipps sprechen sich herum, und in so einer in vielsagendem Ton erwähnten Lokalität kommt am Samstag- und Sonntagabend eine ganz bestimmte sittliche Unterschicht zusammen, die aus den in den Witzblättern als «der Verbraucher» oder «die Öffentlichkeit» figurierenden kläglichen kleinen Leuten besteht. Sie haben sich vergewissert, dass besagte Lokalität drei Bedingungen erfüllt: Sie ist billig; sie ahmt mit einem Anflug trivial-mechanischer Melancholie Glanz und Glitzer der berühmten Cafés des Theaterviertels nach; und man kann – eine besonders wichtige Voraussetzung – mit «einem netten Mädchen» hingehen, was natürlich bedeutet, dass alle Gäste dort mangels Geld und Fantasie gleichermaßen harmlos, schüchtern und uninteressant sind.

Dort also kommen am Sonntagabend jene leichtgläubigen, sentimentalen, unterbezahlten und überarbeiteten Menschen zusammen, deren Berufsbezeichnung ein zusammengesetztes Hauptwort ist: Buchhalter, Fahrkartenverkäufer, Bürovorsteher, Handelsgehilfen und Post-, Kaufhaus-, Maklerbüro-, Bankangestellte. Sie bringen ihre kichernden, gestikulierenden, rührend prätentiösen Ehefrauen mit, die zusammen mit ihnen an Körperfülle zunehmen, ihnen zu viele Kinder schenken und hilflos und unzufrieden in einer grauen See stumpfsinniger Plackerei und enttäuschter Hoffnungen dahintreiben.

Sie nennen diese Talmilokale nach Pullmanwagen. Das «Marathon»! Die den Pariser Cafés entlehnten gewagten Vergleiche wären nichts für sie. Dorthin also gehen die braven Gäste mit ihren «netten Frauen», deren ausgehungerte Fantasie nur zu gern glauben möchte, dass die Atmosphäre vergleichsweise heiter und ausgelassen, ja sogar ein ganz klein wenig unmoralisch ist. Das Leben ist schön – wen kümmert das Morgen!

Eine hemmungslose Gesellschaft!

Anthony und Gloria setzten sich und sahen sich um. Am Nebentisch gesellten sich zu einer Vierergruppe gerade zwei Männer und eine junge Frau, die sich offenbar verspätet hatten. Das Gehabe der jungen Frau wäre eine soziologische Studie wert gewesen. Mehr scheinen als sein – das war offenbar ihre Devise. Mit Gesten, mit Worten und mit fast unmerklichen Signalen ihrer Lider gab sie vor, einer Klasse anzugehören, die ein wenig höher stand als die, mit der sie zur Zeit Umgang pflegte, dass sie sich noch vor Kurzem in höherer, dünnerer Luft bewegt hatte und in Kürze dorthin zurückkehren würde. Sie war so fein herausgeputzt, dass es fast wehtat. Der mit Veilchen garnierte letztjährige Hut war nicht weniger sehnsuchtsvoll prätentiös und offenkundig künstlich als sie selbst.

Amüsiert sahen Anthony und Gloria zu, wie die junge Frau Platz nahm und den Eindruck vermittelte, sie sei nur gnadenhalber hier. «Für mich», sagte ihr Blick, «ist das praktisch eine Expedition in die Slums, die es mit verharmlosendem Lachen und halben Entschuldigungen zu bemänteln gilt.»

Auch die anderen Frauen vermittelten mit leidenschaftlichem Eifer den Eindruck, dass sie sich zwar in der großen Menge aufhielten, ihr aber nicht angehörten. Diese Art Etablissement war nicht ihr Stil; sie waren nur vorbeigekommen, weil es in der Nähe und bequem zu erreichen war. Im Übrigen vermittelten sämtliche Gruppen im Raum diesen Eindruck, und er war womöglich gar nicht so falsch. Sie wechselten ständig die Gesellschaftsschicht – die Frauen, indem sie in höhere Kreise einheirateten, die Männer, indem sie unversehens zu erheblichem Wohlstand kamen: eine hinreichend absurde Reklameidee, eine himmlisch überhöhte Eiscremetüte … Bis dahin aber trafen sie sich hier zum Essen, verschlossen die Augen vor der Dürftigkeit, die sich in den selten gewechselten Tischdecken zeigte, in der Schludrigkeit der Darbietungen, vor allem im umgangssprachlich schlampigen Ton und der Vertraulichkeit der Bedienung. Man merkte, dass die Kellner nicht viel von ihren Gästen hielten, und erwartete jeden Augenblick, sie würden sich mit an den Tisch setzen.

«Fühlen Sie sich hier unwohl?», fragte Anthony.

Glorias Züge erhellten sich, und zum ersten Mal an diesem Abend lächelte sie. «Ich finde es herrlich», sagte sie aufrichtig.

Die grauen Augen musterten verträumt, müßig oder aufmerksam die einzelnen Gruppen und wanderten mit unverhülltem Vergnügen weiter, sodass Anthony in Muße die verschiedenen Aspekte ihres Profils, den wunderbar lebendigen Ausdruck ihres Mundes und die Distinktion von Gesicht und Figur bewundern konnte, die sie wie eine frische Blume in einer Kollektion von billigem Nippes erscheinen ließ. Als er sah, wie wohl sie sich fühlte, spürte er plötzlich eine beglückende Rührung, die ihm den Atem nahm, seine Nerven vibrieren ließ und seine Kehle mit dunkler, schwingender Erregung erfüllte. Stille senkte sich auf den Raum. Die rücksichtslosen Geigen und Saxofone, die Stimme der Veilchenhutfrau am Nebentisch – alles zog sich allmählich zurück, wurde zu einem schattenhaften Widerschein auf dem glänzenden Boden, und sie waren, so schien es ihm, zu zweit allein und unendlich fern in einer großen Ruhe. Die Frische ihrer Wangen war eine hauchzarte Projektion aus einem Land zarter, noch unentdeckter Schatten; ihre Hand, die auf dem fleckigen Tischtuch lag, war eine glänzende Muschel aus einer fernen, ganz jungfräulichen See …

Dann fiel das Trugbild jäh in sich zusammen, der Raum formierte sich um ihn, Stimmen, Gesichter, Bewegung; das grelle Deckenlicht wirkte wieder real, ja einschüchternd. Der Atem setzte erneut ein; das langsame Luftholen im Takt mit dieser gefügigen Herde, das Heben und Senken der Busen, das ewige, sinnlose Spiel und Wechselspiel und die Wiederholung von Worten und Sätzen – all das öffnete seine Sinne gewaltsam dem erstickenden Druck des Lebens; und dann vernahm er ihre Stimme, die so kühl war wie der eben vergangene Traum.

«Ich gehöre hierher», sagte sie halblaut. «Ich mag diese Leute.»

Einen Moment schien ihm, als sei dies ein hämisches und unnötiges Paradox, das sie ihm über die von ihr selbst geschaffene unüberbrückbare Distanz hinweg zuwarf. Sie wirkte jetzt geradezu verzückt. Ihr Blick ruhte auf einem semitischen Geiger, der sich im Takt mit dem schmachtendsten Foxtrott des Jahres in den Schultern wiegte.

«Something – goes
Ring-a-ting-a-ling-a-ling
Right in – your ear …»

Was sie jetzt, ganz und gar in ihrer Illusion befangen, zu ihm sagte, schien ihm wie eine Blasphemie aus Kindermund und machte ihn betroffen. «Ich bin wie sie. Wie Lampions und Papiergirlanden und die Musik dieser Tanzkapelle.»

«Sie sind eine junge Närrin», widersprach er leidenschaftlich.

Sie schüttelte den blonden Kopf. «Nein, wirklich … Sie müssten sehen … Sie kennen mich nicht.» Sie zögerte, und als sie ihn ansah, schien es, als sei sie überrascht, ihn hier zu entdecken.

«In mir ist etwas, was Sie wohl billig nennen würden. Woher ich es habe, weiß ich nicht, aber es äußert sich in so einer Umgebung, in schrillen Farben, greller Gewöhnlichkeit. Ich habe das Gefühl, als sei dies mein Platz. Diese Leute können mich akzeptieren, so wie ich bin, diese Männer würden sich in mich verlieben und mich bewundern, während die gescheiten Herren, die ich kenne, mich analysieren und mir sagen würden, dass ich aus diesem Grund dies und aus jenem Grund jenes bin.»

Anthony verspürte plötzlich den heftigen Wunsch, sie zu malen, sie festzuhalten, wie sie *jetzt* war und wie sie es, indes erbarmungslos eine Sekunde nach der andern vertickte, nie wieder sein würde.

«Was haben Sie eben gedacht?», fragte sie.

«Nur, dass ich kein Realist bin.» Und dann: «Nein, nur der Romantiker bewahrt die Dinge, die des Bewahrens wert sind.»

Aus seiner profunden Weitläufigkeit erwuchs Anthony die Erkenntnis – nichts Atavistisches oder Obskures, ja, im Grunde kaum etwas Physisches –, die sich aus den romantischen Anwandlungen vieler Generationen speiste: Dass sie ihn, während sie sprach und seinen Blick festhielt und den reizenden Kopf drehte, so tief bewegte, wie er noch nie zuvor bewegt worden war. Die Hülle, die ihre Seele umschloss, war ihm unversehens wichtig geworden – das war alles. Sie war eine strahlende, stetig größer werdende Sonne, die Licht ansammelte und speicherte, um es nach einer Ewigkeit in einem Blick, einem Satzfetzen jenem Teil seines Wesens zu schenken, der ganz der Schönheit und der Illusion hingegeben war.

3 DER CONNAISSEUR DER KÜSSE

Seit seiner Collegezeit als Redakteur des «Harvard Crimson» war das Schreiben Richard Caramels Traumberuf. In seinem letzten Studienjahr aber war er dem edlen Wahn verfallen, gewisse Menschen seien zum «Dienen» bestimmt, müssten in die Welt hinausziehen und ein vages sehnsuchtsvolles Etwas vollbringen, das ihnen unvergänglichen Lohn oder zumindest die persönliche Genugtuung einbringen würde, nach dem größten Nutzen für die größte Zahl gestrebt zu haben.

Seit Langem erschüttert dieser Geist Amerikas Hochschulen. Gewöhnlich setzt er bereits mit den unausgegorenen, oberflächlichen Eindrücken des ersten Studienjahres, zuweilen schon in der Internatsschule ein. Prosperierende, für ihre emotionalen Auftritte berühmte Propheten machen die Runde an Universitäten und arbeiten – indem sie die liebenswerten Schafe verschrecken und dem erwachenden Interesse und der intellektuellen Neugier, die Sinn und Zweck jeder Ausbildung sind, einen Dämpfer aufsetzen – ein mysteriöses Schuldbewusstsein heraus, das auf kindliche Missetaten und die immer präsente Bedrohung durch «die Frau» zurückgreift. Zu diesen Vorträgen gehen die kecken jungen Männer zum Johlen und Buhen und die ängstlichen, um die wohlschmeckende Pille zu schlucken, die – verabreichte man sie Bauersfrauen und frommen Apothekergehilfen – harmlos genug wäre, für künftige

«Führungspersönlichkeiten» aber eine gefährliche Medizin ist.

Dieser Oktopus war stark genug, einen geschmeidigen Fangarm um Richard Caramel zu schlingen. Im Jahr nach seiner Abschlussprüfung zog er ihn in die Slums von New York, wo er als Sekretär des «Vereins zur Rettung junger Ausländer» unter orientierungslosen Italienern rackerte. Ein Jahr lang quälte er sich auf diesem Posten, dann hielt er die Monotonie nicht mehr aus. Der Strom der Ausländer – Italiener, Polen, Skandinavier, Tschechen, Armenier – riss nicht ab, alle hatten sie die gleichen Beschwerden und die gleichen auffallend hässlichen Physiognomien und verströmten mehr oder weniger die gleichen Gerüche, bei denen er allerdings den Eindruck hatte, dass sie im Lauf der Monate noch vielfältiger und intensiver wurden. Die Schlussfolgerungen, die er im Hinblick auf die Zweckdienlichkeit dieses Dienstes zog, waren recht diffus, diejenigen, die seine eigene Rolle darin betrafen, hingegen klar und entschieden. Jeder beliebige gutherzige, von dem neuesten Kreuzzug entflammte junge Mann konnte an seiner Stelle bei diesem Bodensatz europäischer Einwanderer genauso viel bewirken wie er – und für ihn war es an der Zeit, mit dem Schreiben zu beginnen.

Er hatte in einem CVJM-Heim mitten in der Stadt gewohnt, aber nachdem er das hoffnungslose Unterfangen, aus Kieselsteinen Diamanten zu schleifen, aufgegeben hatte, zog er in die Außenbezirke und verdingte sich als Reporter bei der «Sun». Dort blieb er ein Jahr und schriftstellerte einigermaßen planlos nebenbei, bis eines Tages eine bedauerliche Begebenheit seiner Journalistenlaufbahn ein Ende machte.

An einem Februarnachmittag erhielt er den Auftrag, über eine Parade der Schwadron A zu berichten. Da heftige Schneefälle drohten, entschlummerte er stattdessen vor dem behaglich warmen Kamin und lieferte, nachdem er wieder aufgewacht war, in der Redaktion eine flüssig geschriebene Spalte über den gedämpften Hufschlag der Pferde im Schnee ab … Am nächsten Morgen bekam der Lokalredakteur für New York die Zeitung auf den Tisch, in der besagter Artikel angestrichen und mit der Bemerkung versehen war: «Verfasser feuern!» Auch die Schwadron A hatte offenbar den Schnee kommen sehen und die Parade verschoben.

Eine Woche später begann er mit seinem ersten Roman, dem «Demon Lover».

Im Januar, dem Montag der Monate, leuchtete Richard Caramels Nase in konstantem Blau, einem boshaften Blau, das einen an Flammen denken ließ, die einen Sünder umzüngeln. Sein Buch war fast fertig, und je mehr es sich der Vollendung näherte, desto stärker schien es ihn zu vereinnahmen, auszulaugen, zu überwältigen, bis er besiegt und ausgezehrt in seinem Schatten wandelte.

Nicht nur vor Anthony und Maury breitete er seine Hoffnungen, seine Großtuerei und seine Zweifel aus, sondern vor jedem, den er dazu bewegen konnte, ihm zuzuhören. Er suchte höfliche, aber verblüffte Verleger heim und erörterte seinen Roman mit Zufallsbegegnungen im «Harvard Club»; Anthony behauptete sogar, er habe an einem Samstagabend in den frostigen düsteren Tiefen einer Untergrundbahnstation in Harlem die Transposition des zweiten Kapitels mit einem belesenen Bahnsteigschaffner diskutiert. Seine neueste Vertraute war Mrs. Gilbert, die stundenlang mit ihm zusammensaß und in einem heftigen Kreuzfeuer zwischen Bilphismus und Literatur abwechselte.

«Shakespeare war Bilphist», beteuerte sie mit starrem Lächeln. «O ja. Er war Bilphist. Das ist bewiesen.»

Dick machte ein etwas verständnisloses Gesicht.

«Wenn du Hamlet gelesen hast, kannst du nicht daran zweifeln.»

«Nun ja, er ... er lebte in einem leichtgläubigeren, einem frömmeren Zeitalter.»

Doch mit halben Sachen wollte sie sich nicht begnügen. «Ja, aber Bilphismus ist eben keine Religion. Es ist die Wissenschaft aller Religionen.» Sie lächelte herausfordernd. Das war das *bon mot* ihrer Überzeugung. In der Anordnung dieser Worte lag etwas, was sich so eindeutig ihres Verstandes bemächtigt hatte, dass die Aussage über jede Notwendigkeit, sich selbst zu definieren, erhaben war. Vermutlich hätte sie jede in dieser strahlenden Formel verpackte Idee akzeptiert, die womöglich gar keine Formel war, sondern die *reductio ad absurdum* aller Formeln.

Dann aber kam ein wenig spät, aber umso triumphaler auch Dick auf seine Kosten. «Du hast doch sicher von der neuen Lyrikbewegung gehört. Nein? Das sind zahlreiche junge Dichter, die aus den alten Formen ausbrechen und viel Gutes zustande bringen. Ja, und mein Buch wird eben eine neue Prosabewegung einläuten, eine Art Renaissance.»

«Aber sicher», strahlte Mrs. Gilbert. «Aber sicher. Am Dienstag war ich bei Jenny Martin, der Handleserin, zu der die Leute nur so *strömen*. Ich habe ihr erzählt, dass mein Neffe ein großes Werk schreibt, und da hat sie gesagt, sie könnte mir die erfreuliche Mitteilung machen, dass er einen *Riesenerfolg* damit haben werde. Dabei hat sie dich noch nie gesehen und weiß nichts über dich, nicht einmal, wie du heißt.»

Nachdem er mit angemessenen Lauten seiner Verwunderung über diese verblüffende Begebenheit Ausdruck verliehen hatte, winkte Dick ihr Thema an den Straßenrand wie ein eigenmächtiger Verkehrspolizist und gab sich selbst freie Fahrt.

«Ich bin völlig absorbiert, Tante Catherine», beteuerte er. «Wirklich. Meine Freunde ziehen mich schon auf, aber ich weiß, dass es nur Spaß ist, und es stört mich nicht. Eine Portion Spaß muss man schon verstehen. Doch ich habe eben so etwas wie eine innere Überzeugung», schloss er düster.

«Ich sage ja immer, dass du eine alte Seele bist.»

«Mag sein.» Dick leistete keinen Widerstand mehr; er hatte kapituliert. Vielleicht war er wirklich eine alte, ja eine durch und durch morsche Seele. Dennoch brachte ihn die Wiederholung dieses Ausdrucks noch immer in Verlegenheit und jagte ihm eine Gänsehaut über den Rücken. Er wechselte das Thema. «Wo ist meine verehrte Cousine Gloria?»

«Irgendwo unterwegs.»

Dick überlegte. Sein Gesicht verzog sich im Ansatz zu einem Lächeln, wurde dann aber bemerkenswert ernst. «Ich glaube, mein Freund Anthony Patch ist in sie verliebt.»

Mrs. Gilbert fuhr zusammen und erstrahlte eine halbe Sekunde zu spät. Ihr «Wirklich?» klang wie Bühnengeflüster aus einem Kriminalstück.

«Ich glaube es jedenfalls», verbesserte sich Dick gewissenhaft. «Sie ist das erste Mädchen, mit dem ich ihn so oft gesehen habe.»

«Gloria», sagte Mrs. Gilbert scheinbar gleichgültig, «vertraut sich mir ja nie an, sie ist sehr verschwiegen. Ganz unter uns», sie beugte sich besorgt vor, sichtlich bemüht, nur den Himmel und ihren Neffen zum Zeugen ihres Geständnisses zu machen, «ganz unter uns: Es wäre mir lieb, wenn sie allmählich zur Ruhe käme.»

Dick stand auf und ging im Zimmer auf und ab, ein kleiner, rühriger, bereits rundlicher junger Mann, der die Hände auf unnatürliche Weise in die vorgewölbten Taschen gesteckt hatte.

«Ich will nicht behaupten, dass ich recht habe», verkündete er dem Stahlstich, einem typischen Hotelwandschmuck, der ihn im Bewusstsein seiner Reputierlichkeit geziert anlächelte. «Und ich möchte nicht, dass Gloria etwas von dem erfährt, was ich jetzt sage. Aber ich denke, unser verrückter Anthony interessiert sich für sie. Sehr sogar. Er redet ständig von ihr. Bei jedem anderen wäre das ein schlechtes Zeichen.»

«Gloria ist eine sehr junge Seele …», begann Mrs. Gilbert eifrig, aber ihr Neffe fiel ihr hastig ins Wort.

«Gloria wäre eine sehr junge Närrin, wenn sie ihn nicht heiraten würde.» Er blieb stehen und sah Mrs. Gilbert an. Sein Gesicht hatte sich zu einem Schlachtfeld voller Gräben und Krater verkrampft, als wolle er durch seine Aufrichtigkeit wettmachen, was seine Worte womöglich an Takt vermissen ließen. «Gloria ist eine wilde Hummel, Tante Catherine, sie ist nicht im Zaum zu halten. Wie sie es macht, weiß ich nicht, aber neuerdings gabelt sie die merkwürdigsten Männer auf und denkt sich offenbar nichts dabei. Und die Männer, mit denen sie durch New York gezogen ist, waren …» Er machte eine Pause, um Luft zu holen.

«Ja, ja, ja», trat Mrs. Gilbert mit dem schwächlichen Versuch dazwischen, ihr brennendes Interesse an diesen Auslassungen zu verbergen.

«Ja», fuhr Richard Caramel ernsthaft fort, «es war eben wirklich so, dass die Männer, mit denen sie früher herumgezogen ist, die Bekannten, mit denen sie sich umgeben hat, erstklassig waren. Das ist vorbei.»

Mrs. Gilbert blinzelte heftig. Ihr Busen bebte, hob sich, verharrte einen Moment in diesem Zustand, und dann folgte der ausgestoßenen Luft ein Schwall von Worten.

Das wisse sie wohl, stieß sie in hörbarem Flüsterton

hervor, o ja, Mütter wüssten um diese Dinge. Aber was solle sie machen? Er kenne Gloria, er kenne sie gut genug, um sich darüber im Klaren zu sein, wie hoffnungslos es sei, über sie bestimmen zu wollen. Gloria sei so verwöhnt – und zwar auf eine recht ungewöhnliche Weise. So sei sie bis zu ihrem dritten Lebensjahr gestillt worden. Vielleicht – man könne ja nie wissen – sei sie deshalb ein so gesundes, ein so widerstandsfähiges Mädchen geworden … Und seit ihrem zwölften Lebensjahr war stets ein Haufen von Jungen um sie herum, ein Schwarm. Mit sechzehn hatte sie angefangen, zu den Tanzabenden der Internatsschulen zu gehen, wenig später folgten die Colleges, und wohin sie auch kam – Jungen, Jungen, Jungen. Zuerst, etwa bis achtzehn, waren es so viele gewesen, dass keiner sich aus der Masse besonders hervorhob, dann aber begann sie Unterschiede zu machen.

Mrs. Gilbert wusste, dass es in den letzten drei Jahren etliche Affären gegeben hatte, alles in allem an die zehn oder zwölf. Manchmal mit Studenten, manchmal mit jungen Herren, die gerade ihren Abschluss gemacht hatten. Jede währte an die sechs Monate, und zwischendurch gab es noch kurze Liebeleien. Ein- oder zweimal hatte so eine Sache länger gedauert, und die Mutter hatte auf eine Verlobung gehofft, aber dann war immer wieder ein Neuer gekommen – und noch einer …

Die Männer? Die waren buchstäblich arm dran. Nur einer hatte sich einigermaßen würdevoll aus der Affäre gezogen, Carter Kirby aus Kansas City, ein blutjunger Kerl und sehr von sich eingenommen, sodass er eines schönen Tages auf seiner Eitelkeit davongesegelt war und sich am Tag darauf mit seinem Vater nach Europa eingeschifft hatte. Die anderen waren – kreuzunglücklich geworden. Sie bemerkten offenbar alle nicht, wann Gloria genug von ihnen hatte, dabei war sie nie absichtlich grausam. Sie riefen unentwegt an, schrieben ihr, versuchten zu ihr vorzudringen, fuhren ihr quer durchs Land hinterher. Der eine oder andere hatte sich Mrs. Gilbert anvertraut, ihr mit Tränen in den Augen erklärt, er würde über Gloria nie hinwegkommen ... Nichtsdestotrotz hatten zwei inzwischen geheiratet ... Gloria aber kannte keine Gnade. Mr. Carstairs rief bis heute pünktlich einmal in der Woche an und schickte Blumen, die Gloria inzwischen nicht mehr zurückschicken ließ, weil ihr das lästig war.

Mehrmals, mindestens zweimal nach Mrs. Gilberts Kenntnis, war eine Affäre bis zu einer heimlichen Verlobung gediehen – mit Tudor Baird und mit dem jungen Holcolme in Pasadena. Sie wusste das so genau, weil sie – «aber das bleibt unter uns, nicht wahr?» – unvermutet ins Zimmer gekommen war, als Gloria sich sehr ... sehr verlobt benommen hatte. Natürlich hatte sie mit ihrer Tochter nicht darüber gesprochen. Schließlich und endlich besaß sie als Frau Fingerspitzengefühl, außerdem hatte sie in beiden Fällen mit einer baldigen öffentlichen Ankündigung gerechnet. Doch dazu war es nicht gekommen. Gekommen war stattdessen der nächste Mann.

Szenen! Junge Männer, die in der Bibliothek auf und ab liefen wie Tiger im Käfig! Junge Männer, die sich auf dem Gang anfunkelten, wenn der eine kam und der andere ging! Junge Männer, die Gloria anriefen und erleben mussten, dass sie mir nichts, dir nichts ungehalten auflegte. Junge Männer, die mit Südamerika drohten … Junge Männer, die herzzerreißende Briefe schrieben. (Dick dachte sich, dass Mrs. Gilbert, obgleich sie nichts dergleichen verlauten ließ, womöglich den einen oder anderen dieser Briefe zu Gesicht bekommen hatte.)

Und auf der anderen Seite Gloria, die – zwischen Weinen und Lachen hin- und hergerissen, traurig, vergnügt, verliebt und nicht mehr verliebt, tief unglücklich, nervös, kühl – unermüdlich damit beschäftigt war, Geschenke zurückzuerstatten, in den gleichen Rahmen immer wieder andere Fotografien zu geben, heiß zu baden und neu anzufangen – mit dem Nächsten.

In diesem Stil ging es weiter. Nichts konnte Gloria versehren, verwandeln oder berühren. Und dann eröffnete sie ihrer Mutter eines Tages aus heiterem Himmel, dass Studenten sie langweilten. Sie sei fest entschlossen, zu keinem Collegeball mehr zu gehen.

Und damit hatte die Veränderung begonnen. Nicht, dass sie seltener als sonst Tanzen ging oder dass sie weniger Verabredungen gehabt hätte – aber die Verabredungen hatten nun einen anderen Anstrich. Bisher waren sie für Gloria eine Sache des Stolzes, des Selbstwertgefühls gewesen. Gloria Gilbert aus Kansas City war die wohl hofierteste und gesuchteste junge Schöne des Landes. Daran hatte sie sich bedenkenlos geweidet, hatte sich an der Menge gefreut, die sie umschwirrte, an den begehrenswerten Männern, die sich um sie rissen, der glühenden Eifersucht anderer junger Frauen, dem Fabulösen, um nicht zu sagen Skandalösen und den – wie sich ihre Mutter beeilte zu versichern – völlig aus der Luft gegriffenen Gerüchten, die über sie in Umlauf waren, zum Beispiel, dass sie eines Abends in einem Chiffon-Abendkleid in den Swimmingpool von Yale gestiegen sei.

Und aus der fast maskulinen Liebe zu diesem Leben, das so etwas wie eine blendend triumphale Karriere gewesen war, wurde plötzlich ästhetischer Überdruss. Sie zog sich zurück. Sie, die zahllose Partys beherrscht hatte, unter vielen zärtlich huldigenden Blicken duftig durch so viele Ballsäle geweht war, schien sich aus all dem nichts mehr zu machen. Wer sich jetzt in sie verliebte, wurde entschieden, fast böse abgewiesen. Sie ging unlustig mit den belanglosesten Männern aus. Wenn sie ihre Verehrer versetzte, tat sie das nicht wie früher in der unerschütterlichen Gewissheit, dass sie ohne Fehl und Tadel sei, dass die vor den Kopf Gestoßenen wie brave Haustiere wiederkämen, sondern teilnahmslos, ohne Verachtung, ohne Stolz. Nur noch selten wütete sie gegen die Männer; jetzt gähnte Gloria sie nur noch an. Es schien, sagte ihre Mutter, und das sei doch sehr sonderbar, als sei sie kalt geworden.

Richard Caramel hörte zu. Erst war er stehen geblieben, doch als sich die Auslassungen seiner Tante in die Länge zogen – die hier auf die Hälfte gekürzt und ohne die Randbemerkungen über die Jugend von Glorias Seele und Mrs. Gilberts Herzensnot wiedergegeben werden –, zog er sich einen Stuhl heran und lauschte aufmerksam, während sie unter Tränen und mit klagender Ratlosigkeit die lange Geschichte von Glorias Leben nachzeichnete. Als sie beim vergangenen Jahr angekommen war, bei den überall in New York herumliegenden Zigarettenstummeln in Aschenbechern mit Aufschriften wie «Midnight Frolic» und «Justine Johnson's Little Club», begann er zu nicken, erst langsam, dann immer schneller, bis sein Kopf, während sie im Stakkatoton zum Schluss kam, bizarr nach oben und unten ruckte wie ein Puppenkopf am Draht – was alles und was nichts bedeuten konnte.

Im Grunde war Glorias Vergangenheit ihm durchaus nicht neu. Er hatte sie mit dem Blick eines Journalisten verfolgt, da er gedachte, irgendwann einen Roman über sie zu schreiben. Doch im Augenblick überwog die familiäre Anteilnahme. Insbesondere hätte er gern Näheres über diesen Joseph Bloeckman gewusst, den er mehrmals mit ihr gesehen hatte, und was mit diesen beiden jungen Damen war, mit denen sie ständig zusammensteckte, «diese» Rachael Jerryl und «diese» Miss Kane. Insbesondere Miss Kane war nicht der Typ von Frau, der einem im Zusammenhang mit Gloria in den Sinn kam.

Doch der richtige Augenblick war verpasst. Nachdem Mrs. Gilbert den Hügel der Exposition erklommen hatte, schickte sie sich an, hurtig wie auf einem Skihang dem Kollaps entgegenzusausen. Ihre Augen waren wie ein blauer Himmel, den man durch zwei runde rote Fenster sieht. Das Fleisch um ihren Mund zuckte.

Und in diesem Augenblick öffnete sich die Tür, und auf der Bildfläche erschienen Gloria und die beiden bereits erwähnten jungen Damen.

Zwei junge Frauen

«Hallo!»

«Guten Tag, Mrs. Gilbert!»

Miss Kane und Miss Jerryl werden mit Mr. Richard Caramel bekannt gemacht. «Das ist Dick.» (Gelächter.)

«Ich hab' so viel von Ihnen gehört», erklärt Miss Kane halb kichernd, halb kreischend.

«Guten Tag», sagt Miss Jerryl schüchtern.

Richard Caramel versucht, im Herumgehen den Eindruck zu erwecken, als habe er eine bessere Figur. Er ist hin- und hergerissen zwischen seiner angeborenen Herzlichkeit und der Tatsache, dass er diese jungen Frauen für ziemlich ordinär hält – ganz und gar nicht der Farmover-Typ.

Gloria hat sich in ihr Schlafzimmer verzogen.

«Bitte setzen Sie sich», strahlt Mrs. Gilbert, die sich inzwischen wieder ganz erholt hat. «Legen Sie ab.»

Dick fürchtet, sie werde eine Bemerkung über das Alter seiner Seele machen, vergisst seine Bedenken aber, während er die gewissenhafte Betrachtung der beiden jungen Damen mit dem Blick des Schriftstellers fortsetzt.

Muriel Kane entstammte einer aufstrebenden Familie aus dem Osten von Oregon. Sie war nicht so sehr klein als kurz geraten – eine kühne Mischung aus Fülligkeit und Breite. Das schwarze Haar war kunstvoll frisiert. Dies und der sanfte, kuhäugige Blick und die zu roten Lippen erinnerten an Theda Barn, die prominente Filmschauspielerin. Die Leute sagten ihr ständig, sie sei ein «Vamp», was sie ihnen auch abnahm. Sie hegte den hoffnungsvollen Verdacht, man fürchte sie, und bemühte sich, in allen Lebenslagen eine Aura des Gefahrvollen um sich zu verbreiten. Wer als Mann mit einiger Fantasie begabt war, konnte die rote Fahne sehen, die sie ständig vor sich her trug und stürmisch flehend – aber mit wenig Erfolg – schwenkte. Auch war sie bemerkenswert gut informiert: Sie kannte die neuesten Schlager, und wenn einer auf dem Grammofon! abgespielt wurde, stand sie auf, wiegte die Schultern und schnippte mit den Fingern. Wenn keine Musik erklang, begleitete sie sich durch Summen.

Auch ihre Konversation war stets auf dem neuesten Stand. «Also, was soll's denn!», sagte sie und: «Ist mir schnuppe, wenn ich aus dem Leim gehe!» Oder: «Wenn ich diese Melodie höre, kann ich meine Füße einfach nicht bändigen. O Baby!»

Ihre Fingernägel waren zu lang und auffallend, poliert und unnatürlich glänzend. Ihre Kleidung war zu eng, zu modisch, zu lebhaft, ihr Blick zu schelmisch, ihr Lächeln zu geziert. Alles in allem wirkte sie geradezu kläglich überspannt.

Die andere junge Dame, eine offenkundig weniger grobschlächtige Erscheinung, war eine exquisit gekleidete Jüdin mit dunklem Haar und wunderschönem, milchig-blassem Teint. Sie wirkte scheu und zerstreut; beides verstärkte ihren reizvoll-zarten Charme. Die Eltern, Mitglieder der Episkopalkirche, besaßen drei elegante Geschäfte für Damenbekleidung auf der Fifth Avenue und hatten eine prunkvolle Wohnung auf dem Riverside Drive. Dick hatte, nachdem er sie kurz beobachtet hatte, den Eindruck, dass sie versuchte, Gloria nachzuahmen, und staunte wieder einmal, dass die Leute zur Nachahmung unweigerlich auf Unnachahmliches verfielen.

«Was wir erlebt haben, war absolut verrückt», berichtete Muriel voller Begeisterung. «Hinter uns im Bus saß eine Verrückte. Absolut und rettungslos plemplem. Ständig hat sie Selbstgespräche geführt, über irgendwas, was sie jemandem antun wollte. Ich bin fast umgekommen vor Angst, doch Gloria wollte einfach nicht aussteigen.»

Mrs. Gilbert sperrte beeindruckt den Mund auf. «Wirklich?»

«Eine Verrückte, ehrlich. Aber getan hat sie uns nichts, deshalb war's im Grunde schnuppe. Potthässliche Frau. Der Mann uns gegenüber hat gesagt, eine mit so einem Gesicht müsste von Rechts wegen Nachtschwester in einem Blindenheim sein; natürlich wollten wir uns ausschütten vor Lachen, da hat er versucht, sich an uns ranzumachen.»

Schließlich kam Gloria aus ihrem Zimmer, und aller Augen richteten sich auf sie. Die beiden anderen jungen Damen rückten unbeachtet und unbetrauert in den Hintergrund.

«Wir haben über dich gesprochen», sagte Dick rasch, «deine Mutter und ich.»

«Ah so?», sagte Gloria.

Eine Pause.

Muriel wandte sich an Dick. «Sie sind ein berühmter Schriftsteller, nicht?»

«Ich bin Schriftsteller», räumte er verlegen ein.

«Also ich sage immer», erklärte Muriel ernsthaft, «wenn ich Zeit hätte, alles aufzuschreiben, was ich erlebt habe, würde daraus ein famoses Buch.»

Rachael kicherte verständnisvoll. Richard Caramel verbeugte sich geradezu feierlich.

Muriel fuhr fort: «Aber wie Sie es schaffen, sich hinzusetzen und wirklich so was zu machen, ist mir unbegreiflich. Und Lyrik! Himmel, ich krieg' nicht einmal zwei Zeilen zustande, die sich reimen. Doch was soll's – ist schließlich schnuppe.»

Richard Caramel unterdrückte nur mit Mühe ein Lachen. Gloria kaute an einem mordsmäßigen Gummibonbon und sah missgelaunt aus dem Fenster.

Mrs. Gilbert räusperte sich und strahlte. «Aber die Sache ist eben die», sagte sie, als verkünde sie eine tiefe Weisheit, «dass Sie keine alte Seele sind – wie Richard.»

Die alte Seele seufzte erleichtert. Endlich war es heraus.

Dann erklärte Gloria plötzlich, als habe sie fünf Minuten darüber nachgedacht: «Ich gebe eine Party.»

«Bin ich auch eingeladen?», fragte Muriel.

«Ein Abendessen. Sieben Leute. Muriel und Rachael und ich und du, Dick und Anthony und dieser Noble – ich fand ihn nett – und Bloeckman.»

Muriel und Rachael schnurrten vor Entzücken. Mrs. Gilbert blinzelte und strahlte.

«Wer ist eigentlich dieser Bloeckman, Gloria?», fragte Dick beiläufig.

Sie witterte einen Hauch von Vorwurf.

«Joseph Bloeckman? Der Mann vom Film. Vizepräsident von ‹Films Par Excellence›. Er und Vater haben geschäftlich viel miteinander zu tun.»

«Aha.»

«Ihr kommt doch alle?»

Sie wollten alle kommen, und man einigte sich auf einen Tag in der kommenden Woche.

Dick stand auf, griff nach Hut, Mantel und Schal und lächelte in die Runde.

«Wiedersehen», sagte Muriel und winkte vergnügt. «Rufen Sie doch gelegentlich mal an.» Richard Caramel schämte sich für sie.

Beklagenswertes Ende des Chevalier O'Keefe

Es war Montag, und Anthony hatte Geraldine Burke zum Mittagessen ins «Beaux Arts» eingeladen. Anschließend gingen sie zusammen in seine Wohnung, er rollte den kleinen Tisch heran, auf dem seine Alkoholvorräte standen, und griff nach Vermouth, Gin und Absinth, um sich ein wenig aufzumöbeln.

Mit Geraldine Burke, Platzanweiserin bei «Keith's», vertrieb er sich nun schon seit einigen Monaten die Zeit. Sie verlangte so wenig, dass man sie gern haben musste. Nach einer betrüblichen Affäre mit einer Debütantin im vergangenen Sommer, bei der sich herausgestellt hatte, dass nach einem halben Dutzend Küssen eine Verlobung erwartet wurde, machte er einen Bogen um junge Damen aus seiner eigenen Gesellschaftsschicht. Es war nur zu leicht, ihre Unvollkommenheiten, eine physische Herbheit oder einen allgemeinen Mangel an persönlichem Takt etwa, kritisch zu betrachten. Aber für ein Mädchen, das Platzanweiserin bei «Keith's» war, galten andere Maßstäbe. Bei einer Vertrauten in besserem Dienstbotenrang tolerierte man Eigenschaften, die bei einer bloßen Bekannten aus den eigenen Kreisen unverzeihlich gewesen wären.

Geraldine, die sich am Fußende der Chaiselongue zusammengerollt hatte, betrachtete ihn aus leicht zusammengekniffenen, schräg stehenden Augen. «Du trinkst aber auch ständig», stellte sie unvermittelt fest.

«Kann schon sein», erwiderte Anthony leicht verwundert. «Du nicht?»

«Nein. Ich geh' manchmal auf Feste, einmal die Woche vielleicht, aber da bleibt es bei zwei oder drei Cocktails. Du und deine Freunde, ihr trinkt immer. Das kann doch nicht gesund sein.»

Anthony war fast ein bisschen gerührt. «Lieb von dir, dass du dir meinetwegen Sorgen machst.»

«Mach' ich mir wirklich.»

«So viel trinke ich aber gar nicht», beteuerte er. «Letzten Monat hab' ich drei Wochen lang keinen Tropfen getrunken. Und so richtig beschwipst bin ich nur einmal in der Woche.»

«Aber du trinkst jeden Tag irgendwas, und du bist erst fünfundzwanzig. Hast du gar keinen Ehrgeiz? Denk doch, wie es um dich steht, wenn du vierzig bist.»

«Ich hoffe von Herzen, dass ich das nicht erlebe.»

Sie schnalzte mit der Zunge. «Du bist blö-ö-d», sagte sie, während er sich den nächsten Cocktail mixte. Und dann: «Bist du mit Adam Patch verwandt?»

«Ja, er ist mein Großvater.»

«Wirklich?» Sie war sichtlich beeindruckt.

«Ja, wirklich.»

«Ulkig. Mein Vater hat mal für ihn gearbeitet.»

«Er ist ein wunderlicher alter Mann.»

«Ist er nett?», wollte sie wissen.

«Privat hält sich seine Widerwärtigkeit in Grenzen.»

«Erzähl mal.»

Anthony überlegte. «Er ist ganz verschrumpelt und

hat ein paar graue Haare, die immer windgezaust aussehen. Er ist sehr moralisch.»

«Er hat viel Gutes getan», erklärte Geraldine mit Nachdruck.

«Quatsch», höhnte Anthony. «Er ist ein frommer Trottel und ein Hohlkopf.»

Sie war schon beim nächsten Thema. «Warum wohnst du nicht bei ihm?»

«Warum logiere ich nicht in einem methodistischen Pfarrhaus?»

«Du bist blö-ö-d.» Wieder schnalzte sie missbilligend mit der Zunge.

Anthony überlegte, wie anständig dieses einfache kleine Mädchen im Grunde ihres Herzens war und wie moralisch sie auch dann noch sein würde, wenn die unvermeidliche Welle sie von der Sandbank der Wohlanständigkeit gespült hatte.

«Hasst du ihn?»

«Ich weiß nicht recht. Gemocht habe ich ihn nie. Wer mag schon Menschen, die etwas für einen tun?»

«Hasst er dich?»

«Komm, Geraldine!», sagte Anthony abwehrend und runzelte belustigt die Stirn. «Nimm noch einen Cocktail. Er ärgert sich über mich. Wenn ich eine Zigarette rauche, kommt er ins Zimmer und zieht die Nase hoch. Er ist ein Pedant, ein Langweiler und ein Heuchler. Wahrscheinlich würde ich dir das nicht sagen, wenn ich nicht ein bisschen getrunken hätte, aber im Grunde ist es wohl auch unwichtig.»

Geraldines Wissbegier war noch nicht gestillt. Sie hielt das unberührte Glas zwischen Zeigefinger und Daumen, und in ihrem Blick stand fast etwas wie Ehrfurcht. «Heuchler? Wie meinst du das?»

«Vielleicht ist er auch keiner», sagte Anthony ungeduldig, «aber er hat nichts für die Dinge übrig, die ich mag, und ich finde ihn ganz und gar uninteressant.»

«Hm.» Jetzt endlich schien sie zufrieden. Sie ließ sich auf das Sofa zurücksinken und trank langsam ihren Cocktail. «Du bist ein komischer Mensch», bemerkte sie gedankenvoll. «Da wollen dich wohl alle heiraten, weil dein Großvater reich ist?»

«Keineswegs. Verdenken könnte ich es ihnen zwar nicht, nur habe ich nicht die Absicht zu heiraten.»

Das nahm sie ihm nicht ab. «Eines Tages wirst du dich verlieben. Ganz bestimmt.» Sie nickte weise.

«Man soll seiner Sache nie zu sicher sein. Daran ist der Chevalier O'Keefe zugrunde gegangen.»

«Wer war denn das?»

«Eine Ausgeburt meiner blühenden Fantasie. Das einzige Geschöpf, das ich hervorgebracht habe.»

«Blö-ö-d», sagte sie freundlich und griff damit wieder zu der plumpen Strickleiter, mit der sie jede Kluft überbrückte und den ihr geistig Überlegenen nachkletterte. Unbewusst spürte sie, dass sie damit Distanz beseitigte und Menschen, deren Fantasie sie nicht nachvollziehen konnte, wieder in ihre Reichweite kamen.

«Nein, Geraldine», widersprach Anthony. «Bei meinem Chevalier darfst du nicht den Psychiater spielen.

Wenn du kein Verständnis für ihn aufbringen kannst, mache ich dich nicht mit ihm bekannt. Außerdem hätte ich gewisse Bedenken wegen seines zweifelhaften Rufes.»

«Ich denke doch, dass ich Verständnis für alles habe, was Hand und Fuß hat», erwiderte Geraldine leicht gereizt.

«Ja dann … Es gibt da zahlreiche Episoden aus dem Leben des Chevalier, die sicher amüsant wären.»

«Erzähl schon!»

«Was mich in diesem Zusammenhang an ihn denken ließ, war sein unzeitiges Ende. Es tut mir leid, wenn ich damit anfangen muss, doch es lässt sich nicht vermeiden, dass der Chevalier dein Leben gewissermaßen rücklings betritt.»

«Was war denn mit ihm? Ist er gestorben?»

«Ja, und zwar folgendermaßen: Er war Ire, Geraldine, so was wie ein Bilderbuch-Ire, ein wilder Kerl, der sich vornehm, aber dialektgefärbt auszudrücken wusste und rötliches Haar hatte. Als das ritterliche Zeitalter zu Ende ging, musste er Erin verlassen und begab sich natürlich nach Frankreich. Nun hatte der Chevalier O'Keefe die gleiche Schwäche wie ich, Geraldine. Er war ungeheuer empfänglich für Frauen aller Art und in allen Lebenslagen. Er war nicht nur sentimental, sondern romantisch, eitel, sehr leidenschaftlich, ein wenig blind auf einem und fast völlig blind auf dem anderen Auge. Ein männliches Wesen, das in diesem Zustand durch die Welt geht, ist so verletzlich wie ein zahnloser Löwe, und infolgedessen litt er zwanzig Jahre lang unsäglich unter zahlreichen Frauen, die ihn hassten, ausnutzten, langweilten, reizten, anekelten, sein Geld ausgaben, ihn zum Narren machten – kurzum, die ihn nach landläufiger Auffassung liebten.

Das war schlimm, Geraldine, und da der Chevalier, abgesehen von dieser einen Schwäche, dieser so ausgeprägten Anfälligkeit, ein Mann von scharfem Verstand war, beschloss er, sich ein für allemal dieser Belastung zu entziehen. Er begab sich deshalb zu einem sehr berühmten Kloster in der Champagne, das – man sehe mir den Anachronismus nach! – St. Voltaire hieß. In St. Voltaire war es den Mönchen zeitlebens verboten, sich im Erdgeschoss blicken zu lassen; sie mussten sich zu Gebet und Kontemplation in einen der vier Türme zurückziehen, die nach den vier Geboten der Klosterregel benannt waren: Armut, Keuschheit, Gehorsam und Schweigen.

Als der Tag gekommen war, an dem der Chevalier Abschied von der Welt nehmen sollte, war er vollkommen glücklich. Seine griechischen Bücher schenkte er seiner Wirtin, sein Schwert schickte er in einer goldenen Scheide dem König von Frankreich, und seine Andenken an Irland vermachte er dem jungen Hugenotten, der in seiner Straße Fisch verkaufte.

Dann ritt er nach St. Voltaire, schlug vor der Pforte sein Pferd tot und schenkte den Kadaver dem Klosterkoch.

Nachmittags um fünf Uhr fühlte er sich zum ersten Mal frei – für immer frei vom Sex. Frauen war der Zutritt zum Kloster verboten, Mönche durften das Erdgeschoss nicht betreten. Während er die Wendeltreppe zu seiner Klause hoch oben im Turm der Keuschheit hinaufstieg, blieb er einen Augenblick an einem offenen Fenster stehen, von dem aus man fünfzig Fuß auf die Straße herabsah. ‹Wie schön diese Welt ist, die ich verlasse›, dachte er, ‹die goldene Fülle der Sonne, die auf die lang gestreckten Felder fällt, die Gischt der Bäume in der Ferne, die stillen Weinberge, die über viele Meilen die Hänge mit frischem Grün überziehen.› Er stützte die Ellbogen aufs Fensterbrett und sah auf die kurvenreiche Straße herunter.

Wie der Zufall es wollte, kam in diesem Moment Thérèse, ein sechzehnjähriges Bauernmädchen aus dem Nachbardorf, auf der nämlichen Straße vorbei. Fünf Minuten zuvor war ihr das Band gerissen, das den Strumpf an ihrem hübschen linken Bein festhielt. Da sie ein Mädchen von seltener Schamhaftigkeit war, hatte sie bis zu ihrer Heimkehr warten wollen, um den Schaden zu beheben, aber die Sache störte sie so sehr, dass sie es einfach nicht mehr aushielt. Just unter dem Turm der Keuschheit blieb sie stehen und hob mit einer anmutigen Bewegung den Rock – so wenig wie möglich, das sei zu ihrer Ehre gesagt –, um das Strumpfband in Ordnung zu bringen.

Wie von einer unwiderstehlichen Riesenhand gezogen, lehnte sich der Novize im alten Kloster St. Voltaire aus dem Fenster. Immer weiter und weiter beugte er sich vor, bis sich plötzlich unter seinem Gewicht ein Stein lockerte, mit einem leisen, pudrigen Laut aus dem Mörtel brach und der Chevalier O'Keefe erst mit dem Kopf, dann mit den Füßen voran und schließlich in einer großen eindrucksvollen Drehung der harten Erde und ewiger Verdammnis entgegenstürzte.

Thérèse war von diesem Vorfall so erschüttert, dass sie den ganzen Heimweg im Laufschritt zurücklegte und zehn Jahre täglich insgeheim eine Stunde für die Seele des Mönchs betete, der sich an jenem unseligen Sonntagnachmittag den Hals und sein Gelübde gebrochen hatte.

Da man den Verdacht hegte, der Chevalier O'Keefe habe sich selbst entleibt, begrub man ihn nicht in geweihter Erde, sondern verscharrte ihn in einem nahe gelegenen Feld, wo er zweifellos noch viele Jahre den Boden gedüngt hat. So fand ein sehr tapferer, ritterlicher Gentleman sein Ende. Was sagst du dazu, Geraldine?»

Geraldine, die längst den Faden verloren hatte, konnte nur neckisch lächeln, ihm mit dem Zeigefinger drohen und zu ihrer bewährten Allzweckantwort greifen: «Blö-ö-d!», sagte sie. «Du bist ja bl-ö-ö-d!»

Sein schmales Gesicht war nett, fand sie, und seine Augen sehr sanft. Sie mochte ihn, weil er selbstbewusst, aber nicht eingebildet war und weil er – anders als die Männer, die sie vom Theater her kannte – jedes Aufsehen hasste. Was für eine sonderbare, sinnlose Geschichte! Aber die Sache mit dem Strumpfband hatte ihr gefallen.

Nach dem fünften Cocktail küsste er sie, und eine Stunde verging unter Lachen und zärtlichem Geplänkel, wobei die kurz aufflammende Leidenschaft rasch erstickt wurde. Um halb fünf sagte sie, sie sei verabredet, und richtete im Badezimmer ihr Haar. Sie hatte es abgelehnt, sich ein Taxi kommen zu lassen, und blieb noch einen Augenblick unter der Tür stehen.

«Du *wirst* heiraten», beharrte sie. «Wart's nur ab.»

Anthony hatte einen alten Tennisball in der Hand und ließ ihn vorsichtig mehrmals aufspringen, ehe er mit leiser Schärfe in der Stimme antwortete: «Du bist eine kleine Närrin, Geraldine.»

Sie lächelte herausfordernd. «Meinst du? Wollen wir wetten?»

«Das wäre auch närrisch.»

«Ach ja? Ich wette, dass du innerhalb eines Jahres verheiratet bist.»

Anthony ließ den Tennisball sehr heftig aufspringen. Es war einer der Tage, an denen er richtig hübsch war, fand sie; an die Stelle der Schwermut in den dunklen Augen war etwas wie Schwung und Tatkraft getreten.

«Also erstens, Geraldine», sagte er schließlich, «gibt es niemanden, den ich heiraten möchte. Zweitens habe ich nicht genug Geld, um zwei Leute zu ernähren. Drittens bin ich völlig dagegen, dass Menschen meines Schlags heiraten. Und viertens habe ich eine starke Abneigung, auch nur theoretische Überlegungen zu diesem Thema anzustellen.»

Aber Geraldine kniff lediglich durchtrieben die Augen zu, schnalzte mit der Zunge und sagte, sie müsse gehen. Es sei spät. «Ruf bald wieder an», mahnte sie, als er sie zum Abschied küsste. «Das letzte Mal hast du mich drei Wochen warten lassen.»

«Mach' ich», beteuerte er. «Bestimmt.»

Er schloss die Tür, kehrte ins Wohnzimmer zurück und blieb, den Tennisball noch in der Hand, einen Augenblick nachdenklich stehen. Er fühlte eine Anwandlung von Einsamkeit nahen, eine dieser Phasen, in denen er ziellos durch die Straßen streifte oder deprimiert und tatenlos am Schreibtisch saß und auf einem Bleistift herumkaute. Dies war eine Selbstvergessenheit ohne Trost, ein Verlangen, sich äußern zu können, das sich nicht Luft machen konnte, ein Gefühl, dass die Zeit verging, verschwendungssüchtig und ohne anzuhalten – gemildert nur durch die Überzeugung, dass es nichts zu verschwenden gab, da alle Bemühungen und Leistungen gleichermaßen sinnlos waren.

Erregt und mit lauter Stimme, denn er war verletzt und ratlos, stieß er hervor: «Kein Gedanke ans Heiraten, weiß Gott!»

Unvermittelt schleuderte er den Tennisball quer durchs Zimmer, wo er nur um ein Haar die Lampe verfehlte, noch ein paarmal hochfederte und dann auf dem Fußboden liegen blieb.

Für ihr Abendessen hatte Gloria einen Tisch in den «Cascades» des «Biltmore Hotel» reserviert, und als die Herren sich kurz nach acht draußen in der Lobby trafen, richteten sich sechs Männeraugen auf «diesen Bloeckman». Er war ein schon jetzt zur Fülle neigender, frisch und gesund wirkender Jude von etwa fünfunddreißig Jahren mit einem ausdrucksvollen Gesicht unter glattem sandfarbenem Haar; in geschäftlichem Zusammenhang hätten ihn die meisten Leute zweifellos als eine einnehmende Persönlichkeit bezeichnet. Er kam gemächlich auf die drei Jüngeren zu, die rauchend in einer Gruppe zusammenstanden und auf ihre Gastgeberin warteten, und stellte sich mit etwas zu dick aufgetragener Selbstsicherheit vor. Es darf trotzdem bezweifelt werden, ob er den Eindruck ironischer Distanz, den die Jüngeren zu erwecken suchten, so empfand; zumindest merkte man ihm nichts davon an.

«Sind Sie mit Adam J. Patch verwandt?», fragte er Anthony und stieß zwei schmale Rauchfäden aus sehr breiten Nasenlöchern.

Anthony bejahte leicht lächelnd.

«Feiner Mann», verkündete Bloeckman tiefsinnig. «Ein Prachtexemplar von einem Amerikaner.»

«Ja», bestätigte Anthony. «Das ist er wirklich.»

«Ich verabscheue diese halbgaren Burschen», dachte er verärgert. «Sie sehen aus, als müssten sie noch einmal in den Backofen. Wenigstens für eine Minute.»

Bloeckman schielte auf seine Uhr. «Zeit, dass die Damen auf der Bildfläche erscheinen ...»

Anthony wartete mit angehaltenem Atem. Tatsächlich, da kam es: «... aber man weiß ja, wie Frauen sind.» Das Lächeln wurde breiter.

Die drei jüngeren Herren nickten. Bloeckman sah sich lässig um, ließ seinen Blick kritisch auf der Decke ruhen und dann nach unten wandern. Er wirkte wie ein Farmer aus dem Mittelwesten, der seine Weizenernte begutachtet, und gleichzeitig wie ein Schauspieler, der sich fragt, ob man ihm auch zusieht – und unterschied sich damit in nichts von dem öffentlichen Auftreten aller guten Amerikaner.

Nachdem er seine Inspektion beendet hatte, wandte er sich rasch wieder dem zurückhaltenden Trio zu, entschlossen, diesmal alle Schranken niederzureißen. «Ihr seid bestimmt alle studierte Leute. Harvard, wie? Im Hockey haben die Burschen von Princeton euch ganz schön geschlagen.»

Schon wieder hatte der Ärmste danebengegriffen. Sie hatten ihr Studium vor drei Jahren beendet und interessierten sich nur noch für die großen Football-Spiele. Ob Mr. Bloeckman sich, nachdem auch dieser Geistesblitz ins Leere gegangen war, der zynischen Atmosphäre bewusst geworden wäre, steht dahin, denn ...

Gloria erschien. Muriel erschien. Rachael erschien. Nachdem Gloria ihnen ein kurzes «Hallo, Leute» zugerufen hatte, das die anderen beiden wiederholten, eilten alle drei in die Garderobe.

Wenig später schlich sich Muriel – raffiniert spärlich gewandet – an sie heran. Sie war in ihrem Element. Das rabenschwarze Haar war glatt zurückgekämmt, die Augen dunkel geschminkt, sie roch nach einem penetranten Parfüm und hatte sich nach besten Kräften als Sirene oder – wie man salopper sagte – als «Vamp» ausstaffiert, als eine Frau also, die sich die Männer greift und wieder wegwirft, die skrupellos und grundsätzlich ungerührt mit ihren Herzen spielt. Die Art, wie sie sich in diese Rolle hineingesteigert hatte, fesselte Maury auf den ersten Blick: eine Frau mit breiten Hüften, die eine panthergleiche Geschmeidigkeit zur Schau trägt! Während sie noch drei Minuten auf Gloria und der Höflichkeit halber auf Rachael warteten, konnte er den Blick nicht von ihr lassen. Immer wieder wandte sie den Kopf, senkte die Wimpern und biss sich auf die Unterlippe – ein Ausbund an Affektiertheit.

Sie legte die Hände an die Hüften, wiegte sich im Takt der Musik und sagte: «Ist euch jemals ein so famoser Ragtime untergekommen? Wenn ich so was höre, wollen meine Schultern einfach nicht stillhalten.»

Mr. Bloeckman klatschte galant. «Sie gehören von Rechts wegen auf die Bühne.»

«Das wär' was!», stieß Muriel hervor. «Würden Sie für mich den Geldgeber machen?»

«Aber ja.»

Mit einer kleidsamen Anwandlung von Bescheidenheit stellte Muriel ihre Verrenkungen ein, wandte sich an Maury und fragte ihn, was er dieses Jahr «gesehen» habe. Er deutete das als eine Frage, die auf die Welt des Theaters abzielte, und es kam zu dem folgenden munteren Frage-und-Antwort-Spiel.

MURIEL: Haben Sie «Peg of My Heart» gesehen?
MAURY: Nein.
MURIEL: *(eindringlich):* Es ist großartig, das müssen Sie einfach sehen.
MAURY: Sahen Sie «Omar, der Zeltmacher»?
MURIEL: Nein, aber es soll großartig sein, ich möchte unbedingt hin. Haben Sie «Fair and Warmer» gesehen?
MAURY: *(hoffnungsvoll):* Ja.
MURIEL: Find' ich nicht gut. Kitschig.
MAURY: *(matt):* Ja, das stimmt.
MURIEL: Aber ich war gestern Abend in «Within the Law», und das fand ich gut. Haben Sie «The Little Café» gesehen …?

So ging es weiter, bis ihnen keine Bühnenstücke mehr einfielen.

Inzwischen wandte sich Dick an Mr. Bloeckman, entschlossen, aus dieser nicht sehr vielversprechenden Ader ein Maximum an Gold zu fördern. «Ich habe gehört, dass Romane, sobald sie herauskommen, an die Filmgesellschaften verkauft werden.»

«Stimmt. Natürlich ist die Hauptsache bei einem Film eine starke Story.»

«Das glaube ich gern.»

«Viele Romane bestehen nur aus Geschwätz und Psychologie, und mit denen können wir natürlich nichts anfangen. So was kann man auf der Leinwand nicht interessant gestalten.»

«Ihnen geht es also zunächst um die Handlung», folgerte Richard genial.

«Natürlich. Zunächst um die Handlung ...» Er hielt inne. Die Pause dehnte sich und erfasste jetzt auch die anderen mit der Autorität eines warnend erhobenen Zeigefingers. Gloria, gefolgt von Rachael, war aus der Garderobe gekommen.

Während des Essens stellte sich unter anderem heraus, dass Joseph Bloeckman nicht tanzte, sondern die anderen, während die Musik spielte, mit der gelangweilten Nachsicht eines Erwachsenen unter Kindern beobachtete. Er war ein beachtlicher und ein stolzer Mann. In München geboren, hatte er seine berufliche Laufbahn in Amerika als Erdnussverkäufer in einem Wanderzirkus begonnen. Mit achtzehn war er Anreißer für Zirkusnebenvorstellungen gewesen, danach war er Impresario der Nebenvorstellung und wenig später Besitzer eines zweitklassigen Tingeltangels geworden. Zu dem Zeitpunkt, als der Film keine bloße Kuriosität mehr war und zu einer aufstrebenden Industrie wurde, war er ein junger Mann von sechsundzwanzig Jahren, der große Ambitionen, einiges Geld zum Investieren, den Willen zum Reichwerden und gute Kenntnisse im volksnahen Showgeschäft besaß. Die Filmindustrie hatte ihn hochgebracht, während sie Dutzende von Männern mit größeren finanziellen Fähigkeiten, mehr Fantasie und praktischen Ideen hatte fallen lassen. Und jetzt saß er da, beobachtete die unvergleichliche Gloria, um deretwillen der junge Stuart Holcome von New York nach Pasadena gegangen war, und wusste, dass der Tanz gleich zu Ende sein und sie sich dann links von ihm setzen würde.

Hoffentlich beeilte sie sich. Die Austern standen schon einige Minuten auf dem Tisch.

Inzwischen tanzten Gloria und Anthony, der links von ihm platziert worden war, immer auf einem bestimmten Viertel der Tanzfläche. Wären einzelne Herren zugegen gewesen, wäre dies eine taktvolle Huldigung an die junge Dame gewesen und hätte bedeutet: «Nicht abklatschen – untersteht euch!» Es war eine sehr bewusst intime Situation.

«Sie sehen heute besonders reizend aus», begann er.

Über die zehn, fünfzehn Zentimeter, die sie trennten, sah sie ihn an. «Danke … Anthony.»

«Sie sind geradezu beunruhigend schön», fügte er hinzu. Diesmal lächelte er nicht.

«Und Sie sind sehr charmant.»

«Wie nett!» Er lachte. «Wir sind also miteinander einverstanden.»

«Sind Sie das sonst nicht?», hakte sie rasch nach – wie immer, wenn sie eine noch so leichte und unklare Anspielung auf ihre Person witterte.

Gedämpft und allenfalls ganz leicht schäkernd, fragte er: «Ist ein Priester mit dem Papst einverstanden?»

«Ich weiß nicht – aber das ist das verquerste Kompliment, das mir je gemacht worden ist.»

«Ja, wenn Ihnen Gemeinplätze lieber sind …»

«Besten Dank, aber ich möchte nicht, dass Sie sich überanstrengen. Schauen Sie sich Muriel an!»

Er sah über die Schulter. Muriels glühende Wange lag auf dem Revers von Maury Nobles Smokingjacke, den gepuderten linken Arm hatte sie, wie es schien, um seinen Kopf geschlungen. Man fragte sich unwillkürlich, warum sie ihn nicht gleich am Genick packte. Die Augen blickten zur Decke und rollten hin und her. Die Hüften wogten, und beim Tanzen sang sie unablässig leise vor sich hin. Zunächst hörte es sich an wie die Übersetzung des Lieds in eine Fremdsprache, erwies sich aber dann als ein Versuch, das Taktmaß mit dem spärlichen Text anzufüllen, der ihr bekannt war, nämlich dem Titel:

«He's a rag-picker,
A rag-picker
A rag-time picking man
Rag-picking, picking, pick, pick
Rag-pick, pick, pick.»

und so weiter bis zu den merkwürdigsten und barbarischsten Variationen. Anthonys und Glorias belustigte Blicke quittierte sie nur mit einem leisen Lächeln bei halb geschlossenen Augen, als wollte sie deutlich machen, dass die Musik ihr tief in die Seele gedrungen war und sie in einen ekstatischen und überaus verführerischen Trancezustand versetzt hatte.

Der Tanz ging zu Ende, und sie kehrten an ihren Tisch

zurück, wo der in ernster Würde wartende Herr sich erhob und ihnen allen ein gewinnendes Lächeln schenkte, das aussah, als habe er ihnen gerade die Hand geschüttelt und zu einer hervorragenden Leistung gratuliert.

«Blockhead tanzt nie. Wahrscheinlich hat er auch ein Holzbein», sagte Gloria zu der ganzen Runde. Die drei jungen Herren waren leicht verdutzt, und der in Rede stehende Herr fuhr merklich zusammen.

Das war der einzige Stolperstein in Bloeckmans Beziehung zu Gloria: Sie ritt erbarmungslos auf seinem Namen herum. Erst hatte sie «Blockhouse» gesagt, neuerdings hatte sie sich auf den boshafteren «Blockhead», den Holzkopf, kapriziert. Er hatte sie mit einem deutlichen Unterton von Ironie ersucht, ihn doch beim Vornamen zu nennen, was sie gehorsam ein paarmal gemacht hatte, um dann hilflos, reuevoll, aber geschüttelt von Lachen wieder auf das «Blockhead» zurückzukommen.

Es war ein sehr betrübliches, gedankenloses Verhalten.

«Ich fürchte, Mr. Bloeckman hält uns für eine frivole Bande», seufzte Muriel und schwenkte eine Auster in seine Richtung.

«Den Eindruck habe ich auch», sagte Rachael halblaut.

Anthony versuchte sich zu erinnern, ob sie davor schon etwas gesagt hatte. Nein, es war wohl ihre erste Bemerkung an diesem Abend.

Mr. Bloeckman räusperte sich unvermittelt und sagte laut und deutlich: «Ganz im Gegenteil. Wenn ein Mann spricht, hat er eine Tradition von bestenfalls ein paar

Tausend Jahren im Rücken. Eine Frau dagegen ist das wunderbare Sprachrohr der Nachwelt.»

In der betroffenen Pause, die dieser erstaunlichen Bemerkung folgte, verschluckte sich Anthony an einer Auster und hob rasch die Serviette vors Gesicht. Rachael und Muriel schlugen ein leises, aber einigermaßen verwundertes Lachen an, in das Dick und Maury einstimmten. Beide waren rot angelaufen und drängten nur mit größter Mühe ihre stürmische Heiterkeit zurück.

«Großer Gott», dachte Anthony, «es ist ein Zwischentext aus einem seiner Filme, der Mann hat ihn auswendig gelernt.»

Nur Gloria hatte noch keinen Laut von sich gegeben, sondern sah Mr. Bloeckman vorwurfsvoll an. «Ja du lieber Himmel, wo haben Sie denn das ausgegraben?»

Bloeckman wirkte ein wenig unsicher, er wusste wohl nicht recht, worauf sie hinauswollte. Doch er fasste sich schnell und bedachte die Runde mit dem nachsichtigen liebenswürdigen Lächeln eines Intellektuellen, der sich von verzogener und unreifer Jugend umgeben sieht.

Die Suppe kam aus der Küche, gleichzeitig aber kam der Bandleader aus der Bar, wo er den in einem Krug Bier enthaltenen Klangfarben nachgespürt hatte. Man ließ die Suppe abkühlen, während man einer Ballade mit dem Titel «Alles ist zu Hause außer Ihrer Frau» lauschte.

Mit dem Champagner wurde der Tanzabend merklich lustiger. Die Männer – mit Ausnahme von Richard Caramel – tranken reichlich. Gloria und Muriel tranken jede ein Glas, Rachael Jerryl gar nichts. Bis auf die Walzer tanzten sie alles – nur Gloria schien nach einer Weile zu ermüden und zog es vor, rauchend am Tisch sitzen zu bleiben und ein gelangweiltes oder interessiertes Gesicht zu machen – je nachdem, ob sie Bloeckman zuhörte oder eine hübsche Frau unter den Tanzenden beobachtete. Mehrmals fragte sich Anthony, was Bloeckman ihr wohl zu sagen hatte, der an einer Zigarre kaute und nach dem Essen so gesprächig geworden war, dass er heftig zu gestikulieren begann.

Um zehn Uhr tanzte Gloria mit Anthony. Als sie außer Hörweite waren, sagte sie leise: «Tanzen Sie zur Tür hinüber, ich möchte zum Drugstore.»

Gehorsam führte Anthony sie durch die Menge in die gewünschte Richtung. In der Halle ließ sie ihn einen Augenblick stehen und tauchte gleich darauf mit einem Mantel über dem Arm wieder auf.

«Ich brauche Gummibonbons», sagte sie entschuldigend. «Sie ahnen nicht, weshalb ich sie diesmal brauche. Wenn ich keine kriege, muss ich an den Fingernägeln kauen.» Sie seufzte, und als sie in den leeren Aufzug stiegen, fügte sie hinzu: «Ich hab' den ganzen Tag schon so einen nervösen Biss. Pardon, das Wortspiel war nicht beabsichtigt. Gloria Gilbert, der weibliche Witzbold.»

Im Erdgeschoss ließen sie den Süßwarenstand des Hotels treuherzig links liegen, gingen stattdessen die breite vordere Treppe hinunter und fanden, mehrere Gänge passierend, einen Drugstore in der Grand Central Station. Nach sorgfältiger Prüfung des Angebots traf sie ihre Wahl. Dann schlenderten sie, einer nicht abgesprochenen Eingebung folgend, Arm in Arm nicht in die Richtung, aus der sie gekommen waren, sondern auf die Forty-third Street hinaus.

Schmelzwasser gluckste durch die Nacht; es war so viel wärmer geworden, dass eine tief auf dem Gehsteig dahinziehende Brise Anthony als eine Vision von Frühling und Hyazinthenduft anwehte. Das blaue Rechteck Himmel über ihnen, die Liebkosung des weichen Wehens um sie herum war wie die Illusion einer neuen Jahreszeit und eine Erquickung nach der stickig-verbrauchten Atmosphäre, aus der sie gekommen waren. Einen stillen Moment lang schienen der Verkehrslärm und das Gurgeln von Wasser im Rinnstein wie eine trügerisch überhöhte Fortsetzung jener Musik, zu der sie eben noch getanzt hatten.

Anthony hatte das deutliche Gefühl, dass seine nächsten Worte aus einer atemlosen Begehrlichkeit erwuchsen, die die Nacht in ihrer beiden Herzen entfacht hatte. «Nehmen wir ein Taxi, und fahren wir ein bisschen spazieren», schlug er vor, ohne sie anzusehen.

Ach, Gloria, Gloria!

Eine Droschke wartete am Straßenrand. Als sie sich in Bewegung setzte wie ein Boot auf einem weglosen Ozean und sich in der amorphen nächtlichen Masse der hohen Häuser, in dem bald gedämpften, bald schrillen Rufen und Rasseln verlor, legte Anthony den Arm um die junge Frau, zog sie an sich und küsste ihren kindlich feuchten Mund.

Sie schwieg. Sie hob ihr Gesicht, blass unter den Streifen und Fetzen von Licht, die ins Wageninnere drangen wie Mondschein durch Blättergewirr, zu ihm empor. Ihre Augen waren glitzernde Wellen in dem weißen See ihres Gesichts; der Schatten ihres Haars begrenzte mit überzeugend geheimnisvoller Dunkelheit die Stirn. Von Liebe keine Spur; nicht einmal ein Hauch von Liebe. Ihre Schönheit war kühl wie die feuchte Brise, wie ihre feuchten weichen Lippen.

«Du bist schön wie ein Schwan in dieser Beleuchtung», flüsterte er. Die Stille, die sie umgab, war wie raunendes Geräusch; es gab Pausen, die sich jeden Augenblick zu verflüchtigen drohten und deren Selbstvergessenheit er nur dadurch bewahren konnte, dass er die Arme fester um sie legte und spürte, dass sie darin ruhte wie eine aus dem Dunkel hereingewehte zarte Feder. Anthony lachte lautlos triumphierend und wandte das Gesicht ab, teils in einem überwältigenden Ansturm von Siegesfreude, teils aus Furcht, sein Anblick könne die herrliche Unbewegtheit ihres Ausdrucks zunichtemachen. So ein Kuss – das war eine Blume, die man ans Gesicht hielt, war etwas Unbeschreibliches, das sich kaum in der Erinnerung festhalten ließ; als gingen von ihrer Schönheit Schwingungen aus, die sich nur flüchtig und schon vergehend auf sein Herz legten.

Die Häuser verschwanden in zerfließenden Schatten; jetzt waren sie im Central Park, und nach geraumer Zeit zog majestätisch der große weiße Geist des Metropolitan Museum vorbei, dessen Mauern das Räderrollen des Motorwagens mit sonorem Widerhall zurückwarfen.

«Ach, Gloria! Gloria ...!»

Ihm schien, dass ihr Blick sich aus tausendjähriger Ferne auf ihn richtete. Alle Bewegung, die sie gespürt haben mochte, alle Worte, die sie hätte äußern können, hätten unangemessen gewirkt vor der Angemessenheit ihres Schweigens, unberedt vor der Beredtheit ihrer Schönheit – und des schlanken, kühlen Körpers, der ihm so nah war.

«Sag ihm, er soll umkehren», sagte sie halblaut. «Und sich auf der Rückfahrt recht beeilen.»

Oben im Restaurant war es heiß. Der mit offenen Servietten und Aschenbechern verunzierte Tisch wirkte alt und schmuddelig. Sie kamen in einer Tanzpause herein, und Muriel Kane sah sie ausnehmend schelmisch an.

«Wo habt ihr denn gesteckt?»

«Wir haben Mutter angerufen», erwiderte Gloria ungerührt. «Ich hatte es ihr versprochen. Haben wir einen Tanz versäumt?»

Es folgte ein Vorfall, über den, so unbedeutend er an sich war, Anthony viele Jahre später Anlass hatte nachzusinnen. Joseph Bloeckman hatte sich zurückgelehnt und fixierte ihn mit einem Blick, in dem sich mehrere Regungen auf seltsame und unentwirrbare Weise mischten. Er begrüßte Gloria lediglich, indem er sich wortlos erhob, und setzte sogleich sein Gespräch mit Richard Caramel über den Einfluss der Literatur auf den Film fort.

Das jähe, reine Wunder einer Nacht verblasst mit dem allmählichen Dahinsterben der letzten Sterne und der vorzeitigen Geburt des ersten Zeitungsjungen. Die Flamme zieht sich an ein fernes, reines Feuer zurück; die Weißglut ist aus dem Eisen, das rote Wabern aus der Kohle gewichen.

An Anthonys Bibliothek, die eine ganze Wand einnahm, kroch ein frostig-unverschämtes Lichtbündel entlang, das mit kalter Missbilligung Thérèse de France und Ann the Superwoman, Jenny vom Orientballett und Zuleika die Magierin – und Hoosier Cora – beleuchtete und dann ein Regalbrett weiter nach unten und in frühere Jahre wanderte, um dort mitleidsvoll auf den viel zu oft beschworenen Schatten von Helena, Thais, Salome und Kleopatra zu ruhen.

Anthony saß rasiert und gebadet in seinem weichsten Sessel und verfolgte den Lichtstrahl, bis er mit stetig höher steigender Sonne noch kurz auf den Seidenfransen des Teppichs verharrte und dann verlosch.

Es war zehn Uhr. Die zu seinen Füßen verstreute «Sunday Times» kündete mit Tiefdruckbeilage und Leitartikel, Gesellschaftsspalte und Sportteil davon, dass die Welt in der vergangenen Woche intensiv damit beschäftigt gewesen war, sich auf ein großartiges, wiewohl etwas verschwommenes Ziel hinzubewegen. Was Anthony anging, so war er einmal bei seinem Großvater, zweimal bei seinem Makler, dreimal bei seinem Schneider gewesen – und hatte in der letzten Stunde des letzten Tages der Woche ein sehr schönes und reizvolles Mädchen geküsst.

Als er heimkam, drängten sich in seiner Fantasie hochfliegende, unvertraute Träume. Plötzlich plagten ihn keine Fragen mehr, keine ewigen, zu immer neuen Lösungen anstehenden Probleme. Er hatte ein Erlebnis hinter sich, das weder geistiger noch physischer Art und auch nicht einfach eine Mischung aus beidem war, und die Lebenslust erfüllte ihn derzeit so sehr, dass nichts anderes Platz in seiner Seele hatte. Er war es zufrieden, dieses Erlebnis als isoliertes und einzigartiges Experiment zu betrachten.

Auf eine fast unpersönlich-sachliche Art war er davon überzeugt, dass keine Frau in seiner Bekanntschaft dem Vergleich mit Gloria standhielt. Sie war zutiefst sie selbst, und sie war unermesslich aufrichtig; beides stand für ihn fest. Die zwei Dutzend Schulmädchen und Debütantinnen, jungen Ehefrauen und kleinen Gelegenheitsfreundinnen, die er gekannt hatte, waren im Vergleich zu ihr nur Weibsbilder im verächtlichsten Sinne des Wortes, Zuchtkühe und Bruthennen mit einem Ruch nach Höhle und Kinderstube.

Soweit er es beurteilen konnte, hatte sie sich weder seinem Willen unterworfen noch seiner Eitelkeit geschmeichelt – wenn man nicht ihre Freude an seiner Gesellschaft als Schmeichelei bezeichnen wollte. Er hatte keinen Grund zu der Annahme, sie habe ihm etwas geschenkt, was sie anderen nicht geschenkt haben würde.

Und so sollte es sein. Die Vorstellung, aus diesem Abend könnte sich eine Liaison entwickeln, war ebenso fernliegend wie abstoßend. Und sie hatte den Vorfall mit einer entschlossenen Unwahrheit in Abrede gestellt und begraben. Schließlich waren sie zwei junge Menschen, die genug Fantasie hatten, Spiel von Wirklichkeit zu unterscheiden, die allein durch die Beiläufigkeit, mit der sie sich begegnet und weitergezogen waren, kundtaten, dass sie keinen Schaden genommen hatten.

Als er zu diesem Schluss gekommen war, ging er ans Telefon und rief im «Plaza Hotel» an.

Gloria war nicht dort. Ihre Mutter wusste weder, wohin sie gegangen war, noch, wann sie zurückkommen würde.

Und an dieser Stelle beschlich ihn das erste Unbehagen. Dass Gloria nicht zu Hause war, hatte etwas Gefühlloses, fast Anstößiges. Anthony hegte den Verdacht, dass sie ihm durch ihr Ausgehen bewusst einen Nachteil hatte verschaffen wollen. Bei ihrer Rückkehr würde sie von seinem Anruf erfahren und lächeln. Überaus diskret lächeln. Er hätte ein paar Stunden warten sollen, um deutlich zu machen, wie belanglos der Vorfall in seinen Augen war. Was für ein dummer Schnitzer! Sie würde denken, dass er sich für besonders bevorzugt hielt. Sie würde denken, dass er auf eine ganz belanglose Begebenheit mit höchst unpassender Vertraulichkeit reagierte.

Er erinnerte sich, dass sich im vergangenen Monat sein Hausmeister, dem er einen reichlich wirren Vortrag über den viel strapazierten Begriff der Brüderschaft aller

Menschen gehalten hatte, am nächsten Tag bei ihm eingestellt und aufgrund der Geschehnisse des Vorabends zu einem halbstündigen gemütlichen Schwatz auf seiner Fensterbank Platz genommen hatte. Anthony fragte sich bestürzt, ob er auf Gloria so wirkte, wie jener Mann auf ihn gewirkt hatte. Er – Anthony Patch! Wie peinlich.

Er wäre nie auf den Gedanken gekommen, dass er ein passiver Gegenstand war, auf den etwas Höheres und Stärkeres als Gloria einwirkte – vergleichbar der lichtempfindlichen Platte, auf der eine Fotografie entsteht. Ein Gargantua von Lichtbildner hatte die Kamera auf Gloria scharfgestellt, und – klick! – der armen Platte blieb nichts anderes übrig, als sich, wie alle Dinge ihrem Wesen verhaftet, zu entwickeln.

Anthony aber fuhr sich, auf dem Sofa liegend und in die orangefarbene Lampe blinzelnd, unaufhörlich durch das dunkle Haar und schuf neue Sinnbilder für die Stunden. Jetzt, so stellte er sich vor, ging sie in einem Geschäft geschmeidig durch die Auslage der Samtstoffe und Pelze, indes ihr Kleid beim Schreiten lässig rauschte in einer Welt seidenen Rauschens und kühlen Sopranlachens, umgeben von dem Duft vieler erschlagener, aber lebendiger Blumen. Die Minnies und Pearls und Jewels und Jennies scharten sich um sie wie Hofdamen, trugen ein zartes Nichts aus Crêpe Georgette herbei, dünnen Chiffon als Widerschein ihrer Wangen in mattem Pastell, milchweiße Spitze, die sich nachlässig-blass um ihren Hals legte – Damast verwendete man damals lediglich für Priester und Diwane, und Tuch aus Samarkand war etwas, was nur noch romantischen Dichtern in Erinnerung war.

Nach einer Weile ging sie weiter, den Kopf in hundert verschiedenen Stellungen unter hundert verschiedenen Hüten neigend, vergeblich nach künstlichen Kirschen fahndend, die mit ihren Lippen harmonierten, oder mit Federn, die so anmutig waren wie ihr geschmeidiger Körper.

Dann wurde es Mittag. Sie eilte, ein nordischer Ganymed, über die Fifth Avenue, wobei der Pelzmantel mit jedem Schritt in modische Schwingungen versetzt wurde, die Wangen, über die der Wind mit seinem Pinsel gefahren war, noch einen Hauch röter wurden und ihr Atem als zartes Wölkchen in der frischen Luft stand. Die Drehtüren des «Ritz» setzten sich in Bewegung, die Menge teilte sich, fünfzig Männeraugen wurden groß, wenn sie den Ehemännern mit ihren grotesk verfetteten Frauen vergessene Träume zurückgab.

Ein Uhr. Mit der Gabel sticht sie einer sie anbetenden Artischocke ins Herz, während ihr Begleiter sich mit den sämigen, triefenden Sätzen eines verzückten Mannes selbst aufträgt.

Vier Uhr. Die kleinen Füße bewegen sich zu einer Melodie, ihr Gesicht hebt sich von der Menge ab, ihr Partner ist glücklich wie ein gehätscheltes Hündchen und so verrückt wie der sattsam bekannte Hutmacher.

Dann … dann senkt sich die Nacht herab und vielleicht wieder die Feuchtigkeit. Leuchtreklamen gießen ihr Licht auf die Straße. Wer weiß: Vielleicht versuchen sie – nicht klüger als Anthony – von ungefähr jenes in Helldunkel gemalte Bild zurückzuholen, das sie am Vorabend auf der stillen Fifth Avenue gesehen haben. Und das mag ihnen auch gelingen. Tausend Motordroschken warteten an tausend Ecken, und nur für ihn war dieser Kuss auf immer dahin. In tausend Gewändern würde Thais einen Fahrer herbeiwinken und einen Kuss heischend das Gesicht erheben. Und ihre Blässe würde von jungfräulichem Liebreiz, ihr Kuss keusch sein wie der Mond …

Erregt sprang er auf. Wie ungünstig, dass sie ausgegangen war. Ihm war endlich klar geworden, was er wollte – sie noch einmal küssen, Ruhe in ihrer großen Unbewegtheit finden. Sie war das Ende aller Ruhelosigkeit, allen Missbehagens.

Anthony kleidete sich an, ging aus dem Haus, wie er es schon längst hätte tun sollen, und setzte sich mit Richard Caramel zusammen, um sich die neueste Fassung des letzten Kapitels des «Demon Lover» anzuhören. Erst um sechs rief er wieder bei Gloria an. Erst um acht erreichte er sie und – Höhepunkt aller Tiefpunkte! – konnte erst für Dienstagnachmittag eine Verabredung mit ihr treffen. Ein abgesplittertes Stück Guttapercha fiel scheppernd zu Boden, als er den Hörer hinknallte.

Der Dienstag war sehr kalt. Der Himmel war verhangen, als er sich um zwei einstellte, und während sie sich die Hand gaben, fragte er sich verwirrt, ob er sie je geküsst hatte. Es war fast unglaublich – er bezweifelte allen Ernstes, dass sie sich überhaupt noch daran erinnerte.

«Ich habe am Sonntag viermal bei dir angerufen», sagte er.

«Ach ja?» In ihrer Stimme schwang Überraschung mit, ihr Ausdruck war anteilnehmend.

Insgeheim verfluchte er sich, weil er es ihr gesagt hatte. Er hätte wissen müssen, dass ihr Stolz auf derlei kleine Triumphe nicht angewiesen war. Selbst in diesem Moment ahnte er noch nichts von der Wahrheit – nämlich, dass sie, da es ihr nie an Verehrern fehlte, nur selten Gebrauch von den Listen, dem Auswerfen und Einholen der Angel hatte machen müssen, die zum Rüstzeug ihrer Schwesternschaft gehörten. Wenn sie einen Mann gern hatte, war das genug der Magie. Wenn sie meinte, ihn zu lieben, war das für ihn der Todesstoß. Ihr Zauber bewahrte sich in alle Ewigkeit.

«Ich wollte dich gern wiedersehen», sagte er ohne Umschweife. «Ich würde gern mit dir reden. Wirklich reden, meine ich. Unter vier Augen. Darf ich?»

«Was meinst du damit?»

Er schluckte eine jähe Panik hinunter, die ihm in der Kehle steckte. Er hatte den Eindruck, dass sie wusste, was er wollte. «Nicht am Teetisch, meine ich.»

«Na schön, aber nicht heute. Ich brauche Bewegung. Gehen wir ein bisschen spazieren.»

Es war kalt und rau. Der ganze böse Hass im irren Herzen des Februars steckte in dem trostlos eisigen Wind, der schneidend vom Central Park her über die Fifth Avenue wehte. Eine Unterhaltung war so gut wie unmöglich, und das ungemütliche Wetter lenkte ihn derart ab, dass er erst beim Umkehren an der Sixty-first Street merkte, dass sie nicht mehr neben ihm war. Er sah sich um. Sie war dreißig Meter hinter ihm stehen geblieben, das Gesicht im Kragen ihres Pelzmantels halb verborgen, und er hätte nicht sagen können, ob es Zorn oder Gelächter war, was sie schüttelte. Er ging zu ihr zurück.

«Lass dich bei deinem Spaziergang nicht stören», stieß sie hervor.

«Tut mir schrecklich leid», sagte er ganz verwirrt. «Bin ich zu rasch gegangen?»

«Mir ist kalt», erklärte sie. «Ich will nach Hause. Du läufst zu schnell.»

«Es tut mir wirklich furchtbar leid.»

Seite an Seite gingen sie zum «Plaza» zurück. Er hätte sehr gern ihr Gesicht gesehen.

«Männer sind selten so selbstvergessen, wenn sie mit mir zusammen sind.»

«Es tut mir leid.»

«Sehr interessant ...»

«Es ist wirklich ein bisschen zu kalt zum Spazierengehen», sagte er nüchtern, um seinen Ärger zu verbergen.

Sie gab keine Antwort, und er fragte sich, ob sie ihn vor dem Hotel verabschieden würde. Aber sie trat wortlos ein und ging zum Aufzug, und während sie einstieg, warf sie ihm zu: «Dann komm meinetwegen mit herauf.»

Er zögerte einen Sekundenbruchteil lang. «Vielleicht ist es besser, wenn ich ein andermal vorbeikomme.»

«Wie du willst», sagte sie halblaut und vollauf damit beschäftigt, im Spiegel der Aufzugkabine eine Haarsträhne zu bändigen, die sich selbstständig gemacht hatte. Ihre Wangen glühten, ihre Augen funkelten, sie war ihm nie so liebreizend, so begehrenswert vorgekommen.

Zu seinem Ärger ertappte er sich dabei, dass er im zehnten Stock auf dem Gang in devotem Abstand hinter ihr herging. Er wartete im Salon, während sie sich zurückzog, um ihre Pelze abzulegen. Etwas war schiefgegangen. In seinen eigenen Augen hatte er einen Hauch seiner Würde verloren; in einer ungeplanten, aber bedeutsamen Begegnung war er vernichtend geschlagen worden.

Aber bis sie wieder hereinkam, hatte er sich sein Verhalten zu seiner eigenen Zufriedenheit erklärt. Schließlich hatte er sich durchaus als stark erwiesen. Er hatte mit heraufkommen wollen, und er war mit heraufgekommen. Doch ging das, was später an jenem Nachmittag geschah, auf die Demütigung zurück, die er im Aufzug erfahren hatte. Diese junge Frau beunruhigte ihn auf unerträgliche Weise, sodass er, als sie wieder bei ihm war, unwillkürlich versuchte, an ihr herumzukritisieren.

«Wer ist dieser Bloeckman, Gloria?»

«Ein Geschäftsfreund meines Vaters.»

«Eigenartiger Bursche.»

«Er mag dich auch nicht», sagte sie und lächelte plötzlich.

Anthony lachte. «Dass er mich überhaupt zur Kenntnis genommen hat, schmeichelt mir. Er hält mich wohl für einen …» Er unterbrach sich. «Ist er in dich verliebt?»

«Ich weiß nicht.»

«Red keinen Unsinn! Natürlich ist er in dich verliebt. Ich weiß noch, wie er mich angesehen hat, als wir an den Tisch zurückkamen. Wahrscheinlich hätte er mir einen Trupp seiner Kinostatisten auf den Hals gehetzt, wenn dir nicht dieses Telefonat eingefallen wäre.»

«Er fand nichts dabei. Ich habe ihm hinterher erzählt, was wirklich passiert ist.»

«Du hast es ihm erzählt?»

«Er hat mich danach gefragt.»

«Das finde ich aber nicht sehr schön», wandte er ein.

Sie lachte wieder. «Ach nein?»

«Was geht ihn das schließlich an.»

«Gar nichts. Das hab' ich ihm auch gesagt.»

Anthony biss sich verstört auf die Lippen.

«Warum sollte ich lügen?», fragte sie ihn geradeheraus. «Ich brauche mich meines Verhaltens nicht zu schämen. Er wollte wissen, ob ich dich geküsst habe, und weil ich guter Laune war, habe ich seine Neugier mit einem schlichten und klaren ‹Ja› befriedigt. Da er auf seine Weise ein recht vernünftiger Mann ist, hat er danach das Thema fallen lassen.»

«Abgesehen davon, dass er gesagt hat, dass er mich hasst.»

«Ach, geht dir das nach? Wenn wir in diesem welterschütternden Problem schon so gründlich herumstochern – er hat nicht ausdrücklich gesagt, dass er dich hasst. Ich weiß es einfach.»

«Es geht mir …»

«Schluss jetzt», erklärte sie energisch. «Die Sache interessiert mich kein bisschen.»

Mit einem erheblichen Aufwand an Willenskraft tat Anthony ihr den Gefallen, das Thema zu wechseln; und dann begann das uralte Fragespiel, das sich um ihrer beider Vergangenheit drehte. Immer eifriger werdend, machten sie sich daran, die erstaunlichen Ähnlichkeiten ihrer Neigungen und Gedankengänge zu entdecken. Sie sagten Dinge, die aufschlussreicher waren, als beabsichtigt – beide aber gaben vor, die Worte des anderen für bare Münze zu nehmen.

So geht das, wenn die Vertrautheit wächst. Erst produziert man ein möglichst schmeichelhaftes Selbstporträt, wobei man das glanzvoll fertiggestellte Werk mit Hilfe von Tricks, Unwahrheiten und Komik retuschiert. Dann werden weitere Einzelheiten verlangt, man fertigt ein zweites Selbstporträt an und ein drittes – und es dauert nicht lange, dann ist die Schärfe der vorteilhaftesten Konturen getilgt, und schließlich wird das Geheimnis offenbar: Die Ebenen des Bildes haben sich ineinandergeschoben und uns verraten, und wir mögen malen, so viel wir wollen – wir können kein Bild mehr verkaufen.

Wir müssen uns mit der Hoffnung begnügen, dass der oberflächliche Rechenschaftsbericht über unsere eigene Person, den wir unseren Frauen und Kindern und Geschäftsfreunden geben, als wahr akzeptiert wird.

«Mir scheint», sagte Anthony ernsthaft, «dass ein Mann ohne Zwänge oder Ambitionen sich in einer unglückseligen Lage befindet. Ich bin weit davon entfernt, in Selbstmitleid zu schwelgen, aber manchmal beneide ich Dick.»

Ihr Schweigen empfand er als Ermutigung. Noch nie war sie so nah daran gewesen, bewusst einen Köder für ihn auszulegen.

«Früher gab es angemessene Beschäftigungen für einen Gentleman, der über Muße verfügte. Etwas Konstruktiveres, als Rauch in die Landschaft zu pusten oder mit dem Geld anderer Leute zu jonglieren. Gewiss, da sind immer noch die Naturwissenschaften. Manchmal wünschte ich mir, ich hätte eine solide Grundlage geschaffen, am Boston Tech zum Beispiel. Aber jetzt müsste ich mich noch mal zwei Jahre hinsetzen und die Grundbegriffe der Physik und Chemie pauken.»

Sie gähnte. «Ich habe dir bereits gesagt, dass ich nichts von dem verstehe, was die Leute tun oder nicht tun sollten», sagte sie ungnädig, und diese Teilnahmslosigkeit ließ seinen Groll wieder aufleben.

«Interessierst du dich für nichts außer deiner eigenen Person?»

«Nicht sehr.»

Er funkelte sie an. Seine Freude an dem Gespräch war

dahin. Sie war schon den ganzen Tag reizbar und gehässig gewesen, und in diesem Augenblick verabscheute er ihre rücksichtslose Selbstbezogenheit. Trübe starrte er ins Feuer.

Dann geschah etwas Sonderbares. Sie sah ihn an und lächelte, und vor diesem Lächeln verflüchtigten sich sein Groll und seine verletzte Eitelkeit spurlos, als seien seine Launen nur die Ausläufer der ihren, als bewegte sich nichts mehr in seiner Brust, wenn sie es nicht für angebracht hielt, an einem allmächtig lenkenden Faden zu rucken.

Er nahm ihre Hand und zog sie behutsam an sich, bis sie halb an seiner Schulter lag. Sie lächelte ihn an, als er sie küsste.

«Gloria», hauchte er. Wieder wirkte ihr Zauber, subtil und alles durchdringend wie verschüttetes Parfüm, unwiderstehlich und süß.

Weder am Tag darauf noch nach vielen Jahren konnte er sich an das wirklich Wichtige dieses Nachmittags erinnern. War sie bewegt gewesen? Was hatte sie in seinen Armen gesagt – oder hatte sie überhaupt etwas gesagt? Hatte sie Freude an seinen Küssen gehabt? Und hatte sie sich in jenen Minuten wenigstens ein klein wenig selbst vergessen?

Was ihn betraf, so war die Sache klar. Er war aufgestanden und verzückt im Zimmer hin und her gelaufen. Dass es so ein Mädchen gab! Wie elegant sie sich in ihre Sofaecke schmiegte – gleich einer Schwalbe, die gerade von einem pfeilschnellen Flug zurückgekehrt ist. Immer wieder blieb er stehen, legte, jedes Mal neu befangen, den Arm um sie und suchte ihren Kuss.

Sie fessle ihn, sagte er zu ihr. Er habe noch nie eine Frau wie sie kennengelernt. Beschwingt und trotzdem ernsthaft bat er sie, ihn wegzuschicken, er wolle sich nicht verlieben. Er würde nie mehr zu ihr kommen, schon jetzt habe sie viel zu lange ihren Zauber an ihm gewirkt.

Wie köstlich romantisch war das alles! In Wirklichkeit empfand er weder Furcht noch Besorgnis; nur dieses tiefe Glück, bei ihr zu sein, das die Banalität seiner Worte schönte, dem Kitschigen einen Hauch von Schwermut, der Pose einen Hauch von Weisheit verlieh. Natürlich würde er wiederkommen. Immerfort. Er hätte es wissen müssen.

«Damit soll es sein Bewenden haben. Es war eine wunderbare Erfahrung, dich zu kennen, sehr sonderbar, wie ein Wunder. Aber es würde nichts werden, und es würde nicht halten.» In seinem Herzen spürte er jene leise Angst, die als Ehrlichkeit uns selbst gegenüber gilt.

Später erinnerte er sich einer Antwort Glorias auf eine Frage von ihm, und zwar in dieser Form – möglicherweise hatte er den Satz unbewusst poliert und umformuliert: «Eine Frau sollte es fertigbringen, einen Mann gut und romantisch zu küssen, ohne seine Ehefrau oder seine Geliebte werden zu wollen.»

Wie immer, wenn er mit ihr zusammen war, schien es ihm, dass sie immer älter wurde, bis sich in ihrem Blick unergründlich dunkle Gedanken eingenistet hatten, die sich nicht in Worte fassen ließen.

Eine Stunde verstrich, das Feuer bewegte sich in ekstatischen kleinen Zuckungen, als sei ihm das verlöschende Leben süß. Es war jetzt fünf, und die Uhr auf dem Kaminsims gab Laut. Als ihn bei den blechern dünnen Schlägen etwas Sinnlich-Brutales daran erinnerte, dass die Blütenblätter von dem blumigen Nachmittag fielen, zog er Gloria rasch hoch und hielt sie in einem atemlosen Kuss fest, der weder Spiel noch bloße Huldigung war.

Sie ließ die Arme zur Seite fallen. Gleich darauf war sie frei. «Lass das!», sagte sie leise. «Ich will das nicht.»

Sie setzte sich ans andere Ende des Sofas und sah starr vor sich hin. Zwischen ihren Augen hatte sich eine Falte eingegraben.

Anthony ließ sich neben sie fallen und legte seine Hand über die ihre. Sie war leblos und reagierte nicht.

«Aber Gloria …» Er wollte seinen Arm um sie legen, aber sie rückte weg.

«Ich will das nicht», wiederholte sie.

«Entschuldige bitte», sagte er ein wenig ungehalten. «Ich wusste nicht, dass du so feine Unterschiede machst.»

Sie antwortete nicht.

«Küss mich, Gloria!»

«Ich will nicht.»

Ihm schien, als habe sie sich seit Stunden nicht von der Stelle bewegt. «Ein sehr plötzlicher Wandel?» In seiner Stimme schwang zunehmende Gereiztheit.

«Ach ja?», sagte sie teilnahmslos. Es war fast, als sähe sie einen anderen vor sich.

«Vielleicht sollte ich lieber gehen.»

Keine Antwort.

Er stand auf, sah sie ärgerlich und unsicher an und setzte sich wieder hin.

«Gloria, Gloria … Willst du mich nicht küssen?»

«Nein.» Ihre Lippen hatten sich nur ganz leicht bewegt.

Er stand erneut auf, weniger entschieden, weniger selbstsicher.

«Dann gehe ich jetzt.»

Schweigen.

«Schön, ich gehe.»

Er war sich bewusst, dass es seinen Bemerkungen an Originalität fehlte. Die Atmosphäre war jetzt bedrückend. Wenn sie nur etwas sagen, über ihn herziehen, mit ihm zanken würde! Alles, nur nicht dieses allgegenwärtige, frostige Schweigen. Er schalt sich einen Schlappschwanz. In diesem Augenblick wünschte er sich nichts sehnlicher, als sie aufzurütteln, ihr wehzutun, sie in Pein zu sehen.

In seiner Hilflosigkeit griff er wieder daneben. «Wenn du von meinen Küssen genug hast, gehe ich lieber.»

Ihre Lippen verzogen sich ein wenig, und der letzte Rest von Würde kam ihm abhanden.

Schließlich erwiderte sie: «Ich glaube, das hast du bereits ein paarmal gesagt.»

Er sah sich um, entdeckte Hut und Mantel auf einem Sessel, zog sich ungeschickt, unerträglich langsam an. Als er noch einmal zum Sofa hinschaute, sah er, dass sie sich nicht umgedreht hatte, sich nicht regte. Mit einem zittrigen «Leb wohl», das er sogleich bereute, verließ er rasch, aber würdelos das Zimmer.

Einen langen Moment gab Gloria keinen Ton von sich. Ihre Lippen waren noch immer verzogen. Sie starrte mit stolzem, distanziertem Blick gerade vor sich hin. Dann verschleierten sich ihre Augen ein wenig, und sie sagte halblaut zu dem todgeweihten Feuer: «Leb wohl, du Esel!»

Panik

Den Mann hatte der härteste Schlag seines Lebens getroffen. Er wusste nun endlich, was er wollte, aber just in dem Augenblick, als er es erkannt hatte, war es ihm, wie er glaubte, auf immer entglitten. In kläglicher Stimmung kam er heim und ließ sich, ohne auch nur den Mantel auszuziehen, in einen Sessel fallen. Dort saß er über eine Stunde und erging sich in fruchtloser Selbstbespiegelung. Sie hatte ihn weggeschickt! Das war der stete Refrain seiner verzweifelten Stimmung. Statt sie zu packen und mit Gewalt festzuhalten, bis sie seinem Begehren willenlos nachgab, statt ihren Willen mit der Kraft des seinen zu brechen, war er besiegt und machtlos davongegangen, mit heruntergezogenen Mundwinkeln, das, was an Kraft in seinem Kummer und seinem Zorn stecken mochte, hinter dem Bild eines geprügelten Schuljungen verborgen. Eben noch hatte sie ihn unstreitig gern gehabt, ja, hatte ihn fast geliebt. Gleich darauf war er ihr unendlich gleichgültig geworden, ein Unverschämter, der wirkungsvoll auf seinen Platz verwiesen worden war.

Die Selbstvorwürfe hielten sich in Grenzen – es gab andere Dinge, die ihn jetzt beschäftigten. Er war nicht einfach in Gloria verliebt, er war verrückt nach ihr. Nichts anderes wünschte er sich vom Leben, als ihr wieder nah zu sein, sie zu küssen, zu spüren, wie sie sich willig an ihn schmiegte. In diesen drei Minuten entschiedener Gleichgültigkeit hatte sie es so weit gebracht, dass sie nicht mehr nur eine – wiewohl eher beiläufige – Vorrangstellung in seinem Denken einnahm, sondern dass er ihr mit Haut und Haar verfallen war. Sosehr er auch mit seinen aufgewühlten Gefühlen hin- und hergerissen war zwischen dem leidenschaftlichen Verlangen nach ihren Küssen und dem ebenso leidenschaftlichen Wunsch, sie zu verletzen und zu vernichten, verlangte es ihn mit dem übrigen Teil seines Wesens nach Höherem, nämlich dem Besitz der siegreichen Seele, die in den bewussten drei Minuten durchgeschimmert war. Sie war schön, vor allem aber war sie hart wie Glas. Er musste sich jener Kraft bemächtigen, die es vermocht hatte, ihn wegzuschicken.

Noch aber war Anthony zu so einer Analyse nicht in der Lage. Sein klares Denken, die unerschöpflichen Ressourcen, die er seiner Ironie zu verdanken glaubte, waren dahin. Nicht nur in jener Nacht, sondern auch in den folgenden Tagen und Wochen sollten ihm seine Bücher nur Mobiliar sein und seine Freunde nur Menschen, die in einer nebelhaften äußeren Welt umhergingen, aus der er zu fliehen trachtete – einer Welt, die kalt und von rauen Winden durchweht war, während er eine kleine Weile in ein warmes Haus hineingesehen hatte, in dem freundliche Feuer flackerten.

Gegen Mitternacht merkte er, dass er Hunger hatte. Er ging auf die Fifty-second Street hinaus, wo es so kalt war, dass er kaum sehen konnte; die Feuchtigkeit gefror auf seinen Wimpern und in seinen Mundwinkeln. Überall nistete die Trostlosigkeit, die mit dem Nordwind gekommen war; sie legte sich auf die freudlose Straße, wo schwarzvermummte Gestalten, die in der Nacht noch schwärzer wirkten, im Heulen des Windes – die Füße vorsichtig voranschiebend wie auf Skiern – über den Gehsteig schwankten. Anthony ging in Richtung Sixth Street, ohne zu gewahren, dass einige Passanten ihn groß ansahen. Sein Mantel stand weit offen, und der Wind, gnadenlosen Tod im Gefolge, stürzte sich mit aller Kraft auf ihn.

… Nach einer Weile sprach ihn eine Bedienung an, eine dicke Kellnerin mit schwarz geränderter Brille, die an einer langen schwarzen Schnur baumelte. «Was darf's sein?»

Er fand, dass sie unnötig laut sprach, und sah ärgerlich hoch.

«Wollen Sie bestellen oder nicht?»

«Natürlich», erwiderte er aufgebracht.

«Ich frag' nämlich schon zum dritten Mal. Wir sind hier nicht in einer Wärmestube.»

Er warf einen raschen Blick auf die große Wanduhr und stellte bestürzt fest, dass es nach zwei war. Er war irgendwo in der Gegend der Thirtieth Street gelandet, und jetzt entdeckte und übersetzte er auch das

S'DLIHC

in einem weißen Halbkreis auf der gläsernen Fassade. Drei oder vier trübsinnige, halb erfrorene Nachtschwärmer verloren sich im Raum.

«Bringen Sie mir Eier und Speck. Und Kaffee.»

Die Kellnerin sah ihn noch einmal angewidert an und ging dann schnell davon, eine lachhaft intellektuell anmutende Erscheinung mit ihrer baumelnden Brille.

Ach, Glorias Küsse waren wie Blüten gewesen! Er erinnerte sich, als läge das Erlebnis Jahre zurück, an die sanfte Frische ihrer Stimme, die schöne Figur, die sich unter der Kleidung abzeichnete, die Lilienfarbe des Gesichts im Licht der Straßenlampen – im Licht der Lampen.

Wieder erfasste ihn tiefes Elend, und zu der schmerzlichen Sehnsucht gesellte sich jetzt heftiges Erschrecken. Er hatte sie verloren, daran war nicht zu deuteln, das ließ sich nicht abschwächen. Wie ein Blitz aber zuckte ein neuer Gedanke über seinen Himmel: «Was war mit Bloeckman? Wie würde es jetzt weitergehen?» Da war ein wohlhabender Mann, der alt genug war, um einer schönen Frau mit der nötigen Toleranz zu begegnen, ihre Launen zu hätscheln, sie in ihrer Unvernunft gewähren zu lassen, sie zu tragen, wie sie womöglich getragen werden wollte – als bunte Blume in seinem Knopfloch, sicher und geborgen vor allem, was sie ängstigte. Anthony hatte das Gefühl, dass sie mit dem Gedanken gespielt hatte, Bloeckman zu heiraten, und es war durchaus denkbar, dass ihre Enttäuschung über ihn, Anthony, sie spontan diesem Mann in die Arme trieb.

Die Vorstellung versetzte ihn in kindische Raserei. Er hätte Bloeckman am liebsten umgebracht und ihn so büßen lassen für seine empörende Vermessenheit – das wiederholte er sich wieder und wieder, mit zusammengebissenen Zähnen, eine Orgie von Hass und Furcht im Blick.

Hinter dieser abscheulichen Eifersucht aber stand letztlich die Liebe; er war so heftig, so wahr und wahrhaftig verliebt, wie sich das zwischen Mann und Frau nur denken ließ.

Jetzt stand der Kaffee neben ihm, aus dem ein langsam in sich zusammenfallendes Dampfwölkchen aufstieg. Der Geschäftsführer der Nachtschicht sah zu dem reglosen Mann hin, der allein am letzten Tisch saß, erhob sich seufzend und erreichte ihn just, als der Stundenzeiger der großen Wanduhr bei der Drei angekommen war.

Weisheit

Nach einem weiteren Tag legte sich der Sturm, und Anthonys Verstand begann wieder zu arbeiten. Er war verliebt – voller Leidenschaft rief er sich das immer wieder zu. Was vor einer Woche noch unüberwindliche Hindernisse gewesen wären – seine beschränkten Einkommensverhältnisse, sein Verlangen nach einem Leben ohne Verantwortung oder Bindungen –, war in den vergangenen vierzig Stunden zu Spreu im Wind seiner Betörung geworden. Wenn er sie nicht heiratete, würde sein Leben zu einer schwachen Parodie seiner Adoleszenz werden. Um wieder unter Menschen gehen, um das Dasein ertragen zu können, das nur noch aus einer ständigen Erinnerung an Gloria zu bestehen schien, brauchte er eine Hoffnung. Und mit dem Mut der Verzweiflung begann er nun, diese Hoffnung aus dem Stoff seiner Träume zu zimmern – ein gebrechliches Gebäude, gewiss, das zehn-, zwölfmal am Tag Risse bekam und einzustürzen drohte, eine Hoffnung aber, die, wenn auch ein Blendwerk, seiner Selbstachtung Stab und Stütze sein sollte.

Daraus erwuchs ein Funken von Weisheit, eine zutreffende Einschätzung seiner selbst aus seiner sorglosen Vergangenheit.

«Die Menschheit hat ein kurzes Gedächtnis», sagte er sich.

Sehr kurz, in der Tat. Im kritischen Moment steht der Präsident eines Trusts vor Gericht, ein potenzieller Verbrecher, der mit einem Fuß schon im Gefängnis ist und um den alle redlichen Mitbürger im Umkreis von vielen Meilen einen großen Bogen machen. Wird er aber freigesprochen, ist nach einem Jahr alles vergessen. «Ja, irgendwie hat er Probleme gehabt, doch es war eine reine Formsache, glaube ich.» O ja, sehr kurz ist das Gedächtnis der Menschheit.

Anthony war etwa ein Dutzend Mal – zwei Dutzend Stunden – mit Gloria zusammen gewesen. Angenommen, er ließ sie einen Monat völlig in Ruhe, machte keinen Versuch, sie zu sehen und zu sprechen, mied alle Orte, an denen er ihr womöglich begegnen konnte – war es nicht denkbar (umso mehr, da sie ihn ja nie geliebt hatte), dass am Ende dieses Zeitraums der bewegte Alltag seine Persönlichkeit aus ihrem Bewusstsein getilgt hatte und damit auch sein Vergehen und seine Demütigung? Sie würde vergessen, denn es würde andere Männer geben. Er wand sich, als ihm die Folgen bewusst wurden. Andere Männer! Zwei Monate – großer Gott! Besser drei Wochen … zwei Wochen …

Mit diesen Gedanken beschäftigte er sich beim Auskleiden am zweiten Abend nach der Katastrophe, und als er bei diesem Punkt angekommen war, warf er sich aufs Bett und sah zitternd zum Baldachin hoch.

Zwei Wochen – das war schlimmer als gar nichts. In zwei Wochen würde er sich ihr nicht viel anders nähern als jetzt – ohne Charakterstärke, ohne Selbstvertrauen, er würde noch immer der Mann sein, der zu weit gegangen war und eine kleine Weile – in der Zeit einen Moment, tatsächlich aber eine Ewigkeit – vor ihr gewinselt hatte. Was sich ihr an diesem Nachmittag eingeprägt haben mochte, brauchte Zeit, um seine Wirkung zu verlieren. Er musste ihr eine gewisse Spanne zubilligen, in der die Begebenheit allmählich verblassen konnte, und eine weitere, in der sie sich allmählich wieder mit ihm beschäftigen konnte, und zwar aus der richtigen Perspektive, die nicht nur seine Schwäche, sondern auch seine erfreulichen Seiten sichtbar machte.

Er kam zu dem Schluss, dass ein Zeitraum von sechs Wochen seiner Absicht am zweckdienlichsten war, strich die Tage auf einem Schreibtischkalender ab und kam bis zum 9. April. An diesem Tag würde er sie anrufen und fragen, ob er sie besuchen dürfe. Bis dahin – Schweigen.

Nach diesem Entschluss zeigte sich allmähliche Besserung. Er hatte zumindest einen Schritt in jene Richtung getan, zu der die Hoffnung den Weg wies, und begriff, dass er, je weniger er über sie nachgrübelte, bei einem Wiedersehen desto erfolgreicher den gewünschten Eindruck vermitteln würde.

Eine Stunde später schlief er fest.

Zwischenspiel

Auch wenn im Lauf der Tage der Glanz ihres Haars in seiner Erinnerung merklich verblasste (und sich nach einem Jahr der Trennung womöglich ganz verflüchtigt hätte), gab es in diesen sechs Wochen viele schwere Tage. Er fürchtete eine Begegnung mit Dick und Maury, weil er sich einredete, sie wüssten alles. Doch als sie sich alle drei trafen, stand nicht Anthony, sondern Richard Caramel im Mittelpunkt des Interesses. Der «Demon Lover» war zur sofortigen Veröffentlichung angenommen worden. Anthony spürte, dass sich von jetzt an ihre Wege trennten. Es verlangte ihn nicht mehr nach der Wärme und Geborgenheit von Maurys Gesellschaft, die ihn noch im November so froh gestimmt hatte. Derlei Empfindungen konnte jetzt nur noch Gloria in ihm wecken. Deshalb war Dicks Erfolg für ihn nicht so sehr ein Anlass zur Freude als zur Sorge. Er bedeutete, dass die Welt voranschritt, schrieb, las, veröffentlichte – und lebte. Anthony dagegen wünschte sich, die Welt möge sechs Wochen den Atem anhalten und warten – bis Gloria vergessen hatte.

Zwei Begegnungen

Das größte Vergnügen in dieser Zeit gewährte ihm Geraldines Gesellschaft. Er führte sie einmal zum Abendessen und ins Theater aus und hatte sie mehrmals in seiner Wohnung zu Gast. Auch sie nahm ihn ganz in Anspruch, aber nicht so wie Gloria, sondern indem sie seine erotischen Gefühle, die unablässig um Gloria kreisten, zur Ruhe kommen ließ. Wie er Geraldine küsste, spielte keine Rolle. Ein Kuss war ein Kuss, den es, solange er währte, auszukosten galt. Bei Geraldine war alles fein säuberlich in Schubfächern geordnet: Ein Kuss war eine Sache, alles, was darüber hinausging, eine andere. Ein Kuss war in Ordnung, das andere «schlecht».

Nach der ersten Hälfte der Wartezeit hatte er an aufeinanderfolgenden Tagen zwei Erlebnisse, die seine Ruhe gefährdeten und zu einem zeitweiligen Rückfall führten.

Es fing damit an, dass er Gloria traf. Die Begegnung war kurz. Beide verbeugten sich. Beide sagten etwas, ohne die Worte des anderen aufzunehmen. Doch als es überstanden war, las Anthony eine Spalte der «Sun» dreimal hintereinander, ohne einen einzigen Satz zu begreifen.

In der Sixth Avenue hatte er sich eigentlich in Sicherheit gewähnt. Nachdem er seinem Friseur im «Plaza» entsagt hatte, ging er eines Morgens eine Ecke weiter, um sich rasieren zu lassen. Er hatte Rock und Weste ausgezogen und den Umlegekragen geöffnet und stellte sich an die Tür, bis er an der Reihe war.

Der Tag war eine Oase in der kalten Märzwüste, und auf dem Gehsteig drängten sich heiter schlendernde Sonnenanbeter. Eine samtgepolsterte, korpulente Frau mit trotz Schönheitsmassage schwammigen Zügen zog mit einem an der Leine zerrenden Pudel vorbei wie ein Ozeandampfer, der von einem Schlepper ins Hafenbecken bugsiert wird. Ein Mann in blauem Nadelstreifenanzug und weißen Gamaschen, der hinter ihr ging, grinste bei diesem Anblick und zwinkerte Anthony durch das Ladenfenster zu. Anthony lachte, sogleich in jene Stimmung versetzt, in der Männer und Frauen zu reizlos-grotesken Phantomen werden, mit bizarren Kurven und Rundungen versehen in einer kantigen Welt, die sie sich selbst gebaut haben. Sie weckten in ihm dieselben Empfindungen wie jene merkwürdig monströsen Fische in der esoterisch grünen Welt des Aquariums.

Sein flüchtiger Blick streifte noch zwei Passanten, einen Mann und eine junge Frau, die sich eine Schrecksekunde später als Gloria entpuppte. Hilflos musste er mit ansehen, wie die beiden näher kamen. Dann wandte Gloria den Kopf und sah ihn. Sie machte große Augen, lächelte höflich, ihre Lippen bewegten sich. Sie war kaum zwei Meter von ihm entfernt.

«Guten Morgen», brabbelte er.

Eine glückliche, schöne, junge Gloria – mit einem Mann, den er noch nie gesehen hatte! In diesem Moment wurde der Barbierstuhl frei, in dem er dann die bewusste Zeitungsspalte dreimal hintereinander las.

Der zweite Vorfall ereignete sich am folgenden Tag. Als er gegen sieben die Bar des «Manhattan» betrat, fand er sich plötzlich neben Bloeckman wieder. Der Raum war so gut wie leer, und ehe sie sich erkannt hatten, stand Anthony schon auf Armeslänge neben dem Älteren und hatte seinen Drink bestellt. Ein Gespräch ließ sich nun nicht mehr vermeiden.

«Hallo, Mr. Patch», sagte Bloeckman liebenswürdig.

Anthony schüttelte die Hand, die ihm hingestreckt wurde, und sie tauschten einige geistreiche Bemerkungen über das launische Auf und Ab des Quecksilbers aus.

«Kommen Sie oft hierher?», fragte Bloeckman.

«Nein, sehr selten.» Dass seine Lieblingsbar bis vor Kurzem die des «Plaza» gewesen war, verschwieg er wohlweislich.

«Nette Bar. Eine der angenehmsten der ganzen Stadt.»

Anthony nickte.

Bloeckman leerte sein Glas und griff nach seinem Stock. Er trug Abendkleidung. «Es wird Zeit für mich. Ich gehe mit Miss Gilbert zum Abendessen.»

Unvermittelt sah ihm aus zwei blauen Augen der Tod ins Gesicht. Hätte Bloeckman sich als der künftige Mörder seines Visavis zu erkennen gegeben, hätte er Anthony keinen vernichtenderen Schlag versetzen können. Er musste merklich rot geworden sein, denn seine Nerven waren sofort in Aufruhr geraten. Mit größter Mühe brachte er ein steifes Lächeln zustande und äußerte eine Abschiedsfloskel.

In jener Nacht aber lag er bis nach vier wach, halb toll vor Kummer und Angst und von abscheulichsten Bildern bedrängt.

Eine Schwäche

Und an einem Tag der fünften Woche rief er bei ihr an. Er hatte in seiner Wohnung gesessen und versucht, die «Education sentimentale» zu lesen, und irgendetwas in diesem Buch hatte seine Gedanken schnurstracks in jene Richtung laufen lassen, die sie stets einschlugen, wenn man ihnen ihren Willen ließ. Hastig atmend, ging er zum Telefon. Als er die Nummer nannte, kam ihm seine Stimme vor wie die eines Schuljungen im Stimmbruch. Die Zentrale musste das Hämmern seines Herzens gehört haben. Das Geräusch, mit dem am anderen Ende der Leitung der Hörer abgenommen wurde, war wie die Posaune des Jüngsten Gerichts, und Mrs. Gilberts Stimme, geschmeidig wie Ahornsirup, der in ein Glasgefäß rinnt, hatte mit ihrem «Hallo-oo?» etwas Grauenerregendes.

«Miss Gloria fühlt sich nicht wohl. Sie hat sich hingelegt und schläft. Wer möchte sie denn bitte sprechen?»

«Niemand», stieß er hervor. In wilder Panik knallte er den Hörer hin und ließ sich in den Sessel fallen, wo ihm vor unsäglicher Erleichterung der kalte Schweiß ausbrach.

Serenade

«Du hast dir ja einen Bubikopf schneiden lassen!», war das Erste, was er zu ihr sagte.

«Ja», erwiderte sie. «Schön, nicht?»

Der Bubikopf sollte erst fünf, sechs Jahre später in Mode kommen; damals galt er als äußerst gewagt.

«Draußen scheint die Sonne so schön», sagte er ernsthaft. «Möchtest du nicht ein bisschen spazieren gehen?»

Sie zog einen leichten Mantel an und setzte einen drolligen Napoleonhut in Alice-Blau auf, und sie gingen über die Avenue und in den Zoo, wo sie pflichtschuldigst die Erhabenheit des Elefanten und die Kragenhöhe der Giraffe bewunderten, aber nicht das Affenhaus besuchten, weil, wie Gloria erklärte, Affen so schlecht rochen.

Dann kehrten sie um, gingen wieder in Richtung «Plaza Hotel», sprachen über Belanglosigkeiten, freuten sich am Summen des Frühlings in der Luft und an dem warmen Hauch, der über der plötzlich vergoldeten Stadt lag. Rechts von ihnen war der Central Park, links verkündeten gewaltige Klötze aus Granit und Marmor halblaut allen, die sie hören wollten, eine chaotische Millionärsbotschaft: «Ich habe geschuftet und gespart und war gerissener als alle anderen, und hier, Donnerwetter noch mal, sitze ich nun.»

Auf der Fifth Avenue konnte man die neuesten und schönsten Automobilmodelle bewundern, und das vor ihnen aufragende «Plaza» wirkte ungewohnt weiß und attraktiv. Gloria ging lässig mit einem kurzen Schatten Vorsprung vor Anthony her und machte müßige, beiläufige Bemerkungen, die einen Augenblick in der flirrenden Luft schwebten, ehe sie an sein Ohr drangen.

«Ich möchte so gern in den Süden», sagte sie. «Nach Hot Springs! Ich möchte unter freiem Himmel im frischen Gras herumrollen und vergessen, dass je Winter war.»

«Das glaube ich gern.»

«Ich möchte eine Million Rotkehlchen einen schrecklichen Radau machen hören. Irgendwie mag ich Vögel.»

«Alle Frauen sind Vögel», sagte er vorsichtig.

«Was bin ich für einer?», kam es rasch und erwartungsvoll.

«Eine Schwalbe, denke ich, und manchmal ein Paradiesvogel. Die meisten Mädchen sind Spatzen. Siehst du die Reihe von Kindermädchen dort drüben? Typische Spatzen. Oder vielleicht Elstern? Und natürlich kennst du Kanarienvogel-Mädchen. Und Rotkehlchen-Mädchen.»

«Und Schwanen-Mädchen und Papageien-Mädchen. Alle erwachsenen Frauen sind Habichte. Oder Eulen.»

«Und was bin ich? Ein Falke?»

Sie schüttelte lachend den Kopf. «Aber nein, du bist überhaupt kein Vogel. Du bist ein russischer Wolfshund.»

Anthony wusste nur, dass sie weiß waren und immer unnatürlich hungrig wirkten. Doch da sie gewöhnlich zusammen mit Herzogen und Prinzessinnen abgelichtet wurden, war er entsprechend geschmeichelt.

«Dick ist ein Foxterrier», fuhr sie fort. «Einer, der Kunststücke macht.»

«Und Maury ein Kater.» Im gleichen Moment musste er denken, dass Bloeckman sehr viel Ähnlichkeit mit einem abstoßenden Kraftprotz von Keiler hatte, aber das behielt er vorsichtshalber für sich.

Beim Abschied fragte Anthony, wann er sie wiedersehen dürfe.

«Triffst du denn nie Verabredungen auf lange Sicht?», sagte er bittend. «Auch wenn es noch eine Woche hin ist – es wäre doch schön, wenn wir einmal einen ganzen Tag, den Vormittag und den Nachmittag, miteinander verbringen könnten.»

Sie überlegte. «Ja, das finde ich auch. Wie wäre es am Sonntag?»

«Einverstanden. Ich mache ein Programm, mit dem jede Minute ausgefüllt ist.»

Er hielt sein Versprechen. Er plante sogar bis ins Kleinste, was in den zwei langen Stunden zu geschehen hatte, die sie zum Tee in seiner Wohnung verbringen würden. Der gute Bounds würde die Fenster weit öffnen, um frische Luft hereinzulassen, und zugleich ein Feuer schüren, damit es nicht zu kalt wurde. In großen, kühlen, eigens gekauften Schalen würden üppige Blumenarrangements stehen. Sie würden auf dem Sofa sitzen.

Und als der Tag kam, saßen sie tatsächlich auf dem Sofa. Anthony ließ eine kleine Weile verstreichen, dann küsste er sie, es ergab sich wie von selbst. Noch immer schmeckten ihre Lippen süß, und ihm war, als sei er nie fort gewesen. Das Feuer brannte hell, der Luftzug, der leise durch die Vorhänge strich, brachte eine milde Feuchtigkeit mit, die den Mai und eine ganze Sommerwelt ahnen ließ. Seine Seele erzitterte im Takt ferner Harmonien. Er hörte das Geklimper weit entfernter Gitarren, hörte die Wellen an einen warmen Mittelmeerstrand schlagen – denn er war jetzt so jung, wie er nie mehr sein würde, und siegreicher als der Tod.

Viel zu früh wurde es sechs, und an der Ecke erklang der klagende Glockenschlag von St. Anne's. Durch die tiefer werdende Dämmerung schlenderten sie zur Fifth Avenue, wo die Menschen gleich einer Schar entlassener Gefangener nach dem langen Winter endlich wieder mit federnden Schritten gingen, sich auf dem Oberdeck der Omnibusse gleichgestimmte Seelen drängten und die Ladengeschäfte voll feiner weicher Dinge für den Sommer waren, den köstlichen Sommer, den heiteren, vielversprechenden Sommer, der für die Liebe das war, was der Winter für das Geld bedeutete. Das Leben sang für sein Essen an der Ecke. Das Leben reichte Cocktails auf der Straße herum. Alte Damen hatten das Gefühl, als könnten sie loslaufen und einen Hundert-Meter-Sprint gewinnen.

An jenem Abend lag Anthony in dem kühlen, dunklen, im Mondlicht schwimmenden Zimmer wach und spielte mit jeder Minute dieses Tages gleich einem Kind, das abwechselnd die vielen, lang ersehnten Weihnachtsgeschenke zur Hand nimmt: Er hatte ihr behutsam, fast während eines Kusses, gesagt, dass er sie liebte, und sie hatte gelächelt und ihn fester umfasst und leise gesagt: «Da bin ich froh!» – und ihm in die Augen gesehen. In ihrer Haltung war etwas Neues gewesen, eine Welle rein körperlicher Zuwendung und eine eigenartige erotische Intimität; im Gedanken daran ballte er unwillkürlich die Fäuste und schnappte vernehmlich nach Luft. Noch nie hatte er sich Gloria so nah gefühlt. Glückselig rief er ins Zimmer hinein, dass er sie liebte.

Am nächsten Morgen rief er sie an, jetzt ohne Zaudern, ohne Unsicherheit, erfüllt von einer berauschenden Erregung, die sich verdoppelte und verdreifachte, als er ihre Stimme hörte.

«Guten Morgen – Gloria.»

«Guten Morgen.»

«Ich hab' nur angerufen, um dir das zu sagen – Liebste.»

«Ich freue mich darüber.»

«Ich würde dich so gern sehen.»

«Morgen Abend siehst du mich ja.»

«Bis dahin ist es noch lange hin.»

«Ja …» Sie zögerte.

Er fasste den Hörer fester.

«Kann ich nicht heute Abend kommen?» Nach der Seligkeit und Offenbarung dieses fast gehauchten «Ja» setzte er alles auf eine Karte. «Ich habe eine Verabredung.»

«Ach so …»

«Aber vielleicht … vielleicht kann ich sie rückgängig machen.»

«Ja?»

Ein rhapsodischer Freudenschrei. «Gloria?»

«Was?»

«Ich liebe dich.»

Eine kleine Pause, und dann: «Ich … ich freue mich.»

Glück ist, wie Maury Noble einmal bemerkte, nur die erste Stunde nach der Befreiung aus besonders tiefem Elend. Anthonys Gesicht aber, als er an jenem Abend über den Gang im zehnten Stock des «Plaza» schritt! Die dunklen Augen leuchteten; sein Mund war ein beglückender Anblick. Er sah so gut aus wie nie zuvor, als er einem jener unvergänglichen Augenblicke entgegenging, die mit einem solchen Leuchten daherkommen, dass man noch Jahre später im Licht ihrer Erinnerung zu sehen vermag.

Er klopfte, wartete auf ihre Antwort und trat ein. Gloria stand, in schlichtem Rosa, gestärkt und frisch wie eine Blume, ganz still am anderen Ende des Zimmers und sah ihn groß an.

Als er die Tür hinter sich schloss, stieß sie einen leisen Schrei aus und kam auf ihn zu, die Arme in verfrühter Zärtlichkeit erhoben. Mit vereinten Kräften zerdrückten sie in einer triumphalen, innigen Umarmung die steifen Falten ihres Kleides.

ZWEITES BUCH

1 DIE STRAHLENDE STUNDE

Nach vierzehn Tagen leisteten sich Anthony und Gloria nun auch «praktische Gespräche», wie sie jene Stunden nannten, in denen sie unter dem Deckmantel strikten Realitätsdenkens in ewigem Mondlicht wandelten.

«Nicht so sehr wie ich dich», beteuerte der gestrenge Kritiker schöner Literatur. «Wenn du mich wirklich liebtest, würdest du wollen, dass alle Welt es erfährt.»

«Aber das will ich doch», widersprach sie. «Ich möchte mich an eine Straßenecke stellen wie ein Sandwichmann, damit alle Passanten wissen, wie es um uns steht.»

«Dann zähl mir alle Gründe auf, warum du mich im Juni heiraten wirst.»

«Erst einmal, weil du so sauber bist. Irgendwie luftig sauber, genau wie ich. Da gibt es nämlich zwei Kategorien. Die eine ist wie Dick – sauber wie ein blankgeputzter Kochtopf. Du und ich, wir sind sauber wie Bäche und Winde. Wenn ich einen Menschen sehe, kann ich sofort sagen, ob er sauber und welcher Art seine Sauberkeit ist.»

«Wir sind Zwillinge.»

Berauschende Vorstellung!

«Mutter sagt …», sie zögerte kurz, «Mutter sagt, dass manchmal zwei Seelen zusammen erschaffen werden und … und sich lieben, noch ehe sie geboren sind.»

Der Bilphismus hatte seine müheloseste Bekehrung

vollzogen. Nach einer Weile hob er den Kopf und lachte lautlos zur Zimmerdecke hoch. Als sein Blick zu ihr zurückkehrte, erkannte er, dass sie wütend war.

«Warum lachst du?», stieß sie hervor. «Das hast du schon zweimal getan. Bei unserer Beziehung gibt es nichts zu lachen. Ich finde nichts dabei, mich selbst zum Narren zu machen, und wenn du es für dich tust, stört es mich auch nicht, aber wenn wir zusammen sind, kann ich es nicht ertragen.»

«Es tut mir leid.»

«Sag nicht immer, dass es dir leid tut. Wenn dir nichts Gescheiteres einfällt, sagst du besser gar nichts.»

«Ich liebe dich.»

«Ach, lass mich doch zufrieden.»

Eine Pause. Anthony war bedrückt.

Schließlich sagte Gloria halblaut: «Tut mir leid, dass ich gemein war.»

«Warst du nicht. Ich war gemein.»

Der Frieden war wiederhergestellt, und die nächsten Augenblicke waren umso süßer, erregender und anrührender. Sie waren die Stars auf dieser Bühne, von denen jeder nur für zwei Zuschauer spielte: Die Leidenschaft ihrer Gleisnerei schuf Tatsachen. Dies war die Quintessenz der Selbstverwirklichung, doch war es wohl eher Gloria, die sich in dieser Liebe verwirklichte, während Anthony sich häufig vorkam wie ein gerade noch geduldeter Gast auf einem von ihr gegebenen Fest.

Die Neuigkeit Mrs. Gilbert beizubringen, war ein heikles Unterfangen gewesen. In ein Sesselchen geklemmt, hörte sie intensiv und heftig blinzelnd zu. Sie musste es gewusst haben – seit drei Wochen war Gloria mit keinem anderen Mann ausgegangen –, und sie musste erkannt haben, dass sich diesmal ihre Tochter deutlich anders verhielt. Sie hatte für Gloria Eilbotenbriefe zur Post gegeben. Sie hatte – wie dies wohl alle Mütter tun – Glorias Anteil an Telefongesprächen mitbekommen, die verschlüsselt, aber trotzdem auffallend herzlich waren …

Dennoch hatte sie taktvoll Überraschung geheuchelt und beteuert, wie sehr sie sich freue, was zweifellos der Wahrheit entsprach. Und auch die blühenden Geranien in den Fensterkästen freuten sich und die Kutscher der Hansoms – wunderliche Gefährte! –, in deren romantische Abgeschiedenheit die Liebenden sich flüchteten, und die braven Speisekarten, auf die sie «Das weißt du doch!» kritzelten und sie dem anderen hinschoben.

Doch wenn sie sich nicht gerade küssten, lagen sich Anthony und sein goldenes Mädchen unablässig in den Haaren.

«Bitte lass mich erklären, Gloria!», rief er.

«Keine Erklärungen bitte. Küss mich.»

«Das finde ich nicht richtig. Wenn ich dich gekränkt habe, sollten wir darüber sprechen. Ich halte nichts von diesem ‹Küss mich, und alles ist gut!›.»

«Aber ich mag nicht reden. Ist es nicht wunderschön, dass wir uns küssen können und dann wirklich alles gut ist? Wenn das nicht mehr funktioniert, ist zum Disputieren immer noch Zeit genug.»

Einmal weitete sich eine winzige Unstimmigkeit derart aus, dass Anthony aufstand und voller Grimm den Mantel nahm. Es schien fast, als könne sich die Szene vom Februar wiederholen, aber weil er wusste, wie nah ihr die Sache ging, bewahrte er neben seinem Stolz auch seine Würde, und gleich darauf lag Gloria schluchzend in seinen Armen, das schöne Gesicht wirkte kläglich wie das eines verängstigten kleinen Mädchens.

Nach und nach offenbarte sich eins dem anderen, widerstrebend, in seltsamen Reaktionen und Ausweichmanövern, Abneigungen und Voreingenommenheiten und ungewollten Verweisen auf die Vergangenheit. Gloria war stolz darauf, dass sie unfähig zur Eifersucht war, und weil er sehr zur Eifersucht neigte, fand er diese Tugend ausnehmend ärgerlich. Absichtlich erzählte er ihr von obskuren Begebenheiten aus seinem Leben, um auch in ihr einen entsprechenden Funken zu entzünden, aber es war umsonst. Sie besaß ihn jetzt und hatte kein Verlangen nach toten Jahren.

«Ach, Anthony», sagte sie dann wohl, «wenn ich gemein zu dir bin, tut es mir hinterher immer so leid. Meine rechte Hand würde ich hingeben, wenn ich dir damit auch nur den kleinsten Kummer ersparen könnte.» Und dabei hatte sie nasse Augen und begriff nicht, dass sie einer Illusion nachhing.

Anthony wusste sehr wohl, dass es Tage gab, an denen sie sich absichtlich verletzten, den Schlagabtausch fast genüsslich auskosteten. Sie verblüffte ihn immer wieder: Eben noch so nah, so hinreißend, so sehr bemüht, eine ungeahnte, unübertreffliche Harmonie herzustellen, war sie gleich darauf stumm und kalt, ungerührt von Rücksichten auf ihre Liebe oder von seinen Worten. Häufig kam er nach einer Weile dahinter, dass der Grund für diese beängstigende Verschlossenheit ein körperliches Missbefinden war, über das sie immer erst dann klagte, wenn es ausgestanden war, oder aber eine Gedankenlosigkeit, eine Anmaßung seinerseits oder ein Gericht bei Tisch, das ihr missfiel. Aber selbst dann war ihre Art, diese unendliche Distanz um sich zu schaffen, ein Geheimnis, das irgendwo in jenen zweiundzwanzig unbeugsam stolzen Jahren vergraben lag.

«Warum magst du Muriel eigentlich?», fragte er einmal.

«Ich mag sie gar nicht besonders.»

«Und warum verkehrst du dann mit ihr?»

«Weil man jemanden braucht, mit dem man mitgehen kann. Diese Mädchen sind nicht anspruchsvoll. Sie glauben mir alles, was ich ihnen erzähle. Aber Rachael mag ich. Ich finde sie süß und so glatt und sauber, du nicht auch? Die Freundinnen, die ich sonst hatte – in Kansas City und in der Schule –, waren eigentlich eher Bekannte; sie tauchten in meinem Gesichtskreis auf und verschwanden wieder, je nachdem, wer mit uns ausging. Die Umstände führten uns zusammen, darüber hinaus interessierten sie mich nicht.

Die meisten sind inzwischen verheiratet. Es waren einfach so Leute.»

«Mit Männern kannst du mehr anfangen, nicht?»

«Viel mehr. Ich habe eine männliche Denkweise.»

«Du denkst wie ich – weder ausgesprochen männlich noch ausgesprochen weiblich.»

Später erzählte sie ihm vom Beginn ihrer Freundschaft mit Bloeckman. Eines Tages waren Gloria und Rachael im «Delmonico» auf Bloeckman und Mr. Gilbert getroffen, die dort zusammen beim Lunch saßen, und aus Neugier hatte Gloria daraus einen Vierertisch gemacht. Er war ihr recht sympathisch, und nach den jungen Männern empfand sie ihn als wohltuend, weil er mit so wenig zufrieden war. Er ließ ihr den Willen und lachte, ob er sie nun verstanden hatte oder nicht. Trotz der unverhohlenen Missbilligung ihrer Eltern traf sie sich mehrmals mit ihm, und schon einen Monat später hatte er ihr einen Heiratsantrag gemacht und ihr von einer Villa in Italien bis zu einer glanzvollen Filmkarriere alles offeriert, was ihm zu Gebote stand. Sie hatte ihn ausgelacht – und er hatte in ihr Lachen eingestimmt.

Aber er hatte nicht lockergelassen. Bis Anthony auf der Bildfläche erschienen war, hatte er gute Fortschritte gemacht. Sie behandelte ihn ziemlich freundlich – wenn man von dem boshaften Spitznamen absah, den sie ihm angehängt hatte – und begriff, dass er, während sie auf dem Zaun balancierte, bildlich gesprochen neben ihr ging, bereit, sie aufzufangen, wenn sie stürzte.

An dem Abend vor der Bekanntgabe der Verlobung hatte sie es Bloeckman gesagt. Es war ein schwerer Schlag für ihn gewesen. Einzelheiten wollte sie Anthony nicht verraten, deutete aber an, dass er nicht davor zurückgeschreckt war, sich mit ihr zu streiten. Anthony entnahm ihren Worten, dass das Gespräch stürmisch zu Ende gegangen war, wobei Gloria ungerührt in ihrer Sofaecke gelegen und Joseph Bloeckman von der «Films Par Excellence» mit verengten Augen und gesenktem Kopf auf dem Teppich hin und her gelaufen war. Er hatte Gloria leid getan, aber das hatte sie sich wohlweislich nicht anmerken lassen. Um ihm noch einen letzten Gefallen zu tun, hatte sie versucht, es so weit zu treiben, dass er sie hasste. Anthony jedoch, der wusste, dass Glorias Gleichgültigkeit ihre stärkste Waffe war, konnte sich lebhaft vorstellen, wie aussichtslos das gewesen war. Eine Weile dachte er noch ziemlich häufig, wenn auch nur beiläufig, an Bloeckman, bis er ihn schließlich ganz und gar vergessen hatte.

Leuchtende Tage

Eines Nachmittags stiegen sie in einen Omnibus, suchten sich zwei Plätze vorne auf dem sonnigen Oberdeck und fuhren stundenlang von dem verdämmernden Washington Square aus am schmutzigen Harlem River entlang, dann, als die flüchtigen Strahlen aus den nach Westen führenden Straßen entschwanden, die protzige Fifth Avenue hinunter, die ein den Kaufhäusern entströmender Bienenschwarm schon bedenklich verdunkelte.

Der Verkehr hatte sich zu einem Stau verklumpt, in dem kein Muster zu erkennen war. Die Omnibusse ragten in Viererreihen über der Menge auf und warteten auf den kläglichen Ton der Pfeife, die den Verkehr regelte.

«Ist das nicht großartig?», stieß Gloria hervor. «Schau doch!»

Das Fuhrwerk eines Müllers, grellweiß vom Mehl und von einem pudrigen Clown kutschiert, kam an ihnen vorbei, gezogen von einem Schimmel und einem Rappen.

«Ein Jammer!», sagte sie bedauernd. «Wie schön würde es in der Dämmerung aussehen, wenn sie beide weiß wären. Ich bin in diesem Moment ganz schrecklich glücklich in dieser Stadt.»

Anthony schüttelte den Kopf. «Für mich ist diese Stadt eine Hochstaplerin, die ständig darauf aus ist, dem großartig-eindrucksvollen Urbanen, dem Romantisch-Großstädtischen nahezukommen, das man ihr zuschreibt.»

«Für mich nicht. Ich finde sie imposant.»

«Im Augenblick schon. Aber im Grunde ist es ein sehr durchsichtiges, künstliches Spektakel. Es hat seine von der Presse gesteuerten Stars und miese Kulissen und – das will ich gern zugeben – die größte Armee von Statisten, die es je gegeben hat ...» Er unterbrach sich, lachte kurz auf und fügte hinzu: «Technisch vielleicht hervorragend, aber nicht überzeugend.»

«So ein Polizist muss doch denken, dass alle Leute Trottel sind», bemerkte Gloria nachdenklich, den Blick auf eine füllige, aber ängstliche Dame gerichtet, die sich über die Straße helfen ließ. «Er erlebt sie immer nur, wenn sie verängstigt und ungeschickt und alt sind.» Und dann: «Ich glaube, wir steigen jetzt besser aus. Ich habe Mutter versprochen, zeitig zu Abend zu essen und mich hinzulegen. Sie behauptete, ich sähe müde aus.»

«Ich wünschte, wir wären schon verheiratet», sagte er ernst. «Dann gibt es kein ‹Gute Nacht› mehr, und wir können tun und lassen, was wir wollen.»

«Das wird großartig! Wir werden viel reisen, ja? Ich möchte ans Mittelmeer und nach Italien. Und zur Bühne. Für ein Jahr vielleicht.»

«Das sollst du auch. Ich schreibe ein Stück für dich.»

«Das wird großartig! Und später, wenn wir mehr Geld haben», der Tod des alten Adam wurde stets mit dieser taktvollen Wendung umschrieben, «schaffen wir uns ein prachtvolles Anwesen, nicht?»

«Ja, mit privaten Schwimmbädern.»

«Dutzenden. – Und privaten Flüssen. – Ich wünschte, es wäre schon so weit.»

Welch absonderlicher Zufall: Genau das hatte er sich in diesem Moment auch gewünscht. Wie Taucher stürzten sie sich in die dunklen Wirbel der Menschenmenge, und als sie in den kühlen Fifties wieder an die Oberfläche gekommen waren, schlenderten sie heimwärts, jeder für den anderen eine romantische Erscheinung; beide gingen sie allein in einem Garten ohne Leidenschaften spazieren, neben sich einen Geist, den sie in einem Traum gefunden hatten.

Leuchtende Tage wie Boote, die über träg dahingleitende Flüsse treiben; Frühlingsabende voll klagender

Schwermut, an denen Vergangenheit schön und bitter erschien und die ihnen geboten, zurückzuschauen und zu erkennen, dass die Lieben längst vergangener Sommer mit den vergessenen Walzern ihrer Jahre gestorben waren. Am tiefsten bewegten sie immer jene Augenblicke, da eine künstliche Schranke sie trennte: Im Theater strebten ihre Hände verstohlen zueinander, fanden sich, tauschten in der langen Dunkelheit sachte Signale; in einem Raum voller Menschen formte eins für das andere mit den Lippen lautlose Worte; sie wussten zwar nicht, dass sie damit nur den Spuren altehrwürdiger Generationen folgten, doch erkannten sie verschwommen, dass, wenn die Wahrheit das Ende des Lebens bezeichnet, das Glück eins seiner Daseinsformen ist, deren kurze, erregende Zeitspanne es bis zur Neige auszukosten gilt. Und dann wandelte sich in einer verzauberten Nacht der Mai zum Juni. Noch sechzehn Tage … fünfzehn … vierzehn …

Drei Exkurse

Unmittelbar vor Bekanntgabe der Verlobung war Anthony nach Tarrytown zu seinem Großvater gefahren, der, noch ein wenig grauer und geschrumpelter, während die Zeit ihm ihren letzten höhnischen Streich spielte, die Nachricht äußerst zynisch aufnahm.

«Du willst also heiraten?» Er sagte das so verdächtig milde und mit so ausgiebigem Kopfschütteln, dass Anthony sehr deprimiert war. Die Absichten seines Großvaters waren ihm zwar unbekannt, er ging aber davon aus, dass ein großer Teil des Vermögens ihm zufallen würde. Viel würde natürlich auch an wohltätige Einrichtungen gehen, eine ganze Menge zur Fortsetzung des Reformwerks verwendet werden.

«Wirst du arbeiten?»

«Ja also …», druckste Anthony leicht verlegen. «Ich arbeite bereits, du weißt ja …»

«Pah, ich meine Arbeit», sagte Adam Patch kühl.

«Ich weiß noch nicht genau, was ich machen werde. Schließlich bin ich nicht gerade ein Bettler, Großpapa», erklärte er mit einigem Elan.

Der Alte bedachte dies mit halb geschlossenen Augen. Dann fragte er fast entschuldigend: «Wie viel sparst du im Jahr?»

«Bisher noch gar nichts …»

«Und da du derzeit mit deinem Geld gerade so auskommst, meinst du nun, es müsste wunderbarerweise in Zukunft für zwei reichen?»

«Gloria hat selbst etwas Geld, genug für ihre Garderobe.»

«Wie viel?»

Anthony gab bereitwillig Auskunft, er fand die Frage nicht einmal unverschämt. «Etwa hundert Dollar monatlich.»

«Summa summarum also siebentausendfünfhundert im Jahr. Eigentlich reichlich», setzte er leise hinzu. «Wenn du auch nur einen Funken Verstand hättest, müsste es gut hinreichen. Die Frage ist nur, ob das bei dir der Fall ist.»

«Ich denke schon.» Es war schmachvoll, dieses scheinheilige fromme Gerede des Alten ertragen zu müssen, schließlich hatte er auch seinen Stolz, und deshalb sagte er: «Ich komme sehr gut zurecht, auch wenn du mich offenbar für völlig unbrauchbar hältst. Im Übrigen bin ich nur hergereist, um dir zu sagen, dass ich im Juni heiraten werde. Leb wohl.» Damit drehte er sich um und ging zur Tür, ohne zu ahnen, dass er seinem Großvater in diesem Moment zum ersten Mal fast sympathisch war.

«Warte», rief Adam Patch ihm nach. «Ich möchte mit dir reden.»

Anthony drehte sich um. «Ja bitte?»

«Setz dich. Bleib über Nacht.»

Einigermaßen besänftigt nahm Anthony wieder Platz. «Es tut mir leid, aber ich bin heute Abend mit Gloria verabredet.»

«Wie heißt sie?»

«Gloria Gilbert.»

«New Yorkerin? Alte Bekannte von dir?»

«Sie ist aus dem Mittelwesten.»

«In welcher Branche ist ihr Vater tätig?»

«In einem Zelluloidwerk oder Trust oder so was. Sie sind aus Kansas City.»

«Wollt ihr dort heiraten?»

«Nein, wir dachten an New York. Eine Hochzeit in kleinem Kreis.»

«Möchtet ihr die Hochzeit vielleicht hier ausrichten?»

Anthony zögerte. Der Vorschlag hatte für ihn nichts Verlockendes, aber es war wohl ein Gebot der Klugheit, dem Alten ein gewisses Eigentumsrecht an seiner Ehe einzuräumen. Und ein bisschen gerührt war er doch.

«Das ist sehr nett, Großpapa, aber macht das nicht große Umstände?»

«Umstände macht alles. Dein Vater hat hier geheiratet. Aber noch im alten Haus.»

«Ach … und ich dachte, die Hochzeit sei in Boston gewesen.»

Adam Patch überlegte. «Stimmt. Er hat in Boston geheiratet.»

Anthony war die Berichtigung peinlich, und er bemühte sich, sie schnell zu zerreden. «Ich spreche gern mit Gloria darüber. Mir persönlich wäre es sehr recht, aber natürlich müssen das die Gilberts entscheiden.»

Sein Großvater seufzte tief und ließ sich mit halb geschlossenen Augen in seinen Sessel zurücksinken.

«Hast du's eilig?», fragte er in verändertem Tonfall.

«Nicht besonders.»

«Ich frage mich», begann Adam Patch und richtete den Blick in milder Güte auf die Fliederbüsche, die raschelnd gegen die Scheibe schlugen, «ich frage mich, ob du jemals über das Leben nach dem Tod nachdenkst.»

«Manchmal schon.»

«Ich denke sehr oft über das Jenseits nach.» Seine Augen blickten trüb, aber seine Stimme war klar und zuversichtlich. «Heute habe ich hier gesessen und über das nachgedacht, was uns erwartet, und dann fiel mir plötzlich ein Nachmittag vor fast fünfundsechzig Jahren ein, als ich mit meiner kleinen Schwester Annie spielte, da unten, wo jetzt das Sommerhaus ist.» Er deutete zu dem lang gezogenen Blumengarten hin. In seinen Augen zitterten Tränen, und seine Stimme schwankte.

«Das hat mich zum Nachdenken gebracht. Und ich finde, du solltest dich auch mehr mit dem Jenseits beschäftigen. Du solltest … beständiger werden …» Er hielt inne und suchte nach dem rechten Wort. «… fleißiger … Potzblitz …»

Sein Gesichtsausdruck änderte sich jäh, sein ganzes Wesen schnappte zu wie eine Falle, und als er fortfuhr, war jede Spur von Milde aus seiner Stimme gewichen. «Als ich nur zwei Jahre älter war als du», knarzte er verschlagen lächelnd, «habe ich drei Mitglieder der Firma Wrenn & Hunt ins Armenhaus befördert.»

Anthony zuckte betroffen zusammen.

«Ja, dann leb wohl», schloss sein Großvater unvermittelt. «Du verpasst sonst deinen Zug.»

Anthony verließ das Haus ungewöhnlich beschwingt, aber auch von einem seltsamen Mitgefühl für den Alten bewegt. Nicht, weil der sich mit seinem Reichtum «weder Jugend noch Verdauung» kaufen konnte, sondern weil er Anthony angeboten hatte, dort zu heiraten, und weil ihm eine mit der Hochzeit seines Sohnes zusammenhängende Sache entfallen war, die er eigentlich noch hätte wissen müssen.

Richard Caramel, der bei der Hochzeit als Brautführer fungieren sollte, bereitete Anthony und Gloria in der letzten Woche einigen Kummer, weil er ihnen ständig den Platz im Rampenlicht streitig machte. Der «Demon Lover» war im April erschienen und störte die Liebesbeziehung, so wie er im Grunde alles störte, womit sein Autor in Berührung kam. Es war ein hochoriginelles, kunstvoll geschriebenes Werk, das von einem Don Juan in den New Yorker Slums handelte. Wie Maury und Anthony schon immer gesagt hatten und wie jetzt die Dick wohlgesinnteren Kritiker feststellten, gab es in Amerika keinen Schriftsteller, der die atavistischen und primitiven Verhaltensweisen jenes Segments der Gesellschaft eindrucksvoller hätte schildern können. Das Buch blieb ein Weilchen in den Startlöchern hocken, dann sprintete es los. Woche für Woche folgten erst kleine, dann größere Auflagen. Ein Sprecher der Heilsarmee brandmarkte es als zynische Karikatur der Aufbruchsstimmung, die sich in der Unterschicht bemerkbar mache. Geschickte Presseagenten verbreiteten das jeder Grundlage entbehrende Gerücht, «Gypsy» Smith habe eine Verleumdungsklage angestrengt, weil er in einer der Hauptfiguren eine Burleske seiner selbst sah. Die Stadtbücherei von Burlington, Iowa, verbannte den Roman aus ihren Beständen, und ein Kolumnist aus dem Mittelwesten deutete diskret an, Richard Caramel sei mit Delirium tremens in eine Klinik eingeliefert worden.

Tatsächlich verhielt es sich so, dass der Autor seine Tage in einem Zustand vergnüglicher Verrücktheit verbrachte. Zu drei Vierteln drehten sich seine Gespräche um das Buch. Er wollte wissen, ob man «das Neueste» gehört habe; er betrat ein Geschäft und bat mit lauter Stimme, man möge ihm für bestimmte Bücher die Rechnung schicken, um festzustellen, ob sich bei den Verkäufern oder bei den Kunden ein Funken des Wiedererkennens regte. Er wusste bis hin zu jeder einzelnen Stadt, in welchen Landesteilen er sich am besten verkaufte; er wusste genau, wie viel er mit jeder Auflage verdiente, und wenn er einem Mitmenschen begegnete, der seinen Roman nicht gelesen oder aber – was häufig genug passierte – noch nichts von dem Buch gehört hatte, verfiel er in schmollende Depressionen.

Es war deshalb nicht verwunderlich, dass Anthony und Gloria, neidisch, wie sie waren, zu der Ansicht kamen, dass er in seiner Selbstgefälligkeit ausgesprochen lästig geworden war. Zu Dicks großem Arger brüstete sich Gloria in aller Öffentlichkeit damit, dass sie den «Demon Lover» nicht gelesen hatte und allenfalls dann lesen würde, wenn niemand mehr über das Buch sprach. Im Übrigen hatte sie jetzt zum Lesen auch keine Zeit, denn inzwischen trafen die Geschenke ein, erst als dünnes Rinnsal, dann in einer wahren Lawine – von dem Nippes vergessener Bekannter, der Familie bis hin zu den Fotografien vergessener armer Verwandter.

Maury schenkte ihnen eine vornehme «Trinkgarnitur» mit silbernen Bechern, Cocktailshaker und Flaschenöffner. Dick entledigte sich seiner Verpflichtungen auf konventionellere Weise mit einem Teeservice von Tiffany. Von Joseph Bloeckman kam eine elegante, schlichte Reiseuhr mit seiner Karte. Sogar Bounds war mit einer Zigarettenspitze vertreten, was Anthony fast zu Tränen rührte, aber bei den fünf, sechs Menschen, die von diesem ungeheuren Opfer an die Tradition überwältigt waren, hätte außer Hysterie jede Gefühlsaufwallung ganz normal gewirkt. Der im «Plaza» eigens reservierte Raum bot kaum Platz genug für die Geschenke, die Studienfreunde von Harvard und Geschäftsfreunde seines Großvaters geschickt hatten, für die Erinnerungen an Glorias Farmover-Tage und die einigermaßen rührenden Angebinde ihrer früheren Verehrer. Letzteren lagen Karten bei, auf denen es in vertraulich-melancholischem Ton einleitend etwa hieß: «Ich hätte nicht gedacht, als wir damals ...» oder: «Ich gönne Dir von Herzen dieses Glück» oder gar: «Wenn Dich dies erreicht, bin ich auf dem Wege nach ...»

Das großartigste Geschenk war gleichzeitig das enttäuschendste. Es war ein Zugeständnis von Adam Patch – ein Scheck über fünftausend Dollar.

Die meisten Geschenke ließen Anthony kalt. Er sagte sich, dass er ihretwegen nun im kommenden halben Jahrhundert über den Familienstand ihrer gemeinsamen Freunde genauestens würde Buch führen müssen. Gloria hingegen brach bei jedem in lauten Jubel aus, riss und zerrte an Seidenpapier und Holzwolle wie ein gieriger Hund, der nach einem Knochen gräbt, packte atemlos ein Band oder eine Metallkante, förderte den Gegenstand zutage, hielt ihn kritisch in die Höhe und prüfte ihn eingehend und ohne Lächeln.

«Schau nur, Anthony!»

«Sehr ordentlich, nicht?»

Keine Antwort – die erfolgte erst eine Stunde später, wenn sie einen ausführlichen Bericht über ihre Reaktion auf das Geschenk gab, ob es besser kleiner oder größer gewesen wäre, ob es sie überrascht hatte und, wenn ja, in welchem Maße.

Mrs. Gilbert räumte in einem hypothetischen Haus unermüdlich die Möbel um, verteilte die Geschenke auf die einzelnen Räume, klassifizierte Gegenstände als «zweitbeste Uhr» oder «das Silber für alle Tage» und brachte Anthony und Gloria mit neckischen Bemerkungen über einen Raum, den sie das Kinderzimmer nannte, in Verlegenheit. Sie hatte sich über das Geschenk des alten Adam gefreut, der für sie fortan eine sehr alte Seele «und so weiter» war. Da Adam Patch sich nicht sicher war, ob das auf die fortschreitende Verkalkung seines Verstands oder auf eins ihrer übersinnlichen Projekte abzielte, war er davon nicht gerade begeistert. Anthony gegenüber bezeichnete er sie stets als «diese Alte, die Mutter», als sei sie eine Figur in einem Stück, das er schon wiederholt im Theater gesehen hatte. Im Hinblick auf Gloria konnte er sich nicht recht entscheiden. Er fand sie anziehend, hielt sie aber, wie sie Anthony gegenüber bemerkte, für frivol und hatte deshalb Hemmungen, sie zu mögen.

Fünf Tage! Auf dem Rasen von Tarrytow wurde eine Tanzfläche errichtet. Vier Tage! Ein Sonderzug wurde bestellt, um die Gäste aus New York zu holen und wieder zurückzubringen. Drei Tage!

Sie stand im blauen Seidenpyjama am Bett und streckte schon die Hand zum Lichtschalter aus, dann aber fiel ihr noch etwas ein, und sie holte aus einem Schubfach ein schwarzes Tagebuch mit Platz für einen kurzen täglichen Eintrag. Sie führte es seit sieben Jahren. Viele der mit Bleistift geschriebenen Notizen waren fast unleserlich; es gab Hinweise und Bemerkungen über längst vergangene Abende und Nachmittage, denn es war kein intimes Tagebuch, auch wenn es mit dem unsterblichen Satz begann: «Ich werde für meine Kinder ein Tagebuch führen.» Während sie darin blätterte, schien ihr, als blickten sie aus halbverwischten Namen die Augen vieler Männer an. Mit einem war sie zum ersten Mal in New Haven gewesen – 1908, damals war sie sechzehn, und in Yale waren damals gepolsterte Schultern Mode, und sie hatte sich einiges darauf eingebildet, weil «Touchdown» Michaud den ganzen Abend versucht hatte, sie im Sturm zu nehmen. Sie seufzte, als sie an das «erwachsene» Satinkleid dachte, auf das sie so stolz gewesen war, und an die Band, die «Yama-yama, My Yama Man» und «Jungle-Town» spielte. Wie lange das her war! Die Namen: Eltynge Reardon, Jim Parsons, «Curly» McGregor, Kenneth Cowan, «Fish-Eye» Fry, den sie mochte, weil er so hässlich war, Carter Kirby – der hatte ein Geschenk geschickt, ebenso Tudor Baird; Marty Reffer, der erste Mann, in den sie länger als einen Tag verliebt gewesen war, und Stuart Holcome, der in seinem Automobil mit ihr durchgebrannt war und sie mit Gewalt zum Traualtar hatte schleppen wollen. Und Larry Fenwick, dem sie Hochachtung entgegenbrachte, weil er eines Abends zu ihr gesagt hatte, wenn sie ihn nicht küssen wolle, könne sie aussteigen und zu Fuß heimgehen. Was für eine Liste! – Und letztlich doch längst veraltet! Denn jetzt war sie verliebt und auf dem Weg zu der immerwährenden Romanze, die eine Synthese aller Romanzen sein sollte; dennoch machte der Gedanke an diese Männer sie traurig, der Gedanke an Mondschein und Kitzel und Küsse. Die Vergangenheit, ihre Vergangenheit – welche Seligkeit! Sie war überschäumend glücklich gewesen.

Beim Blättern verweilte ihr Blick müßig auf den verstreuten Eintragungen der letzten vier Monate. Die letzten las sie sorgfältig.

1. April – Ich weiß, dass Bill Carstairs mich nicht leiden kann, weil ich so widerborstig war, aber manchmal bin ich es einfach leid, mich ständig mit Sentimentalitäten berieseln zu lassen. Wir fuhren zum «Rockyear Country Club», und der allerschönste Mond schien durch die Zweige. Mein Silberlamékleid läuft an. Komisch, wie schnell man die anderen Abende im «Rockyear» vergißt – mit Kenneth Cowan, den ich so geliebt habe!

3. April – Nach zwei Stunden Schroeder, der, wie man sagt, Millionen haben soll, bin ich zu dem Schluss gekommen, dass es furchtbar anstrengend ist, sich an irgendetwas zu hängen – besonders wenn es sich um Männer handelt. Es gibt nichts, wobei so oft des Guten zu viel getan wird, und von heute an habe ich mir fest vorgenommen, mich nur noch zu amüsieren. Wir haben über «Liebe» gesprochen – wie banal! Mit wie vielen Männern habe ich über Liebe gesprochen?

11. April – Patch hat tatsächlich angerufen, und dabei war er, als er mich vor einem Monat aufgab, wutschnaubend abgerauscht. Allmählich glaube ich nicht mehr daran, dass man Männern tödliche Wunden schlagen kann.

April – Den Tag mit Anthony verbracht. Vielleicht heirate ich ihn einmal. Seine Ideen gefallen mir irgendwie, er weckt die Originalität, die in mir steckt. Gegen zehn kam Blockhead in seinem neuen Wagen und fuhr mich zum Riverside Drive; heute Abend fand ich ihn nett; er ist so rücksichtsvoll. Er wusste, dass ich nicht reden mochte, und hat auf der ganzen Fahrt nichts gesagt.

April – Beim Aufwachen an Anthony gedacht, und tatsächlich rief er an und war am Telefon so lieb, dass ich seinetwegen jemanden habe sausen lassen. Heute habe ich das Gefühl, ich würde für ihn alles sausen lassen, auch die Zehn Gebote und mein eigenes Leben. Er kommt um acht, und ich werde Rosa tragen und sehr adrett und frisch gestärkt aussehen …

Sie hielt inne und dachte daran, wie sie sich, als er an jenem Abend gegangen war, bei offenem Fenster in der frostigen Aprilluft ausgezogen hatte, ohne dass die Kälte an sie herangekommen war; die tiefsinnigen Banalitäten, die in ihrem Herzen brannten, hatten sie gewärmt.

Der nächste Eintrag folgte wenige Tage später:

24. April – Ich will Anthony heiraten, weil Ehemänner so oft «Ehemänner» sind, und ich brauche einen Liebhaber als Mann.

Es gibt grundsätzlich vier Typen von Ehemännern:

1. Den Ehemann, der abends immer zu Hause hockt, keine Laster hat und Gehalt bezieht. Restlos unerfreulich.

2. Den atavistischen Herrn und Meister, der sich eine Frau zu seinem Vergnügen hält. Für diesen Typ ist jede hübsche Frau oberflächlich. Eine Art Pfau mit Entwicklungsstörungen.

3. Es folgt der Anbeter, der Verehrer seiner Frau und all dessen, was sein ist, wobei alles andere in der Versenkung verschwindet. Dieser Typ braucht eine gefühlsbetonte Schauspielerin als Frau. Himmel, es muss enorm anstrengend sein, die Wohlanständige zu spielen.

4. Und Anthony – ein zeitweilig leidenschaftlicher Liebhaber, der klug genug ist zu begreifen, wann die Leidenschaft dahin ist und dass sie einmal dahin sein muss. Und Anthony will ich heiraten.

Was sind doch Frauen für Würmer, dass sie auf dem Bauch durch trübselige Ehen kriechen. Die Ehe wurde nicht erschaffen, um Hintergrund zu sein, sondern um einen Hintergrund zu erheischen. Meine wird außergewöhnlich sein. Sie kann und darf nicht Bühne sein, sondern Inszenierung – eine lebendige, strahlend-schöne, glanzvolle Inszenierung, und die Welt wird die Kulisse sein. Ich weigere mich, mein Leben der Nachwelt zu opfern. Seiner eigenen Generation, finde ich, schuldet man genauso viel wie seinen ungewollten Kindern. Was für ein Schicksal, kugelrund und unansehnlich zu werden, sich nicht mehr zu gefallen, nur noch an Milch, Hafermehl, Kindermädchen, Windeln zu denken … Geliebte Traumkinder, wie viel schöner seid ihr doch, bezaubernde kleine Geschöpfe mit flatternden (alle Traumkinder müssen flattern) goldenen Flügeln …

Solche Kinder aber, arme kleine Kinderchen, haben wenig mit dem Ehestand gemein.

7. Juni – Eine Frage der Moral: War es falsch, Bloeckman so weit zu bringen, dass er mich liebt? Denn das habe ich getan. Er war heute so traurig, dass es mir recht zu Herzen ging. Wie günstig, dass ich vor Halsschmerzen kaum schlucken kann, da kamen die Tränen wie von selbst. Aber er ist nur noch Vergangenheit und schon in meinem reichlich vorhandenen Lavendel begraben.

8. Juni – Und heute habe ich versprochen, nicht mehr herumzukauen. Und daran werde ich mich wohl halten. Aber hätte er doch nur von mir verlangt, nicht mehr zu essen!

Wir machen Seifenblasen, Anthony und ich. Wunderschöne haben wir heute produziert, und wenn sie platzen, machen wir neue. Genauso große und genauso schöne, bis die ganze Seife und das ganze Wasser aufgebraucht sind.

Mit diesen Worten endete das Tagebuch. Sie überflog die Notizen zum 8. Juni der Jahre 1912, 1910, 1907. Der erste Eintrag zeigte die runde, ungelenke Schrift einer

Sechzehnjährigen. Es war ein Name, Bob Lamar, und ein Wort, das sie nicht entziffern konnte. Dann wusste sie, was es war, und die Augen wurden ihr nass. In dieser grau verwischten Zeile war, verblasst wie jener Nachmittag auf einer regennassen Veranda vor sieben Jahren, ihr erster Kuss festgehalten. Sie meinte sich an etwas zu erinnern, was einer von ihnen an jenem Tag gesagt hatte, bekam es aber nicht zu fassen. Die Tränen flossen immer schneller, bis sie die Seite kaum mehr sehen konnte. Sie sagte sich, dass sie weinte, weil sie sich nur noch an den Regen und die nassen Blumen im Garten und den Duft nach feuchtem Gras erinnern konnte.

Sie suchte einen Bleistift, hielt ihn mit unruhiger Hand und zog drei parallele Linien unter den letzten Eintrag. Dann schrieb sie in Großbuchstaben FINIS darunter, legte das Buch wieder in die Schublade und kroch ins Bett.

Ein Hauch von Höhle

Nach dem Brautmahl, als Anthony wieder in seine Wohnung zurückgekehrt war, knipste er das Licht aus und legte sich zu Bett; er kam sich entmenschlicht und zerbrechlich vor wie ein auf einem Serviertischchen bereitstehendes Stück Porzellan. Es war eine warme Nacht – ein Betttuch genügte zur Behaglichkeit –, und durch die weit geöffneten Fenster kamen Geräusche – vergänglich, sommerschwer, in ferner Erwartung bebend. Er überlegte, dass er seine jungen Jahre, diese hohlen, bunten Jahre, in oberflächlich-unentschlossenem Zynismus auf die schriftlich festgehaltenen Gefühle von Männern gegründet hatte, die längst zu Staub geworden waren. Dabei gab es, das wusste er nun, jenseits dieser Dinge noch anderes. Es gab die Vereinigung seiner Seele mit der von Gloria, und ihre strahlende Vitalität und Frische waren der lebendige Stoff, aus dem die tote Schönheit der Bücher gemacht war. Aus der Nacht drang ein flüchtiger Laut in sein hohes Zimmer, den die Stadt in die Luft warf und wieder auffing wie ein Kind, das mit einem Ball spielt. In Harlem, in der Bronx, im Gramercy Park, an den Docks, in kleinen Stuben oder auf kiesbestreuten, mondbeschienenen Dächern kam dieser Laut von tausend Liebenden, die ihn in kleinen Bruchstücken in die Luft entließen. Die ganze Stadt spielte mit diesem Laut da draußen im blauen Sommerdunkel, warf ihn hoch und fing ihn auf, versprach, in einer kleinen Weile werde das Leben schön sein wie ein Roman – und löste damit schon das Versprechen ein. Sie schenkte der Liebe die Hoffnung auf ihr eigenes Überleben. Mehr konnte sie nicht tun.

Jetzt aber löste sich ein neues Geräusch störend aus dem leisen Rufen der Nacht. Es kam aus einem dreißig Meter von seinem hinteren Fenster entfernten Durchgang und war das Lachen einer Frau. Es begann als leiser, unausgesetzter, wimmernder Laut – «ein Dienstmädchen mit ihrem Kerl», dachte er –, wurde laut, hysterisch, bis es ihn an ein Mädchen erinnerte, das bei einer Vaudeville-Vorstellung einen nervösen Lachanfall erlitten hatte. Dann wurde es wieder leiser, verhallte, nur um sich erneut aufzuschwingen, jetzt vermischt mit Worten – einem ordinären Witz, Anzüglichkeiten –, die er nicht verstehen konnte. Einen Moment war es wieder still, er vernahm das leise Gemurmel einer Männerstimme, dann ging es wieder los und endlos weiter, war zuerst nur ärgerlich, dann seltsam beängstigend. Fröstelnd stand er auf und trat ans Fenster. Die Stimme hatte sich hochgeschraubt und klang jetzt, angespannt und gepresst, fast wie ein Schrei – dann verstummte es und hinterließ eine Stille, die so leer und bedrohlich war wie die größere Stille über ihm. Anthony blieb einen Augenblick am Fenster stehen, ehe er sich, verstört und aufgewühlt, wieder zu Bett legte. Sosehr er sein Gefühl auch zu ersticken suchte – etwas Animalisches in diesem hemmungslosen Gelächter hatte sich seiner Fantasie bemächtigt und weckte zum ersten Mal seit vier Monaten seine alten Aversionen und sein Grauen vor dieser ganzen Sache, die sich Leben nannte. In seinem Zimmer wurde ihm das Atmen schwer. Er sehnte sich hinaus in einen frostigen, schneidenden Wind; er sehnte sich danach, Meilen über der Stadt, abgeklärt und losgelöst, ein Dasein in den Winkeln seiner Seele zu führen. Das Leben war dieses Geräusch da draußen, dieser grausige, immer wiederkehrende weibliche Laut.

«O mein Gott!», stieß er hervor und holte tief Luft.

Den Kopf in den Kissen vergraben, versuchte er erfolglos, sich auf die Erfordernisse des kommenden Tages zu konzentrieren.

Im grauen Licht stellte er fest, dass es erst fünf war. Er war nervös und verfluchte dieses frühe Aufwachen; man würde ihm bei der Trauung ansehen, wie erledigt er war, und er beneidete Gloria, die ihre Erschöpfung unter geschickter Farbgebung verbergen konnte.

Im Badezimmer besah er sich im Spiegel und stellte fest, dass er ungewöhnlich bleich war. Fünf, sechs kleine Hautunreinheiten zeichneten sich auf der Morgenblässe seines Teints ab, und über Nacht war ihm ein leichter Bartschatten gewachsen; alles in allem, fand er, sah er unerfreulich, ausgemergelt, fast kränklich aus.

Auf seinem Ankleidetisch waren etliche Gegenstände ausgebreitet, die er mit unsicheren Fingern schnell abzählte – ihre Fahrkarten nach Kalifornien, das Heft mit Reiseschecks, seine auf eine halbe Minute genau gestellte Uhr, der Wohnungsschlüssel, den er unbedingt Maury geben musste, und was das Wichtigste war: der Ring. Er war aus Platin und mit kleinen Smaragden besetzt; Gloria hatte darauf bestanden. Sie habe sich immer einen Trauring mit Smaragden gewünscht, hatte sie gesagt.

Es war sein drittes Geschenk für sie. Das erste war der Verlobungsring, das zweite ein kleines goldenes Zigarettenetui gewesen. Jetzt würde er ihr viele Dinge schenken – Kleidung und Schmuck und Freunde und angeregte Stunden. Es kam ihm absurd vor, dass er von jetzt an alle ihre Mahlzeiten zahlen würde. Das konnte kostspielig werden. Er überlegte, ob er die Reisekosten nicht zu knapp berechnet hatte und lieber einen höheren Scheck hätte einlösen sollen. Die Frage beschäftigte ihn länger.

Dann tilgte die beängstigende Nähe des Ereignisses alle Einzelerwägungen aus seinem Hirn. Der Tag – vor sechs Monaten noch nicht herbeigewünscht, noch ungeahnt – quoll jetzt mit gelbem Licht durchs Ostfenster und tanzte über den Teppich, als amüsiere sich die Sonne über einen ihrer eigenen alten, abgedroschenen Witze.

Anthony ließ sein nervöses, einsilbig schnaubendes Lachen vernehmen. «Bei Gott», sagte er, «ich bin so gut wie verheiratet!»

Die Brautführer

(Sechs junge Männer in der Bibliothek von Murrkopf Patch werden unter Einwirkung von «Mumm's Extra Dry», der unauffällig in Kühlern vor den Bücherregalen platziert ist, immer lustiger.)

ERSTER JUNGER MANN: Donnerwetter! In mein nächstes Buch kommt eine Hochzeitsszene, die die Leser umhaut, das könnt ihr mir glauben!

ZWEITER JUNGER MANN: Hab' neulich eine Debütantin kennengelernt, die dein Buch gewaltig fand. Die meisten jungen Mädchen sind ja scharf auf so primitives Zeugs.

DRITTER JUNGER MANN: Wo steckt Anthony?

VIERTER JUNGER MANN: Geht draußen auf und ab und führt Selbstgespräche.

ZWEITER JUNGER MANN: Habt ihr den Pfarrer gesehen? Verflixt komische Zähne hat der Mann.

FÜNFTER JUNGER MANN: Kamen mir ganz natürlich vor. Schon merkwürdig, wenn Leute Goldzähne haben.

SECHSTER JUNGER MANN: Angeblich finden sie das schön. Mein Zahnarzt hat mir erzählt, dass eine Frau für zwei ihrer Zähne unbedingt Goldkronen haben wollte. Nur so. Die Zähne waren völlig in Ordnung.

VIERTER JUNGER MANN: Wie ich höre, ist ein Buch von dir erschienen, Dicky. Glückwunsch!

DICK *(steif)*: Danke.

VIERTER JUNGER MANN *(unschuldig)*: Wovon handelt es denn? College-Geschichten?

DICK *(noch steifer)*: Nein. Keine College-Geschichten.

VIERTER JUNGER MANN: Schade. Über Harvard hat seit Jahren keiner mehr ein vernünftiges Buch geschrieben.

DICK *(empfindlich)*: Warum springst du da nicht ein?

DRITTER JUNGER MANN: Ich glaube, da ist gerade ein Rudel Gäste in einem Packard in die Einfahrt eingebogen.

SECHSTER JUNGER MANN: Ein guter Grund, noch zwei Flaschen aufzumachen.

DRITTER JUNGER MANN: Ich bin fast umgefallen, als ich gehört hab', dass der Alte eine «feuchte» Hochzeit ausrichtet. Er ist doch ein fanatischer Prohibitionist.

VIERTER JUNGER MANN *(schnippt aufgeregt mit den Fingern)*: Ogottogott! Ich wusste doch, dass ich irgendwas vergessen hab'. Ich dachte, es ist die Weste.

DICK: Was ist es denn?

VIERTER JUNGER MANN: Ogottogott! Ogottogott!

SECHSTER JUNGER MANN: Nun mal langsam. Ist es denn wirklich so eine Katastrophe?

ZWEITER JUNGER MANN: Was hast du denn vergessen? Deinen Heimweg?

DICK *(boshaft):* Die Handlung für sein Buch mit Harvard-Geschichten hat er vergessen.

VIERTER JUNGER MANN: Ach was! Das Geschenk hab' ich vergessen, verflixt und zugenäht! Ich hab' vergessen, dem alten Anthony ein Geschenk zu kaufen. Ich hab's ständig vor mir hergeschoben, und jetzt hab ich's vergessen, ogottogott. Was sollen sie denn von mir denken?

DRITTER JUNGER MANN *(albern):* Deshalb geht es wahrscheinlich mit der Trauung nicht vorwärts!

(Vierter junger Mann sieht nervös auf seine Armbanduhr. Gelächter.)

VIERTER JUNGER MANN: Ogottogott! Was bin ich für ein Esel!

ZWEITER JUNGER MANN: Wie findet ihr die Brautjungfer, die sich für Nora Bayes hält? Sie hat immer wieder zu mir gesagt, wie schade sie es finde, dass es keine Ragtime-Hochzeit sei. Haines heißt sie oder Hampton.

DICK *(schleunigst seine Fantasie bemühend):* Kane meinst du. Muriel Kane. Eine Art Ehrenschuld, so viel ich weiß. Hat Gloria einmal vor dem Ertrinken gerettet oder so was Ähnliches.

ZWEITER JUNGER MANN: Ein Wunder, dass sie bei dem ewigen Hüftenschwingen überhaupt noch zum Schwimmen gekommen ist! Hab' mich vorhin mit dem Alten lange übers Wetter unterhalten.

MAURY: Mit wem? Dem alten Adam?

ZWEITER JUNGER MANN: Nein, dem Vater der Braut. Muss beim Wetteramt arbeiten.

DICK: Er ist mein Onkel, Otis.

OTIS: Ist doch ein ehrenwerter Beruf. *(Gelächter.)*

SECHSTER JUNGER MANN: Die Braut ist deine Cousine, nicht?

DICK: Ja, Cable.

CABLE: Bildschön. Was man von dir nicht sagen kann, Dicky. Wetten, dass sie den alten Anthony kirre kriegt?

MAURY: Warum hängt man dem Bräutigam immer das Adjektiv «alt» an? Ich denke, die Ehe ist eine Jugendsünde!

DICK: Maury, der Zyniker vom Dienst.

MAURY: Du intellektueller Hochstapler!

FÜNFTER JUNGER MANN: Schlacht der Schöngeister, Otis. Da fällt sicher noch was für uns ab.

DICK: Selber Hochstapler. Du hast ja von nichts eine Ahnung.

MAURY: Und du?

DICK: Frag mich was, egal aus welchem Gebiet.

MAURY: Also schön: Welches ist das grundlegende Prinzip der Biologie?

DICK: Das weißt du ja selber nicht.

MAURY: Keine Ausflüchte!

DICK: Natürliche Auslese?

MAURY: Falsch.

DICK: Ich geb's auf.

MAURY: Ontogenie rekapituliert Phylogenie.

FÜNFTER JUNGER MANN: Los, jetzt aber Tempo!

MAURY: Ich frag' dich noch etwas. Welchen Einfluss haben Mäuse auf die Klee-Ernte? *(Gelächter.)*

VIERTER JUNGER MANN: Welchen Einfluss haben Ratten auf den Dekalog?

MAURY: Still, du Trottel. Es gibt da tatsächlich einen Zusammenhang.

DICK: Nämlich?

MAURY *(hält einen Augenblick zunehmend irritiert inne)*: Augenblick mal … kann mich jetzt selber nicht mehr genau erinnern. Irgendwas mit Bienen, die den Klee fressen.

VIERTER JUNGER MANN: Und mit dem Klee, der die Mäuse frisst! Haha!

MAURY *(runzelt die Stirn)*: Lass mich kurz nachdenken!

DICK *(richtet sich plötzlich auf)*: Hört mal!

(Im Nebenzimmer bricht Geschnatter los. Die sechs jungen Männer stehen auf und greifen an ihre Krawatten.)

DICK *(gewichtig)*: Dann müssen wir wohl auch zum Exekutionskommando stoßen. Wahrscheinlich wollen sie die Hochzeitsfotografien machen. Ach nein, das kommt hinterher.

OTIS: Du nimmst die Ragtime-Brautjungfer, Cable.

VIERTER JUNGER MANN: Hätte ich doch bloß ein Geschenk geschickt!

MAURY: Gib mir noch eine Minute Zeit, dann fällt mir das mit den Mäusen wieder ein.

OTIS: Letzten Monat war ich Brautführer beim alten Charlie McIntyre und …

(Sie gehen langsam in Richtung Tür, während sich das Geschnatter zum Stimmenbabel steigert und ein vorsichtiges Vorspiel zur Ouvertüre getragen und feierlich stöhnend aus Adam Patchs Orgel quillt.)

Anthony

Fünfhundert Augen bohrten sich in den Rücken seines Cutaways, und die Sonne ließ die unziemlich bourgeoisen Zähne des Pfarrers aufblinken. Mit Mühe verbiss er sich ein Lachen. Gloria sagte etwas, mit klarer, stolzer Stimme, und er versuchte sich klarzumachen, dass die Sache unwiderruflich, dass jede Sekunde bedeutsam war, dass ein jäher Schnitt sein Leben in zwei Zeitabschnitte teilte und das Gesicht der Welt sich vor seinen Augen veränderte. Er versuchte die ekstatischen Gefühle von vor zehn Wochen zurückzuholen, doch sie entzogen sich ihm; nicht einmal die physische Nervosität von heute früh war geblieben – alles war nur ein einziges gewaltiges Nachspiel. Und diese Goldzähne! Er fragte sich, ob der Pfarrer wohl verheiratet sei; er stellte sich die ganz und gar blödsinnige Frage, ob ein Geistlicher seine eigene Trauung vollziehen könne …

Doch als er Gloria in die Arme nahm, spürte er eine heftige Regung. Das Blut strömte jetzt in seinen Adern. Eine wohlig beglückende Zufriedenheit legte sich auf ihn wie ein Gewicht und brachte ein Gefühl von Verantwortung und Besitz. Er war verheiratet.

Gloria

So viele, so gemischte, nicht voneinander trennbare Empfindungen. Sie hätte über ihre Mutter weinen mögen, die drei Meter von ihr entfernt leise vor sich hin schluchzte, und über die Schönheit der Junisonne, die durch die Scheiben drängte. Sie war jenseits jeder bewussten Wahrnehmung. Da waren nur das taumelnd-erregte Gefühl, dass in diesem Moment das letzte, allein Wichtige geschah, und die leidenschaftliche Hoffnung, die in ihr glühte wie ein Gebet, dass sie nun gleich für immer geborgen und in Sicherheit wäre.

Spätabends trafen sie in Santa Barbara ein, wo der Nachtportier des «Hotel Lafcadio» sich beharrlich weigerte, sie einzulassen, mit der Begründung, sie seien nicht verheiratet.

Der Portier fand, dass Gloria schön war. Er fand, dass etwas so Schönes wie Gloria nicht moralisch sein konnte.

Jenes erste halbe Jahr – die Reise nach Westen, die langen, genüsslich verbummelten Monate an der kalifornischen Küste und das graue Haus bei Greenwich, in dem sie wohnten, bis der Spätherbst seine Trübsal über das Land legte –, jene Tage, jene Orte wurden zu Zeugen verzückter Stunden. Die fiebrige Idylle der Verlobungszeit mündete zunächst in die gesteigerte Romantik einer sinnlicheren Beziehung. Die fiebrige Idylle wendete sich von ihnen ab und anderen Liebenden zu; eines Tages sahen sie sich um, und sie war verschwunden, sie wussten selbst nicht, wie. Hätte in diesen Tagen der Idylle eins das andere verloren, wäre die verlorene Liebe für den Verlierer auf immer zu jenem unerfüllten verschwommenen Verlangen geworden, das hinter allem Leben steht. Doch die Verzauberung muss weiterziehen, und die Liebenden bleiben zurück …

Die Idylle ging dahin und mit ihr der Druck, unter den sie die Jugend zu setzen pflegt. Es kam der Tag, an dem Gloria merkte, dass andere Männer sie nicht mehr langweilten; es kam der Tag, an dem Anthony entdeckte, dass er wieder bis in den späten Abend mit Dick zusammensitzen und über jene aufregenden Abstraktionen reden konnte, die einst sein Denken bewegt hatten. Da sie wussten, dass der beste Teil der Liebe hinter ihnen lag, klammerten sie sich an das, was ihnen geblieben war. Die Verliebtheit klang noch eine Weile nach – in langen nächtlichen Gesprächen bis in jene Morgenstunden hinein, da der Verstand besonders scharf und geschmeidig wird und die bei Träumen gemachten Anleihen zu dem Stoff werden, aus dem das Leben ist; in tief empfundenen, intimen Gefälligkeiten, die sie einander zu erweisen lernten; in der Fähigkeit, über denselben Unfug lachen zu können, dieselben Dinge erhaben und dieselben Dinge traurig zu finden.

Es war vor allem eine Zeit der Entdeckungen. Was eins beim anderen fand, war so mannigfaltig, so vermengt und vor allem so mit Liebe überzuckert, dass sie darin nicht so sehr Entdeckungen als isolierte Erscheinungen sahen, die es zu verzeihen und zu vergeben galt. Anthony entdeckte, dass er mit einer Frau zusammenlebte, die unter hochgradigen nervösen Spannungen stand und geradezu anmaßend egoistisch war. Gloria hatte innerhalb eines Monats begriffen, dass ihr Mann angesichts unzähliger, seiner eigenen Fantasie entspringender Trugbilder ein jämmerlicher Feigling war. Diese Einsicht kam in Schüben, denn die Feigheit pflegte plötzlich zum Vorschein zu kommen, geradezu abscheulich offenkundig zu werden – nur um sich wenig später abzuschwächen und ganz zu verschwinden, als habe sich Gloria alles nur eingebildet. Sie reagierte darauf nicht auf die ihrem Geschlecht gewöhnlich zugeschriebene Art und Weise, also weder mit Verachtung noch mit vorgezogenen Muttergefühlen. Da sie selbst praktisch keine Furcht kannte, fehlte ihr für diese Erscheinung jedes Verständnis, und sie hielt sich deshalb an das, was sie als versöhnenden Zug seiner Angst sah, dass er nämlich – wenn auch feige bei einem Schrekken oder unter Belastung, wenn seine Fantasie mit ihm durchging – im Grunde doch so etwas wie eine kühne Verwegenheit besaß, die sie zuweilen fast zur Bewunderung hinriss, und einen Stolz, der ihn stabilisierte, wenn er sich beobachtet glaubte.

Zunächst zeigte sich dieser Wesenszug in einer Reihe von Vorfällen, die kaum mehr als Nervosität waren – in Chicago die Aufforderung an einen Taxifahrer, nicht zu schnell zu fahren, seine Weigerung, mit ihr in ein verrufenes Lokal zu gehen, das sie schon immer hatte kennenlernen wollen – und die natürlich die konventionelle Auslegung zuließen, er habe dabei nur an sie gedacht. Trotzdem gab ihr die Häufigkeit der Vorfälle zu denken. Eine Begebenheit in einem Hotel in San Francisco aber – sie waren gerade eine Woche verheiratet – verschaffte ihr Gewissheit.

Es war nach Mitternacht und stockdunkel im Zimmer. Gloria nickte allmählich ein, und weil sie Anthony neben sich gleichmäßig atmen hörte, glaubte sie, er schliefe; doch dann richtete er sich plötzlich auf, stützte sich auf einen Ellbogen und sah mit aufgerissenen Augen zum Fenster.

«Was ist, Liebling?», fragte sie halblaut.

«Nichts.» Er hatte sich wieder zurückgelegt und wandte sich ihr zu. «Nichts, meine kleine Frau.»

«Sag nicht ‹Frau›. Ich bin deine Geliebte. Frau ist ein so hässliches Wort. ‹Deine ständige Geliebte› ist so viel realer, so viel reizvoller … Komm in meine Arme», fügte sie in einer Aufwallung von Zärtlichkeit hinzu. «Ich schlafe so schön, wenn du in meinen Armen liegst.»

In Glorias Arme zu kommen, hatte eine ganz konkrete Bedeutung. Es setzte voraus, dass er einen Arm unter ihre Schultern schob, beide Arme um sie schloss und sich so zurechtlegte, dass er wie ein auf drei Seiten geschlossenes Lager bildete, in dem sie sich wohlig ausstrecken konnte. Anthony, für den das Stillliegen ein Ding der Unmöglichkeit war, da ihm nach einer halben Stunde in dieser Stellung die Arme taub wurden, wartete gewöhnlich, bis sie eingeschlafen war, und rollte sie dann behutsam auf ihre Bettseite hinüber, um sich zu seiner üblichen Schlafstellung zu verknoten.

Solchermaßen empfindsam gebettet, schlummerte Gloria allmählich wieder ein. Fünf Minuten vertickten auf Bloeckmans Reiseuhr; Stille herrschte im Zimmer, lag über der ungewohnten, unpersönlichen Einrichtung und der irgendwie bedrückenden Zimmerdecke, die auf beiden Seiten unmerklich in unsichtbare Wände überging. Dann war vom Fenster her plötzlich ein schwirrendes Rattern zu hören; laute Stakkatotöne verharrten in der stillen, stickigen Luft.

Mit einem Satz war Anthony aus dem Bett und blieb angespannt daneben stehen. «Wer ist da?», rief er mit furchterregender Stimme.

Gloria lag ganz still. Sie war jetzt hellwach; was sie beunruhigte, war nicht so sehr das Rattern als die stocksteife, atemlose Gestalt, deren Stimme vom Bett aus in diese bedrohliche Dunkelheit vordrang.

Das Geräusch verstummte. Im Zimmer war es wieder vollkommen still – und dann sprudelte Anthony ins Telefon: «Da versucht jemand ins Zimmer zu kommen ...! Jemand ist am Fenster.» Seine Stimme klang eindringlich und hatte einen Unterton von Angst.

«Ja, gut. Beeilen Sie sich.» Er legte auf und blieb regungslos stehen.

Vor der Tür waren Schritte und Getrappel zu vernehmen. Es klopfte – und Anthony öffnete einem aufgeregten Nachtportier die Tür, hinter dem drei glotzende Kellnerburschen standen. Zwischen Daumen und Zeigefinger hielt der Nachtportier einen Federhalter mit noch nasser Feder wie eine Waffe. Einer der Kellnerburschen hatte sich ein Telefonbuch gegriffen, das er einfältig betrachtete. In diesem Moment stieß der eiligst herbeigerufene Hausdetektiv zu der Gruppe, und wie ein Mann stürmten sie ins Zimmer.

Klickend ging das Licht an. Gloria zog sich einen Betttuchzipfel über den Kopf und schloss die Augen, um den Horror dieser ungeplanten Heimsuchung nicht mit ansehen zu müssen. In ihrer Betroffenheit hatte sie nur noch einen Gedanken – dass ihr Anthony schwer danebengegriffen hatte. Halb servil, halb im Ton eines Lehrers, der einen Schüler zurechtweist, ließ sich vom Fenster her der Nachtportier vernehmen: «Da draußen ist keiner. Donnerwetter, da kann auch keiner sein», setzte er mit Nachdruck hinzu. «Bis zur Straße geht es fast zwanzig Meter senkrecht runter. Was Sie gehört haben, war der Wind, der an der Jalousie gezerrt hat.»

«Ach so.»

Jetzt tat er ihr leid. Sie hatte nur noch den einen Wunsch, ihn zu trösten, ihn wieder zärtlich in die Arme zu schließen, den Leuten da zu sagen, sie sollten gehen, weil das, was ihre Anwesenheit ausdrückte, etwas Abscheuliches war. Aber sie konnte vor Scham den Kopf nicht heben. Sie hörte einen gestammelten Satz, Entschuldigungen, höfliche Floskeln des Hotelangestellten und das ungehemmte Gegicker eines Burschen.

«Ich war schon den ganzen Abend so verteufelt nervös», sagte Anthony gerade. «Irgendwie hat mich dieses Geräusch aus der Fassung gebracht … ich war schon fast eingeschlafen …»

«Sehr begreiflich», sagte der Nachtportier in taktvoll tröstendem Ton. «Ist mir auch schon passiert.»

Die Tür schloss sich, das Licht wurde ausgeknipst, Anthony kam leise zum Bett zurück und legte sich hin. Gloria stieß einen gespielt schlaftrunkenen leisen Seufzer aus und schmiegte sich an ihn. «Was war denn, Liebling?»

«Nichts.» Seine Stimme bebte noch immer leicht. «Ich glaubte, dass jemand am Fenster ist, und hab' rausgesehen, und weil ich niemanden entdecken konnte, aber nach wie vor das Geräusch hörte, habe ich nach unten telefoniert. Tut mir leid, wenn ich dich geweckt habe, ich bin heute verflixt nervös …»

Sie zuckte innerlich ein wenig zusammen, als sie ihn bei der Lüge ertappte. Er war nicht ans Fenster, ja, nicht einmal in die Nähe des Fensters gegangen. Er war am

Bett stehen geblieben und hatte dann in seiner Angst zum Telefon gegriffen.

«Ach so», sagte sie. Und dann: «Ich bin so schläfrig …»

Eine Stunde lagen sie wach nebeneinander. Gloria hatte die Augen so fest geschlossen, dass sie blaue Monde sah, die vor einem purpurnen Hintergrund kreisten, Anthony starrte mit leerem Blick in die Dunkelheit über sich.

Viele Wochen später kam die Sache nach und nach ans Licht, sodass sie darüber lachen und Witze machen konnten. Und es wurde zur Gewohnheit, dass sie Anthony, sobald diese überwältigende nächtliche Angst ihn packte, in die Arme nahm und in leisem Singsang tröstete: «Ich will meinen Anthony beschützen. Niemand soll meinem Anthony etwas tun.»

Er lachte, als sei es ein Spiel, das sie zu ihrer beider Unterhaltung trieben, aber für Gloria war es nie ganz ein Spiel. Es war zunächst eine tiefe Enttäuschung; später eine der wenigen Gelegenheiten, bei denen sie ihren Zorn zügelte.

Das Handhaben von Glorias Wutausbrüchen – die das Ausbleiben des heißen Wassers für ihr Bad ebenso auslösen konnte wie ein eheliches Geplänkel – wurde für Anthony fast zur vornehmsten Pflicht des Tages. Er brauchte dazu sehr viel Fingerspitzengefühl – ein ganz bestimmtes Maß an Schweigen, an Druck, an Nachgiebigkeit, an Zwang. Vor allem in diesen Zornesausbrüchen und der damit einhergehenden Grausamkeit zeigte sich ihr unmäßiger Egoismus. Weil sie selbst unerschrocken war, weil sie «verwöhnt» war, weil sie ein ebenso maßlos wie löblich unabhängiges Urteilsvermögen besaß und letztlich, weil sie sich in völlig berechtigter Überheblichkeit sagen konnte, sie habe noch nie ein Mädchen gesehen, das so schön war wie sie, hatte sich Gloria zu einer konsequenten, praktizierenden Nietzsche-Jüngerin entwickelt. Wobei natürlich auch kräftig sentimentale Untertöne nicht fehlten.

Da war zum Beispiel die Sache mit ihrem Magen. Sie war bestimmte Gerichte gewohnt und fest davon überzeugt, dass sie unmöglich anderes essen konnte. Am späten Vormittag mussten es eine Limonade und ein Tomatensandwich sein, später ein leichter Lunch mit einer gefüllten Tomate. Sie wünschte nicht nur, unter zehn, zwölf Gerichten wählen zu können, sondern verlangte auch eine ganz bestimmte Zubereitung. Eine der ärgerlichsten halben Stunden der ersten vierzehn Tage erlebten sie in Los Angeles, als ein unglückseliger Kellner Gloria eine mit Geflügelsalat statt mit Sellerie gefüllte Tomate brachte.

«Wir servieren das immer so, Madam», stammelte er angesichts der ihn zornsprühend fixierenden grauen Augen.

Gloria antwortete nicht, aber als der Kellner sich diskret abgewandt hatte, schlug sie mit beiden Fäusten auf den Tisch, dass Porzellan und Silber nur so schepperten.

«Arme Gloria», lachte der ahnungslose Anthony. «Dass du auch nie bekommst, was du haben willst!»

«Solches Zeug ess' ich nicht», fuhr sie auf.

«Ich rufe noch mal den Ober.»

«Nein, lass. Er hat ja doch keine Ahnung, dieser Trottel.»

«Das Hotel kann nichts dafür. Schick es zurück und Schluss, oder sei keine Spielverderberin, und iss es.»

«Halt den Mund», sagte sie barsch.

«Warum lässt du deine Wut an mir aus?»

«Das tu' ich ja gar nicht», jammerte sie. «Aber ich kann das einfach nicht essen.»

Anthony gab sich geschlagen.

«Wir können woanders hingehen», sagte er.

«Ich will nicht woanders hingehen. Ich bin es leid, durch ein Dutzend Lokale geschleppt zu werden, ohne auch nur einmal etwas zu bekommen, was essbar wäre.»

«Wann habe ich dich durch ein Dutzend Lokale geschleppt?»

«Hier müsstest du das tun», konterte Gloria schlagfertig.

Der ratlose Anthony versuchte es anders. «Warum probierst du es nicht wenigstens? So schlecht, wie du glaubst, kann es doch gar nicht sein.»

«Weil … ich … Huhn … eben … nicht … mag!» Sie nahm die Gabel in die Hand und stach verachtungsvoll auf die Tomate ein, und Anthony erwartete jeden Augenblick, die Füllung in der Gegend herumfliegen zu sehen. Sie war so wütend wie vielleicht noch nie in ihrem Leben – sekundenlang hatte auch ihn ein Funken dieser Wut getroffen –, und an eine wütende Gloria war zunächst nicht heranzukommen.

Dann sah er zu seiner Überraschung, dass sie die Gabel vorsichtig an die Lippen führte und den Geflügelsalat kostete. Ihr Gesicht war noch ebenso finster wie zuvor, und er beobachtete sie besorgt, ohne etwas zu sagen, ja, fast ohne zu atmen. Sie kostete noch eine Gabel voll, dann begann sie zu essen. Anthony konnte sich nur mit Mühe ein Lachen verkneifen; als er endlich wieder etwas sagte, hütete er sich, das Thema Geflügelsalat anzuschneiden.

Diese Episode zog sich in Varianten wie eine düstere Fuge durch ihr erstes Ehejahr; jedes Mal blieb ein ratloser, gereizter und deprimierter Anthony zurück. Eine andere harte Kollision zweier Temperamente – zur Debatte standen Wäschesäcke – aber empfand er als noch ärgerlicher, da sie unweigerlich mit einer entscheidenden Niederlage für ihn endete.

In Coronado, wo sie den längsten Aufenthalt ihrer Reise – über drei Wochen – eingelegt hatten, war Gloria eines Nachmittags dabei, sich zum Tee schön zu machen. Anthony, der sich unten die neuesten unbestätigten Meldungen vom Krieg in Europa angehört hatte, kam herein, küsste sie auf den gepuderten Nacken und ging zu seinem Ankleidetisch. Nach ausgiebigem, offenbar erfolglosem Herausziehen und Hereinschieben von Schubfächern drehte er sich zu dem unvollendeten Meisterwerk um.

«Hast du noch Taschentücher, Gloria?», fragte er.

Gloria schüttelte den goldenen Kopf. «Kein einziges. Ich habe eins von deinen genommen.»

«Offenbar das letzte.» Er lachte trocken.

«Ach ja?» Sie zog ebenso kunstvoll wie zart die Konturen ihrer Lippen nach.

«Ist die Wäsche noch nicht zurück?»

«Ich weiß nicht.»

Anthony zögerte – dann machte er in einer jähen Erleuchtung die Schranktür auf und fand seinen Verdacht bestätigt. An dem dafür bestimmten Haken hing der vom Hotel gestellte blaue Beutel. Der Beutel war prallvoll von seinen Sachen – er hatte sie eigenhändig hineingesteckt. Auf dem Boden darunter lag in wildem Durcheinander eine erstaunliche Menge an eleganter Lingerie – Wäsche, Strümpfe, Kleider, Nachthemden und Pyjamas –, die zumeist kaum getragen war, unzweifelhaft aber unter die Warenbezeichnung «Glorias Wäsche» fiel.

Er blieb vor dem geöffneten Schrank stehen. «Aber Gloria!»

«Was?» Die Lippenkontur wurde gelöscht und nach einer geheimnisvollen Perspektive neu gezogen. Kein Finger zitterte beim Führen des Lippen-Stifts, kein Blick schweifte in seine Richtung ab. Es war ein Triumph der Konzentration.

«Hast du denn die Wäsche nicht weggegeben?»

«Ist sie noch da?»

«Allerdings.»

«Ja, dann wohl nicht …»

«Gloria …», Anthony setzte sich aufs Bett und versuchte im Spiegel ihren Blick zu erhaschen, «… du bist mir ein Schlingel! Seit unserer Abreise von New York habe die ganze Zeit ich sie weggegeben, und vor über einer Woche hast du versprochen, es zur Abwechslung auch einmal zu tun. Du hättest doch nur dein eigenes Zeug in den Sack zu stopfen und nach dem Zimmermädchen zu klingeln brauchen!»

«Was soll bloß dieses Gewese um die Wäsche?», stieß Gloria verärgert hervor. «Ich erledige das schon.»

«Ich mache kein Gewese. Ich will mir ja gern die unangenehmen Dinge mit dir teilen, aber wenn uns die Taschentücher ausgehen, wird es wirklich Zeit, etwas zu unternehmen.»

Anthony fand, dass er den Fall ausgesprochen logisch präsentiert hatte, aber Gloria schien unbeeindruckt. Sie räumte ihre Kosmetiksachen weg und drehte ihm den Rücken zu.

«Hak mich mal zu. Ich hab's ganz vergessen, Anthony. Ich hab's vorgehabt, ehrlich, und heute mache ich es. Sei nicht böse auf deinen Schatz!»

Was blieb Anthony da übrig, als sie auf seinen Schoß zu ziehen und ihr einen Hauch Farbe von den Lippen zu küssen.

«Aber es macht mir nichts», sagte sie mit einem strahlend großzügigen Lächeln. «Du darfst mir die ganze Farbe von den Lippen küssen, sooft du willst.»

Sie gingen zum Tee. Sie kauften in einem Kurzwarengeschäft in der Nähe Taschentücher. Alles war vergessen.

Zwei Tage später aber stellte Anthony bei einem Blick in den Schrank fest, dass der Beutel noch immer schlaff am Haken hing und der fröhlich bunte Haufen auf dem Boden erstaunlich angewachsen war.

«Gloria!», rief er.

«Ach je!» Das klang ehrlich bestürzt.

Resigniert ging Anthony zum Telefon und rief das Zimmermädchen.

«Du scheinst von mir zu erwarten», sagte er ungehalten, «dass ich für dich den Kammerdiener spiele.»

Glorias Lachen war so ansteckend, dass Anthony unvorsichtigerweise lächelte. Der Unglückliche! Auf eine schwer erklärbare Art und Weise machte dieses Lächeln sie zur Herrin der Situation; mit dem Ausdruck gekränkter Unschuld ging sie zum Schrank und stopfte ungestüm ihre Wäsche in den Beutel. Zerknirscht sah Anthony ihr zu.

«So!», sagte sie in einem Ton, als habe ein brutaler Zuchtmeister sie gezwungen, sich die Finger blutig zu arbeiten.

Immerhin, sagte er sich, habe er ihr eine Lektion erteilt und damit sei der Fall wohl erledigt. Weit gefehlt: Das war erst der Anfang. Ein Haufen Schmutzwäsche folgte dem anderen – in langen Abständen; ein Taschentuchnotstand folgte dem anderen – in kurzen Abständen; ganz zu schweigen von einem Notstand an Socken, Hemden und allem Übrigen. Und Anthony begriff endlich, dass entweder er die Wäsche weggeben oder die zunehmend unerfreuliche Nervenprobe einer Redeschlacht mit Gloria auf sich nehmen musste.

Auf dem Weg nach Osten machten sie zwei Tage halt in Washington, wo sie sich mit deutlicher innerer Ablehnung durch das grelle, abstoßende Licht dieser Stadt, die weiten Flächen ohne Freizügigkeit, den Pomp ohne Pracht bewegten; Washington erschien ihnen teigig, blass und aufgeblasen. Am zweiten Tag waren sie so leichtsinnig, einen Ausflug zu dem früheren Heim von General Lee in Arlington zu unternehmen.

In dem Tourbus, der sie hinbrachte, drängte sich eine schwitzende, unbetuchte Menschenmenge, und Anthony, der seine Gloria kannte, spürte, dass sich ein Gewitter zusammenbraute. Zum Ausbruch kam es im Zoologischen Garten, wo die Tour einen Aufenthalt von zehn Minuten einlegte. Der Zoologische Garten roch angeblich nach Affen. Anthony lachte; Gloria rief den Fluch des Himmels auf sämtliche Affen herab und schloss darin auch sämtliche Teilnehmer der Rundfahrt und ihre transpirierenden Sprößlinge ein, die bereits affenwärts enteilt waren.

Dann fuhr das Touristenautomobil weiter nach Arlington, wo es auf weitere Omnibusse traf, und sogleich legte eine Rotte von Frauen und Kindern eine Erdnussschalenfährte durch die Gemächer von General Lee und drängte dann in das Zimmer, in dem er geheiratet hatte. An der Wand verkündete ein gefälliges Schild in großen roten Lettern: «Damentoilette.» Dieser letzte Schlag war zu viel für Gloria.

«Das spottet doch jeder Beschreibung!», sagte sie empört. «Was für eine Idee, die Leute hier hereinzulassen. Und sie noch herzulocken, indem man solche Häuser zu Schaustücken macht!»

«Würde man sie nicht instand halten, wären sie bald abbruchreif», wandte Anthony ein.

«Und wenn schon», stieß sie empört hervor, während sie der weitläufigen Säulenhalle zustrebten. «Meinst du denn, hier wäre auch nur ein Hauch von 1860 geblieben? Das ist doch 1914 pur!»

«Willst du denn das Alte nicht bewahren?»

«Das kann man eben nicht, Anthony! Alles Schöne wächst nur bis zu einer gewissen Höhe, dann fängt es an zu kümmern, vergeht und dünstet im Vergehen Erinnerungen aus. Und so wie jeder geschichtliche Zeitabschnitt in unseren Köpfen vergeht, sollten auch die zu diesem Zeitabschnitt gehörenden Sachen vergehen; auf diese Weise werden sie noch eine Weile in den wenigen Herzen bewahrt, die dafür empfänglich sind – in meinem beispielsweise. Denk an den Friedhof von Tarrytown. Den haben diese Esel, die Geld für die Erhaltung solcher Stätten spenden, auch kaputt gemacht. Ein Sleepy Hollow gibt es nicht mehr; Washington Irving ist tot, und seine Bücher vermodern in unserer Wertschätzung Jahr um Jahr ein bisschen mehr. Dann sollte man auch den Friedhof vermodern lassen. Der Versuch, ein Jahrhundert durch die gewissenhafte Instandsetzung seiner Überreste zu bewahren, ist dasselbe, als halte man einen Sterbenden mit Aufputschmitteln am Leben.»

«Du meinst also, wenn eine Zeit zu Ende geht, sollten auch ihre Häuser verschwinden?»

«Natürlich! Wäre dir dein Keats-Brief noch genauso viel wert, wenn die Unterschrift der besseren Haltbarkeit halber nachgezogen wäre? Eben weil ich die Vergangenheit liebe, möchte ich, dass dieses Haus der Erinnerung an seine glanzvolle Zeit der Jugend und der Schönheit lebt, ich möchte, dass seine Treppenstufen wie unter den Schritten von Frauen in Reifröcken und Männern mit Stiefeln und Sporen knarren. Stattdessen haben sie eine sechzigjährige Wasserstoffblondine mit aufgelegtem Wangenrouge aus ihm gemacht. Es hat kein Recht, so blühend dazustehen. Wenn ihm noch etwas an Lee läge, würde es hin und wieder einen Ziegelstein fallen lassen. Wie vielen dieser … dieser *Kreaturen*», sie machte eine umfassende Handbewegung, «gibt dieser Besitz etwas – ungeachtet aller geschichtlichen Abhandlungen und Reiseführer und Restaurierungen? Wie viele von denen, die glauben, Wertschätzung äußere sich bestenfalls dadurch, dass man sich im Flüsterton unterhält und auf Zehenspitzen geht, würden auch nur herkommen, wenn es mit Umständen verbunden wäre? Ich wünschte mir, dass es nach Magnolien riecht und nicht nach Erdnüssen, ich wünschte mir, dass meine Schuhe auf demselben Kies knirschen, auf dem Lees Stiefel geknirscht haben. Es gibt keine Schönheit ohne tiefes Gefühl und keine tiefen Gefühle ohne das Empfinden, dass etwas im Schwinden ist – Menschen, Namen, Bücher –, zu Staub zerfallend … sterblich …»

Ein kleiner Junge tauchte neben ihnen auf, holte mit einer Handvoll Bananenschalen weit aus und schleuderte sie kühn in Richtung Potomac.

Gefühle

Zeitgleich mit dem Fall von Liège trafen Anthony und Gloria in New York ein. Im Rückblick erschienen ihnen diese sechs Wochen als eine unglaublich glückliche Zeit. Sie hatten – wie mehr oder minder die meisten jungen Paare – eine große Übereinstimmung an vorgefassten Meinungen, Angewohnheiten und Eigenarten entdeckt; überdies waren sie beide im Grunde gesellige Menschen.

Dennoch war es ihnen bei vielen Gesprächen schwergefallen, sie auf dem Niveau von Diskussionen zu halten. Meinungsverschiedenheiten wirkten sich verheerend auf Glorias Stimmung aus. Ihr Leben lang hatte sie mit Menschen verkehrt, die ihr geistig unterlegen waren, oder aber mit Männern, die angesichts ihrer fast feindselig-einschüchternden Schönheit keinerlei Widerspruch gewagt hatten. Verständlicherweise irritierte es sie deshalb, als Anthony sich von jenem Zustand verabschiedete, in dem er ihre Äußerungen als unfehlbare, unumstößliche Wahrheiten sah.

Zunächst begriff er nicht, dass es sich dabei um das Ergebnis teils ihrer weiblichen Erziehung, teils ihrer Schönheit handelte, und war geneigt, sie mit ihren eigenartig und eindeutig beschränkten Geschlechtsgenossinnen in einen Topf zu werfen. Dass sie keinen Funken von Gerechtigkeitssinn besaß, machte ihn rasend. Doch merkte er bald, dass ihr Hirn, wenn ein Thema sie wirklich interessierte, nicht so schnell ermüdete wie das seine. Was er an ihrem Verstand vor allem vermisste, war eine pedantische Theologie, der Sinn für Ordnung und Genauigkeit, der Sinn dafür, dass das Leben ein sonderbar zusammengefügtes Flickwerk ist; nach einer Weile aber wurde ihm klar, dass diese Eigenschaft nicht zu ihr gepasst hätte.

Die größte all ihrer Gemeinsamkeiten war die fast unheimliche Kraft, mit der ihre Herzen zueinanderstrebten.

Am Tag ihrer Abreise aus Coronado setzte sich Gloria während des Packens auf eins der Betten und fing bitterlich an zu weinen.

«Liebste!» Er nahm sie in die Arme, er zog ihren Kopf an seine Schulter. «Was ist denn, mein lieber, liebster Schatz? Sag es mir.»

«Wir fahren weg», schluchzte sie. «Dabei ist das hier doch der erste Ort, an dem wir zusammengelebt haben, Anthony. Unsere beiden kleinen Betten – nebeneinander –, die warten nun auf uns, und wir kommen nie mehr zurück.»

Wie stets zerriss sie ihm das Herz. Ein starkes Gefühl überkam ihn und schoss ihm in die Augen.

«Wir reisen ja weiter, Gloria. Zu einem anderen Zimmer. Zu zwei anderen kleinen Betten. Wir werden ein Leben lang zusammen sein.»

Mit leiser, rauer Stimme sprudelte es aus ihr heraus: «Aber es werden nie wieder diese zwei kleinen Betten sein. Jedes Mal, wenn wir abreisen und weiterziehen, um Neues zu sehen, geht etwas verloren, bleibt etwas zurück. Nichts lässt sich genau wiederholen, und ich bin so ganz dein gewesen. … hier …»

Er zog sie leidenschaftlich an sich und erkannte, weit davon entfernt, ihre Gefühlsaufwallung zu kritisieren, wie gut sie daran tat, den Augenblick beim Schopf zu fassen, selbst wenn sie dabei nur ihrem Wunsch zu weinen nachgab; Gloria, die Müßiggängerin, Gloria, die liebevolle Hüterin ihrer Träume, verstand es, dem, was an der Jugend und am Leben denkwürdig und einprägsam war, tiefes Gefühl abzugewinnen.

Als er am späten Nachmittag mit den Fahrkarten vom Bahnhof zurückkam, lag sie schlafend auf einem der Betten, den Arm fest um einen schwarzen Gegenstand gelegt, den er zunächst nicht erkannte und der sich, als er näher kam, als einer seiner Schuhe entpuppte. Ein Schuh, den sie, obgleich er weder besonders neu noch sauber war, an das tränenverschmierte Gesicht gedrückt hatte, und er verstand diese uralte, ehrenwerte Botschaft. Es war ein beseligendes Gefühl, sie zu wecken und ihr Lächeln entgegenzunehmen, das schüchtern, sich der Feinsinnigkeit ihrer Fantasie aber wohl bewusst war.

Ohne über Wert oder Unwert dieser beiden Regungen urteilen zu wollen, schien es Anthony, als seien sie dem Herzen der Liebe sehr nah.

Wenn man erst über zwanzig ist, verlangsamt sich allmählich der Schwung der Lebens, und der ist wahrhaftig ein einfältiger Tropf, dem mit dreißig noch genauso viele Dinge wichtig sind wie zehn Jahre zuvor. Mit dreißig ist ein Drehorgelspieler ein abgetakeltes Wrack, das sich mit dem Griff einer Drehorgel müht – und war doch einstmals ein Drehorgelspieler! Das unübersehbare Stigma des Menschlich-Allzumenschlichen legt sich auf all das Schöne und Erhabene, das nur die Jugend in seiner ganzen erhabenen Pracht begreift.

Wenn ein glanzvoller Ball, den helles, romantisches Gelächter begleitet, seine Roben aus Seide und Satin zerschleißt, kommt darunter das kahle, von Menschenhand geschaffene Gerüst zum Vorschein; aus einem tragikumwitterten, ja göttlichen Bühnenstück wird eine Folge leerer Reden, über denen in feuchtkalten Stunden der Plagiator brütet und die von Krämpfen, Ängsten und mannhaften Gefühlen heimgesuchte Menschen zu Gehör bringen.

Dieses erste Ehejahr und das graue Haus trafen Gloria und Anthony in jenem Stadium an, da der Drehorgelspieler allmählich seine unvermeidliche Metamorphose durchlebt. Sie war dreiundzwanzig, er sechsundzwanzig.

Das graue Haus war zunächst ein rein idyllisches Projekt. Die ersten vierzehn Tage nach der Rückkehr aus Kalifornien verbrachten sie recht unduldsam in Anthonys Wohnung, in einer bedrückenden Atmosphäre offener Koffer, zu vieler Besucher und der berüchtigten Wäschebeutel. Mit ihren Freunden besprachen sie die gewaltigen Probleme ihrer Zukunft. Dick und Maury saßen mit ihnen zusammen und nickten feierlich, fast teilnahmsvoll, während Anthony anhand einer Liste erörterte, was sie «eigentlich» mit sich anfangen oder wo sie sich «eigentlich» niederlassen sollten.

«Wenn dieser verdammte Krieg nicht wäre», beschwerte er sich, «würde ich mit Gloria nach Europa gehen – und als Zweitbestes hätte ich gern ein Haus auf dem Land, natürlich in der Nähe von New York, in dem ich schreiben oder eben das tun könnte, wofür ich mich letztlich entscheide.»

Gloria lachte und wandte sich an Maury. «Ist er nicht süß?», fragte sie. «‹Oder das, wofür ich mich letztlich entscheide.› Und was soll ich machen, wenn er arbeitet? Führst du mich aus, wenn Anthony arbeitet, Maury?»

«Noch arbeite ich ja nicht», sagte Anthony rasch.

Sie hatten beide die vage Vorstellung, dass er eines fernen Tages in einen glorifizierten diplomatischen Dienst eintreten und sich dort von Fürsten und Premierministern um seine schöne Frau beneiden lassen würde.

«Also ich weiß mir wirklich keinen Rat mehr», sagte Gloria hilflos. «Wir reden und reden und kommen nicht weiter, wir fragen all unsere Freunde, und die erzählen uns immer nur das, was wir hören wollen. Ich wünschte, jemand würde uns bei der Hand nehmen.»

«Warum fahrt ihr nicht nach ... nach Greenwich oder sonst wohin?», schlug Richard Caramel vor.

Glorias Miene erhellte sich. «Das ist eine gute Idee. Meinst du, dort bekämen wir ein Haus?»

Dick zuckte die Schultern, und Maury lachte.

«Ihr macht mir Spaß, ihr zwei», sagte er. «So was von unpraktisch! Kaum fällt irgendein Ortsname, da erwartet ihr schon, dass wir Stöße von Fotografien aus der Tasche ziehen und euch die verschiedenen Baustile der Bungalows von dort zeigen.»

«Genau das will ich eben nicht!», klagte Gloria. «Einen heißen, stickigen Bungalow, nebenan massenweise Babys, deren Väter in Hemdsärmeln den Rasen mähen …»

«Himmel noch mal, Gloria!», fiel Maury ihr ins Wort. «Niemand will dich in einen Bungalow sperren. Wer um alles in der Welt hat hier überhaupt von Bungalows angefangen? Aber ihr findet nie ein Haus, wenn ihr euch nicht aufmacht und danach sucht.»

«Uns aufmachen? Ja, wohin denn?»

Maury ließ die Hand pfotenhaft mit großer Geste kreisen. «Egal, wohin. Ihr müsst hinaus aufs Land. Häuser gibt es schließlich genug.»

«Besten Dank.»

«Jetzt hört mal her.» Richard Caramel ließ sein gelbes Auge schweifen. «Ihr seid einfach zu chaotisch. Kennst du dich im Staat New York aus? Sei still, Anthony, ich rede mit Gloria.»

«Ich war zwei-, dreimal zu Hausfesten in Portchester und an einigen Orten in Connecticut», räumte sie ein, «aber das ist natürlich nicht New York. Und Morristown auch nicht», schloss sie mit lässiger Gleichgültigkeit.

Dies wurde mit lautem Gelächter quittiert.

«Großer Gott», stieß Dick hervor. «Morristown auch nicht. Ganz recht, Gloria, und ebensowenig Santa Barbara. Passt auf, ihr beiden. Wenn man nicht gerade ein Vermögen besitzt, ist es sinnlos, an Orte wie Newport oder Southampton oder Tuxedo auch nur zu denken. So was kommt einfach nicht infrage.»

Sie stimmten alle feierlich zu.

«Und ich persönlich verabscheue New Jersey. Dann gibt es natürlich noch das obere New York, oberhalb von Tuxedo.»

«Zu kalt», erklärte Gloria entschieden. «Ich war einmal mit einem Automobil dort.»

«Ich denke, es gibt viele Städte wie Rye zwischen New York und Greenwich, in denen man ein kleines graues Haus …»

Triumphierend stürzte sich Gloria auf diesen Satz. Zum ersten Mal seit ihrer Rückkehr an die Ostküste wusste sie, was sie wollte.

«O ja!», stieß sie hervor. «O ja, genau das ist es: ein kleines graues Haus mit ein bisschen Weiß drum herum und von ganz viel Rot-Ahorn umstanden, braungolden wie ein Oktoberbild in einer Galerie. Wo finden wir so was?»

«Leider habe ich meine Liste kleiner grauer, mit Rot-Ahorn umstandenen Häuser verlegt, aber ich suche danach. Nehmt euch inzwischen einen Zettel, und schreibt die Namen von sieben Orten auf, die in die engere Wahl kommen. Und dann fahrt ihr diese Woche jeden Tag in eine dieser Ortschaften.»

«O Himmel!», stöhnte Gloria und brach innerlich zusammen. «Warum kannst du das nicht für uns übernehmen? Ich hasse die Eisenbahn.»

«Dann mietet euch einen Wagen und …»

Gloria gähnte. «Ich hab' das so satt! Ständig reden wir nur noch von Häusern und Wohnen.»

«Das Denken ermüdet meine sensible Frau», bemerkte Anthony ironisch. «Ihre Nerven verlangen nach einem stärkenden Tomatensandwich. Gehen wir irgendwohin zum Tee.»

Das bedauerliche Ende vom Lied war, dass sie Dicks Ratschlag wörtlich nahmen; zwei Tage später fuhren sie nach Rye und liefen hinter einem gereizten Grundstücksmakler her wie ratlose Kinder. Sie besichtigten Häuser zu hundert Dollar im Monat, die dicht neben weiteren Häusern zu hundert Dollar im Monat standen; sie besichtigten einzeln stehende Häuser, gegen die sie unweigerlich eine heftige Abneigung entwickelten, auch wenn sie sich brav dem Verlangen des Maklers fügten, den Herd zu begutachten – «Na, ist das ein Herd?» –, an Türpfosten zu rütteln und Wände abzuklopfen, womit wohl bewiesen werden sollte, dass das Haus nicht kurz vor dem Einsturz stand, auch wenn es diesen Eindruck durchaus überzeugend vermittelte. Sie spähten durch Fensterscheiben in Zimmer, die entweder «sachlich» mit sockelgleichen Sesseln und unnachgiebigen Sitzbänken oder «behaglich» mit dem traurigen Trödel früherer Sommer – gekreuzten Tennisschlägern, durchgesessenen Sofas, deprimierenden Gibson Girls – eingerichtet waren. Einigermaßen beklommen besichtigten sie etliche wirklich schöne Häuser, die sich distanziert und in kühler Würde präsentierten – zu dreihundert Dollar im Monat. Sie bedankten sich vielmals bei dem Makler und fuhren von Rye ab.

In dem überfüllten Zug, der sie nach New York zurückbrachte, saß hinter ihnen ein schwer atmender Lateinamerikaner, dessen letzte Mahlzeiten offenbar zur Gänze aus Knoblauch bestanden hatten. Erleichtert, ja fast überschwänglich dankbar kamen sie in die Wohnung zurück, und Gloria flüchtete sich in das makellose Badezimmer und in die Wanne.

In der Frage ihres künftigen Heims waren beide eine Woche lang lahmgelegt.

Schließlich löste sich das Problem auf unverhofft romantische Weise. Eines Nachmittags betrat Anthony, ganz von seiner «Idee» beseelt, schwungvoll das Wohnzimmer.

«So, das hätten wir», verkündete er ganz und gar zufrieden, als habe er gerade eine Maus erwischt. «Wir schaffen uns ein Automobil an.»

«Na hör mal! Haben wir nicht mit uns schon genug zu tun?»

«Lass mich bitte ausreden, ja? Wir bringen unseren Plunder einfach zu Dick und packen einfach zwei Koffer ins Automobil, in den Wagen, den wir uns kaufen, meine ich – auf dem Land brauchen wir sowieso einen –, und fahren einfach los in Richtung New Haven. Je weiter wir aus dem Einzugsgebiet von New York herauskommen, desto niedriger sind die Mieten, und sobald wir ein Haus gefunden haben, das uns gefällt, ziehen wir einfach dort ein.»

Mit dem häufigen und beschwichtigenden Einschub des Wörtchens «einfach» gelang es ihm, Gloria zu träger Anteilnahme zu bewegen. Ungestüm im Zimmer umherlaufend, simulierte er eine unwiderstehlich dynamische Tatkraft. «Morgen kaufen wir ein Automobil.»

Das Leben, das bekanntlich mit den Siebenmeilenstiefeln der Fantasie nicht Schritt halten kann, schickte sie erst eine Woche später in einem billigen, aber funkelnagelneuen Roadster auf den Weg, half ihnen durch die chaotische, unbegreifliche Bronx und dann durch einen weitläufigen öden Bezirk, wo trostloses blaugrünes Brachland sich mit Vororten abwechselte, in denen ebenso hektische wie vulgäre Betriebsamkeit herrschte. Um elf hatten sie New York verlassen, und die heiße, idyllische Mittagsstunde lag schon lange hinter ihnen, als sie in flottem Tempo durch Pelham rollten.

«Und so was nennt sich Stadt?», sagte Gloria verächtlich. «Das sind einfach städtische Wohnblocks, die man kaltlächelnd aufs freie Feld gestellt hat. Ich denke mir, dass alle Männer hier verfärbte Schnurrbärte haben, weil sie morgens ihren Kaffee zu schnell schlucken.»

«Und in den Pendlerzügen Binokel spielen.»

«Was ist Binokel?»

«Nimm doch nicht immer alles so wörtlich. Woher soll ich das wissen? Aber dem Klang nach passt es zu ihnen.»

«Mir gefällt's. Es hört sich an, als wenn man dabei mit den Knöcheln knacken muss oder so … Lass mich fahren.»

Anthony musterte sie argwöhnisch. «Schwörst du, dass du eine geübte Autofahrerin bist?»

«Seit meinem vierzehnten Lebensjahr.»

Er ließ den Wagen vorsichtig am Straßenrand ausrollen, und sie wechselten die Plätze. Dann legte Gloria greulich kratzend den Gang ein und ließ dazu ein Lachen erklingen, das Anthony beunruhigend und ausnehmend geschmacklos fand. «Auf geht's!», rief sie. «Juhuh!»

Ihre Köpfe ruckten nach hinten wie Marionetten an einem gemeinsamen Draht, als der Wagen einen Satz nach vorn machte und röchelnd eine Kurve um einen stehenden Milchwagen fuhr, dessen Fahrer aufgestanden war und ihnen etwas nachbrüllte. In der unsterblichen Tradition der Straße revanchierte sich Anthony mit ein paar kurzen Epigrammen über die Roheit der Milch ausliefernden Zunft.

Dann aber unterbrach er sich und wandte sich Gloria zu, denn inzwischen hatte er begriffen, dass es ein schwerer Fehler gewesen war, ihr das Steuer zu überlassen, und dass man ihre Fahrweise nicht anders als in höchstem Maße exzentrisch und überaus leichtsinnig nennen konnte.

«Denk dran», mahnte er, «dass der Mann gesagt hat, wir sollen die ersten fünftausend Meilen nicht mehr als zwanzig Meilen die Stunde fahren.»

Sie nickte flüchtig, gab aber, offenbar in der Absicht,

die genannte Beschränkung möglichst schnell hinter sich zu bringen, etwas mehr Gas.

Wenig später machte er einen zweiten Anlauf.

«Hast du das Schild nicht gesehen? Willst du unbedingt, dass man uns schnappt?»

«Himmel noch mal», stieß Gloria ungehalten hervor, «du übertreibst immer maßlos.»

«Ich habe jedenfalls keine Lust, mich verhaften zu lassen.»

«Wer verhaftet dich denn? Grässlich, wie stur du bist. Wie gestern Abend mit meinem Hustensaft.»

«Es war zu deinem eigenen Besten.»

«Dass ich nicht lache. Da hätte ich ja gleich bei Mutter bleiben können.»

«Wie kannst du so was zu mir sagen!»

Ein Polizist kam in Sicht, im nächsten Moment hatten sie ihn schon hinter sich gelassen.

«Hast du den gesehen?», fragte Anthony.

«Du machst mich wahnsinnig. Hat er uns nun verhaftet?»

«Wenn er's tut, ist es zu spät», konterte Anthony geistvoll.

Verächtlich, fast gekränkt, schoss sie zurück: «Die alte Mühle hier macht doch sowieso nicht mehr als fünfunddreißig.»

«Der Wagen ist nicht alt.»

«Im Geist schon!»

Von diesem Nachmittag an bildete der Wagen zusammen mit dem Wäschebeutel und Glorias Essgewohnheiten jene Dreiheit, an der sich immer wieder Streit entzündete. Er warnte sie vor den Eisenbahngleisen; er machte sie auf herankommende Automobile aufmerksam; schließlich bestand er darauf, wieder selbst zu fahren, und von Larchmont bis Rye saß eine wütende, stumm leidende Gloria neben ihm.

Doch war es ihrem verbissenen Schweigen zu verdanken, dass das graue Haus kein Abstraktum blieb, denn kurz nach Rye gab er klein bei und ließ erneut Gloria ans Steuer. Er beschränkte sich darauf, wortlos bittend auf sie einzuwirken, und Gloria, die gleich wieder aufgelebt war, schwor, dass sie sich vorsehen würde. Weil aber eine unhöfliche Straßenbahn rücksichtsloserweise den Anspruch auf ihre Gleise nicht aufgeben mochte, wich Gloria auf eine Seitenstraße aus – und fand den ganzen Nachmittag nicht mehr zur Hauptstraße zurück. Die Straße, die sie schließlich fälschlicherweise dafür hielten, hörte fünf Meilen nach Cos Cob auf, wie die Hauptstraße auszusehen. Statt Asphalt hatten sie nun Kies unter den Rädern und schließlich einen immer schmaler werdenden, rechts und links von Ahornbäumen gesäumten Fahrweg, durch deren Zweige die sinkende Sonne schien und endlos mit Schattenmustern im hohen Gras experimentierte.

«Jetzt haben wir uns verirrt», klagte Anthony.

«Lies mal das Schild!»

«‹Marietta – fünf Meilen.› Was ist Marietta?»

«Nie gehört, aber lass uns hinfahren. Wenden können wir hier nicht, und vermutlich gibt es dort eine Umleitung zurück zur Hauptstraße.»

Der Weg hatte jetzt tiefe Fahrrillen und tückische Randsteine. Drei Farmhäuser tauchten kurz auf und huschten vorbei. Als Ansammlung stumpfer Dächer, die sich um einen hohen weißen Kirchturm scharten, kam eine Stadt in Sicht.

Zwischen zwei Möglichkeiten schwankend, entschied sich Gloria zu spät, sodass sie einen Hydranten überfuhr und die Kardanwelle abriss.

Es war schon dunkel, als der Grundstücksmakler von Marietta ihnen das graue Haus zeigte. Es stand am westlichen Dorfrand, wo es sich an einen Himmel lehnte, der wie ein warmer blauer, mit winzigen Sternen zugeknöpfter Mantel aussah. Das graue Haus war schon dagewesen, als Frauen, die Katzen hielten, aller Wahrscheinlichkeit nach Hexen waren, als Paul Revere noch in Boston als Vorbereitung auf die Erweckung des großen Kaufmannsvolkes falsche Zähne fertigte, als unsere Vorfahren scharenweise triumphierend General Washington im Stich ließen. Seit jenen Tagen war das Haus an einer wackligen Ecke abgestützt, innen neu aufgeteilt und verputzt, um eine Küche und eine seitliche Veranda erweitert worden, aber wenn man davon absah, dass ein fröhlicher Barbar die neue Küche mit rotem Blech gedeckt hatte, hielt es trutzig an seinem Kolonialstil fest.

«Wie sind Sie ausgerechnet auf Marietta gekommen?», fragte der Makler in einem Ton, der hart an Argwohn vorbeischrammte. Er führte sie gerade durch vier luftige und geräumige Schlafzimmer.

«Wir hatten eine Panne», erläuterte Gloria. «Ich bin über einen Hydranten gefahren, und als wir uns zur Werkstatt schleppen ließen, haben wir Ihr Schild gesehen.»

Der Mann nickte, obschon er einen derart spontanen Einfall nicht nachvollziehen konnte. Einer Unternehmung, die man ohne mehrmonatige sorgfältige Prüfung in Angriff nahm, haftete ein Ruch von Unmoral an.

Noch am gleichen Abend unterschrieben sie den Mietvertrag und kehrten im Wagen des Maklers überglücklich in das verschlafen vor sich hin bröckelnde «Marietta Inn» zurück, das selbst für die sittlichen Verirrungen und die damit einhergehenden Lustbarkeiten eines Landgasthofs zu heruntergekommen war. Die halbe Nacht lagen sie wach und schmiedeten Pläne. Anthony wollte in erstaunlichem Tempo sein Geschichtswerk voranbringen und damit seinen zynischen Großvater günstig stimmen ... Sobald das Automobil instand gesetzt war, würden sie die Gegend erkunden und dem nächstgelegenen «wirklich guten» Club beitreten, wo Gloria, indes Anthony seiner schriftstellerischen Tätigkeit nachging, Golf «oder so» spielen würde. Das war natürlich Anthonys Idee – Gloria war sich sicher, dass sie ausschließlich würde lesen und träumen wollen, wobei ein engelhafter, sich noch in einem schattenhaften Hinterland befindlicher dienstbarer Geist sie mit Tomatensandwiches und Limonade zu versorgen hätte. Ehe er einen neuen Absatz in Angriff nahm, würde Anthony jedes Mal kommen und sie küssen, wenn sie lässig in der Hängematte lag ... Die Hängematte! Welche Fülle neuer Träume wiegte sich mit ihr im Takt, wenn der Wind sie bewegte und die Sonne in Wellen über die Schatten des wogenden Weizens glitt oder sanfter Sommerregen die staubige Straße sprenkelte und dunkel verfärbte ...

Und Gäste – bei diesem Punkt hatten sie eine lange Auseinandersetzung, in der beide redlich versuchten, sich in Reife und Weitsicht zu üben. Anthony erklärte, sie brauchten mindestens jede zweite Woche Besuch, «sozusagen zur Abwechslung». Die Bemerkung führte zu einer komplizierten und ausnehmend gefühlsbefrachteten Erörterung der Frage, ob Anthony nicht finde, Gloria sei Abwechslung genug. Obwohl er das nachdrücklich bestätigte, zweifelte sie hartnäckig an ihm ...

Schließlich mündete das Gespräch in die immerwährende eintönige Wiederholung: «Und was dann? Sag, was machen wir dann?»

«Wir schaffen uns einen Hund an», schlug Anthony vor.

«Ich will keinen Hund. Ich will ein Kätzchen.» Sie verbreitete sich ausführlich und mit großer Hingabe über Geschichte, Gewohnheiten und Neigungen einer Katze, die sie einst gehabt hatte. Anthony kam zu dem Schluss, dass es ein grässliches Vieh gewesen sein musste, das sich weder durch persönlichen Charme noch durch ein treues Herz ausgezeichnet hatte.

Später schliefen sie ein, und als sie eine Stunde vor Morgengrauen aufwachten, tanzte das graue Haus in der ganzen Pracht eines Trugbilds vor ihren geblendeten Augen.

Glorias Seele

In jenem Herbst empfing das graue Haus sie mit einem Gefühlsüberschwang, der über sein zynisches Greisenalter hinwegtäuschte. Gewiss, da waren die Wäschebeutel, da waren Glorias Essgewohnheiten, da war Anthonys Neigung zum Grübeln und seine eingebildete «Nervosität», aber dazwischen gab es Phasen unverhofft heiteren Wohlbehagens. Auf der Veranda eng nebeneinander sitzend, warteten sie, bis der Mond sein Licht über die silbernen Äcker fluten ließ, über einen dichten Wald hüpfte und gleißende Wellen bis zu ihren Füßen schwappen ließ. Im Mondschein leuchtete Glorias Gesicht in einem auffallend erinnerungsträchtigen Weiß, und in solchen Momenten bedurfte es nur einer kleinen Anstrengung, um die Scheuklappen der Gewohnheit abzustreifen, sodass eins beim anderen fast die reine Romantik der dahingegangenen Junitage wiederfand.

Eines Abends, als ihr Kopf an seiner Brust lag und ihre Zigaretten als glühende Punkte im Dunkel über ihrem Bett hin und her wanderten, sprach sie zum ersten Mal und bruchstückhaft von den Männern, die sich für kurze Zeit von ihrer Schönheit hatten betören lassen.

«Denkst du überhaupt noch an sie?», fragte er.

«Nur manchmal – wenn etwas mich an einen bestimmten Mann erinnert.»

«Woran erinnerst du dich – an ihre Küsse?»

«An alles Mögliche … Frauen gegenüber sind Männer so anders.»

«Inwiefern anders?»

«Völlig anders eben – ich kann gar nicht sagen, wie. Männer, die in dem unerschütterlichen Ruf stehen, so oder so zu sein, benahmen sich mir gegenüber manchmal überraschend widersprüchlich. Brutale Männer waren zärtlich, nichtssagende Männer erstaunlich loyal und liebenswürdig, und oft verhielten sich ehrenhafte Männer alles andere als ehrenhaft.»

«Zum Beispiel?»

«Ein gewisser Percy Walcott, der an der Cornell studierte und dort so was wie ein Held, ein großer Sportler war und bei einer Feuersbrunst viele Menschen gerettet haben soll. Aber ich merkte bald, dass er dumm war – und zwar auf eine ziemlich gefährliche Weise.»

«Wie denn?»

«Er hatte eine naive Vorstellung von dem weiblichen Wesen, das ‹würdig sei, seine Frau zu werden›, eine ganz bestimmte Vorstellung, der ich häufig begegnet bin und die mich immer rasend gemacht hat. Er wünschte sich ein Mädchen, das noch nie geküsst worden war, gern nähte und zu Hause saß, um seiner Eigenliebe zu huldigen. Und was gilt die Wette, dass er, wenn er so ein Dummchen gekriegt hat, über die Stränge schlägt und sich mit einer flotteren Lady vergnügt?»

«Seine Frau würde mir leid tun.»

«Mir nicht. Überleg doch, was für eine Gans sie sein müsste, um nicht vor der Hochzeit dahinterzukommen. Eine Frau zu ehren und zu achten, bedeutet für ihn und seinesgleichen, ihr nie irgendwelche Abwechslung zu gönnen. Es mag ja gut gemeint sein, aber das ist tiefstes Mittelalter!»

«Und wie hat er sich dir gegenüber verhalten?»

«Darauf komme ich noch. Er sah, wie gesagt – oder hatte ich das noch nicht gesagt? –, fabelhaft aus: große braune, aufrichtige Augen und ein Lächeln, von dem man hätte meinen können, es stünde für ein Herz aus zwanzigkarätigem Gold.

Ich war jung und leichtgläubig und traute ihm einiges an Taktgefühl zu, deshalb küsste ich ihn eines Abends glutvoll, als wir nach einem Tanzabend in der ‹Homestead› in Hot Springs spazierenfuhren. Es war, das weiß ich noch, eine wunderbare Woche – üppig im Laub stehende Bäume, die wie grüner Schaum das ganze Tal bedeckten, und morgens stieg an diesen Oktobertagen ein Dunst daraus hoch, als habe man in ihnen ein Feuer entfacht, um sie braun zu färben …»

«Und dein Freund mit den Idealen?», fragte Anthony dazwischen.

«Als er mich küsste, dachte er wohl, dass er sich ein bisschen mehr herausnehmen könne, dass man mich nicht ‹achten› müsse wie dieses Beatrice-Fairfax-Musterexemplar, das es nur in seiner Fantasie gab.»

«Was hat er gemacht?»

«Nicht viel. Ich habe ihn fünf Meter tief eine Böschung hinuntergeschubst, ehe er richtig anfangen konnte.»

Anthony lachte. «Hat er sich verletzt?»

«Den Arm gebrochen und den Fuß verstaucht. Er hat die Geschichte in ganz Hot Springs herumerzählt, und als der Arm geheilt war, hat sich ein gewisser Barley, der mich gut leiden mochte, mit ihm geschlagen, und da ist der Arm noch mal gebrochen.

Es gab ein schreckliches Theater. Er drohte, Barley zu verklagen, und Barley – er war aus Georgia – wurde dabei beobachtet, wie er in der Stadt eine Schusswaffe kaufte. Aber da schleppte mich Mama schon – sehr gegen meinen Willen – nach Norden, sodass ich nie genau erfahren habe, was eigentlich passiert ist, obgleich ich Barley einmal in der Hotelhalle des ‹Vanderbilt› begegnet bin.»

Anthony lachte laut und lange.

«Was für ein Werdegang! Ich müsste wohl wütend sein, weil du so viele Männer geküsst hast. Bin ich aber nicht.»

Sie setzte sich auf. «Komisch, aber ich bin ganz sicher, dass diese Küsse bei mir keine Spuren, keinen Makel der Sittenlosigkeit hinterlassen haben, obwohl ein Mann einmal allen Ernstes zu mir gesagt hat, dass die Vorstellung, ich sei ein öffentliches Trinkglas gewesen, ihm widerwärtig sei.»

«So eine Frechheit!»

«Ich habe nur gelacht und gesagt, er solle mich eher als

Liebeskelch betrachten, der von Hand zu Hand geht und sich dennoch großer Wertschätzung erfreut.»

«Irgendwie stört es mich nicht. Wenn es über Küsse hinausgegangen wäre, sähe die Sache natürlich anders aus. Aber ich glaube, du hast absolut kein Talent zur Eifersucht – es sei denn in Form gekränkter Eitelkeit. Warum lässt es dich kalt, was ich getrieben habe? Wäre es dir nicht lieber, wenn ich völlig unschuldig gewesen wäre?»

«Das kommt darauf an, welcher Eindruck sich bei dir festgesetzt hätte. Zu *meinen* Küssen ist es gekommen, weil der Mann gut aussah oder weil ein so schöner Mond am Himmel stand oder auch nur, weil ich irgendwie sentimental gestimmt und ein bisschen aufgewühlt war. Aber das war alles – innerlich hat es mich absolut nicht berührt. Dich würden solche Erinnerungen ständig verfolgen, sie würden dir keine Ruhe lassen.»

«Hast du nie einen Mann so geküsst wie mich?»

«Nein», erwiderte sie schlicht. «Die Männer haben bei mir … ach, vieles versucht. Jedes hübsche Mädchen macht diese Erfahrung …» Sie setzte neu an. «Es ist einfach so, dass es mir gleichgültig ist, mit wie vielen Frauen du früher zusammen warst, solange es dir nur um körperliche Befriedigung ging, aber ich glaube, ich könnte die Vorstellung nicht ertragen, dass du längere Zeit mit einer anderen Frau zusammengelebt oder gar eine Heirat erwogen hättest. Irgendwie ist das etwas anderes. Da gäbe es die vielen kleinen Intimitäten, die in Erinnerung bleiben und jene Frische trübten, die doch das Kostbarste an der Liebe ist.»

Beglückt zog er sie neben sich in die Kissen herunter. «Mein Liebling», flüsterte er, «als könnte ich mich je an etwas anderes als deine süßen Küsse erinnern.»

Dann Glorias Stimme, sehr mild, sehr vorsichtig: «Anthony, hab' ich da jemanden sagen hören, dass wir Durst haben?»

Anthony lachte auf und stieg amüsiert und verlegen lächelnd aus dem Bett.

«Mit einem kleinen bisschen Eis im Wasser», fügte sie hinzu. «Ginge das wohl?»

Gloria sagte immer «ein bisschen», wenn sie um einen Gefallen bat, weil das den Auftrag weniger mühselig erscheinen ließ. Aber Anthony lachte erneut; ob sie nun einen Würfel oder einen ganzen Brocken Eis haben wollte – er musste so oder so in die Küche hinunter. Ihre Stimme folgte ihm über den Gang: «Und einen ganz kleinen Cracker mit einem kleinen bisschen Orangenmarmelade drauf.»

«Dunnerlittchen», stöhnte Anthony in verzücktem Slang, «einfach Klasse, die Kleine. Die *hat* was!»

«Wenn wir uns ein Kind anschaffen», fing sie eines Tages an – sie waren sich bereits darüber einig geworden, dass das in drei Jahren der Fall sein sollte –, «möchte ich, dass es aussieht wie du.»

«Bis auf die Beine», bemerkte er durchtrieben.

«Ja, sicher, bis auf die Beine. Meine Beine muss er schon haben. Ansonsten kann er sein wie du.»

«Meine Nase?»

Gloria zögerte. «Schön, vielleicht meine Nase. Aber ganz gewiss deine Augen und meinen Mund und wohl meine Gesichtsform. Ich überlege … Eigentlich wäre es ganz süß, wenn er mein Haar hätte.»

«Gloria, mein Schatz, jetzt hast du dir das ganze Kind angeeignet!»

«Das wollte ich nicht», entschuldigte sie sich fröhlich.

«Gönne ihm wenigstens meinen Hals», bat er, während er sich ernsthaft im Spiegel betrachtete. «Du hast oft gesagt, dass dir mein Hals gefällt, weil man den Adamsapfel nicht sieht, außerdem ist dein Hals zu kurz.»

«Gar nicht wahr!», stieß sie empört hervor und wandte sich ihrerseits dem Spiegel zu. «Er ist genau richtig. Ich kann mich nicht erinnern, je einen ansehnlicheren Hals gesehen zu haben.»

«Er ist zu kurz», wiederholte er neckend.

«Zu kurz?», fragte sie unangenehm berührt. «Zu kurz? Du bist ja nicht bei Trost.» Sie reckte und streckte ihn, um sich von seiner schlangengleichen Geschmeidigkeit zu überzeugen. «Nennst du *das* einen kurzen Hals?»

«Einen der kürzesten, die ich kenne.»

Zum ersten Mal seit Wochen traten Gloria Tränen in die Augen, und in dem Blick, den sie ihm zuwarf, lag ehrlicher Schmerz. «Aber Anthony …»

«Himmel, Gloria!» Erschrocken kam er auf sie zu und fasste sie bei den Ellbogen. «Wein doch nicht, ich bitte dich! Begreifst du nicht, dass es nur Spaß war? Gloria, schau mich an! Du hast den längsten Hals, den ich je gesehen habe, mein Liebling. Ehrenwort.»

Ihre Tränen machten einem schiefen Lächeln Platz. «Dann hättest du das nicht sagen dürfen. Komm, reden wir über das Kind.»

Anthony ging im Zimmer auf und ab und sprach, als übte er für eine Debatte. «Zusammenfassend lässt sich sagen, dass zwei Kinder denkbar wären, zwei verschiedene, folgerichtige, in allem voneinander abweichende Kinder. Da wäre einmal das Kind, das die Kombination unserer besten Seiten wäre. Deine Figur, meine Augen, mein Geist, deine Intelligenz. Sodann das Kind, in dem unsere schlechtesten Seiten zusammenkämen. Meine Figur, deine Launen, meine Unentschlossenheit.»

«Mir gefällt das zweite Kind», sagte sie.

«Aber am liebsten», fuhr Anthony fort, «hätte ich zweimal Drillinge im Abstand von einem Jahr, dann könnten wir mit den sechs Jungen experimentieren, –»

«Ich Ärmste!», warf sie ein.

«... ich würde jeden in einem anderen Land und nach einem anderen System erziehen lassen, und wenn sie dreiundzwanzig sind, würde ich sie alle zusammentrommeln, damit wir sehen können, wie sie geraten sind.»

«Aber alle mit meinem Hals, ja?», bemerkte Gloria.

Endlich war das Automobil wieder instand gesetzt und machte mit gezielter Bosheit da weiter, wo es aufgehört hatte – nämlich mit der Verursachung endloser Misshelligkeiten. Wer sollte sich ans Steuer setzen? Wie schnell sollte Gloria fahren? Diese beiden Fragen und die daraus resultierenden ständigen gegenseitigen Beschuldigungen zogen sich durch ihre Tage.

Sie besuchten die Städte an der Hauptstraße – Rye, Portchester und Greenwich – und ein Dutzend Bekannte, meist aus Glorias Freundeskreis, die sich alle in den verschiedensten Stadien des Kinderkriegens befanden und Gloria in dieser wie auch in anderer Hinsicht bis zum Wahnsinn langweilten. Nach jedem dieser Besuche kaute sie eine Stunde heftig an den Fingern und neigte dazu, ihren Groll an Anthony auszulassen.

«Ich verabscheue Frauen», erklärte sie fast wütend. «Was kann man außer oberflächlichem Tralala schon mit ihnen reden? Ich habe bei zwölf Babys, denen ich allesamt am liebsten den Hals umgedreht hätte, höchstes Entzücken geheuchelt, und die Frauen sind, wenn sie einen charmanten Mann haben, voller Eifersucht oder Argwohn und ansonsten schon jetzt von ihm angeödet.»

«Hast du denn nicht vor, mit Frauen zu verkehren?»

«Ach, ich weiß nicht. Mir kommt es immer so vor, als ob sie nie … nie … nie sauber sind. Mit ganz wenigen Ausnahmen. Constance Shaw – Mrs. Merriam, die am

Dienstag bei uns war, du weißt schon –, ist fast die Einzige. Sie ist so groß und frisch und ansehnlich.»

«Ich mag sie aber nicht so groß.»

Sie besuchten zwar mehrere Abendessen mit Tanz in den verschiedenen Country Clubs, fanden aber, dass sich, da der Herbst schon so weit fortgeschritten war, das «Ausgehen» in größerem Stil verbot, selbst wenn sie Lust dazu gehabt hätten.

Er hasste Golf, Gloria schätzte den Sport nur in Maßen, und obgleich es ihr Spaß machte, dass an einem Abend einige Studenten heftig mit ihr flirteten, und sie sich freute, wie stolz Anthony auf ihre Schönheit war, entging ihr nicht, dass ihre Gastgeberin, eine gewisse Mrs. Granby, leicht nervös wurde, weil Anthonys Klassenkamerad, Alec Granby, kräftig mitflirtete. Die Granbys meldeten sich nie wieder, was Gloria, auch wenn sie darüber lachte, nicht wenig ärgerte.

«Wäre ich nicht verheiratet», sagte sie zu Anthony, «würde sie das überhaupt nicht stören, aber weil sie früher auch mal ins Kino gegangen ist, denkt sie, ich könnte womöglich ein Vampir sein.

Der springende Punkt ist, dass ich es einfach zu anstrengend finde, solchen Leuten nach dem Munde zu reden. Und dazu diese putzigen kleinen Erstsemester, die mir schöne Augen und blödsinnige Komplimente machen … Ich bin inzwischen wohl doch erwachsen, Anthony!»

Marietta selbst bot kaum Möglichkeiten zur Geselligkeit. Ein halbes Dutzend Farmen umgaben den Ort in einem Sechseck, die aber gehörten hochbetagten Herren, die man nur als reglose dunkle Gestalten mit grauer Strohbedachung auf der Rückbank einer Limousine zu sehen bekam, wenn sie auf dem Weg zum Bahnhof waren, wohin sie manchmal von gleichermaßen hochbetagten und doppelt so voluminösen Damen begleitet wurden. Die Bewohner des Städtchens selbst – zum überwiegenden Teil unverheiratete Weiblichkeit – waren ein ungewöhnlich reizloser Menschenschlag mit einem Horizont, der nicht weiter als bis zum nächsten Schulfest reichte, und Seelen, die so freudlos waren wie der strenge weiße Baustil der drei Kirchen. Die einzige Einheimische, zu der sich ein engerer Kontakt entwickelte, war die breithüftige, breitschultrige Schwedin, die täglich kam, um die Hausarbeit zu machen. Sie war schweigsam und tüchtig und weckte in Gloria, nachdem sie die Person einmal am Küchentisch überrascht hatte, wo sie heftig in ihre aufgestützten Arme hineinschluchzte, so beklemmende Ängste, dass sie aufhörte, sich über das Essen zu beschweren. Wegen ihres ungenannten privaten Kummers behielten sie das Mädchen.

Glorias Hang zu Vorahnungen und ihre Anwandlungen verschwommenen Aberglaubens kamen für Anthony überraschend. Ein in früheren Jahren von ihrer bilphistischen Mutter gründlich und wissenschaftlich unterdrückter Komplex oder aber eine ererbte Hypersensibilität machten sie anfällig für jeden Hauch des Übersinnlichen, und obgleich ihr, was menschliche Motivationen betraf, jede Leichtgläubigkeit fernlag, war sie häufig bereit, Erklärungen zu akzeptieren, die außergewöhnliche Begebenheiten den launenhaften Streifzügen Verstorbener zuschrieben. Das Ächzen und Stöhnen, das in stürmischen Nächten allenthalben in dem alten Haus zu hören war und hinter dem Anthony Einbrecher mit gezogenem Revolver vermutete, war für Gloria die böse und feindliche Aura dahingeschiedener Generationen, die in ihrem früheren romantischen Heim das Unsühnbare zu sühnen suchten. Eines Nachts taten sie nach zweimaligem rasch aufeinanderfolgendem Poltern im Erdgeschoss, dem Anthony angstschlotternd, aber vergeblich nachgegangen war, bis zum Morgengrauen kein Auge zu und verbrachten die Zeit damit, sich gegenseitig über Ereignisse der Weltgeschichte abzufragen.

Im Oktober kam Muriel auf zwei Wochen zu Besuch. Gloria hatte sie angerufen, und Miss Kane hatte das Ferngespräch auf ihre typische lässige Art beendet: «Na gut, ihr Lieben, ich komme! In meinem Sonntagsstaat, versteht sich!» Als sie eintraf, hatte sie ein Dutzend Schlagerhefte unter dem Arm.

«Hier draußen auf dem Land braucht ihr ein Grammofon», sagte sie. «Ein kleines Vic, so was kostet ja nicht die Welt. Und wenn euch mal die Decke auf den Kopf fällt, könnt ihr euch Caruso oder Al Jolson ins Haus holen.»

Sie brachte Anthony mit der ständig wiederholten Feststellung zur Verzweiflung, er sei der erste gescheite Mann, der ihr begegnet sei, und oberflächliche Männer hingen ihr zum Hals heraus. Er fragte sich, wer sich wohl in solche Frauen verliebte. Aber der Blick der Leidenschaft mochte sogar in ihr eine vielversprechende sanfte Weiblichkeit entdecken.

Gloria hingegen, die heftig mit ihrer Liebe zu Anthony renommierte, versetzte diese Zerstreuung in einen Zustand schnurrender Zufriedenheit.

Schließlich traf Richard zu einem wortreichen und für Gloria peinigend literarischen Wochenende ein, an dem er nicht müde wurde, mit Anthony seine eigene Person zu erörtern, während sie längst im Bett lag und schlief wie ein Kind.

«Schon eine komische Sache, dieser Erfolg», sagte Dick. «Kurz vor Erscheinen des Romans hatte ich erfolglos versucht, ein paar Kurzgeschichten an den Mann zu bringen. Als mein Buch dann auf dem Markt war, hab' ich drei noch ein bisschen aufpoliert, und eine der Zeitschriften, die sie schon abgelehnt hatte, hat sie sofort genommen. Seither hab' ich eine Menge geschrieben, vom Verlag gibt's nämlich erst im Winter Geld.»

«Hauptsache, du findest nichts dabei, dir als Sieger die Beute des Feindes anzueignen.»

«Du meinst – Schund zu schreiben?» Er überlegte. «Wenn du darunter verstehst, jeder Geschichte bewusst einen kitschigen Schluss anzuhängen, ist die Antwort ‹Nein›. Aber es kann sein, dass ich nicht mehr so sorgfältig arbeite. Zumindest schreibe ich schneller und habe auch den Eindruck, dass ich nicht mehr so viel denke wie früher. Vielleicht, weil ich, nachdem du geheiratet hast und Maury in Philadelphia ist, niemanden zum Reden habe. Der alte Schwung und Ehrgeiz fehlt. Früher Ruhm und so …»

«Beunruhigt dich das nicht?»

«Und ob! Manchmal überfällt mich etwas, was ich ‹Satzfieber› nenne – etwas Ähnliches wie Lampenfieber –, eine Art intensiver literarischer Verunsicherung, die sich einstellt, wenn ich versuche, mich zu etwas zu zwingen. Aber am schlimmsten sind die Tage, an denen ich das Gefühl habe, nicht schreiben zu können. Dann überlege ich, ob das Schreiben sich überhaupt lohnt, ich meine, ob ich nicht so was wie ein besserer Hanswurst bin.»

«Freut mich, das zu hören», sagte Anthony mit einem Anflug seiner früheren gönnerhaften Arroganz. «Ich hatte schon Angst, du hättest dich mit deiner Arbeit ein bisschen lächerlich gemacht. Habe da ein ziemlich wüstes Interview von dir gelesen …»

Gepeinigt fiel Dick ihm ins Wort. «Erinnere mich bloß nicht daran. Das hat eine junge Dame verbrochen – eine sehr schwärmerische junge Dame, die mir ständig erzählt hat, wie ‹stark› mein Werk ist. Da hab' ich den Kopf verloren und alle möglichen wunderlichen Sachen von mir gegeben. Aber manches war doch gut, nicht?»

«O ja. Das von dem weisen Schriftsteller, der sich mit seinem Werk an die Jugend seiner Generation, den Kritiker der nächsten und die Schulmeister aller kommenden Generationen wendet.»

«Vieles ist durchaus meine Überzeugung», gestand

Richard Caramel mit leisem Schmunzeln. «Der Fehler war nur, damit an die Öffentlichkeit zu gehen.»

Im November zogen sie in Anthonys Wohnung, von wo sie hochgestimmt Ausflüge zu den Footballspielen Yale gegen Harvard und Harvard gegen Princeton und zur St.-Nicholas-Kunsteisbahn unternahmen und ausgiebig in den Theatern und bei den verschiedensten Abendunterhaltungen die Runde machten – von braven kleinen Tanzvergnügen bis zu den von Gloria so geschätzten großen Abendgesellschaften in den wenigen Häusern, wo noch von imponierenden Haushofmeistern dirigierte Lakaien mit Puderperücken in prachtvoller Anglomanie herumwuselten. Am ersten Tag des neuen Jahres – oder spätestens, wenn der Krieg vorbei war – wollten sie nach Europa reisen. Anthony hatte als Einführung zu seinem geplanten Buch glücklich einen Essay à la Chesterton zustande gebracht, Gloria hatte gründliche Recherchen auf dem Gebiet russischer Zobelmäntel betrieben, und der Winter rückte friedlich näher, als Mitte Dezember plötzlich der bilphistische Demiurg dekretierte, Mrs. Gilberts Seele sei in ihrer derzeitigen Inkarnation alt genug geworden. Woraufhin Anthony mit einer untröstlichen Gloria nach Kansas City fuhr, wo sie, so wie es allenthalben üblich ist, der Toten ihren traurigen und erschütterten Tribut zollten.

Zum ersten und letzten Mal in seinem Leben wurde Mr. Gilbert zu einer wahrhaft tragischen Figur. Jene gebrochene Frau, die seinen Leib umsorgt und seiner Seele als gläubige Gemeinde gedient hatte, war ihm – welche Ironie – just in dem Moment genommen worden, da er sie nicht viel länger hätte versorgen können. Nie mehr würde er ein menschliches Wesen so wunderbar anöden und schikanieren können.

2 SYMPOSIUM

Gloria hatte Anthonys Verstand eingelullt. Sie, die scheinbar klügste und beste aller Frauen, hing wie ein funkelnder Vorhang vor seinen Türöffnungen und sperrte das Sonnenlicht aus. In jenen ersten Jahren trug das, woran er glaubte, ausnahmslos Glorias Stempel; er sah die Sonne stets durch das Vorhangmuster.

Einer gewissen Ermüdung war es zuzuschreiben, dass sie in diesem Jahr wieder nach Marietta gingen. Einen goldenen, anstrengenden Frühling über waren sie planlos und nonchalant-verschwenderisch an der kalifornischen Küste entlanggereist, wobei sie sich bald der einen, bald der anderen Gruppe angeschlossen und sich von Pasadena nach Coronado, von Coronado nach Santa Barbara hatten treiben lassen, aus keinem besseren Grund als dem, dass Gloria nach einer anderen Musik zu tanzen oder eine winzige Variante der ständig wechselnden Meeresfarben zu erhaschen wünschte. Am Pazifik begrüßten sie wilde Felsformationen und gleichermaßen krude Herbergen, die eigens dafür gebaut schienen, die

Teestunde in wohliger Korbstuhlseligkeit und in Polokostümen von Southampton, Lake Forest, Newport und Palm Beach zu verdösen. Und so, wie sich die Wellen in der stillsten der Buchten sprühend und glitzernd vereinigten, taten sie sich mit dieser und jener Gruppe zusammen, zogen mit ihnen weiter, ständig von jenen wundersamen, ungreifbaren Freuden raunend, die in dem nächsten fruchtbar grünen Tal ihrer harrten.

Es war eine simple, gesunde Sorte reiche Müssiggänger – die besten unter den Männern, denen etwas nicht unangenehm Studentisches anhaftete, wirkten, als stünden sie ewig auf der Warteliste für «Porcellian» oder «Skull and Bones», das für unbestimmte Zeit auf den Spielplan dieser Welt gesetzt worden war. Die Frauen, von überdurchschnittlicher Schönheit, auf eine fragile Art athletisch und als Gastgeberinnen ein bisschen albern, waren als Gäste charmant und ausnehmend dekorativ. Gesetzt und anmutig tanzten sie zur Teestunde die Schritte ihrer Wahl, wobei sie den von den Büromädchen und Revuegirls landauf, landab so schaurig karikierten Bewegungen eine gewisse Würde verliehen. Es war nicht ohne Ironie, dass in diesem einen diskreditierten Spross der Künste die Amerikaner fraglos Vortreffliches leisteten.

Nach dem durchtanzten, durchplanschten, üppigen Frühling stellten Anthony und Gloria fest, dass sie zu viel Geld ausgegeben hatten und sich deshalb ein Weilchen absondern mussten. Anthony habe zu arbeiten, sagten sie. Und unversehens waren sie wieder in dem grauen Haus, von dem ihnen jetzt stärker bewusst wurde, dass vor ihnen andere Liebende dort geschlafen hatten, andere Namen über das Treppengeländer gerufen worden waren, andere Paare auf den Verandastufen gesessen und auf die graugrünen Felder und die schwarze Masse des Waldes dahinter geblickt hatten.

Anthony war unverändert, ein wenig unruhiger vielleicht und mehr geneigt, erst unter dem Einfluss mehrerer «Highballs» in Schwung zu kommen, und eine Spur, kaum wahrnehmbar, gleichgültig Gloria gegenüber. Gloria aber wurde im Februar vierundzwanzig, was sie in liebenswerte, doch glaubhafte Panik versetzte. Nur noch sechs Jahre bis dreißig! Wäre sie weniger in Anthony verliebt gewesen, hätte sie die Angst vor der entschwindenden Zeit in ein wieder auflebendes Interesse an anderen Männern umgesetzt, in den bewussten Versuch, jedem potenziellen Liebhaber, der sie unter gesenkten Lidern quer über eine funkelnde Tafel hinweg musterte, einen flüchtigen Hauch von Romantik abzuringen.

Einmal sagte sie zu Anthony: «Ich bin so eingestellt, dass ich mir das, was ich haben will, auch nehmen würde. Danach habe ich mein Leben lang gehandelt. Aber da ich nun einmal dich will, ist einfach kein Platz für andere Wünsche.»

Auf dem Rückweg fuhren sie durch ein ödes, ausgedörrtes Indiana, und sie hatte, als sie von einer ihrer geliebten Filmzeitschriften aufsah, feststellen müssen, dass ein beiläufiges Gespräch unerwartet ernst geworden war.

Anthony sah stirnrunzelnd aus dem Wagenfenster. Als die Straße einen Feldweg kreuzte, tauchte in ihrem Blickfeld kurz ein Farmer in seinem Fuhrwerk auf; er kaute an einem Strohhalm und war scheinbar der nämliche – ein stummes, bösartiges Symbol –, an dem sie schon ein Dutzend Mal vorbeigekommen waren.

Als Antony sich Gloria zuwandte, hatten sich seine Stirnfalten noch vertieft. «Du machst mir Angst. Ich könnte mir vorstellen, unter bestimmten vorübergehenden Umständen eine Frau zu *wollen*, nicht aber, sie mir zu nehmen.»

«Ich bin da anders, Anthony. Dingen zu widerstehen, die ich haben will, ist mir zu mühsam. Und da helfe ich mir eben damit, dass ich sie nicht will, dass ich keinen will außer dir.»

«Aber wenn ich mir vorstelle, dass du dich vielleicht zufällig in jemanden vergucken könntest ...»

«Mach dich nicht lächerlich», fuhr sie auf. «Zufällig wäre das sowieso nicht. Und ich könnte mir nicht mal vorstellen, dass es dazu käme.»

Damit war das Gespräch nachdrücklich beendet. Dank Anthonys unwandelbarer Bewunderung fühlte sie sich bei ihm wohler als bei jedem anderen. Sie freute sich an ihm – sie liebte ihn. Der Sommer begann deshalb mehr oder weniger so, wie der vergangene gewesen war.

Eine einschneidende Veränderung gab es dennoch im Haus. An die Stelle der frostigen Skandinavierin, deren karge Küche und missbilligende Miene beim Auftragen der Speisen Gloria so bedrückt hatten, war ein ausnehmend tüchtiger Japaner getreten, der Tanalahaka hieß, aber gestand, dass er jeder Aufforderung Folge leistete, in der die Doppelsilbe «Tana» vorkam.

Tana war selbst für einen Japaner ungewöhnlich klein und nach seinem einigermaßen naiven Selbstverständnis ein Mann von Welt. Am Tag seiner Ankunft von der «R. Gugimoniki, Zuverlässige Japanische Stellenvermittlung» bat er Anthony in sein Zimmer, um ihm die Schätze seines Reisekoffers vorzuführen. Da war zunächst eine umfangreiche Sammlung japanischer Postkarten, die er seinem Arbeitgeber nacheinander und mit großer Ausführlichkeit erläuterte. Unter den Karten waren auch fünf oder sechs mit pornografischem Anspruch und offenbar amerikanischer Herkunft, auch wenn die Hersteller in löblicher Bescheidenheit sowohl ihre Namen als auch den Vordruck für den Postversand weggelassen hatten. Danach förderte er eigene Erzeugnisse zutage – eine amerikanische Hose, die er selbst genäht hatte, und zwei Garnituren gediegener Seidenunterwäsche. Vertraulich teilte er Anthony mit, welchem Zweck Letztere vorbehalten waren. Das nächste Stück war die recht gelungene Kopie eines Stichs von Abraham Lincoln, dessen Zügen er etwas unverkennbar Japanisches verliehen hatte. Zuletzt kam eine Flöte zum Vorschein. Er hatte sie selbst gemacht, aber sie war defekt; er wollte sie in Kürze reparieren.

Nach diesen höflichen Formalitäten, die, wie Anthony annahm, wohl in Japan üblich waren, hielt Tana eine lange Rede in gebrochenem Englisch über das Verhältnis von Herr und Diener, der Anthony entnahm, dass er in großen Häusern gearbeitet hatte, aber stets mit den anderen Dienstboten in Streit geraten war, weil er ehrlich war – *honett*, wie er es ausdrückte. Über dieses Wort gab es eine lange, zum Schluss sogar einigermaßen gereizte Auseinandersetzung, weil Anthony hartnäckig behauptete, Tana meine wohl *hornet*, also Hornisse, und so weit ging, zu summen und die Arme zu schwenken wie Flügel, um zu verdeutlichen, was er meinte.

Nach einer Dreiviertelstunde wurde Anthony mit der nachdrücklichen Versicherung entlassen, sie würden weitere nette Schwätzchen halten und Tana würde ihm dann erzählen, «wie wil machen in unsele Land».

Das war Tanas wortreiche Premiere in dem grauen Haus, und er erfüllte die darin geweckten Erwartungen vollauf: Bei aller Gewissenhaftigkeit und Redlichkeit erwies er sich als arge Nervensäge. Er war offenbar unfähig, seine Zunge zu beherrschen, die einen Absatz nach dem anderen herunterschnurrte, während in den kleinen braunen Augen ein fast gepeinigter Ausdruck stand.

Am Sonntag- und Montagnachmittag vertiefte er sich in die Comicseiten der Zeitung. Eine Serie, in der ein alberner japanischer Butler vorkam, amüsierte ihn über die Maßen, auch wenn er behauptete, der Held, den Anthony eindeutig für einen Asiaten hielt, trage eigentlich amerikanische Züge. Der Haken dabei war, dass Tana, wenn er mit Anthonys Hilfe die letzten drei Bilder eines Streifens entziffert und sich mit einer Konzentration, die Kants «Kritik» würdig gewesen wäre, über ihren Inhalt klar geworden war, schon wieder vergessen hatte, worum es in den ersten beiden Bildern ging.

Mitte Juni feierten Anthony und Gloria ihren Hochzeitstag mit einem Rendezvous. Anthony klopfte, und sie lief zur Tür, um ihn einzulassen. Dann saßen sie nebeneinander auf dem Sofa und reihten jene Namen aneinander, die sich einer für den anderen ausgedacht hatte und die neue Zusammenstellungen ältester Zärtlichkeiten waren. Doch fehlte diesem Rendezvous das sanft verklingende «Gute Nacht» mit seinem beglückend schmerzlichen Bedauern.

Im weiteren Verlauf des Juni zeigte der Horror Gloria die Zähne und fiel sie an, sodass sich ihre helle Seele voller Angst um eine halbe Generation in die Vergangenheit flüchtete. Ganz langsam wich er wieder, wich zurück in jene undurchdringliche Dunkelheit, aus der er gekommen war, aber damit ging auch ein Stück ihrer Jugend dahin.

Mit untrüglichem Sinn für das Dramatische suchte dieser Horror sich einen kleinen Bahnhof in einem elenden Nest bei Portchester aus. Den ganzen Tag über war der Bahnsteig leer wie die Prärie, einer staubiggelben Sonne ausgesetzt und dem Blick jener unangenehmsten Ausprägung von Landbewohnern, die in der Nähe einer Großstadt leben und sich deren billigen Schick, nicht aber ihre Urbanität zu eigen gemacht haben. Zehn, zwölf dieser rotäugigen Tölpel, freudlos wie Vogelscheuchen, wurden Zeugen des Vorfalls, der verschwommen durch ihre konfusen, verständnislosen Gemüter zog, hingenommen als rüder Scherz oder – wenn es hochkam – registriert als «eine Sünd und Schande». Inzwischen wich auf dem Bahnsteig ein wenig Leuchten aus der Welt.

Anthony hatte mit Eric Merriam den heißen Sommernachmittag bei einer Karaffe Scotch verbracht, während Gloria und Constance Merriam im «Beach Club» schwammen und sich sonnten, Letztere unter einer gestreiften Sonnenmarkise, Gloria genüsslich im heißen Sand ausgestreckt, um ihre berühmten Beine zu bräunen. Später hatten sie alle mit belanglosen Sandwiches herumgespielt, dann war Gloria aufgestanden und hatte Anthony mit ihrem Sonnenschirm aufs Knie getippt. «Wir müssen gehen, Liebling.»

«Jetzt?» Er blickte unwillig auf. In diesem Moment schien es ihm nichts Wichtigeres zu geben, als faul auf der schattigen Veranda zu sitzen und Scotch zu trinken, während sich sein Gastgeber in endlosen Erinnerungen an die Dramaturgie einer vergessenen politischen Kampagne erging.

«Wir müssen wirklich gehen», wiederholte Gloria. «Wir können uns ein Taxi bestellen, das uns zum Bahnhof bringt. Jetzt komm schon, Anthony!», verlangte sie etwas nachdrücklicher.

«Na hör mal ...» Merriam, der in seinem Redefluss unterbrochen worden war, erhob die üblichen Einwände und schenkte dabei seinem Gast provokativ einen Highball ein, den man zehn Minuten lang in kleinen

Schlucken hätte genießen müssen. Doch nach Glorias verärgertem «Jetzt müssen wir aber wirklich!», leerte Anthony sein Glas auf einen Zug, stand auf und machte vor seiner Gastgeberin eine formvollendete Verbeugung. «Offenbar müssen wir», sagte er ungnädig.

Und dann ging er hinter Gloria her über den von hohen Rosenbüschen gesäumten Gartenweg, wobei ihr Sonnenschirm leicht über die Blätter der Juniblüher streifte. «Wie rücksichtslos», dachte er, als sie die Straße erreicht hatten. In seiner gekränkten Naivität fand er, dass Gloria ein so unschuldiges und harmloses Vergnügen nicht hätte unterbrechen dürfen. Der Whisky hatte den rastlosen Wirbel in seinem Kopf zugleich zur Ruhe gebracht und geklärt, und ihm fiel ein, dass sie sich schon ein paarmal so oder ähnlich benommen hatte. Sollte er immer, einem Wink ihres Sonnenschirms, einem Senken ihrer Lider gehorchend, auf etwas Erfreuliches verzichten müssen? Sein Unmut blähte sich zu Feindseligkeit, die wie eine gewichtslose Blase in ihm hochstieg. Er schwieg und drängte verstockt den Wunsch zurück, ihr Vorwürfe zu machen. Vor dem Gasthaus fanden sie ein Taxi, fuhren stumm zu dem kleinen Bahnhof …

Dann wusste Anthony, was er wollte: sich gegenüber dieser kühlen, verschlossenen Frau durchsetzen, in einer gewaltigen Kraftanstrengung die jählings unwiderstehlich verlockende Herrschaft an sich reißen.

«Lass uns bei den Barneses vorbeischauen», sagte er, ohne sie anzusehen. «Ich hab' noch keine Lust zum Heimfahren.»

Mrs. Barnes, geborene Rachael Jerryl, hatte ein mehrere Meilen von Redgate entferntes Sommerhaus.

«Da waren wir erst vorgestern», gab sie kurz angebunden zurück.

«Sie würden sich sicher freuen.» Weil er fand, dass das nicht energisch genug klang, fügte er mit eigensinnigem Nachdruck hinzu: «Ich will zu den Barneses, ich mag nicht heimfahren.»

«Und ich mag die Barneses nicht besuchen.»

Plötzlich funkelten sie sich an.

«Es ist Sonntagabend, Anthony», sagte sie verärgert, «wahrscheinlich haben sie Gäste zum Essen. Warum sollen wir um diese Zeit bei ihnen hineinplatzen?»

«Warum konnten wir dann nicht bei den Merriams bleiben?», brach es aus ihm heraus. «Warum fahren wir nach Hause, obgleich es dort so nett war? Sie haben uns zum Abendessen eingeladen.»

«Anstandshalber. Gib mir das Geld, ich hole die Fahrkarten.»

«Ich denke nicht daran. Ich habe keine Lust, mich in diesen verdammten heißen Zug zu setzen.»

Gloria stampfte mit dem Fuß auf. «Anthony, du benimmst dich, als wärst du betrunken.»

«Irrtum. Ich bin völlig nüchtern.» Aber seine Stimme war belegt, und sie wusste, dass das, was er sagte, nicht der Wahrheit entsprach.

«Wenn du nüchtern bist, gibst du mir jetzt das Geld für die Fahrkarten.»

Aber es war zu spät; so war mit ihm nicht mehr zu reden. Er hatte nur einen Gedanken im Kopf: dass Gloria sich egoistisch benahm, dass sie sich seit jeher egoistisch benommen hatte und das auch weiter tun würde, wenn er nicht hier und jetzt die Oberhand gewann. Heute, da sie ihn um einer Laune willen eines Vergnügens beraubt hatte, bot sich dazu die ideale Gelegenheit. Seine Entschlossenheit verfestigte sich und kam einen Augenblick einem dumpfen, störrischen Hass sehr nahe.

«Ich nehme nicht den Zug», erklärte er mit vor Zorn leicht zitternder Stimme. «Wir fahren zu den Barneses.»

«Ich nicht», stieß sie hervor. «Wenn du das tust, fahre ich allein nach Hause.»

«Lass dich nicht aufhalten.»

Wortlos machte sie ein paar Schritte auf den Fahrkartenschalter zu, und ihm fiel ein, dass sie etwas Geld bei sich hatte und dass dies nicht die Art von Sieg war, der ihm vorschwebte, den er brauchte.

Er folgte ihr und packte sie am Arm. «Du fährst nicht allein», sagte er halblaut.

«Allerdings. Sag, was fällt dir denn ein!», stieß sie hervor und versuchte sich loszumachen, während sein Griff fester wurde.

Er sah sie mit kleinen bösen Augen an.

«Lass mich los», schrie sie ihn wütend an. «Wenn du noch einen Funken Anstand im Leib hast, lässt du mich jetzt los.»

«Warum?» Er wusste, warum. Aber er empfand einen konfusen und nicht ganz souveränen Stolz darüber, dass er ihren Arm festhielt.

«Ich fahre nach Hause, hast du verstanden? Und du lässt mich jetzt los.»

«Nein.»

Ihre Augen brannten. «Willst du hier eine Szene machen?»

«Du fährst nicht, sage ich. Deine ewige Selbstsucht widert mich an.»

«Ich will doch nur nach Hause.» Zwei zornige Tränen quollen ihr aus den Augen.

«Diesmal tust du, was *ich* will.»

Langsam richtete sie sich auf und legte mit einer unsagbar verächtlichen Bewegung den Kopf zurück. «Ich hasse dich.» Die Worte sprühten wie Gift durch die zusammengebissenen Zähne. «Lass mich los! Ich hasse dich.» Sie versuchte sich freizumachen – mit dem Ergebnis, dass er jetzt ihren anderen Arm packte. «Ich hasse dich! Ich hasse dich!»

Angesichts von Glorias Wut wurde er wieder unsicher, fand aber, dass er jetzt zu weit gegangen war, um noch klein beigeben zu können. Ihm schien, als habe er stets klein beigegeben und als habe sie ihn insgeheim deswegen stets verachtet. Jetzt mochte sie ihn vielleicht hassen, später aber würde sie ihn seiner Überlegenheit wegen bewundern.

Der herannahende Zug gab einen warnenden Pfiff von sich, der melodramatisch über die blau schimmernden Gleise auf sie zurollte.

Gloria zerrte und zappelte, um sich zu befreien, und Worte, die älter waren als das Erste Buch Mose, kamen über ihre Lippen. «Du Scheusal», schluchzte sie. «Du Scheusal, du! Wie ich dich hasse! Du Scheusal, du!»

Auf dem Bahnsteig drehte sich der eine oder andere wartende Fahrgast um und starrte die beiden an. Jetzt hörte man den Zug herandröhnen, das Dröhnen steigerte sich zu Getöse. Gloria verdoppelte ihre Bemühungen, dann gab sie auf. Hilflos zitternd in ihrer Demütigung stand sie da, als brüllend und donnernd die Lokomotive in den Bahnhof einfuhr.

Fast übertönten der zischende Dampf und die quietschenden Bremsen ihre nächsten Worte. «Wenn hier nur ein *Mann* wäre, würdest du das nicht wagen! Nie und nimmer würdest du das wagen! Du Feigling! Du Feigling, du!»

Anthony, der ebenfalls zitterte, packte sie stumm, wobei er sich bewusst war, dass ihn Gesichter beobachteten, Dutzende von Gesichtern, seltsam ungerührt, Schatten eines Traums. Dann sonderten die Glocken ein metallisches Scheppern ab, das fast körperlich wehtat, die Rauchwölkchen stiegen allmählich schneller aufeinanderfolgend gen Himmel, und in einem lärmenden, von gasigen Schwaden umwaberten Augenblick zogen die Reihen der Gesichter vorbei, entfernten sich, verschwammen – bis da jählings nur noch die Sonne war, die schräg nach Osten über die Schienen fiel, und ein verhallender Laut wie von einem aus blechernem Donner gemachten Zug. Er ließ ihre Arme los. Er hatte gewonnen.

Jetzt konnte er lachen, wenn er wollte. Die Probe war bestanden, und er hatte seinen Willen mit Gewalt durchgesetzt. Nun mochte im Gefolge des Sieges Milde walten. «Wir mieten uns einen Wagen und fahren zurück nach Marietta», sagte er mit hochherziger Zurückhaltung.

Statt einer Antwort nahm Gloria mit beiden Händen seine Hand, hob sie an den Mund und biss ihm tief in den Daumen. Er spürte den Schmerz kaum. Als er das Blut hervorspritzen sah, griff er zerstreut nach seinem Taschentuch und wickelte es um die Wunde. Auch das gehörte wohl zu seinem Triumph; es war verständlich, dass die Niederlage verübelt wurde, und war insofern der Beachtung nicht wert.

Ihr Schluchzen war fast tränenlos, jammervoll und bitter. «Ich komme nicht mit. Ich komme nicht mit. Du kannst mich nicht zwingen. Du ... du hast jegliche Liebe zu dir, jede Achtung in mir abgetötet. Alles, was in mir noch lebt, würde lieber sterben, als sich von hier wegbewegen. Hätte ich je gedacht, du könntest Hand an mich legen ...»

«Du kommst mit», sagte er brutal, «und wenn ich dich tragen muss.» Er drehte sich um, winkte einem Taxi und wies den Chauffeur an, nach Marietta zu fahren.

Der Mann stieg aus und riss den Wagenschlag auf. Anthony sah seine Frau an und presste zwischen den Zähnen hervor: «Steigst du jetzt ein – oder muss ich dich hineinsetzen?»

Mit einem unterdrückten, unendlich kummervollen und verzweifelten Laut gab sie sich geschlagen und stieg ein.

Während der langen Fahrt durch die tiefer werdende Dämmerung saß sie wie ein Häufchen Elend in ihrer Wagenecke; nur hin und wieder war in der Stille ein trockenes Schluchzen zu hören. Anthony sah aus dem Fenster und mühte sich, mit der sich allmählich wandelnden Bedeutung des soeben Erlebten ins Reine zu kommen. Irgendetwas stimmte nicht – Glorias letzte Worte hatten eine Saite in ihm zum Schwingen gebracht, die jetzt geradezu widersinnig beunruhigend in seinem Herzen nachhallte. Er war unzweifelhaft im Recht – und doch griff es ihm ans Herz, wie klein, zerbrochen und zerstört, wie unerträglich gedemütigt sie in ihrer Ecke saß. Die Ärmel ihrer Jacke waren zerrissen; ihr Sonnenschirm war irgendwo auf dem Bahnsteig liegen geblieben. Es war ein neues Kostüm gewesen, fiel ihm ein, auf das sie noch heute vormittag, als sie das Haus verlassen hatte, sehr stolz gewesen war … Er überlegte, ob Bekannte den Vorfall mit angesehen hatten. Und ihre Worte ließen ihn nicht los: «Alles, was in mir noch lebt, würde lieber sterben …»

Eine verschwommene Sorge wurde in ihm wach, eine Sorge, die wuchs und wuchs. Wie gut diese Worte zu der Gloria da drüben passten, die nicht mehr die stolze Gloria, in nichts mehr jene Gloria war, die er kannte. War das möglich? Wenn er auch nicht glaubte, dass sie aufhören würde, ihn zu lieben – das war natürlich undenkbar –, war es doch fraglich, ob eine Gloria ohne ihre Arroganz, ihre Unabhängigkeit, ihr jungfräuliches Selbstbewusstsein, ihre Unerschrockenheit noch jene glanzvolle Gestalt, jene strahlende Frau wäre, deren Wert, deren Zauber eben darin bestand, dass sie so unbeschreiblich sieghaft sie selbst war.

Er war noch immer sehr betrunken. So betrunken, dass er sich seiner eigenen Trunkenheit nicht bewusst war. In dem grauen Haus angekommen, ging er sofort auf sein Zimmer, und noch während er sich hilflos und bedrückt mit dem herumschlug, was er getan hatte, fiel er in tiefer Betäubung aufs Bett.

Es war nach ein Uhr, und auf dem Gang herrschte tiefe Stille, als Gloria verstört und schlaflos zu seinem Zimmer hinüberging und die Tür aufstieß. Benebelt, wie er war, hatte er es nicht mehr fertiggebracht, das Fenster aufzumachen, und in der Luft stand schaler Whiskygeruch. Einen Augenblick blieb sie vor seinem Bett stehen, eine schlanke, wunderbar anmutige Gestalt in ihrem knabenhaften Seidenpyjama, dann warf sie sich so hemmungslos über ihn, dass sie ihn mit ihren hektischen Zärtlichkeiten halb aufweckte, und ließ heiße Tränen auf seinen Hals fallen.

«Ach, Anthony», stieß sie leidenschaftlich hervor. «Ach, Liebling, du weißt nicht, was du getan hast.»

Am nächsten Morgen kam er sehr früh in ihr Zimmer, kniete sich vor ihr Bett und weinte wie ein kleiner Junge, als sei er es, dessen Herz gebrochen war.

«Gestern Abend», sagte sie ernst, während sie die Finger durch sein Haar gleiten ließ, «schien es, als sei all das, was du an mir geliebt hast, mein ganzer Stolz, mein ganzes Feuer, ein für allemal dahin. Das, was von mir übrig blieb, wird dich immer lieben, das wusste ich – aber nie mehr in der gleichen Weise wie früher.»

Trotzdem war ihr schon in diesem Moment klar, dass sie mit der Zeit vergessen würde und dass das Leben selten mit einem Schlag zerstört, sondern allmählich abträgt. Nach jenem Morgen wurde der Vorfall nie mehr erwähnt, die tiefe Wunde, die er geschlagen hatte, heilte mit Anthonys Hand – und wenn es einen Triumph gab, so war es eine dunklere Macht als die ihre, die ihn, das Wissen und den Sieg in ihrem Besitz hatte.

Glorias Unabhängigkeit hatte – wie alle tiefen und aufrichtigen Regungen – unbewusst begonnen, sich aber, nachdem sie selbst dank Anthonys staunender Entdeckung dieser Eigenschaft ihrer gewahr geworden war, fast zu einem Kodex entwickelt. Wenn man sie reden hörte, hatte man den Eindruck, dass sie all ihre Energie in die nachdrückliche Bekräftigung des negativen Grundsatzes einbrachte, sich «um keinen Dreck zu kümmern».

«Das gilt für Sachen wie für Menschen», sagte sie, «abgesehen von meiner eigenen Person und implizit von Anthony. Das ist nun mal die Regel, nach der unser Leben abläuft, und wäre sie es nicht, wäre ich trotzdem so. Niemandem würde es einfallen, etwas für mich zu tun, wenn er selbst nichts davon hätte, und ich würde mich genauso verhalten.»

Sie stand auf der vorderen Veranda der nettesten Dame von Marietta, als sie das sagte, und als sie es ausgesprochen hatte, stieß sie einen leisen, wunderlichen

Schrei aus und sank ohnmächtig auf den Verandaboden.

Die Dame brachte sie wieder zu sich und fuhr sie in ihrem Wagen nach Hause. Die vortreffliche Gloria aber begriff, dass sie wahrscheinlich schwanger war.

Sie lag unten auf dem Sofa. Der warme Tag entschwand durchs Fenster und streifte die späten Rosen, die an den Säulen der Veranda hochrankten.

«Ich denke immer nur an das eine», weinte sie, «dass ich dich liebe. Ich mag meinen Körper, weil du ihn schön findest. Und dieser Körper – mein Körper und der deine – soll hässlich und formlos werden? Das ist unerträglich. Ach, Anthony, vor den Schmerzen habe ich ja keine Angst.»

Er tröstete sie hingebungsvoll, aber vergeblich.

Sie fuhr fort: «Und hinterher habe ich vielleicht einen fahlen Teint und breite Hüften, habe meine Frische und den Glanz in den Haaren verloren.»

Er ging, die Hände in den Taschen, auf und ab. «Ist es sicher?», fragte er.

«Ich habe keine Ahnung. Gynologen, oder wie sie heißen, waren mir immer ein Gräuel. Irgendwann wollte ich ja ein Kind. Aber nicht jetzt.»

«Herrgott, so lieg doch nicht einfach da und lass dich gehen.»

Allmählich ebbte ihr Schluchzen ab. Aus dem Zwielicht, das im Raum stand, floss ihr eine wohltuende Stille zu. «Die Tage sind so kurz ... Mir ist immer, als hätte der Juni in meiner Kindheit längere Tage gehabt.»

Die Lichter gingen an, und es war, als hätte man hinter den Fenstern und Türen blaue Vorhänge aus weichster Seide heruntergelassen. Ihre Blässe, ihre Reglosigkeit, die jetzt ohne Kummer oder Freude war, weckten sein Mitgefühl.

«Willst du, dass ich es bekomme?», fragte sie matt.

«Es ist mir gleich. Das heißt – ich bin neutral. Wenn du es bekommst, werde ich mich wahrscheinlich freuen. Wenn nicht, ist es auch recht.»

«Kannst du dich denn nicht so oder so entscheiden?»

«Wichtiger wäre wohl zunächst, dass du dich entscheidest.»

Sie sah ihn verächtlich an und verzichtete auf eine Antwort.

«Man könnte denken, dass du weit und breit die einzige Frau auf der Welt bist, der diese unerhörte Demütigung widerfährt.»

«Na und?», fuhr sie zornig auf. «Die anderen Frauen sehen es nicht so, weil es für sie der einzige Lebenszweck ist, das Einzige, wofür sie taugen. Doch für mich ist es eine Demütigung.»

«Jetzt hör mal zu, Gloria. Ich halte zu dir, wie du dich auch entscheidest, aber trag es um Himmels willen mit Fassung.»

«Mach mich nicht verrückt», jammerte sie.

Sie wechselten einen stummen Blick ohne besondere Bedeutung, aber voller Nachdruck. Dann nahm Anthony ein Buch vom Regal und ließ sich in einen Sessel sinken.

Eine halbe Stunde später kam aus der tiefen Stille, die wie Weihrauch in der Luft hing, Glorias Stimme. «Morgen früh fahre ich zu Constance Merriam.»

«In Ordnung. Und ich fahre nach Tarrytown zu Großpapa.»

«Weißt du», fügte sie hinzu, «es ist nicht so, dass ich … Angst hätte. Davor – oder überhaupt. Ich bleibe mir nur selbst treu.»

«Ich weiß», stimmte er zu.

Männer der Praxis

Adam Patch mit seinem heiligen Zorn auf die Deutschen lebte praktisch nur noch für die Kriegsberichte. In seinem Haus bedeckten mit Nadeln gespickte Karten sämtliche Wände, hohe Stöße von Atlanten waren auf Tischen in Griffnähe gestapelt, dazu eine «Fotografische Geschichte des Weltkrieges», amtliche Erläuterungen sowie die «Persönlichen Eindrücke» von Kriegsberichterstattern und der Schützen X, Y und Z. Mehrmals erschien, während Anthony im Haus war, der Sekretär seines Großvaters, Edward Shuttleworth, einstmals wohlbestallter «Gindoktor» in «Pat's Place» in Hoboken, inzwischen zu streitbarer Tugend geläutert, und brachte ein Extrablatt. Der Alte stürzte sich mit rastlosem Eifer auf jede Zeitung, riss die Spalten heraus, die ihn hinreichend bedeutsam dünkten, und stopfte sie in einen seiner schon überquellenden Ordner.

«Was hast du die ganze Zeit getrieben?», fragte er Anthony milde. «Nichts? Hab' ich mir gedacht. Ich wollte schon den ganzen Sommer kommen.»

«Ich schreibe. Erinnerst du dich nicht an den Essay, den ich dir geschickt habe? Ich habe ihn letzten Winter an den ‹Florentine› verkauft.»

«Essay? *Mir* hast du keinen Essay geschickt.»

«Doch. Wir haben darüber gesprochen.»

Adam Patch schüttelte nachsichtig den Kopf. «O nein. *Mir* hast du keinen Essay geschickt. Vielleicht wolltest du es tun, aber bei mir ist er nie angekommen.»

«Du hast ihn gelesen, Großpapa», beteuerte Anthony ein wenig ungeduldig. «Du hast ihn gelesen und warst anderer Meinung.»

Jetzt erinnerte sich der Alte, was man allerdings nur daran merkte, dass ihm das Kinn ein wenig herunterfiel, sodass man die schmalen grauen Zahnfleischreihen erkennen konnte. Er bedachte Anthony mit einem scheelen Blick und schwankte, ob er seinen Irrtum eingestehen oder ihn vertuschen sollte.

«Du schreibst also», sagte er rasch. «Warum fährst du dann nicht nach Europa und schreibst über diese Deutschen und was sich bei denen tut? Schreib was Vernünftiges. Etwas, was die Leute lesen können.»

«Nicht jeder kann Kriegsberichterstatter werden», widersprach Anthony. «Erst musst du eine Zeitung finden, die bereit ist, dein Zeug zu kaufen. Und genug Geld, um das Geschäft drüben freiberuflich zu betreiben, habe ich nicht.»

«Ich schicke dich hin», sagte sein Großvater überraschend. «Ich bringe dich als akkreditierten Kriegsberichterstatter unter, die Zeitung kannst du dir aussuchen.»

«Ich … ich weiß nicht …»

Er würde Gloria allein lassen müssen, deren ganzes Sehnen auf ihn gerichtet war und ihn umschloss. Gloria in ihrem derzeitigen Zustand … Nein, ausgeschlossen. Dennoch sah er sich schon in Khaki, wie alle Kriegsberichterstatter auf einen dicken Stock gestützt, die Aktenmappe unter dem Arm, eifrig bemüht, wie ein Engländer auszusehen. «Wenn ich es mir überlegen darf …», sagte er. «Es ist wirklich sehr nett von dir. Ich überlege es mir und sage dir Bescheid.»

Während der Fahrt nach New York war er ausgiebig damit beschäftigt, es sich zu überlegen. Jäh stand eine Vision vor ihm, die allen von einer starken und geliebten Frau dominierten Männern früher oder später erscheint, die Vision einer Welt, in der robustere Männer, die ein härteres Training absolviert haben, sich mit den Abstraktionen von Ideen und vom Krieg herumschlugen. In jener Welt gäbe es Glorias Arme nur als die hitzige Umarmung eines zufälligen Liebchens, das man sich mit kühlem Kopf aussucht und rasch vergisst.

Diese ungewohnten Gespenster bedrängten ihn, als er in der Grand Central Station in New York den Zug nach Marietta bestieg. Der Wagen war überfüllt. Er sicherte sich den letzten freien Platz, und erst nach einigen Minuten blickte er flüchtig zu seinem Nachbarn hin. Er sah kräftige Kiefer, eine breite Nase, rundes Kinn, Tränensäcke unter kleinen Augen. Und dann erkannte er Joseph Bloeckman.

Beide erhoben sich halb, waren halb verlegen und wechselten einen halben Händedruck – und brachten wie zum Abschluss ein halbes Lachen zustande.

«Hm … ja … Ich habe Sie lange nicht mehr gesehen», stellte Anthony nicht sehr tiefsinnig fest.

Kaum war der Satz heraus, bereute er ihn schon und wollte gerade fortfahren: «Ich wusste gar nicht, dass Sie in dieser Gegend wohnen», als Bloeckman ihm mit der liebenswürdigen Frage zuvorkam: «Wie geht es Ihrer Frau?»

«Danke, sehr gut. Und Ihnen?»

«Ausgezeichnet.» Der Ton verstärkte noch das Großartige dieses einen Wortes.

Anthony fand, dass Bloeckman im letzten Jahr enorm an Würde gewonnen hatte. Das Halbgare war verschwunden, er schien nun endgültig «vollendet». Auch die Kleidung hatte nichts Übertriebenes mehr. An die Stelle der von ihm bevorzugten «lustigen» Krawatten waren gediegene dunkle Muster getreten, und seine rechte Hand, an der vorher zwei schwere Ringe geprangt hatten, war nun gänzlich ungeschmückt, sogar der primitive Glanz der Maniküre fehlte.

Auch in seiner Persönlichkeit kam diese Würde zum Ausdruck. Der letzte Anflug von erfolgreichem Handelsreisenden war getilgt, jenes bewusste Anbiedern, das sich in seiner niedrigsten Form als schlüpfriger Witz im Pullman-Rauchercoupé äußert. Er hatte wohl, finanziell umschmeichelt, Distanz gewonnen und es nach gesellschaftlichen Brüskierungen gelernt, sich zurückzunehmen. Was immer es war, was ihm anstelle von Masse Gewicht verliehen hatte – Anthony konnte an seinem Gefühl der eigenen Überlegenheit nicht mehr guten Gewissens festhalten.

«Erinnern Sie sich an Caramel, Richard Caramel? Ich glaube, Sie haben ihn einmal bei einem Abendessen kennengelernt.»

«Ja, ich erinnere mich. Damals schrieb er gerade ein Buch.»

«Er hat es an den Film verkauft, und dort hat man einen Drehbuchmenschen darangesetzt, einen gewissen Jordan. Dick ist bei einem Ausschnittbüro abonniert, und jetzt ist er wütend, weil die Hälfte der Filmkritiken die ‹Ausdruckskraft und Stärke› von William Jordans ‹Demon Lover› hervorheben. Von dem armen alten Dick kein Wort. Wer das liest, denkt doch, dieser Jordan hätte sich die ganze Geschichte allein ausgedacht.»

Bloeckman nickte verständnisvoll. «In den meisten Verträgen ist festgelegt, dass bei bezahlter Werbung stets der Name des Schriftstellers genannt werden muss. Schreibt Caramel noch?»

«Aber ja. Unentwegt. Kurzgeschichten.»

«Nun, das ist ja erfreulich. Sehr erfreulich. Fahren Sie oft mit diesem Zug?»

«Etwa einmal in der Woche. Wir wohnen in Marietta.»

«Ach ja? So ein Zufall … Ich wohne bei Cos Cob, habe erst kürzlich dort ein Haus gekauft. Wir sind nur fünf Meilen voneinander entfernt.»

«Sie müssen uns besuchen.» Anthony war überrascht von seiner eigenen Artigkeit. «Gloria freut sich bestimmt über das Wiedersehen mit einem alten Bekannten. Jeder kann Ihnen sagen, wo das Haus ist, es ist unsere zweite Saison dort.»

«Danke.» Und als fühle er sich nun seinerseits zu einer höflichen Geste verpflichtet, fragte er: «Wie geht es Ihrem Großvater?»

«Recht gut. Ich habe heute Mittag mit ihm gegessen.»

«Ein großer Mann», sagte Bloeckman streng. «Ein Prachtexemplar von einem Amerikaner.»

Triumph der Lethargie

Anthony fand seine Frau in der Hängematte auf der Veranda, wo sie sich genüsslich einer Limonade und einem Tomatensandwich widmete und ein offenbar vergnügtes Gespräch mit Tana über eins von dessen komplizierten Themen führte.

«In mein Land» – Anthony erkannte die stets gleichbleibende Einleitung –, «alle Zeit … Leute essen … Leis … weil nicht anderes. Kann nicht essen, was nicht haben.» Hätte man ihm seine Nationalität nicht so überdeutlich angesehen, hätte man denken können, er habe sich das Wissen über sein Heimatland aus Geografiebüchern amerikanischer Grundschulen angelesen.

Als der Mann aus Fernost glücklich zum Schweigen gebracht und in die Küche geschickt worden war, sah Anthony seine Frau fragend an.

«Alles in Ordnung.» Sie strahlte. «Was meinst du, wie überrascht ich war – mehr als du jetzt.»

«Kein Zweifel möglich?»

«Nicht der mindeste.»

Frohlockend kehrten sie zu neu belebter fröhlicher Verantwortungslosigkeit zurück.

Dann erzählte er ihr von der ihm gebotenen Chance, nach Europa zu gehen, und dass er sich fast schämte, sie auszuschlagen. «Was meinst du dazu? Sag es ganz offen.»

«Aber Anthony!» Sie sah ihn erschrocken an. «Willst du das wirklich? Ohne mich?»

Er machte ein langes Gesicht, und in demselben Augenblick, als seine Frau die Frage stellte, wusste er, dass es zu spät war. Ihre liebevollen, würgenden Arme hielten ihn würgend umfangen; er hatte seine Wahl ein für allemal getroffen – im vergangenen Jahr im «Plaza». Dies war ein Anachronismus aus einem Zeitalter solcher Träume.

«Aber natürlich nicht, Gloria», schwindelte er jäh begreifend. «Ich dachte, du könntest vielleicht mitkommen. Als Krankenschwester oder so.» Flüchtig überlegte er, ob sein Großvater dergleichen auch nur in Erwägung ziehen würde.

Als sie lächelte, sah er wieder, wie schön sie war mit ihrer wunderbaren Frische, mit diesen klaren, unbestechlichen Augen. Sie machte sich genüsslich und ausführlich über seinen Vorschlag her, hielt ihn hoch wie eine selbst geschaffene Sonne und wärmte sich in ihren Strahlen. Gemeinsam spannen sie sich eine abenteuerliche Geschichte zusammen, die prall voll von kriegerischen Eskapaden war.

Nach dem Abendessen war sie des Themas überdrüssig geworden und gähnte. Sie hatte keine Lust mehr zum Reden, sie wollte nur noch auf dem Sofa liegen und «Penrod» lesen, bis sie gegen Mitternacht einschlief.

Anthony aber blieb, nachdem er sie in einer romantischen Anwandlung auf ihr Zimmer getragen hatte, noch auf und grübelte, von unbestimmtem Ärger auf Gloria, von verschwommener Unzufriedenheit bewegt, dem Tag nach.

«Was soll ich anfangen?», begann er beim Frühstück. «Wir sind jetzt ein Jahr verheiratet und lassen uns einfach treiben, dabei sind wir nicht mal als Müßiggänger besonders erfolgreich.»

Weil sie zugänglich und gesprächig gestimmt war, bestätigte sie: «Ja, du solltest wirklich etwas tun.» Es war nicht das erste Gespräch dieser Art, das sie führten, aber da sich dabei gewöhnlich Anthony in der Rolle des Helden sah, versuchte sie das Thema zu vermeiden.

«Nicht, dass ich moralische Bedenken in puncto Arbeit hätte», fuhr er fort, «aber Großpapa kann morgen sterben oder auch erst in zehn Jahren. Inzwischen leben wir über unsere Verhältnisse, ohne dass wir uns viel mehr leisten als ein klappriges kleines Automobil und ein bisschen Kleidung. Wir haben eine Wohnung, in der wir bisher nur drei Monate gelebt haben, und ein kleines altes Haus in einer gottverlassenen Gegend. Wir langweilen uns oft, raffen uns aber nicht auf, neue Leute kennenzulernen, sondern ziehen immer mit derselben Clique herum, die den Sommer über in Sportkleidung Kalifornien unsicher macht und darauf wartet, dass die Eltern das Zeitliche segnen.»

«Wie du dich verändert hast», staunte Gloria. «Früher hast du einmal gesagt, dass du nicht einsiehst, warum ein Amerikaner nicht mit Anstand faul sein könne.»

«Verdammt, da war ich noch nicht verheiratet. Und mein Gehirnkasten funktionierte wie geölt, während sich jetzt die Zahnräder sinnlos drehen und nichts zum Einhaken finden. Hätte ich dich nicht kennengelernt, hätte ich wahrscheinlich *tatsächlich* irgendetwas gemacht. Aber mit dir wird die Muße so wunderbar verlockend …»

«Ach, jetzt bin ich schuld …»

«So meine ich es nicht, das weißt du doch. Aber inzwischen bin ich fast siebenundzwanzig und …»

«Ich kann's schon nicht mehr hören», fiel sie ihm gereizt ins Wort. «Als ob ich etwas dagegen hätte oder dich hinderte!»

«Ich wollte es ja nur bereden, Gloria. Kann ich nicht …»

«Ich denke doch, du solltest stark genug sein, um …»

«… etwas mit dir zu bereden, ohne …»

«… deine eigenen Probleme selbst zu lösen und nicht mit allem zu mir zu kommen. Ständig redest du davon, dass du eine Arbeit aufnehmen willst. Ein bisschen mehr Geld könnte ich gut gebrauchen, aber ich beklage mich nicht. Ich werde dich immer heben, ob du arbeitest oder nicht.» Die letzten Worte waren sanft wie feiner Schnee auf hart gefrorenem Boden.

Doch im Augenblick achtete keiner auf den anderen; beide waren vollauf damit beschäftigt, ihre eigene Position endgültig abzustecken und zu konsolidieren.

«Ich habe ja gearbeitet. Ein bisschen jedenfalls.» Damit hatte Anthony leichtsinnigerweise unerfahrene Hilfstruppen aufmarschieren lassen.

Gloria lachte, hin- und hergerissen zwischen Belustigung und Verachtung. Seine Spitzfindigkeiten brachten sie auf, gleichzeitig musste sie seine Nonchalance bewundern. Sie würde ihm nie vorwerfen, ein unfähiger Faulenzer zu sein, vorausgesetzt, er betrieb das Faulenzen aufrichtig und aus der Überzeugung heraus, dass kaum etwas im Leben die Mühe lohnte.

«Gearbeitet!», höhnte sie. «Du traurige Gestalt, du! Angeber! Arbeit – das bedeutet bei dir, mit großem Getue den Schreibtisch aufzuräumen, die Lampe zurechtzurücken, Bleistifte anzuspitzen und ‹Gloria, nicht singen!› und ‹Gloria, halt mir den verdammten Tana vom Leib!› und ‹Ich lese dir mal meinen ersten Satz vor› und ‹Ich bin noch lange nicht fertig, Gloria, du brauchst meinetwegen nicht aufzubleiben› und einen enormen Verbrauch an Tee oder Kaffee. Und das war's dann auch schon. Eine Stunde später höre ich, wie der Bleistift aufhört zu kratzen, und schaue hin. Du hast dir ein Buch geholt und ‹schlägst etwas nach›. Dann fängst du an zu lesen. Dann zu gähnen – um schließlich ins Bett zu fallen und dich herumzuwerfen, weil das viele Koffein dich nicht schlafen lässt. Zwei Wochen später das gleiche Theater!»

Mit einiger Mühe hielt Anthony einen dürftigen Lendenschurz an Würde fest. «Das ist denn doch ein wenig übertrieben. Du weißt sehr genau, dass ich einen Essay an den ‹Florentine› verkauft habe, der, wenn man die Auflage des ‹Florentine› berücksichtigt, einiges Aufsehen erregt hat. Und du weißt auch, dass ich bis früh um fünf auf war, um ihn fertig zu machen.»

Sie schwieg und ließ ihm ein wenig Leine. Und wenn er sich auch nicht darin verhedderte, so war er jetzt doch mit seinem Latein am Ende. «Zumindest», schloss er matt, «bin ich durchaus bereit, Kriegsberichterstatter zu werden.»

Gloria mochte ihm darin nicht nachstehen. Sie waren beide bereit. Nur zu bereit, wie sie sich immer wieder versicherten. Der Abend endete mit überschwänglichen Gefühlen, mit großen Worten über die Majestät der Muße, den schlechten Gesundheitszustand von Adam Patch, Liebe um jeden Preis.

«Anthony», rief sie eines Nachmittags eine Woche später übers Treppengeländer, «da ist jemand an der Tür.»

Anthony, der sich in der Hängematte auf der mit

Sonnenflecken getüpfelten Südveranda gerekelt hatte, schlenderte zum Eingang. Ein eindrucksvoll großer ausländischer Wagen hockte wie ein düsterer Riesenkäfer am Ende des Gartenweges.

Ein Mann in weichem Seidenanzug und passender Mütze rief: «Hallo, Patch. Wollte Ihnen guten Tag sagen.»

Es war Bloeckman; wie stets noch einen Hauch vornehmer, die Intonation subtiler, die Lässigkeit überzeugender.

«Freut mich sehr. Glo-ri-aa!», rief Anthony zu dem weinumrankten Fenster hoch: «Wir haben Besuch.»

«Ich bin in der Badewanne», jammerte Gloria entschuldigend.

Lächelnd akzeptierten die beiden Männer dieses unwiderlegbare Alibi.

«Sie wird gleich da sein. Kommen Sie zur hinteren Veranda. Möchten Sie etwas trinken? Gloria ist ständig in der Badewanne – ein gutes Drittel jeden Tages.»

«Schade, dass Sie nicht am Sund wohnen.»

«Das übersteigt unsere Verhältnisse.»

Bei einem Enkel des alten Adam Patch konnte Bloeckman diese Bemerkung nur als Scherz auffassen.

Nach einer mit trefflichen Geistreicheleien verbrachten Viertelstunde erschien Gloria in frischem, gestärktem Gelb und brachte Stimmung und Leben mit.

«Ich wäre so gern ein sensationeller Erfolg beim Film», verkündete sie. «Irgendwo hab' ich gehört, dass Mary Pickford eine Million Dollar im Jahr verdient.»

«Warum nicht?», sagte Bloeckman. «Ich könnte Sie mir sehr gut auf der Leinwand vorstellen.»

«Würdest du mir das erlauben, Anthony? Wenn ich nur harmlose Rollen spiele?»

Während sich das Gespräch auf steifen Stelzen fortbewegte, überlegte Anthony voll Staunen, dass dieses Mädchen für ihn wie für Bloeckman einst der anregendste, aufregendste Mensch gewesen war, dem sie je begegnet waren – und jetzt saßen sie zu dritt da wie zu stark geölte Maschinen, ohne Konflikte, ohne Ängste, ohne Überschwang, kleine, mit einer dicken Emailschicht überzogene Figuren, fern jeder Lust sicher aufgehoben in einer Welt, in der Tod und Krieg, dumpfes Gefühl und edle Wildheit einen ganzen Kontinent mit dem Rauch des Terrors überzogen.

Gleich würde er Tana rufen, und sie würden sich ein farbiges delikates Gift einflößen, das sie vorübergehend in die freudige Erregtheit der Kinderzeit zurückversetzte, als noch jedes Gesicht in einer Menge an bravourösbedeutungsvolle Taten denken ließ, die irgendwo zu einem großartigen, unermessbaren Zweck vollbracht wurden … Das Leben war nicht mehr als dieser Sommernachmittag: ein leichter Wind, der den Spitzenkragen von Glorias Kleid bewegte, die brütend-träge Schläfrigkeit der Veranda … Unerträglich, wie gleichgültig sie alle waren, weit entfernt von einem womöglich bevorstehenden romantischen Waffengang. Selbst Glorias Schönheit brauchte Affekte, brauchte den Schmerz, brauchte den Tod …

«Irgendwann in der nächsten Woche», sagte Bloeckman gerade zu Gloria. «Hier, nehmen Sie diese Karte. Üblicherweise macht man eine Probeaufnahme mit etwa hundert Metern Film, danach können sie sich im allgemeinen ein recht gutes Urteil bilden.»

«Wie wäre es mit Mittwoch?»

«Bestens. Rufen Sie mich an, ich begleite Sie gern ...»

Er war aufgestanden, schüttelte ihnen sachlich die Hand – dann war sein Wagen nur noch eine Staubwolke in der Ferne.

Anthony wandte sich einigermaßen verwirrt seiner Frau zu. «Aber Gloria ...»

«Du hast doch nichts dagegen, wenn ich zu der Probeaufnahme gehe, Anthony? Es ist ja ganz unverbindlich. Ich muss am Mittwoch sowieso in die Stadt.»

«Aber es ist so albern. Du willst doch nicht wirklich zum Film und dich den ganzen Tag mit einem Haufen billiger Revuetänzerinnen in einem Studio herumdrücken.»

«Mary Pickford drückt sich nicht herum.»

«Nicht jede ist eine Mary Pickford.»

«Dass ich es *versuche*, dagegen kannst du doch eigentlich nichts haben.»

«Doch. Ich hasse Schauspieler.»

«Du gehst mir auf die Nerven. Glaubst du wirklich, dass es für mich besonders reizvoll ist, ständig auf dieser verflixten Veranda zu dösen?»

«Es würde dir nichts ausmachen, wenn du mich liebtest.»

«Natürlich liebe ich dich», sagte sie ungeduldig und sofort in der Defensive. «Und gerade deshalb finde ich es schrecklich, wenn du hier nur herumliegst und mir erzählst, du müsstest arbeiten. Wenn ich eine Weile wirklich beim Film mitmache, rüttelt dich das vielleicht auf, sodass du tatsächlich was tust.»

«Du sehnst dich eben nach Abwechslung, das ist alles.»

«Vielleicht. Ist das nicht verständlich?»

«Ich will dir eins sagen: Wenn du zum Film gehst, gehe ich nach Europa.»

«Geh doch, geh! *Ich* halte dich nicht.»

Um darzutun, dass sie ihn nicht zurückhielt, fing sie bitterlich an zu weinen. Gemeinsam ließen sie die Armeen der Gefühle aufmarschieren – Worte, Küsse, Kosenamen, Selbstvorwürfe. Es half alles nichts. Natürlich nicht. Schließlich setzten sich beide in höchster Erregung hin und schrieben einen Brief – Anthony an seinen Großvater, Gloria an Joseph Bloeckman. Es war ein Triumph der Lethargie.

Als Anthony eines Nachmittags Anfang Juli aus der Stadt zurückkam, rief er nach Gloria, die er oben vermutete. Da sie nicht antwortete, nahm er an, dass sie schlief, und ging in die Küche, um sich eins der kleinen Sandwiches zu holen, die dort immer bereitstanden. Tana saß am Küchentisch vor einer bunten Sammlung von Krimskrams – Zigarrenkisten, Messer, Bleistifte, Dosendeckel – sowie einigen mit komplizierten Zeichnungen und Diagrammen bedeckten Zetteln.

«Was zum Teufel treibst du da?», fragte Anthony neugierig.

Tana lächelte zuvorkommend. «Ich Ihnen zeigen», erklärte er enthusiastisch. «Ich Ihnen sagen. …»

«Baust du eine Hundehütte?»

«Nein, Sär.» Tana lächelte wieder. «Machen Schleibmaschinä.»

«Schreibmaschine?»

«Ja, Sär. Ich denken, alle Zeit ich denken. Liegen in Bett und denken über Schleibmaschinä.»

«Und da hast du dir vorgenommen, eine zu bauen?»

«Sie warten. Ich sagen.»

Anthony lehnte, sein Sandwich kauend, lässig an der Spüle.

Tana machte den Mund mehrmals auf und zu, als wolle er dessen Funktionsfähigkeit prüfen, dann brach es aus ihm heraus: «Ich denken … Schleibmaschinä … hat vielen vielen Sachen. O ja – vielen vielen vielen.»

«Viele Tasten. Ich verstehe.»

«Nei-ein? Ja. Tasten. Vielen vielen Buchstaben. Ah … so … a-b-c.»

«Ja, das stimmt»

«Sie warten. Ich sagen.» Er verzog in einer gewaltigen Anstrengung, sich zu artikulieren, das Gesicht. «Ich denken … vielen Worten … gleichen Ende. Wie ‹ung›.»

«Stimmt auch. Jede Menge.»

«So ich machen Schleibmaschinä schnell. Nicht so vielen Buchstaben.»

«Großartige Idee, Tana. Enorme Zeitersparnis. Du

wirst dir noch eine goldene Nase verdienen. Man drückt eine Taste, und schon kommt das ‹ung›. Hoffentlich kriegst du es hin.»

Tana lachte bescheiden. «Sie warten. Ich sagen …»

«Wo ist Mrs. Patch?»

«Sie aus. Sie warten. Ich sagen …» Wieder verzog er tatendurstig das Gesicht. «*Mein* Schleibmaschinä …»

«Wo ist sie?»

«Hier. Ich machen.» Er deutete auf den Wirrwarr, der den Tisch bedeckte.

«Ich meine Mrs. Patch.»

«Sie aus», wiederholte Tana beschwichtigend. «Sie zurück hier fünf, sie sagen.»

«Ist sie im Dorf?»

«Nein. Gehen weg vor Lunch. Gehen Mr. Bloeckman.»

Anthony fuhr zusammen. «Sie ist mit Mr. Bloeckman weggefahren?»

«Sie zurück fünf.»

Wortlos verließ Anthony die Küche, verfolgt von Tanas enttäuschtem «Ich sagen». So also hatte sich Gloria ihre Abwechslung vorgestellt. Seine Hände ballten sich zu Fäusten. Innerhalb von Sekunden hatte er sich in helle Empörung hineingesteigert. Er ging zur Haustür: weit und breit kein Wagen in Sicht, und seine Uhr zeigte vier Minuten vor fünf. In wilder Entrüstung lief er den Gartenweg hinunter – eine Meile weit bis zur Kurve konnte er sehen. Auch dort war kein Fahrzeug zu entdecken, das heißt, da … Nein, es war das klapprige Gefährt eines Farmers. Dann flüchtete er, würdelos seiner Würde nachlaufend, wieder in seine schützenden vier Wände.

Im Wohnzimmer auf und ab gehend, probte er zornig die Rede, die er ihr halten würde, wenn sie kam.

«Das also ist Liebe», würde er anfangen – oder nein, das klang zu sehr nach der gängigen Floskel: «Das also ist Paris!» Er musste den Eindruck von Würde, Verletztheit, Kummer vermitteln. «Das also treibst du, wenn ich genötigt bin, geschäftlich den ganzen Tag in der heißen Stadt herumzulaufen. Kein Wunder, dass ich nicht schreiben kann.» Er geriet in Schwung, begann sich für sein Thema zu begeistern. «Ich will dir sagen», fuhr er fort, «ich will dir sagen …» Er hielt inne. Irgendetwas an diesen Worten klang sehr vertraut. Dann wusste er, was es war: Tanas «Sie warten. Ich sagen!»

Aber Anthony lachte nicht, er fand sich keineswegs albern. In seiner erregten Fantasie war es bereits sechs … sieben … acht Uhr … sie würde nicht kommen. Bloeckman hatte ihr angemerkt, dass sie sich langweilte, dass sie unzufrieden war, und hatte sie überredet, mit ihm nach Kalifornien zu fahren …

Draußen entstand erheblicher Wirbel, er hörte eine Frauenstimme vergnügt «Juhu, Anthony!» rufen und erhob sich mit weichen Knien, schwach vor Glück, als er sie aufs Haus zulaufen sah. Bloeckman folgte ihr, die Mütze in der Hand.

«Liebling …!», rief sie. «Wir haben eine wundervolle Spritztour gemacht – durch den ganzen Staat New York.»

«Ja, also, ich muss jetzt nach Hause», sagte Bloeckman rasch. «Schade, dass Sie vorhin nicht beide da waren.»

«Ja, das bedaure ich auch», versetzte Anthony trocken.

Als Bloeckman weg war, zögerte Anthony. Die Angst war aus seinem Herzen gewichen, aber vom moralischen Standpunkt, so fand er, war ein Protest durchaus am Platz.

In seine Unentschlossenheit hinein sagte Gloria: «Ich wusste, dass es dir nichts ausmachen würde. Vor dem Essen stand er plötzlich vor der Tür und sagte, er müsse geschäftlich nach Garrison, ob ich Lust hätte mitzufahren. Er sah so einsam aus, Anthony. Und die ganze Zeit bin ich gefahren.»

Anthony ließ sich schlaff in einen Sessel fallen. Seine Seele war müde; er hatte genug vom Tun wie vom Nichtstun, genug vom Gewicht dieser Welt, das er nie zu tragen bereit gewesen war. Er war hier so unfähig und hilflos, wie er es immer gewesen war. Als einer jener Menschen, die trotz all ihrer Worte unberedt sind, schien er nur die lange Tradition menschlichen Versagens geerbt zu haben – und das Wissen des Menschen um den Tod.

«Nein, nein, es macht mir wohl nichts aus», gab er zurück.

Man musste in diesen Dingen großzügig sein, und Gloria standen, jung und schön, wie sie war, in vernünftigen Grenzen gewisse Privilegien zu. Trotzdem quälte es ihn, dass ihm das Verständnis dafür fehlte.

Sie rollte sich auf den Rücken, blieb einen Augenblick still in dem breiten Bett liegen und sah zu, wie die Februarsonne auf ihrem Weg durch die Bleiglasfenster eine letzte raffinierte Verfeinerung erfuhr. Eine Weile hätte sie weder sagen können, wo sie sich befand, noch was sich gestern oder vorgestern zugetragen hatte; dann begann das Gedächtnis, einem frei hängenden Pendel gleich, seine Geschichte zu erzählen, mit jedem Ausschlag ein befrachtetes Stück Zeit freizugeben, bis sie ihr Leben wieder in Besitz genommen hatte.

Jetzt hörte sie Anthonys schweren Atem neben sich, roch Whisky- und Zigarettenrauch. Sie merkte, dass sie ihre Muskeln nicht ganz beherrschte. Wenn sie sich im Bett drehte, war das keine geschmeidige Bewegung, deren Belastung sich mühelos über den ganzen Körper verteilte, sondern eine ungeheure Anstrengung des Nervensystems, als müsse sie sich jedes Mal gleichsam hypnotisieren, um eine unmögliche Leistung zu vollbringen …

Sie ging ins Badezimmer und putzte sich die Zähne, um den widerlichen Geschmack loszuwerden. Als sie wieder vor dem Bett stand, hörte sie vor der Wohnungstür Bounds mit den Schlüsseln rasseln.

«Wach auf, Anthony!», sagte sie scharf.

Sie legte sich neben ihn ins Bett und machte die Augen zu.

Fast das Letzte, woran sie sich erinnerte, war ein Gespräch mit Mr. und Mrs. Lacy. «Sollen wir Ihnen nicht doch ein Taxi holen?», hatte Mrs. Lacy gefragt, und Anthony hatte gesagt, bis hinüber zur Fifth Avenue würden sie es schon noch schaffen. Dann hatten sie beide unvorsichtigerweise versucht, sich zu verbeugen, und waren der Länge nach in ein aufmarschiertes Bataillon von Milchflaschen vor der Tür gefallen. Es mussten an die zwei Dutzend leere Milchflaschen gewesen sein, die mit aufgesperrten Mäulern dort in der Dunkelheit standen und die sie sich beim besten Willen nicht erklären konnten. Vielleicht hatte das Singen bei den Lacys sie angelockt, und sie waren erwartungsvoll hingerannt, weil sie auch ihren Spaß haben wollten. Die Flaschen hatten dabei den Kürzeren gezogen, obgleich auch sie und Anthony die größte Mühe gehabt hatten, wieder hochzukommen, weil die verflixten Dinger ihnen ständig vor die Füße rollten …

Immerhin – sie hatten ein Taxi gefunden. «Mein Taxameter ist kaputt, es kostet sie eineinhalb Dollar», sagte der Taxifahrer.

«Ich bin der junge Packy McFarland», konterte Anthony, «wag dich nur her, dann kriegst du eine Tracht Prügel, dass du nicht mehr stehen kannst …»

Darauf hatte der Mann sich ohne sie davongemacht. Sie mussten wohl ein anderes Taxi gefunden haben, denn sie waren in ihrer Wohnung …

«Wie spät ist es?» Anthony hatte sich aufgesetzt und klapperte verschlafen mit den Augendeckeln.

Eine rhetorische Frage, ganz klar. Wie käme sie dazu, ihm sagen zu können, wie spät es war?

«Herrgott, was ist mir mies», stellte Anthony sachlich fest und ließ sich wieder in die Kissen fallen. «Als ob der Sensenmann schon vor der Tür steht!»

«Wie sind wir gestern Abend nach Hause gekommen, Anthony?»

«Taxi.»

«Ach so.» Pause. «Hast du mich ins Bett gebracht?»

«Weiß ich nicht. Ich dachte, du hättest mich ins Bett gebracht. Was für einen Tag haben wir?»

«Dienstag.»

«Dienstag? Das will ich schwer hoffen. Wenn es Mittwoch ist, muss ich heute die Stelle in diesem idiotischen Laden antreten. Zu einer unchristlichen Zeit. Neun oder so.»

«Frag doch Bounds», sagte Gloria matt.

«Bounds», rief er.

Munter, stocknüchtern, aus einer Welt, die sie, wie ihnen schien, in den letzten Tagen für immer verlassen hatten, kam Bounds den Gang entlanggeeilt und erschien im Halbdunkel unter der Tür.

«Welcher Tag, Bounds?»

«22. Februar, glaube ich, Sir.»

«Wochentag, meine ich.»

«Dienstag, Sir.»

«Danke.»

Eine Pause.

Dann: «Kann ich das Frühstück bringen, Sir?»

«Ja, aber vorher einen Krug Wasser ans Bett, Bounds. Komisch, dass ich solchen Durst habe …»

«Ja, Sir.»

In nüchterner Würde zog Bounds sich zurück.

«Lincolns Geburtstag», verkündete Anthony ohne große Anteilnahme, «oder der von St. Valentin oder so. Wann hat dieses verdrehte Fest angefangen?»

«Sonntagabend.»

«Nach der Abendandacht?», fragte er ironisch.

«Wir haben eine Wettfahrt in Hansoms gemacht, und Maury hat sich zum Fahrer auf den Bock gesetzt, weißt du nicht mehr? Dann sind wir nach Hause gegangen, und er hat versucht, Speck zu braten, ist mit ein paar geschwärzten Resten aus der Küche gekommen und hat behauptet, knuspriger ginge es beim besten Willen nicht.»

Beide lachten spontan, aber nicht unbeschwert, und ließen, nebeneinander im Bett liegend, die Ereignisse, die mit diesem rauen, chaotischen Morgen ihr Ende gefunden hatten, noch einmal Revue passieren.

Sie waren, nachdem es Ende Oktober auf dem Land zu kühl geworden war, seit beinahe vier Monaten wieder in New York. Auf Kalifornien hatten sie in diesem Jahr verzichtet, teils, weil es ihnen an Mitteln fehlte, teils aber auch, weil sie nach Europa reisen wollten, falls mit diesem endlosen Krieg, der jetzt schon ins zweite Jahr ging, in diesem Winter Schluss war. In letzter Zeit fehlte es ihrem Einkommen an Elastizität. Es ließ sich nicht mehr so weit dehnen, dass sie heitere Launen und vergnügliche Extravaganzen damit bestreiten konnten, und Anthony hatte viele ratlose, unbefriedigende Stunden über einem eng mit Zahlen bekritzelten Block verbracht, erstaunliche Budgets aufgestellt, in dem große Summen für «Unterhaltung, Reisen etc.» vorgesehen waren, und versucht, zumindest ungefähr eine Übersicht über ihre Ausgaben zu gewinnen.

Er erinnerte sich, dass er, wenn er früher mit seinen beiden besten Freunden ausgegangen war, zusammen mit Maury stets mehr gezahlt hatte, als eigentlich auf sie entfallen war. Sie hatten die Theaterkarten gekauft oder sich um die Rechnung fürs Abendessen gestritten und das nicht mehr als recht und billig gefunden; Dick mit seiner Naivität und seinem erstaunlichen Mangel an Selbsterkenntnis war unterhaltend, fast infantil, eine Art Hofnarr gewesen. Das stimmte so jetzt nicht mehr. Jetzt war es Dick, der immer gut bei Kasse war, und es war Anthony, der sich bei Einladungen – abgesehen von gelegentlichen wilden, weinseligen, scheckverschleudernden Festen – einschränken musste und am nächsten Morgen einer verächtlichen, angewiderten Gloria ernsthaft verkündete, sie würden beim nächsten Mal «mehr achtgeben müssen».

In den zwei Jahren seit dem Erscheinen des «Demon Lover» hatte Dick über fünfundzwanzigtausend Dollar verdient, den größten Teil in jüngster Zeit, da dank der unablässig nach Manuskripten gierenden Filmindustrie die Autorenhonorare in noch nie dagewesener Weise in die Höhe geschnellt waren. Er bekam siebenhundert Dollar für jede Geschichte, zu jener Zeit ein beträchtliches Einkommen für einen so jungen Mann – er war noch nicht ganz dreißig –, und für jede, in der genug «los war» (Küssen, Schießen und Aufopferung) für einen Film, noch einmal tausend. Seine Erzählungen waren von unterschiedlicher Qualität. Ein gewisses Maß an Vitalität und ein instinktiv handwerkliches Können hatten sie alle, keine aber reichte an die Originalität des «Demon Lover» heran, und einige fand Anthony sogar ausgesprochen billig. Mit diesen, erläuterte Dick ihm streng, ziele er auf ein breiteres Publikum ab. War es nicht so, dass Dichter, die es zu bleibendem Ruhm gebracht hatten – von Shakespeare bis Mark Twain –, nicht nur für einige wenige Auserwählte, sondern auch für die breite Masse geschrieben hatten?

Anthony und Maury waren anderer Meinung, Gloria aber sagte, er solle nur so weitermachen und möglichst viel Geld verdienen – letztlich, meinte sie, sei das ja das Einzige, was zählte …

Maury, ein wenig beleibter, eine Spur milder und verbindlicher, hatte eine Stelle in Philadelphia angenommen. Ein- oder zweimal im Monat kam er nach New York, und dann zogen sie zu viert die populären Bahnen – vom Restaurant zum Theater, von dort in eine Revue oder vielleicht auf Drängen der stets neugierigen Gloria in einen der durch die furiose, aber kurzlebige Mode der «neuen Lyrikbewegung» berühmten Keller von Greenwich Village.

Im Januar beschloss Anthony nach vielen vor seiner schweigsamen Frau gehaltenen Monologen, sich «etwas zu suchen», zumindest für den Winter. Er wollte damit seinem Großvater eine Freude machen und auch einmal sehen, wie es ihm selbst gefiel. Bei mehreren versuchsweisen, halb auf gesellschaftlicher Ebene geführten Unterredungen stellte er fest, dass kein Arbeitgeber Interesse an einem jungen Mann hatte, der nur mal «auf Probe ein paar Monate» kommen wollte. Als Enkel von Adam Patch wurde er überall sehr freundlich aufgenommen, doch der Alte galt als überholt; die Blütezeit seines Ruhms – erst als «Unterdrücker», dann als Menschheitsverbesserer – war in jenen zwanzig Jahren gewesen, ehe er sich zur Ruhe gesetzt hatte. Anthony stieß sogar auf etliche junge Männer, die glaubten, Anthony Patch sei schon seit ein paar Jahren tot.

Schließlich fragte er seinen Großvater um Rat, der ihm empfahl, als Verkäufer ins Wertpapiergeschäft einzusteigen, ein recht reizloser Vorschlag, wie Anthony fand; trotzdem beschloss er, ihn zu befolgen. Immerhin hatten Geld an sich und die geschickte Manipulation damit ihren eigenen Reiz, während er sich jede Art von Tätigkeit in der Produktion unerträglich öde vorstellte. Er hatte auch mit dem Gedanken gespielt, in den Journalismus zu gehen, dann aber festgestellt, dass die dort üblichen Arbeitszeiten dem Eheleben unzuträglich waren. Und er erging sich in angenehmen Fantasien, in denen er sich als Herausgeber eines brillanten Meinungsblattes, eines amerikanischen «Mercure de France», oder als geistsprühenden Produzenten ironischer Komödien und Pariser Revuen sah. Die Annäherung an diese beiden Zünfte schien allerdings durch Berufsgeheimnisse versperrt, man kam allenfalls über die verschlungenen Wege des Schreibens oder der Schauspielerei hinein. Eine Anstellung bei einer Zeitschrift zu bekommen, war praktisch unmöglich, wenn man eine ähnliche Position nicht schon zuvor innegehabt hatte.

Und so betrat er mit Hilfe eines großväterlichen Schreibens jenes Sanctum Americanum, in dem der Präsident von Wilson, Hiemer & Hardy an seinem «aufgeräumten» Schreibtisch saß, und verließ es als Arbeitnehmer. Am 23. Februar sollte er seine Stelle antreten.

Die zweitägige Lustbarkeit, die hinter ihnen lag, war zur Feier dieses denkwürdigen Vorhabens veranstaltet worden, denn wenn er erst arbeitete, hatte er erklärt, würde er in der Woche frühzeitig in die Federn kriechen müssen. Maury Noble war gerade aus Philadelphia gekommen, um ein Gespräch mit irgendeinem Wall-Street-Menschen zu führen (das dann aber nicht stattfand), und Richard Caramel hatten sie teils durch Überredung, teils durch List zum Mittun veranlasst.

Am Montagnachmittag hatten sie sich bereitgefunden, eine große, feuchtfröhliche Hochzeit mit ihrer Anwesenheit zu beehren, und am Abend kam dann der Höhepunkt: Gloria, die ihr gewohntes Limit von vier zeitlich umsichtig verteilten Cocktails überschritten hatte, feierte mit ihnen ein Bacchanal, wie sie es heiterer und ausgelassener noch nie erlebt hatten, wobei sie eine erstaunliche Kenntnis von Ballettschritten an den Tag legte und Lieder zum besten gab, die ihr, wie sie gestand, die Köchin beigebracht hatte, als sie, Gloria, süße siebzehn gewesen war. Auf allgemeine Bitten wiederholte sie diese Darbietung im Lauf des Abends in regelmäßigen Abständen so unbeschwert vergnügt, dass Anthony keineswegs unangenehm berührt, sondern ehrlich erfreut über diese neuartige Belustigung war. Denkwürdig für diesen Abend waren auch eine lange Debatte zwischen Maury und einem toten Hummer, den er an einer Schnur hinter sich her zog, über die Frage, ob der Hummer hinreichend vertraut mit der Anwendung des binomischen Lehrsatzes sei, und die bereits erwähnte Wettfahrt in zwei Hansom-Droschken mit der eindrucksvollen und ernsten Fifth Avenue als Publikum, die mit einer labyrinthischen Flucht in die Dunkelheit von Central Park zu Ende gegangen war. Schließlich hatten Anthony und Gloria noch ein ausgelassenes junges Ehepaar, die Lacys, heimgesucht, wo sie dann der Länge nach in die leeren Milchflaschen gefallen waren.

Jetzt war der Morgen da, und es wurde Zeit, die Schecks zusammenzuzählen, die sie in Clubs, Geschäften, Restaurants ausgeschrieben hatten, die schalen Alkohol- und Zigarettendünste aus dem hohen blauen Vorderzimmer abziehen zu lassen, Scherben aufzulesen und Flecken aus Sessel- und Sofapolstern zu reiben, Bounds Anzüge und Kleider für die Reinigung auszuhändigen, schließlich ihre fiebrig eingenebelten Leiber und ausgelaugten, desolaten Hirne in der frostigen Februarluft auszulüften, auf dass das Leben weitergehe und Wilson, Hiemer & Hardy am nächsten Morgen der Dienste eines tatendurstigen Mitarbeiters versichert sein konnten.

«Weißt du noch», rief Anthony aus dem Badezimmer, «wie Maury an der Ecke One Hundred Tenth Street ausgestiegen ist und Verkehrspolizist gespielt, wie er die Autos weitergewinkt oder zurückgehalten hat? Sie müssen ihn für einen Privatdetektiv gehalten haben.»

Weil ihre überreizten Nerven auf Erheiterndes ebenso scharf und schrill reagierten wie auf Deprimierendes, rief jede dieser Reminiszenzen unbändiges Gelächter hervor.

Im Spiegel betrachtete Gloria staunend ihr strahlendes Gesicht, ihre frische Farbe – ihr schien, als habe sie trotz Magenschmerzen und Brummschädel noch nie so gut ausgesehen.

Der Tag schlich dahin. Als Anthony mit dem Taxi zu seinem Makler fuhr, um einen Pfandbrief zu beleihen, stellte er fest, dass er nur zwei Dollar in der Tasche hatte, eine Summe, die er gut und gern für die Fahrt brauchen würde, denn an diesem Nachmittag war ihm der Gedanke an die Untergrundbahn unerträglich. Wenn das Taxameter dieses Limit erreicht hatte, würde er eben aussteigen und seinen Weg zu Fuß fortsetzen müssen.

Dieser Vorsatz war der Auslöser für einen seiner typischen Tagträume … In seinem Traum merkte er, dass der Taxameter zu schnell lief, der Fahrer hatte ihn manipuliert. In aller Ruhe ließ er sich bis zu seinem Ziel fahren und gab dem Taxifahrer das, was er ihm von Rechts wegen schuldete. Der wollte handgreiflich werden, doch noch ehe er sich in Positur stellen konnte, hatte Anthony ihn mit einem wuchtigen Schlag zu Boden gestreckt.

Und als er sich aufrappelte, trat Anthony rasch zur Seite und legte ihn mit einem Hieb gegen die Schläfe endgültig auf die Matte …

Jetzt stand er vor Gericht. Der Richter hatte eine Geldstrafe von fünf Dollar verhängt, und er hatte kein Geld. Wäre das hohe Gericht bereit, einen Scheck zu akzeptieren? Das hohe Gericht bedauerte – er war dort unbekannt. Aber durch einen Anruf in seiner Wohnung würde sich beweisen lassen, wer er war …

Gesagt, getan. «Ja, Mrs. Anthony Patch am Apparat» – doch woher wusste sie, dass dieser Mensch ihr Ehemann war? Woher sollte sie es wissen? «Der Polizeibeamte möge bitte fragen, ob er sich an die Milchflaschen erinnerte …»

Er beugte sich rasch vor und klopfte an die Scheibe. Das Taxi war erst kurz vor der Brooklyn Bridge, aber die Uhr zeigte einen Dollar und achtzig Cents, und Anthony hätte dem Fahrer nie die zehn Prozent Trinkgeld versagt.

Am späten Nachmittag kam er zurück. Auch Gloria war aus gewesen. Zum Einkaufen. Jetzt hatte sie sich in einer Sofaecke zusammengerollt und schlief, ihre Neuerwerbung fest im Arm. Ihr Gesicht war friedlich wie das eines kleinen Mädchens, und das Bündel, das sie an die Brust drückte, war eine Puppe, tief tröstlicher Balsam für ihr verstörtes kindliches Herz.

Mit dieser Party, besonders auch mit der Rolle, die Gloria dabei gespielt hatte, trat eine einschneidende Änderung ihrer Lebensweise ein. Der hochgemute Vorsatz, sich «um keinen Dreck zu kümmern», änderte über Nacht seine Bedeutung, war nicht mehr nur eine von Glorias Thesen, sondern ihrer beider ganzer Trost, die uneingeschränkte Rechtfertigung für ihr Tun und für die Folgen dieses Tuns: nichts zu bedauern, nicht zu jammern, nach einem klar umrissenen Ehrenkodex miteinander umzugehen und so leidenschaftlich und so beharrlich wie möglich nach dem Glück des Augenblicks zu streben.

«Keiner sorgt sich um uns, wenn wir es nicht selber tun», sagte sie einmal. «Ich käme mir albern vor, wenn ich so tun würde, als hätte ich irgendwelche Verpflichtungen der Welt gegenüber, und was die Leute von mir denken, ist mir schlicht und einfach egal. Seit ich ein kleines Mädchen in der Ballettschule war, haben die Mütter all der anderen kleinen Mädchen, die nicht so beliebt waren wie ich, an mir herumkritisiert, und Kritik ist seither für mich so etwas wie ein neidischer Tribut.»

Anlass zu dieser Bemerkung hatte ein Trinkgelage im «Boul' Mich'» gegeben, wo Constance Merriam sie in einer äußerst aufgekratzten Viererrunde gesehen hatte. Als «alte Schulfreundin» hatte Constance sie am nächsten Tag eigens zum Mittagessen eingeladen, um ihr klarzumachen, wie schlimm das gewesen war.

«Ich habe ihr gesagt, dass ich an der Sache nichts finde», sagte Gloria zu Anthony. «Eric Merriam ist so was wie ein sublimierter Percy Walcott – du weißt schon, der Mann aus Hot Springs, von dem ich dir erzählt habe –, der Constance seine Wertschätzung dadurch beweist, dass sie mit ihrem Nähkorb, ihrem kleinen Kind und ihrem Buch und ähnlichem harmlosen Zeug zu Hause bleiben darf, sobald er auf ein Fest geht, das alles andere als langweilig zu werden verspricht.»

«Hast du ihr das gesagt?»

«Allerdings. Und auch, dass es ihr im Grunde einfach gegen den Strich geht, dass ich mich besser amüsiere als sie.»

Anthony stimmte ihr voll und ganz zu. Er war ungeheuer stolz auf Gloria, war stolz darauf, dass sie stets alle anderen Frauen in den Schatten stellte und die Männer immer bereit waren, mit ihr in großen lärmenden Gruppen Spaß zu haben, ohne dass sie dabei mehr wollten, als ihre Schönheit, ihre sprühende Vitalität zu bewundern.

Nach und nach waren es diese «Feste», mit denen sie ihre Unterhaltung vor allem bestritten. Sie waren noch immer verliebt, und jeder nahm größten Anteil am anderen, aber als es Frühling wurde, merkten sie doch, dass das abendliche Daheimbleiben seinen Reiz für sie verloren hatte. Bücher waren so unwirklich. Der alte Zauber der Zweisamkeit war längst dahin. Lieber ließen sie sich von einer albernen musikalischen Komödie langweilen oder gingen mit den uninteressantesten Bekannten essen, wenn es nur genug Cocktails gab, um die Unterhaltung einigermaßen erträglich zu machen.

Eine Reihe junger Ehepaare, mit denen sie in der Schule oder im College befreundet gewesen waren, und ein buntes Sortiment von Junggesellen dachten an sie, wann immer Schwung und Stimmung gewünscht wurden, sodass kaum ein Tag ohne einen Anruf, ohne die Frage «Was macht ihr heute Abend?» verging. Ehefrauen hatten gewöhnlich Angst vor Gloria; die Leichtigkeit, mit der sie sich zum Mittelpunkt machte, ihr bei aller Unschuld beunruhigendes Talent, den Ehemännern zu gefallen, rief instinktiv ein tiefes Misstrauen in ihnen wach, das noch dadurch verstärkt wurde, dass Gloria mit Vertraulichkeiten, die ihr von Frauen angetragen wurden, wenig anzufangen wusste.

An dem festgesetzten Mittwoch im Februar betrat Anthony die imposanten Geschäftsräume von Wilson, Hiemer & Hardy und ließ zahlreiche verschwommene Instruktionen eines energiegeladenen jungen Mannes, der etwa so alt sein mochte wie er, über sich ergehen. Der junge Mann, der Kahler hieß, hatte seine strohblonden Haare zu einer herausfordernden Pompadourfrisur gekämmt und erweckte mit der Erklärung, er sei Direktionsassistent, den Eindruck, als sei dies eine Anerkennung außergewöhnlicher Fähigkeiten.

«Sie werden schnell merken», sagte er, «dass es hier zwei Sorten von Männern gibt. Die einen, die Direktionsassistenten oder Schatzmeisterassistenten werden und deren Namen in diesen Hängeordner hier kommen, ehe sie dreißig sind, und die anderen, deren Namen erst hineinkommen, wenn sie fünfundvierzig sind. Die, deren Namen mit fünfundvierzig hineinkommen, bleiben ihr Leben lang dort.»

«Und die, die mit dreißig hineinkommen?», erkundigte Anthony sich höflich.

«Die kommen hierher.» Er deutete auf eine Liste der Stellvertretenden Vizepräsidenten. «Oder sie bringen es zum Präsidenten oder Geschäftsführer oder Schatzmeister.»

«Und die hier drüben?»

«Das sind die Treuhänder mit eigenem Kapital.»

«Aha, so ist das …»

«Manche Leute denken», fuhr Kahler fort, «dass das Fortkommen davon abhängt, dass man auf dem College war, doch da irren sie sich.»

«Soso.»

«Ich bin aufs College gegangen. Buckleigh, Abschlussklasse 1911, aber auf der Street hab' ich sehr schnell gemerkt, dass das, was einem hier weiterhilft, nicht der vornehme Schnickschnack ist, den man im College lernt. Im Gegenteil, ich habe mir eine Menge vornehmen Schnickschnack gründlich aus dem Kopf schlagen müssen.»

Anthony fragte sich unwillkürlich, was für «vornehmen Schnickschnack» er wohl 1911 in Buckleigh gelernt hatte. Im weiteren Verlauf des Gesprächs schwebten ihm dabei immer wieder so etwas wie feine Stickereiarbeiten vor.

«Sehen Sie den Burschen da drüben?» Kahler deutete auf einen jüngeren Mann mit schönem grauen Haar, der hinter einer Mahagonibarriere an einem Schreibtisch saß. «Das ist Mr. Ellinger, der Erste Vizepräsident. Der war schon überall, hat alles gesehen; vorzüglich ausgebildet.»

Vergeblich versuchte Anthony einen Sinn für die romantischen Aspekte der Finanzwelt zu entwickeln; er vermochte in Mr. Ellinger nur einen Abnehmer für die stattlichen ledergebundenen Werke von Thackeray, Balzac, Hugo und Gibbon zu sehen, die sich in den großen Buchhandlungen an den Wänden entlangzogen.

Den ganzen feuchten, trostlosen Monat März hindurch wurde er auf die Kunst des Verkaufens vorbereitet. Da es ihm an Enthusiasmus fehlte, sah er in der ihn umgebenden hektischen Geschäftigkeit nur fruchtlose Umtriebe, die einem unbegreiflichen, materiell nur durch die konkurrierenden Häuser des Mr. Frick und des Mr. Carnegie auf der Fifth Avenue augenscheinlich gemachten Ziel zustrebten. Dass diese mächtigen Vizepräsidenten und Treuhänder die Väter jener «prächtigen Burschen» sein sollten, die er in Harvard kennengelernt hatte, schien ihm widersinnig.

Er aß oben in einem Angestelltenkasino, wobei er den unbehaglichen Verdacht hegte, dass ihm damit etwas zugebilligt wurde, was ihm eigentlich nicht zustand, und überlegte in der ersten Woche unentwegt, ob die zu Dutzenden herumlaufenden jungen Angestellten, von denen einige, frisch vom College kommend, hellwach und wie aus dem Ei gepellt wirkten, sich in der hohen Hoffnung wiegten, noch vor dem schicksalhaften dreißigsten Jahr einen Platz in dem bewussten schmalen Hängeordner zu finden. Die Gespräche, die ihre tägliche Arbeit begleiteten, verliefen alle mehr oder weniger nach dem gleichen Muster. Man erörterte, wie Mr. Wilson sein Vermögen erworben, welcher Methode Mr. Hiemer sich bedient und zu welchen Mitteln Mr. Hardy gegriffen hatte. Man erzählte uralte, aber immer wieder atemberaubende Anekdoten über die Reichtümer, die ein «Metzger» oder ein «Barkeeper» oder ein «lausiger Botenjunge» auf der Wall Street praktisch im Vorbeigehen aufgelesen hatte, und kam dann auf die derzeitigen Spekulationsgeschäfte zu sprechen, ob man lieber gleich auf jährlich hunderttausend gehen oder sich mit zwanzigtausend begnügen sollte. Im Vorjahr hatte einer der höheren Angestellten seine gesamten Ersparnisse in Bethlehem Steel investiert. Die Geschichte seines spektakulären Aufstiegs, seiner arroganten Kündigung im Januar, des triumphalen Palastes, den er sich zur Zeit in Kalifornien baute, war das Lieblingsthema im Büro. Allein der Name des Mannes hatte inzwischen einen magischen Klang, denn er symbolisierte das, wonach alle guten Amerikaner strebten. Auch über ihn erzählte man sich Anekdoten – wie einer der Vizepräsidenten ihm zugeredet hatte, er solle, «Donnerwetter noch mal», doch verkaufen, er aber die Aktien gehalten, ja sogar noch welche auf Einschuss hinzugekauft hatte –, «und jetzt ist er fein raus!»

Offenbar war es das, was das richtige Leben ausmachte – ein schwindelerregender Triumph, der sie alle blendete, eine zigeunerhafte Verlockung, um sie mit der dürftigen Entlohnung und der arithmetischen Unwahrscheinlichkeit eines möglichen Erfolges zu versöhnen.

Für Anthony hatte die Vorstellung bald etwas Erschreckendes. Wollte er hier Erfolg haben, konnte es nicht ausbleiben, dass der Erfolg seinen Sinn ganz erfasste und einengte. Als hervorstechendsten Charakterzug der Herren an der Spitze sah er die Überzeugung, dass die Welt sich um ihre Geschäfte drehte. Bei sonst gleichen Voraussetzungen trugen Ellbogen und Opportunismus immer den Sieg über fachliches Wissen davon; es war offenkundig, dass die Facharbeit ziemlich weit unten geleistet wurde, und deshalb ließ man die Experten tunlichst nicht hochkommen.

Er war seinem Vorsatz, unter der Woche abends zu Hause zu bleiben, nicht treu geblieben, und gut und gern jeden zweiten Tag erschien er zum Dienst mit rasenden Kopfschmerzen, einem flauen Gefühl im Magen und nach der in qualvoller Enge zurückgelegten morgendlichen Fahrt mit der Untergrundbahn einem Dröhnen in den Ohren, das wie ein Echo der Hölle war.

Und dann warf er von einem Tag zum anderen den Bettel hin. Einen ganzen Montag hatte er im Bett verbracht, und am späten Abend, in einer Anwandlung jener düsteren Verzweiflung, die ihn periodisch heimsuchte, schrieb er an Mr. Wilson, dass er sich als ungeeignet für diese Tätigkeit erachte, und gab den Brief sogleich zur Post. Als Gloria mit Richard Caramel aus dem Theater kam, saß er auf dem Sofa, starrte stumm an die hohe Decke und war deprimierter und mutloser, als sie ihn jemals seit der Hochzeit erlebt hatte.

Ihr wäre es lieber gewesen, wenn er gejammert hätte, dann hätte sie ihm tüchtige Vorwürfe machen können, denn sie fand die Sache durchaus ärgerlich, aber er lag so kläglich da, dass er ihr leid tat und sie sich neben ihn kniete, seinen Kopf streichelte und sagte, es sei nicht wichtig, nichts sei wichtig, wenn sie sich nur liebten. Es war wie in ihrem ersten Jahr, und Anthony, getröstet von ihrer kühlen Hand und von ihrer Stimme, die sanft wie eine Brise an sein Ohr drang, wurde ganz munter und sprach mit ihr über seine Zukunftspläne. Ehe er sich zu Bett legte, bedauerte er sogar insgeheim, seine Kündigung so übereilt expediert zu haben.

«Auch wenn du glaubst, alles wäre ganz und gar verkorkst, ist das ein Urteil, dem du nicht trauen kannst», hatte Gloria gesagt. «Es ist die Summe all deiner Urteile, die zählt.»

Mitte April kam ein Brief des Häusermaklers aus Marietta, der ihnen zuredete, das graue Haus für ein weiteres Jahr zu nehmen, auch wenn er die Miete ein wenig hatte anheben müssen, und einen Mietvertrag beilegte, den sie nur noch zu unterschreiben brauchten. Eine Woche lagen Vertrag und Brief unbeachtet auf Anthonys Schreibtisch. Sie hatten nicht die Absicht, noch einmal nach Marietta zu gehen, sie hatten genug von dem Haus und dem Ort, wo sie sich im letzten Sommer rechtschaffen gelangweilt hatten. Außerdem war ihr Wagen inzwischen nur noch ein ratternder Haufen hypochondrischen Metalls, und der Kauf eines neuen empfahl sich beim derzeitigen Stand ihrer Finanzen nicht.

Ein weiteres ausgelassenes Trinkgelage, das vier Tage währte und an dem für längere oder kürzere Zeit rund ein Dutzend Gäste teilnahm, war schuld daran, dass sie den Mietvertrag zu ihrem Entsetzen dann doch unterschrieben und abschickten; und sogleich war ihnen, als hörten sie, wie sich das graue Haus, seine ganze triste Boshaftigkeit offenlegend, die weißen Lippen leckte und nur darauf wartete, sie zu verschlingen.

«Wo ist der Mietvertrag, Anthony?», rief sie an einem Sonntagmorgen in höchster Aufregung und zu jäher Realität ernüchtert. «Wo hast du ihn hingetan? Er hat immer hier gelegen.»

Und dann wusste sie, wo er war. Sie erinnerte sich an das Hausfest, das sie auf dem Gipfel ihres Überschwangs gegeben hatten; sie erinnerte sich an ein Zimmer voller Männer, für die sie und Anthony in weniger ausgelassenen Stunden ohne jede Bedeutung waren, und an Anthonys Lobeshymnen auf das graue Haus, das so abgelegen war, dass es keine Rolle spielte, wie viel darin gelärmt wurde. Dann erklärte Dick, der sie dort besucht hatte, voller Begeisterung, es sei das bezauberndste Häuschen, das man sich denken könne, und es wäre idiotisch, es in diesem Sommer nicht mehr zu nehmen. Mühelos hatten sie sich in die Vorstellung hineingesteigert, wie heiß und leer es in der Stadt werden konnte, wie kühl und paradiesisch es dagegen in Marietta war. Anthony hatte den Mietvertrag geschwenkt, Gloria fröhliches Einverständnis signalisiert, und in einem wortreichen Entscheidungsprozess, in dessen Verlauf alle anwesenden Männer ihnen feierlich in die Hand versprachen, sie zu besuchen …

«Anthony», stieß sie hervor. «Wir haben ihn unterschrieben und abgeschickt.»

«Was!»

«Den Mietvertrag!»

«Teufel auch!»

«Ach, Anthony», sagte sie tief unglücklich.

Für den ganzen Sommer, für eine Ewigkeit hatten sie sich selbst ein Gefängnis gebaut. Damit schienen die letzten Wurzeln ihrer Stabilität bedroht. Anthony meinte, man könne die Sache vielleicht noch mit dem Makler regeln. Sie konnten sich die doppelte Miete nicht mehr leisten, und wenn sie nach Marietta gingen, würde er seine Stadtwohnung aufgeben müssen, die makellose Wohnung mit dem exquisiten Bad und den Zimmern, für die er seine Möbel, seine Vorhänge gekauft hatte, die Wohnung, die ihm fast jenes Zuhause gewesen war, das er nie gekannt hatte, und die vertraute Erinnerungen an vier ereignisreiche Jahre barg.

Aber die Sache wurde nicht mit dem Makler geregelt, sie wurde überhaupt nicht geregelt. Verzagt, ohne auch nur zu sagen, sie würden das Beste daraus machen, sogar ohne Glorias allumfassendes «Es ist mir schnuppe!», kehrten sie in das Haus zurück, dem, wie sie nun wussten, weder an Jugend noch an Liebe lag – sondern nur an jenen kargen, unvermittelbaren Erinnerungen, an denen sie nie teilhaben würden.

Der finstere Sommer

Ein Grauen hockte in jenem Sommer im Haus. Es kam mit ihnen und legte sich wie ein düsteres Leichentuch erst auf die unteren Räume, breitete sich dann aus und stieg die schmale Treppe hoch, bis es sogar ihren Schlaf beschwerte. Mit der Zeit begannen Anthony und Gloria das Alleinsein in diesen vier Wänden zu fürchten.

Glorias Schlafzimmer, einst so rosa, jung und zart, in freundlichem Einklang mit den pastellfarbenen, auf Sessel und Bett verstreuten Wäschestücken, schien jetzt mit seinen raschelnden Vorhängen zu raunen: «Denk nicht, du schönes junges Ding, dass du die Erste bist, deren appetitliche Frische hier unter der Sommersonne gewelkt ist … Generationen ungeliebter Frauen haben sich vor diesem Spiegel für ländliche Liebhaber geschmückt, die ihrer nicht achteten … Die Jugend kam in hellstem Blau in dieses Zimmer und verließ es in dem grauen Totenhemd der Verzweiflung, und lange Nächte hindurch haben Mädchen dort wach gelegen, wo das Bett steht, und ihren Jammer in die Dunkelheit verströmt.»

Schließlich ergriff Gloria mit sämtlichen Kleidern und Salben schmählich die Flucht, verkündete, dass sie zu Anthony ziehen wolle, und nannte als Vorwand ein defektes Fliegengitter, durch das Ungeziefer eindrang. Der Raum stand nun unempfindlichen Gästen zur Verfügung, und zum Ankleiden und Schlafen benutzten sie nur noch Anthonys Zimmer, das in Glorias Augen irgendwie «gut» war, als vertreibe er gleich einem Kammerjäger allein durch sein Dasein alles, was an unheimlichen Schatten der Vergangenheit dort an den Wänden herumkriechen mochte.

Die früh und summarisch aus ihrer beider Leben verbannte Unterscheidung zwischen «gut» und «schlecht» hatte in anderer Form wieder Einlass gefunden. Gloria bestand darauf, dass, wer in das graue Haus eingeladen wurde, unbedingt «gut» zu sein habe, was im Falle einer Frau bedeutete, dass sie entweder schlicht und über jeden Vorwurf erhaben sein oder aber eine gewisse Festigkeit und Stärke besitzen musste. Von jeher kritisch dem eigenen Geschlecht gegenüber, urteilte sie jetzt danach, ob Frauen «sauber» oder «nicht sauber» waren. Unter Unsauberkeit verstand sie die verschiedensten Dinge – einen Mangel an Stolz, eine gewisse Schlappheit, fehlendes Rückgrat und vor allem die unverkennbare Aura von Promiskuität.

«Frauen verschmutzen leicht», sagte sie. «Viel leichter als Männer. Wenn eine junge Frau nicht sehr jung und tapfer ist, bleibt es kaum aus, dass sie mit einer gewissen hysterischen Animalität ins Rutschen kommt, der berechnend-schmutzigen Sorte von Animalität. Männer sind da anders – und deshalb ist wohl eine der häufigsten

Gestalten in Liebesromanen der Mann, der mit Haltung vor die Hunde geht.»

Sie mochte viele Männer, besonders wenn sie ihr freimütig huldigten und jederzeit bereit waren, sie zu unterhalten; oft aber machte sie Anthony mit überraschendem Scharfblick darauf aufmerksam, dass einer seiner Freunde ihn nur ausnutzte, und riet ihm, sich besser nicht näher mit ihm einzulassen. Gewöhnlich widersprach Anthony und behauptete, der Betreffende sei «völlig in Ordnung», musste aber oft genug feststellen, dass sein Urteil fehlbarer war als das ihre, was ihm besonders zu Bewusstsein kam, wenn er, was mehrmals geschah, auf einem Stapel Restaurantrechnungen sitzen blieb, die er allein begleichen musste.

Eher aus Angst vor dem Alleinsein als aus dem Wunsch heraus, Mühe und Umstand der Bewirtung auf sich zu nehmen, luden sie sich jedes Wochenende und oft auch unter der Woche Gäste ein. Die Wochenendpartys verliefen immer nach dem gleichen Muster. Wenn die drei oder vier Eingeladenen eingetroffen waren, griff man sehr bald zu den Cocktails, danach setzte man sich zu einem ausgelassenen Essen und fuhr in den «Cradle Beach Country Club», in den sie eingetreten waren, weil er preiswert und flott (wenn auch nicht vornehm) und für derlei Anlässe fast ein Muss war. Außerdem kam es im Grunde nicht darauf an, was man dort trieb, und solange Mr. und Mrs. Patch und ihre Gäste nicht allzu vernehmbar waren, spielte es keine Rolle, ob die gesellschaftlichen Diktatoren von Cradle Beach sahen, wie eine aufgekratzte Gloria sich im Speisesaal den Abend über einen Cocktail nach dem anderen zu Gemüte führte.

Der Samstag endete gewöhnlich in so glorreicher Konfusion, dass benebelte Gäste häufig Hilfe benötigten, um in ihr Bett zu finden. Der Sonntag brachte die New Yorker Zeitungen und einen erholsamen, ruhigen Vormittag auf der Veranda, am Sonntagnachmittag dann den Abschied von ein oder zwei Gästen, die nach New York zurückkehren mussten, für die anderen, die bis zum nächsten Tag blieben, eine Neuauflage des Bacchanals und einen lustigen bis ausgelassenen Abend.

Der treue Tana, von Natur aus schulmeisterlich veranlagt und beruflich ein Alleskönner, war mit ihnen nach Marietta zurückgekehrt. Unter den Gästen, die häufiger bei ihnen waren, hatte sich, was ihn betraf, ein bestimmter Brauch eingebürgert. Sein wahrer Name, hatte Maury Noble eines Nachmittags verkündet, sei Tannenbaum, und er sei ein deutscher Agent, der den Auftrag habe, teutonische Propaganda in Westchester County zu verbreiten. Danach trafen plötzlich für den verwirrten Asiaten geheimnisvolle Briefe aus Philadelphia ein, die an «Leutnant Emil Tannenbaum» adressiert waren, kryptische Nachrichten mit der Unterschrift «Generalstab» enthielten und mit einer stimmungsvollen senkrechten Doppelzeile pseudojapanischer Schriftzeichen geziert waren. Anthony überreichte diese Schreiben Tana stets, ohne eine Miene zu verziehen. Stunden danach konnte man den Empfänger in der Küche über den Briefen sitzen sehen, wobei er ernsthaft erklärte, die senkrechten

Zeilen seien weder Japanisch noch irgendetwas, was dem Japanischen auch nur ähnelte.

Gloria hatte eine heftige Abneigung gegen ihn gefasst, seit sie ihn einmal, als sie unerwartet aus dem Dorf gekommen war, auf Anthonys Bett vorgefunden hatte, wo er eine Zeitung zu enträtseln suchte. Dienstboten brachten Anthony instinktiv Sympathie entgegen, während sie Gloria verabscheuten, und Tana war keine Ausnahme von dieser Regel. Doch lebte er in ständiger Angst vor ihr und ließ seine Aversion nur in eher düsteren Momenten erkennen, wenn er sich mit Bemerkungen an Anthony wandte, die für ihre Ohren bestimmt waren.

«Was Miz Pats wollen Abendessen?», sagte er dann wohl und sah dabei seinen Herrn und Meister an. Oder aber er beklagte den eiskalten Egoismus von «melikanische Völkel» auf eine Art und Weise, die keine Zweifel daran ließ, wer mit «Völkel» gemeint war.

Sie wagten es nicht, ihn zu entlassen. Ein solcher Schritt wäre ihrer Trägheit zuwidergelaufen. Sie ertrugen Tana, wie sie schlechtes Wetter und Krankheit und den Willen Gottes ertrugen – wie sie alles ertrugen, sogar sich selbst.

An einem schwülen Nachmittag Ende Juli meldete Richard Caramel von New York aus seinen und Maurys Besuch an. Sie würden einen Freund mitbringen. Gegen fünf trafen sie ein, leicht angetrunken, in Begleitung eines kleinen, stämmigen Mannes von fünfunddreißig Jahren, den sie als Joe Hull einführten und der, wie sie Anthony und Gloria versicherten, einer der prächtigsten Menschen sei, die man sich vorstellen könne.

Joe Hull hatte einen hellen Bart, der beharrlich durch seine Haut ans Licht drängte, und eine leise, zwischen *basso profundo* und rauem Flüstern wechselnde Stimme.

Anthony trug Maury den Koffer nach oben, ging mit ihm ins Zimmer und schloss sorgfältig die Tür hinter sich. «Wer ist der Kerl?», fragte er.

Maury lachte herzhaft. «Wer, Hull? Da brauchst du keine Bedenken zu haben, der ist in Ordnung.»

«Mag sein, aber wer ist er?»

«Hull? Einfach ein netter Kerl. Ein Prachtexemplar.» Ein noch herzhafteres Lachen gipfelte in wiederholtem liebenswürdig-katerhaften Grinsen.

Anthony wusste nicht, ob er mitlachen oder sich ärgern sollte. «Er kommt mir komisch vor. Trägt so wunderliche Kleider …» Er zögerte einen Augenblick. «Ich habe fast den Verdacht, dass ihr beiden ihn gestern Abend irgendwo aufgelesen habt.»

«Lächerlich!», widersprach Maury. «Ich kenne ihn schon von klein auf.»

Da er aber nach dieser Bemerkung erneut verschmitzt lachte, versetzte Anthony: «Das glaub' ich dir im Leben nicht.»

Später, kurz vor dem Essen, während Maury und Dick ein ausgelassenes Gespräch führten, während Joe stumm zuhörte und dabei in kleinen Schlucken seinen Cocktail trank, zog Gloria ihren Mann ins Esszimmer. «Ich mag diesen Hull nicht», sagte sie. «Mir wär's am liebsten, wenn er Tanas Badewanne benutzen würde.»

«Das kann ich ihm schlecht sagen.»

«Ich will aber nicht, dass er in unsere steigt.»

«Er scheint ein schlichtes Gemüt zu sein.»

«Er hat weiße Schuhe an, die wie Handschuhe aussehen. Ich kann sämtliche Zehen erkennen. Igitt! Wer ist er überhaupt?»

«Keine Ahnung.»

«Ich finde es reichlich unverschämt, dass sie ihn mitgebracht haben. Wir betreiben hier schließlich keine Seemannsmission.»

«Bei ihrem Anruf waren sie betrunken. Maury sagt, sie seien seit gestern Nachmittag auf einer Party gewesen.»

Gloria schüttelte verärgert den Kopf und kehrte wortlos auf die Veranda zurück. Anthony merkte, dass sie versuchte, ihr Unbehagen zu vergessen und den Abend zu genießen.

Es war ein tropisch heißer Tag gewesen, und selbst jetzt noch, in der späten Dämmerung, bebte die von der trockenen Straße aufsteigende Wärme wie genoppte Blattgelatine. Der Himmel war klar, doch weit hinter den Wäldern, Richtung Sund, war jetzt ein leises, anhaltendes Grollen zu hören. Als Tana meldete, es sei angerichtet, gingen die Männer, mit Glorias Erlaubnis, ohne Jackett ins Haus. Maury stimmte ein Lied an, das sie während des ersten Ganges einige Male mehrstimmig zu Gehör brachten. Es hatte zwei Zeilen und wurde auf die Melodie des populären Schlagers «Daisy Dear» gesungen. Der Text lautete:

«Die Panik hat uns arg gekrallt
und die Mora-hal ist im Zerfall.»

Jedem Vortrag folgten Begeisterungsstürme und lang anhaltender Beifall.

«Kopf hoch, Gloria!», mahnte Maury. «Du wirkst ein bisschen bedrückt.»

«Bin ich gar nicht», schwindelte sie.

«He, Tannenbaum», rief er über die Schulter. «Ich hab' dir einen Cocktail eingeschenkt. Komm her.»

Gloria versuchte, ihn zurückzuhalten. «Bitte nicht, Maury!»

«Warum nicht? Vielleicht spielt er uns nach dem Essen was auf seiner Flöte. Hier, Tana.»

Tana ging grinsend mit dem Glas in die Küche. Wenig später gab Maury ihm noch eins.

«Kopf hoch, Gloria», rief er. «Herrgott noch mal, könnt ihr nicht unsere Gloria ein bisschen aufmuntern?»

«Trink noch was, Liebling», riet Anthony.

«Ja, bitte.»

«Kopf hoch, Gloria», sagte Joe Hull munter.

Gloria zuckte unter dieser unpassenden Anrede zusammen und sah sich um. Hatte sonst niemand was gemerkt? Dass ein Mann, gegen den sie eine heftige Abneigung gefasst hatte, ihren Vornamen so geläufig über die Lippen brachte, fand sie widerwärtig. Wenig später sah sie, dass Joe Hull Tana das Glas wieder aufgefüllt hatte, und ihr Zorn, angefacht durch den Alkohol, flackerte auf.

«… und einmal», sagte Maury gerade, «sind Peter Granby und ich in Boston nachts um zwei in ein türkisches Bad gegangen. Außer dem Besitzer war keiner da, wir haben ihn in einen Schrank gesperrt und die Tür abgeschlossen. Dann kam einer, der ein türkisches Bad wollte und uns für die Masseure hielt. Na, den haben wir einfach genommen und so, wie er war, ins Becken geworfen, wieder rausgefischt, auf einen Tisch gelegt und grün und blau geschlagen. ‹Nicht so grob, Jungs›, hat er gequiekt, ‹bitte …›»

«Das soll Maury sein?», dachte Gloria. Hätte jemand anders die Geschichte erzählt, hätte sie darüber lachen können, aber bei Maury, dem unendlich Einfühlsamen, diesem Muster an Takt und Rücksichtnahme …

«Die Panik hat uns arg gekrallt
und die Mora-hal …»

Der Rest des Lieds ging in einem Donnerschlag unter; Gloria fröstelte und versuchte ihr Glas zu leeren, aber schon beim ersten Schluck wurde ihr übel, und sie setzte es ab. Das Essen war vorbei, und sie schleppten Flaschen und Karaffen ins Wohnzimmer. Jemand hatte, weil Wind aufgekommen war, die Verandatür geschlossen, und schon ringelte sich der Zigarrenrauch tentakelgleich durch die stickige Luft.

«Ich rufe Leutnant Tannenbaum! Leutnant Tannenbaum bitte!» Das war wieder Maury, der Wechselbalg. «Bring uns die Flöte.»

Anthony und Maury eilten in die Küche, Richard Caramel stellte das Grammofon an und kam auf Gloria zu.

«Tanz mit deinem prominenten Vetter.»

«Ich mag nicht tanzen.»

«Dann trage ich dich.»

Konzentriert, als gelte es, eine überwältigend wichtige Aufgabe in Angriff zu nehmen, hob er sie mit seinen dicken kleinen Armen hoch und trottete ernsthaft durchs Zimmer.

«Setz mich ab, Dick! Mir wird schwindlig», befahl sie.

Er ließ sie als zappelndes Bündel auf die Couch fallen und lief in die Küche. «Tana!», rief er. «Tana!»

Dann spürte sie unerwartet fremde Arme, die sich um sie legten, spürte, wie sie hochgehoben wurde. Joe Hull versuchte, betrunken, wie er war, es Dick nachzutun.

«Setzen Sie mich ab», sagte sie scharf. Sein alkoholisiertes Lachen und der Anblick des gelbstachligen Kinns so nah vor ihren Augen ekelten sie an. «Sofort!»

«Die Panik ist …»

Weiter kam er nicht, denn Gloria hatte rasch mit der Hand ausgeholt und traf zielsicher seine Wange. Daraufhin ließ er sie so unvermittelt los, dass sie hinfiel und mit der Schulter schmerzhaft an den Tisch stieß …

Dann war plötzlich das Zimmer voll Männer und voll Rauch. Tana, von Maury gestützt, stand schwankend in einer weißen Jacke da und produzierte mit seiner Flöte ein wunderliches Klanggebilde. Das sei, rief Anthony ihr zu, der japanische Eisenbahnsong. Hull hatte eine Schachtel mit Kerzen entdeckt, mit denen er jonglierte und jedes Mal «Hoppla!» rief, wenn er wieder eine hatte fallen lassen, und Dick wirbelte versunken allein für sich durch die Gegend. Ihr schien, als taumle der Raum in grotesken vierdimensionalen Drehungen durch sich überschneidende Ebenen aus dunstigem Blau.

Draußen war das Gewitter heftiger geworden, und in den Pausen hörte man die hohen Büsche kratzend an den Außenmauern entlangstreifen und den Regen auf das Blechdach prasseln. Die Blitze, von schweren Donnerschlägen gefolgt, troffen vom Himmel wie Roheisen aus dem Herzen eines weiß glühenden Hochofens. Gloria sah, dass es in drei Fenster hineinregnete, konnte sich aber nicht aufraffen, sie zu schließen …

Sie stand in der Diele. Sie hatte gute Nacht gesagt, aber niemand hatte es gehört oder beachtet. Sekundenlang schien es ihr, als habe etwas übers Treppengeländer geblickt, doch sie brachte es nicht fertig, ins Wohnzimmer zurückzugehen. Lieber reinen Irrsinn als den Irrsinn jenes Tumults. Oben tastete sie nach dem Lichtschalter, verfehlte ihn aber in der Dunkelheit; dann stand ein Blitz im Zimmer, sie erkannte den Schalter ganz deutlich, als sich jedoch erneut undurchdringliche Schwärze auf sie senkte, bekamen ihre zittrigen Finger ihn wieder nicht zu fassen. Schließlich streifte sie Kleid und Unterrock im Dunkeln ab und ließ sich erschöpft auf die trokkene Seite des halb durchnässten Bettes fallen.

Sie schloss die Augen. Von unten hörte sie das Stimmengewirr der Trinker, in das sich einmal und noch einmal das schwirrende Klirren zerbrechender Gläser mischte, überlagert von lallendem Grölen.

An die zwei Stunden lag sie dort, wie sie sich später ausrechnete, indem sie die Teilstücke der Zeit aneinanderreihte. Es dauerte lange, bis sie spürte, nein, bewusst wahrnahm, dass der Lärm unter ihr sich gelegt hatte und das Gewitter, nach Westen abziehend, nur noch einen Restschauer von Geräuschen zu ihnen zurückwarf, die schwer und leblos wie ihre Seele auf die durchweichten Felder fielen. Dann ließen Regen und Wind zögernd nach, bis vor ihrem Fenster nur noch ein sanftes Tröpfeln und das Rascheln von wildem Wein zu hören war, der über das Fensterbrett streifte. Sie befand sich in einem Schwebezustand zwischen Schlafen und Wachen, wobei weder das eine noch das andere überwog … und sie hatte das dringende Bedürfnis, ein Gewicht loszuwerden, das auf ihre Brust drückte. Weil sie das Gefühl hatte, Weinen könne sie von dieser Last befreien, kniff sie die Augen fest zu und bemühte sich vergeblich um Tränen …

Tropf! Tropf! Tropf! Das Geräusch war nicht unangenehm. Wie Frühling, wie kühler Regen in ihrer Kinderzeit, der schönen Matsch im Garten machte und das kleine Beet bewässerte, das sie mit Spielzeugspaten und Spielzeughacke umgegraben hatte. Tropf, tro-opf! Wie an Tagen, da der Regen aus einem gelben Himmel kam, der kurz vor Anbruch der Dämmerung zerfloss und einen leuchtenden Sonnenstrahl schräg nach unten zu den feuchten grünen Bäumen schickte. So kühl, so klar, so sauber – und dort im Mittelpunkt der Welt, im Mittelpunkt des Regens ihre Mutter, sicher und trocken und stark. Sie sehnte sich nach ihrer Mutter, und ihre Mutter war tot, für immer ihrem Blick, ihrer Berührung entzogen. Und das Gewicht drückte und drückte – oh, wie es sie drückte!

Sie erstarrte. Jemand stand unter der Tür und sah sie an, fast unbeweglich, nur ganz leicht schwankend. Sie sah seine Silhouette deutlich vor einer nicht erkennbaren Lichtquelle. Nirgends ein Laut, nur eine große, allumfassende Stille, sogar das Tropfen hatte aufgehört … nur diese Gestalt, die unablässig unter der Tür schwankte, ein undefinierbares und leise bedrohliches Schrecknis, jemand, unter dessen Firnis sich Schmutz verbarg gleich Pockennarben unter einer Puderschicht. Doch weil ihr müdes Herz so heftig schlug, dass ihre Brüste bebten, wusste sie, dass noch Leben in ihr war, heftig verstörtes, bedrohtes Leben …

Die Minuten – oder eine Reihe von Minuten – dehnten sich endlos. Nebel schwamm vor ihren Augen, die mit kindlicher Hartnäckigkeit versuchten, die Dunkelheit in Richtung Tür zu durchdringen. Gleich, spürte sie, gleich würde eine unvorstellbare Kraft sie zermalmen … und dann wandte sich die Gestalt unter der Tür – es war Hull, sah sie jetzt. Hull – gemessen und noch immer leicht schwankend um und verschwand, wie aufgesogen von jenem unbegreiflichen Licht, das ihm Tiefe gegeben hatte.

Das Blut strömte in ihre Gliedmaßen zurück und mit dem Blut das Leben. Mit einem kraftvollen Ruck richtete sie sich auf und setzte die Füße auf den Boden. Sie wusste, was sie zu tun hatte – jetzt, gleich jetzt, ehe es zu spät war. Sie musste hinaus in die feuchte Kühle, hinaus, hinweg, musste das Gras nass um ihre Füße spüren und das frische Nass auf der Stirn. Mechanisch fuhr sie in ihre Sachen, tastete in dem dunklen Schrank nach einem Hut. Sie musste fort aus diesem Haus, wo Dinge lauerten, die auf ihre Brust drückten oder sich in streunende, im Dunkeln schwankende Gestalten verwandelten.

In heller Panik mühte sie sich mit ihrem Mantel, hatte gerade den Ärmel gefunden, als sie Anthonys Schritte auf der Treppe hörte. Sie durfte nicht warten; vielleicht würde er sie nicht gehen lassen, und sogar Anthony war Teil dieses Gewichts, Teil des bösen Hauses und der lauernden Dunkelheit, die sich um sie zu schließen drohte …

Über den Gang also … die Hintertreppe herunter … und aus dem Schlafzimmer, das sie soeben verlassen hatte, kam Anthonys Stimme: «Gloria! Gloria!»

Doch sie war schon in der Küche und trat durch die Küchentür ins Freie. Hundert Tropfen, die ein Windstoß von einem triefenden Baum aufgeschreckt hatte, wehten sie an, und sie drückte die Nässe mit heißen Händen dankbar an ihr Gesicht.

«Gloria! Gloria!»

Die Stimme war unendlich fern, klang erstickt und wie klagend hinter den Wänden hervor, denen sie gerade entkommen war. Sie umging das Haus, atmete auf, als sie den Gartenweg entlangschritt, der zur Straße führte, und folgte dem kurzgeschorenen Grasstreifen, der ihn säumte. Vorsichtig bewegte sie sich durch die tiefe Dunkelheit.

«Gloria!»

Sie setzte sich in Trab, stolperte über einen vom Wind abgeknickten Zweig. Die Stimme kam nicht mehr aus dem Haus. Anthony war, nachdem er das Schlafzimmer verlassen vorgefunden hatte, auf die Veranda getreten. Doch dieses Ding, das dort hinten bei Anthony lauerte, trieb sie weiter, sie musste ihre Flucht unter diesem düsteren, bedrückenden Himmel fortsetzen, musste sich zwingen, gegen die Stille anzugehen, die sich vor ihr aufgestellt hatte gleich einer mit Händen greifbaren Barriere.

Sie hatte ein Stück Weg auf der kaum erkennbaren Straße zurückgelegt, eine halbe Meile vielleicht, war an einer verlassenen Scheune vorbeigekommen, die schwarz und drohend vor ihr aufragte, dem einzigen Gebäude zwischen dem grauen Haus und Marietta. Dann bog sie bei der Gabelung, wo die Straße in den Wald führte, ein und rannte zwischen zwei hohen Mauern aus Blättern und Zweigen entlang, die sich fast berührten. Plötzlich sah sie einen schmalen länglichen Silberglanz auf der Straße, ein Blinken wie von einem halb in Schlamm eingebetteten Schwert. Im Näherkommen stieß sie einen leisen zufriedenen Laut aus – es war eine mit Wasser gefüllte Wagenspur, und als sie zum Himmel aufblickte, sah sie dort einen hellen Spalt und wusste, dass der Mond aufgegangen war.

«Gloria!»

Sie zuckte heftig zusammen. Anthony war keine siebzig Meter hinter ihr. «Gloria, warte auf mich!»

Sie presste die Lippen fest zusammen, um nicht schreien zu müssen, und beschleunigte den Schritt. Sie war noch nicht weitere hundert Meter gegangen, da verschwand der Wald wie ein schwarzer, am Bein der Straße aufgerollter Strumpf. Drei Gehminuten vor ihr hing an dem jetzt hohen, grenzenlosen Himmel ein dünnes, glitzerndes Netzwerk, das in einer regelmäßigen Wellenbewegung auf einen einzigen unsichtbaren Punkt gerichtet war. Plötzlich wusste sie, wohin sie gehen würde. Die große Kaskade elektrischer Leitungen erhob sich über dem Fluss gleich den Beinen einer Riesenspinne, deren Augen die kleinen grünen Lichter im Stellwerkhäuschen waren, und führte zusammen mit der Eisenbahnbrücke in Richtung Bahnhof. Der Bahnhof! Dort gab es einen Zug, der sie mitnehmen würde.

«Gloria, ich bin's. Anthony. Gloria, ich werde nicht

versuchen, dich aufzuhalten. Um Himmels willen, wo bist du?»

Sie antwortete nicht, sondern setzte sich in Trab, sprang über die glänzenden Pfützen, die Teiche ohne Tiefe aus dünnem, flüchtigen Gold waren. Scharf links abbiegend, folgte sie einem schmalen Fuhrweg und machte einen Bogen um einen dunklen Gegenstand, der auf dem Boden lag. Sie blickte auf, als eine Eule klagend von einem einzeln stehenden Baum herunterrief. Vor sich erkannte sie jetzt das Gebälk, das zur Eisenbahnbrücke führte, und die Stufen, die zu ihr hinaufgingen. Der Bahnhof lag am anderen Flussufer.

Wieder erschreckte sie ein Geräusch, das melancholische Pfeifen eines herannahenden Zuges, und fast gleichzeitig hörte sie mehrmals – dünn jetzt und weit weg – rufen:

«Gloria! Gloria!»

Anthony war wohl über die Hauptstraße gekommen. Sie belachte ein wenig boshaft die List, mit der sie ihm entwischt war. Die Zeit, den Zug vorbeizulassen, konnte sie sich nehmen.

Wieder erhob sich die Sirene, und dann schlängelte sich ohne jedes vorbereitende Geräusch vor dem Schatten der Böschung tief unten ein dunkelgeschmeidiger Körper heran und kam ohne Laut – bis auf das Rauschen, mit dem er die Luft durchschnitt, und das uhrengleiche Ticken der Gleise – auf die Brücke zu; es war ein elektrischer Zug. Über der Lokomotive schlugen zwei helle blaue Lichtflecken einen knisternden Bogen, der wie die flackernde Flamme einer Lampe am Totenbett sekundenlang die Baumreihen erhellte, sodass Gloria instinktiv auf die andere Straßenseite zurückwich. Das Licht war lau wie warmes Blut … Das Ticken zerfloss unvermittelt zu einem gleichmäßigen Rauschen, und dann donnerte das Ding, sich düster dehnend, blindlings an ihr vorbei auf die Brücke, dem fahlen Feuerschein hinterher, den es in den gemessen dahinziehenden Fluss warf. Danach zog es sich rasch wieder zusammen und saugte sein eigenes Geräusch ein, bis nur noch ein rollendes Echo blieb, das am anderen Flussufer verhallte.

Erneut legte sich Stille über das nasse Land; sachte fing es wieder an zu tröpfeln, und plötzlich fiel ein heftiger Schauer auf Gloria herab und weckte sie aus der trancegleichen Erstarrung, in die der vorüberfahrende Zug sie versetzt hatte. Rasch lief sie die Böschung zum Fluss hinunter und erstieg die eisernen Stufen zur Brücke, wobei ihr einfiel, dass sie das schon immer hatte machen wollen und dass ihr noch der zusätzliche Kitzel bevorstand, über das schmale Brett zu balancieren, das neben den Gleisen über den Fluss führte.

Ja, das tat gut! Sie war oben angekommen. Um sie her lagen die offenen Felder kalt unter dem Mond, durch Bäume in schmalen Reihen und dichten Gruppen grob gesäumt und zusammengeflickt. Zu ihrer Rechten, eine halbe Meile den Fluss hinunter, der sich hinter dem Licht herzog wie die glänzende, schleimige Spur einer Schnecke, blinkten die verstreuten Lichter von Marietta.

Knapp zweihundert Meter weiter am Ende der Brücke, erkennbar durch eine trübe Laterne, hockte der Bahnhof. Der Druck war gewichen, die Baumwipfel um sie her wiegten das junge Sternenlicht in einen verzauberten Dämmerschlaf. Sie reckte befreit die Arme. Allein an einer erhöhten und kühlen Stelle zu stehen – das hatte sie sich gewünscht.

«Gloria!»

Wie ein aufgeschrecktes Kind rannte sie über die Brücke, hopsend, hüpfend, springend, lustvoll ihrer körperlichen Leichtigkeit bewusst. Sollte er nur kommen – sie hatte keine Angst mehr davor, nur musste sie als erste den Bahnhof erreichen, das gehörte zum Spiel. Sie war glücklich. Den Hut hatte sie vom Kopf gerissen und hielt ihn fest in der Hand, das kurze lockige Haar wippte ihr um die Ohren. Nie hätte sie gedacht, dass sie sich noch einmal so jung fühlen würde, aber dies war ihre Nacht, war ihre Welt. Sieghaft lachend erreichte sie den hölzernen Bahnsteig und ließ sich an einem eisernen Dachträger zu Boden fallen.

«Hier bin ich», rief sie, in ihrem Überschwang glücklich wie der junge Tag. «Hier bin ich, Anthony, mein lieber, alter, besorgter Anthony!»

«Gloria!» Auch er war jetzt auf dem Bahnsteig angekommen und lief auf sie zu. «Ist dir auch nichts passiert?» Er kniete nieder und nahm sie in die Arme.

«Nein, nein.»

«Was war denn los? Warum bist du weggelaufen?», fragte er angstvoll.

«Ich musste einfach … da war etwas …» Sie hielt inne, von einem Hauch jenes Unbehagens gestreift. «… da war etwas, was auf mir saß. Da.» Sie legte die Hand auf die Brust. «Davor musste ich fliehen.»

«Was meinst du damit?»

«Ich weiß nicht … dieser Hull …»

«Hat er dich belästigt?»

«Er stand in meinem Zimmer unter der Tür, betrunken. Ich glaube, in diesem Moment war ich nah daran durchzudrehen …»

«Gloria, Liebling …»

Müde legte sie ihren Kopf an seine Schulter.

«Gehen wir zurück», sagte er.

Sie fröstelte. «Nein, das könnte ich nicht. Es käme wieder, um sich auf mich zu hocken.» Ihre Stimme hob sich zu einem Schrei, der klagend in der Dunkelheit hing. «Dieses …»

«Ist ja gut, ist schon gut», sagte er beschwichtigend und zog sie an sich. «Es geschieht nichts, was du nicht möchtest. Was möchtest du denn? Einfach hier sitzen?»

«Ich … ich möchte weg.»

«Wohin?»

«Das ist mir egal.»

«Gloria», stieß er hervor, «du bist noch betrunken.»

«Nein, ich war den ganzen Abend nicht betrunken. Ich bin eine halbe Stunde nach dem Essen auf mein Zimmer gegangen … Au!»

Er hatte fälschlich ihre rechte Schulter berührt.

«Sie tut weh, ich habe mich irgendwie gestoßen. Ich

weiß nicht … jemand hat mich hochgehoben und fallen lassen.»

«Komm nach Hause, Gloria. Es ist spät und feucht.»

«Ich kann nicht», wehklagte sie. «Bitte verlang das nicht von mir, Anthony. Morgen, wenn du willst … Geh du nach Hause, ich warte hier auf einen Zug. Ich gehe in ein Hotel und …»

«Ich komme mit.»

«Nein, ich mag dich nicht dabeihaben. Ich will allein sein. Ich will schlafen … ich sehne mich so sehr nach Schlaf. Und morgen, wenn du den Geruch nach Whisky und Zigaretten ganz aus dem Haus getrieben hast und alles wieder in Ordnung und Hull weg ist, komme ich heim. Wenn ich jetzt mit dir ginge, würde dieses Ding … ach …» Sie legte die Hand über die Augen, und Anthony begriff, dass es sinnlos wäre, weiter in sie zu dringen.

«Ich war völlig nüchtern, als du weggelaufen bist», sagte er. «Dick lag auf dem Sofa und schlief, Maury und ich waren am Diskutieren, und dieser Hull hatte sich irgendwohin verzogen. Plötzlich ging mir auf, dass ich dich stundenlang nicht mehr gesehen hatte, und da bin ich nach oben gegangen und …» Er unterbrach sich, als ihnen ein «Hallo, ihr da!» aus der Dunkelheit entgegenschallte.

Gloria sprang auf, und er tat es ihr nach.

«Das ist Maurys Stimme», sagte sie erregt. «Wenn dieser Hull bei ihm ist, halt sie mir vom Leib!»

«Wer ist da?», rief Anthony.

«Nur Dick und Maury», tönte es beruhigend zweistimmig zurück.

«Wo ist Hull?»

«Im Bett. Umgekippt.»

Undeutlich waren jetzt zwei Gestalten auf dem Bahnsteig zu erkennen.

«Was zum Teufel treibt ihr hier?», fragte Richard Caramel duselig verwundert.

«Und ihr?»

Maury lachte. «Gute Frage! Wir sind euch nachgegangen, was gar nicht so einfach war. Als ich dich draußen auf der Veranda nach Gloria rufen hörte, habe ich Dick geweckt und ihm mit einiger Mühe begreiflich gemacht, dass hier offenbar ein Suchtrupp in Marsch gesetzt wird, dem wir uns unbedingt anschließen müssten. Ich wäre schon früher hier gewesen, wenn er sich nicht zwischendurch immer wieder auf die Straße gesetzt und mich gefragt hätte, was das Ganze eigentlich soll. Wir sind den lieblichen Düften des ‹Canadian Club› nachgegangen.»

Unter dem Flachdach des Wartehäuschens rasselte nervöses Lachen.

«Im Ernst – wie habt ihr uns aufgespürt?»

«Wir sind erst der Straße nachgegangen, und dann hatten wir euch plötzlich verloren. Offenbar seid ihr auf einen Fuhrweg eingebogen. Nach einer Weile sprach uns jemand an und wollte wissen, ob wir nach einem jungen Mädchen suchten, und entpuppte sich als zittriger alter Mann, der auf einem Baumstamm saß wie jemand aus einem Märchen. ‹Hier ist sie langgegangen›, sagte er, ‹und wär' fast auf mich getreten, so eilig hat sie's gehabt, und dann kam ein Bursche in kurzen Golfhosen angerannt und ist ihr nach. Das hier hat er mir zugeworfen.› Der Alte hatte eine Dollarnote in der Hand, mit der er wedelte.»

«Der arme alte Mann», sagte Gloria gerührt.

«Ich warf ihm einen zweiten Dollar zu, und dann gingen wir weiter, obgleich er uns bat, wir sollten doch bleiben und ihm erzählen, was da eigentlich los sei.»

«Der arme alte Mann», wiederholte Gloria kläglich.

Dick setzte sich schläfrig auf eine Kiste. «Und jetzt?», fragte er ergeben.

«Gloria ist ein bisschen durcheinander», erklärte Anthony. «Wir wollen mit dem nächsten Zug in die Stadt.»

Maury hatte in der Dunkelheit einen Fahrplan aus der Tasche gezogen. «Macht ein Streichholz an.»

Gleich darauf stand eine winzige Flamme in der tiefen Schwärze und beleuchtete die vier Gesichter, die hier in der Nacht und im Freien grotesk und unvertraut wirkten.

«Mal sehen. Zwei, zwei Uhr dreißig – nein, das ist nachmittags. Himmel, der erste Zug fährt erst um halb sechs.»

Anthony zögerte. «Wir wollen hier warten», sagte er ein bisschen unsicher. «Geht ruhig zurück und legt euch schlafen.»

«Geh mit, Anthony», drängte Gloria. «Du brauchst deinen Schlaf, du warst schon den ganzen Tag totenblass.»

«Unsinn, du Dummchen!»

Dick gähnte. «Wenn ihr bleibt, bleiben wir auch.»

Er trat aus dem Wartehäuschen und sah zum Himmel auf. «Eigentlich eine schöne Nacht. Sterne und alles. Sehr geschmackvolles Arrangement.»

«Lass sehen.» Gloria ging ihm nach, und die anderen beiden folgten ihr. «Setzen wir uns draußen hin», schlug sie vor. «Das finde ich viel besser.»

Anthony und Dick nahmen eine lange Kiste als Rückenlehne und suchten nach einem einigermaßen trockenen Brett als Sitzgelegenheit für Gloria. Anthony setzte sich neben sie, und Dick hievte sich mit einiger Mühe auf eine Apfeltonne in der Nähe.

«Tana war in der Hängematte auf der Veranda eingeschlafen», sagte er. «Wir haben ihn ins Haus gebracht und vor den Küchenherd zum Trocknen gelegt. Er war nass bis auf die Haut.»

«Abscheulicher kleiner Bursche», seufzte Gloria.

«Guten Abend miteinander!» Die düster-sonore Stimme kam von irgendwo über ihnen. Als sie verblüfft aufsahen, stellte sich heraus, dass Maury es geschafft hatte, auf das Dach zu klettern. Dort saß er nun, ließ die Beine baumeln und zeichnete sich wie ein grotesker Wasserspeier vor dem jetzt völlig klaren Himmel ab.

«Für solche Anlässe», begann er so leise, dass es schien, als schwebten seine Worte aus großer Höhe herab und senkten sich sanft auf seine Zuhörer, «schmücken wohl die Gerechten des Landes die Eisenbahn mit Reklametafeln, auf denen in Rot und Gelb steht ‹Jesus Christus ist Gott›, wobei sie diese Tafeln durchaus angemessen in unmittelbarer Nachbarschaft von Verlautbarungen wie ‹Gunter's Whisky ist gut› anbringen.»

Leises Gelächter; die drei sahen weiter zu ihm auf.

«Ich denke, ich werde euch unter diesen sardonischen Gestirnen die Geschichte meines Bildungsgangs erzählen», fuhr Maury fort.

«Ach ja, bitte!»

«Soll ich wirklich?»

Sie warteten gespannt, während er nachdenklich gähnend in den weißen lächelnden Mond blickte.

«Als kleines Kind», begann er, «betete ich. Ich hortete Gebete für künftige Verfehlungen. In einem Jahr hatte ich eintausendneunhundert ‹Müdebinichgehzurruh› gehortet …»

«Wirf mal eine Zigarette runter», verlangte jemand halblaut.

Eine kleine Packung landete auf dem Bahnsteig, und mit Stentorstimme folgte der Befehl: «Ruhe bitte! Ich werde mich jetzt vieler denkwürdiger Bemerkungen entledigen, die auf die Dunkelheit solcher Welten und den Glanz solcher Himmel gewartet haben.»

Unten wurde ein brennendes Streichholz von einer Zigarette zur nächsten weitergereicht.

Die Stimme fuhr fort: «Ich verstand mich trefflich darauf, Gott zum Narren zu halten. Unmittelbar nach jedem Vergehen sprach ich ein Gebet, bis ich Gebet und Vergehen nicht mehr unterscheiden konnte. Ich sah in der Tatsache, dass ein Mensch ‹Mein Gott› schrie, wenn ein Geldschrank auf ihn fiel, den Beweis dafür, dass der Glaube tief in der menschlichen Seele verwurzelt war. Dann kam ich zur Schule. Vierzehn Jahre lang deutete eine halbe Hundertschaft ernsthafter Männer auf alte Steinschlossgewehre und beteuerte: ‹Das ist das einzig Wahre. Die neuen Flinten sind nur povere, schlampige Imitate!› Sie verdammten die Bücher, die ich las, und die Gedanken, die ich hatte, als unmoralisch. Später wechselte die Mode, und das Wort, mit dem sie diese Dinge verdammten, lautete nun ‹klug›.

Und so wandte ich mich, listig für meine Jahre, von den Professoren ab und den Poeten zu und lauschte. Lauschte dem lyrischen Tenor von Swinburne und dem *tenor robusto* von Shelley, lauschte Shakespeares erstem Bass und seinem prachtvollen Stimmumfang, Tennysons zweitem Bass und seinem gelegentlichen Falsett, Miltons und Marlowes *basso profundo*. Ich lieh dem plaudernden Browning, dem deklamierenden Byron, dem leiernden Wordsworth mein Ohr. Das hat mir zumindest nicht geschadet.

Ich machte mich ein wenig mit der Schönheit vertraut – genug, um zu begreifen, dass sie nichts mit der Wahrheit zu schaffen hat – und stellte außerdem fest, dass es keine große literarische Tradition gab; es gab nur die Tradition des erlebnisreichen Hinscheidens jeder literarischen Tradition …

Dann wurde ich erwachsen, und die Schönheit praller Illusionen entglitt mir. Die Struktur meines Verstandes vergröberte sich, mein Blick wurde beklagenswert scharf. Das Leben um meine Insel schwoll an wie das Meer, und schon bald musste ich schwimmen.

Der Übergang war subtil – das Ding hatte mir schon geraume Zeit aufgelauert. Es stellt jedem seine tückische, scheinbar harmlose Falle. Wie es bei mir war? Nein, ich habe nicht versucht, die Frau des Hausmeisters zu verführen, und bin auch nicht, um meine Männlichkeit zur Schau zu stellen, nackt durch die Straßen gerannt. Es ist nie echte Leidenschaft, die letztlich den Ausschlag gibt, sondern das Kleid, das die Leidenschaft trägt … Ich begann mich zu langweilen. Das war alles. Langeweile, ein anderer Name für Vitalität und häufig ihre Tarnung, wurde das unbewusste Motiv all meines Tuns. Die Schönheit lag hinter mir, versteht ihr?… Ich war erwachsen geworden.» Er machte eine kleine Pause. «Ende der Schul- und Collegezeit. Beginn von Teil zwei.»

Drei sich ruhig hin und her bewegende Lichtpunkte zeigten ihm, wo seine Zuhörer sich befanden. Gloria ruhte halb sitzend, halb liegend auf Anthonys Schoß. Er hatte sie so eng an sich gedrückt, dass sie seinen Herzschlag hörte. Richard Caramel, hoch auf seiner Apfeltonne, regte sich hin und wieder und grunzte leise.

«Da stand ich nun also als junger Erwachsener in diesem Land des Jazz und verfiel sogleich in einen Zustand fast hörbarer Verwirrung. Das Leben rückte mir auf den Pelz wie eine sittenlose Lehrerin und redigierte munter in meinen wohlgeordneten Gedanken herum. In meinem verfehlten Vertrauen auf die Intelligenz aber mühte ich mich weiter. Ich las Smith, der über die Barmherzigkeit lachte und verkündete, Hohn sei die höchste Form der Selbstverwirklichung, doch nun war es anstelle der Barmherzigkeit Smith selbst, der mir den Weg zum Licht versperrte. Ich las Jones, der die Individualität in Bausch und Bogen abschaffte, und siehe – auch Jones war mir im Weg. Ich dachte nicht mehr selbst, ich war ein Schlachtfeld für die Gedanken anderer oder vielmehr eins jener begehrenswerten, aber machtlosen Länder, auf denen die großen Mächte hin und her wogen.

Beim Abschluss meiner Entwicklung stand ich unter dem Eindruck, ich sei dabei, jene Erfahrung zu sammeln, die nötig wäre, um ein geregeltes, glückliches Leben zu führen. Ich vollbrachte das ungewöhnliche Kunststück, jede Frage zu meiner eigenen Zufriedenheit zu lösen, lange bevor sie sich mir im Leben stellte – und dennoch rat- und hilflos dazustehen.

Nachdem ich von diesem Gericht ein paarmal gekostet hatte, war ich satt. ‹Erfahrung ist nicht des Sammelns wert›, sagte ich mir, ‹sie ist keine angenehme Sache, die einem passiven Ich widerfährt, sondern eine Mauer, an dem ein aktives Ich sich den Kopf einrennt.› Also hüllte ich mich in das, was ich für meine unverletzliche Skepsis hielt, und erklärte meine Ausbildung für beendet. Doch es war zu spät. Ich mochte mich noch so sehr zu schützen suchen, indem ich keine neuen Bindungen zu der unglückseligen, in ihrer Vorherbestimmung befangenen Menschheit einging – ich war dennoch mit ihr verloren. An die Stelle meines Kampfs gegen die Liebe war der Kampf gegen die Einsamkeit, an die Stelle meines Kampfs gegen das Leben der Kampf gegen den Tod getreten.»

Er legte eine Pause ein, um seiner letzten Bemerkung Nachdruck zu verleihen, dann gähnte er erneut und fuhr fort: «Die zweite Stufe meines Bildungsgangs begann mit einer lebhaften Unzufriedenheit darüber, gegen meinen Willen zu irgendeinem undurchschaubaren Zweck benutzt zu werden, dessen letzten Sinn – wenn es denn einen letzten Sinn gab – ich nicht zu erkennen vermochte. Die Lehrerin schien zu sagen: ‹Wir werden Football spielen und nichts als Football. Wenn du nicht Football spielen willst, darfst du überhaupt nicht spielen ...› Was sollte ich machen? Die Zeit zum Spielen war so kurz!

Damals hatte ich das Gefühl, dass uns selbst jener Trost versagt blieb, der möglicherweise in der Fiktion eines sich von den Knien erhebenden korporativen Menschen gelegen hätte. Glaubt ihr, ich hätte mich auf diesen Pessimismus gestürzt, ihn mir als eine wunderbar blasierte souveräne Haltung zu eigen gemacht, die im Grunde nicht deprimierender war als etwa ein grauer Herbsttag vor dem Feuer? Nein, ich glaube, so war es nicht. Dazu war ich doch zu hitzig und zu lebendig.

Denn mir schien, dass es für den Menschen kein letztes Ziel gab. Dass er sich auf einen hilflos-absurden Kampf mit der Natur eingelassen hatte – der Natur, die uns durch göttlich-erhabenen Zufall so weit gebracht hat, dass wir nun entschlossen gegen sie arbeiten. Sie hatte uns Möglichkeiten geschenkt, die Rasse von Minderwertigen zu befreien und dadurch den Übrigen die Kraft zu geben, ihre höheren – oder sagen wir ihre amüsanteren –, wenn auch nach wie vor unbewussten und zufälligen Absichten zu erfüllen. Wir aber, angespornt durch die höchsten Gaben der Aufklärung, trachteten danach, sie zu überlisten. In dieser Republik erlebte ich, wie Schwarz sich mit Weiß zu mischen begann – in Europa bahnte sich eine wirtschaftliche Katastrophe an, um drei oder vier kranke und jämmerlich regierte Rassen vor der einen Herrschaft zu erretten, die ihnen zu materiellem Wohlstand hätte verhelfen können.

Wir produzieren einen Christus, der den Aussätzigen wieder zum Leben erwecken kann – und wenig später ist die Brut der Aussätzigen das Salz der Erde. Wer meint daraus, eine Lehre ziehen zu können, der melde sich.»

«Aus dem Leben kann man sowieso nur eins lernen», warf Gloria ein – nicht als Widerspruch, sondern im Ton melancholischer Zustimmung.

«Nämlich?», fragte Maury scharf.

«Dass man aus dem Leben nichts lernen kann.»

Nach kurzem Schweigen versetzte Maury: «Unsere Gloria, *la belle dame sans merci,* war die erste, die unsere Welt mit jenem fundamentalen Weitblick betrachtete, um den ich mich ständig bemühe, den Anthony nie erreichen und Dick nie ganz begreifen wird.»

Ein empörter Grunzer kam von der Apfeltonne.

Anthony, dessen Augen sich an die Dunkelheit gewöhnt hatten, sah Richard Caramels gelbes Auge aufblitzen, während er mit ärgerlich verzogenem Gesicht hervorstieß: «Du bist ja verrückt. Nach deinen eigenen Worten hätte ich zumindest mit dem Versuch ein gewisses Maß an Erfahrung sammeln müssen.»

«Mit dem Versuch?», wiederholte Maury zornig. «Mit dem Versuch, die Dunkelheit des politischen Idealismus mit einem ziellos-verzweifelten Vorstoß in Richtung Wahrheit zu durchdringen? Mit dem Versuch, Tag für Tag, auf einem harten Stuhl hingefläzt, unendlich weit vom Leben entfernt, durch die Bäume auf einen Kirchturm starrend, endgültig und für alle Zeiten das Erfahrbare vom Unerfahrbaren zu separieren? Mit dem Versuch, ein Stück Aktualität herzunehmen und ihm ein wenig Glanz von deiner eigenen Seele zu geben, um jenes unbeschreibliche Etwas zu erzielen, das es im Leben besaß und beim Weg aufs Papier oder die Leinwand verlor? Mit dem Versuch, in einem Laboratorium sitzend über viele mühselige Jahre in einer Masse von Rädern oder einem Reagenzglas nach einem Jota relativer Wahrheit zu suchen …»

«Hast du das getan?»

Maury schwieg einen Augenblick, und als er schließlich antwortete, lag in seiner Stimme etwas wie Müdigkeit, ein bitterer Beiklang, der einen Augenblick in den Gemütern seiner drei Zuhörer nachhallte, ehe er sich in die Lüfte erhob wie eine Seifenblase auf dem Weg zum Mond.

«Nein», sagte er leise. «Ich wurde resigniert geboren, allerdings begabt mit jenem Mutterwitz, der Frauen wie

Gloria gegeben ist. Dem habe ich trotz all meines Redens und Zuhörens, trotz meines vergeblichen Wartens auf die ewige Wahrheit, die gleich hinter jedem Argument, hinter jeder Spekulation zu liegen scheint, nicht ein Jota hinzugefügt.»

Ein tiefer Ton, der schon eine Weile in der Ferne zu hören war, gab sich durch ein klagendes Muhen zu erkennen, wie es eine Riesenkuh hätte ausstoßen können, und den perlgroßen Punkt eines Scheinwerfers, der jetzt eine halbe Meile vor ihnen auftauchte. Diesmal war vor den Zug eine rumpelnde, stöhnende Dampflok gespannt, die, während sie laut schimpfend ihres Weges zog, einen Funken- und Ascheregen über den Bahnsteig versprühte.

«Nicht ein Jota.» Wieder senkte sich Maurys Stimme wie aus großer Höhe zu ihnen herab. «Was für ein schwaches Wesen ist doch die Intelligenz mit ihren kurzen Schritten, ihrem Schwanken, ihrem Hin- und Hertrippeln, ihren katastrophalen Rückzugsgefechten. Die Intelligenz ist ein bloßes Werkzeug der Umstände. Manche Leute behaupten ja, die Intelligenz müsse das Universum erschaffen haben, aber ich sage, dass die Intelligenz nicht eine einzige Dampflokomotive zustande gebracht hat. Die Umstände haben die Dampflokomotive geschaffen. Die Intelligenz ist wenig mehr als ein kurzes Lineal, mit dem wir die unendlichen Leistungen der Umstände messen.

Ich könnte euch jetzt von der derzeit gängigen Weltanschauung sprechen; vielleicht aber erleben wir in fünfzig Jahren eine komplette Umkehrung dieser Negation, die unsere Intellektuellen von heute so beschäftigt, den Triumph von Christus über Anatole France…» Er zögerte, dann fügte er hinzu: «Aber alles, was ich weiß – die ungeheure Wichtigkeit, die ich meiner eigenen Person beimesse, und die Notwendigkeit, mir diese Wichtigkeit zu bestätigen –, ist ein Wissen, mit dem die kluge und schöne Gloria bereits geboren wurde. Damit und mit der schmerzlichen Vergeblichkeit des Versuchs, darüber hinaus irgendetwas anderes zu erfahren.

Angefangen hatte ich damit, dass ich euch von meinem Bildungsgang erzählen wollte, nicht wahr? Aber im Grunde habe ich eben gar nichts gelernt und sogar über mich selbst herzlich wenig erfahren. Und wäre es anders gewesen, würde ich mit geschlossenen Lippen und der Kappe auf meinem Füller sterben wie die Weisesten unter uns, seit … seit eine bestimmte Sache schiefgegangen ist, eine ausnehmend sonderbare Sache übrigens. Sie betraf etliche Skeptiker, die von sich glaubten, ebenso viel Weitblick zu besitzen wie ihr und ich. Das will ich euch noch mitgeben als eine Art Abendgebet, ehe ihr mir alle einschlaft.

Vor langer, langer Zeit vereinigten sich alle Menschen von Geist und Gaben in einem einzigen Glauben – nämlich gar keinem. Die Vorstellung aber, dass man ihnen wenige Jahre nach ihrem Tod zahlreiche Kulte und Systeme und Prophezeiungen zuschreiben würde, die sie nie im Sinn gehabt oder beabsichtigt hatten, bedrückte sie. Und so sprachen sie zueinander: ‹Lasst uns miteinander ein großes Buch machen, das in alle Ewigkeit bestehen soll, um der Leichtgläubigkeit des Menschen zu spotten. Lasst jene Poeten unter uns, die der Erotik zugeneigt sind, über die Freuden des Fleisches schreiben und unsere abgebrühten Journalisten Geschichten über berühmte Amouren beitragen. Wir wollen die skandalösesten Klatschgeschichten aufnehmen, die derzeit im Schwange sind. Wir wollen den begabtesten aller Satiriker beauftragen, aus sämtlichen von der Menschheit angebeteten Göttern einen einzigen zu machen, einen Gott, der alle anderen an Herrlichkeit übertrifft und dabei so menschlich schwach ist, dass er der ganzen Welt als Zielscheibe des Spottes dienen wird. Und diesem Gott wollen wir alle möglichen Streiche und Eitelkeiten und Boshaftigkeiten zuschreiben, die er sich zu seiner eigenen Belustigung leistet, sodass die Menschen unser Buch lesen und es in ihrem Herzen bewegen werden, auf dass es keinen Unsinn mehr in der Welt gebe.

Lasst uns schließlich Sorge tragen, dass das Buch stilistisch über jeden Tadel erhaben sei, auf dass es in alle Ewigkeit bestehe und Zeuge unserer tiefen Skepsis und allumfassenden Ironie werde. So geschah es, und sie starben.

Das Buch aber lebte weiter, so schön war es geschrieben und so üppig war der Einfallsreichtum, mit dem diese Männer von Geist und Gaben es ausgestattet hatten. Sie hatten versäumt, ihm einen Namen zu geben, aber nach ihrem Tod wurde es unter dem Namen Bibel bekannt.»

Als er geendet hatte, sagte niemand ein Wort. Eine feuchte Trägheit, die in der Nachtluft schlief, schien sie alle behext zu haben.

«Ja, wie gesagt, ich hatte angefangen, euch die Geschichte meines Bildungsgangs zu erzählen. Aber meine Highballs sind mausetot, und die Nacht ist fast vorbei, und bald wird überall ein schauriges Geschwätz anheben, in den Bäumen und den Häusern und den beiden kleinen Läden dort drüben hinter dem Bahnhof, und ein paar Stunden wird ein großes Gerenne auf der Erde sein … Aber Gott sei Dank», schloss er mit einem Auflachen, «können wir vier in die ewige Ruhe eingehen in dem schönen Bewusstsein, dass durch unser Dasein die Welt ein wenig besser geworden ist.»

Eine leichte Brise wehte dünne Streifen Lebens heran, die sich an den Himmel schmiegten.

«Deine Ausführungen werden weitschweifig und unlogisch», sagte Anthony schläfrig. «Du hattest die Hoffnung, in einer wunderbaren Erleuchtung etwas besonders Geniales, besonders Gewichtiges in genau der Umgebung von dir geben zu können, die ideal für ein Symposium geeignet ist. Gloria hat sich mit ihrem üblichen Weitblick davon schon distanziert, indem sie eingeschlafen ist; ich merke das daran, wie schwer ihr Gewicht auf meinem armen, gebrochenen Körper liegt.»

«Habe ich euch gelangweilt?», fragte Maury, leicht besorgt nach unten blickend.

«Nein, aber enttäuscht. Du hast viele Pfeile verschossen, doch hast du einen einzigen Vogel erlegt?»

«Die Vögel überlasse ich Dick», sagte Maury rasch. «Meine Betrachtungen waren nur sprunghafte Gedanken, unzusammenhängende Bruchstücke.»

«Mich kannst du damit nicht treffen», sagte Dick. «Mein Kopf steckt voll materieller Gedanken. Ich sehne mich zu sehr nach einem heißen Bad, um mir Gedanken über die Bedeutung meiner Arbeit zu machen oder mich zu fragen, wie viele unter uns klägliche Gestalten sind.»

Der junge Tag kündigte sich mit zunehmender Helle im Osten über dem Fluss und vereinzeltem Zwitschern in den Bäumen an.

«Viertel vor fünf», seufzte Dick, «fast noch eine Stunde länger warten. Schau, jetzt sind es schon zwei.» Er deutete auf Anthony, dem die Augen zugefallen waren. «Familie Patch schläft …»

Fünf Minuten später aber war trotz des lauter werdenden Zwitscherns und Zirpens auch ihm der Kopf nach vorn gesunken und nickte nach unten, zweimal, dreimal …

Nur Maury Noble wachte noch auf dem Dach des Wartehäuschens. Seine Augen waren weit geöffnet und mit müder Aufmerksamkeit auf den fernen Nukleus des Morgens gerichtet. Er grübelte über die Unwirklichkeit von Ideen nach, über den verblassenden Glanz des Daseins und die kleinen Sorgen und Nöte, die gierig in sein Leben drängten wie Ratten in ein verfallenes Haus. Er bedauerte jetzt niemanden – am Montagmorgen würde sein Geschäft ihn wieder beanspruchen und später ein Mädchen aus einer anderen Gesellschaftsschicht, deren ganzes Leben er war; das waren die Dinge, die seinem Herzen am nächsten waren. In der wunderlichen Stimmung des heraufziehenden Tages kam es ihm geradezu vermessen vor, dass er mit diesem schwachen, defekten Instrument seines Verstandes jemals zu denken versucht hatte.

Da war die Sonne, die große glühende Schwaden von Wärme auf sie herabließ; da war das Leben, das sie summend-bewegt umgab wie ein Fliegenschwarm – der schwarz schnaufende Rauch der Lokomotive, ein gebieterisches «Einsteigen bitte!», das Scheppern einer Glocke. Verschwommen sah Maury die neugierigen Blicke, die ihn aus dem Milchzug heraus trafen, hörte Gloria und Anthony hastig darüber streiten, ob er mit ihr in die Stadt fahren solle – dann erneuter Tumult, und sie war verschwunden, und die drei Männer standen bleich wie Gespenster allein auf dem Bahnsteig, während ein schmutziger Kohlenträger auf einem Motorwagen die Straße hinunterfuhr und mit heiserem Gesang den Sommermorgen begrüßte.

3 DIE ZERBROCHENE FLÖTE

Ein Tag im August, abends halb acht. Die Fenster im Wohnzimmer des grauen Hauses sind weit geöffnet und tauschen geduldig die alkohol- und rauchgeschwängerte Atmosphäre der Innenräume gegen die verträumte Frische der späten Dämmerung aus. In der Luft hängt der zarte Geruch welkender Blumen, der darauf hindeutet, dass der Sommer vorbei ist. Doch wird der August noch kräftig von tausend Grillenmännchen um die seitliche Veranda herum proklamiert sowie einem einzelnen Grillenmann, der ins Haus vorgedrungen ist und aus seinem sicheren Versteck hinter einem Bücherregal von Zeit zu Zeit seine Gescheitheit und seinen unbezähmbaren Willen in die Welt hinausschreit.

Im Zimmer selbst herrscht Chaos. Auf dem Tisch steht eine Schale mit echtem Obst, das aber künstlich wirkt, umgeben von einem verdächtigen Sortiment von Karaffen, Gläsern und vollen Aschenbechern, von denen sich noch Rauchfäden in die abgestandene Luft kräuseln. Alles in allem fehlt nur noch ein Totenschädel zur Komplettierung jener ehrwürdigen Lithografie, die einst fester Bestandteil jeder «Bude» war und dem Beschauer mit wunderbar zu Herzen gehendem Gefühl die Beigaben eines Lebens weltlicher Genüsse vor Augen führte.

Nach einer Weile ist – das muntere Solo der Obergrille eher unterbrechend denn begleitend – ein neues Geräusch zu hören, die schwermütige Klage einer mit unsicheren Fingern gespielten Flöte. Es ist offenkundig, dass es sich hier nicht um eine Darbietung, sondern um eine Übungsstunde des Künstlers handelt, denn von Zeit zu Zeit bricht die sperrige Weise ab, um nach unverständlichem Gemurmel wieder anzuheben.

Kurz vor dem siebten missglückten Beginn gesellt sich ein drittes Geräusch zu dem gedämpften Missklang. Draußen ist ein Taxi vorgefahren. Eine Minute bleibt es still, dann hört man wieder das Taxi, dessen lärmende Abfahrt fast das Knirschen von Schritten auf dem Schlackenweg übertönt. Die Türglocke schrillt durchdringend durchs Haus.

Aus der Küche taucht ein erschöpfter kleiner Japaner auf, der eilig eine weißleinene Dienerjacke zuknöpft. Er öffnet die vordere Fliegentür und lässt einen gut aussehenden jungen Mann von dreißig Jahren ein. Er trägt die typische Uniform des guten Menschen, der sich dem Dienst am Nächsten verschrieben hat. Seiner ganzen Erscheinung haftet etwas Gutmenschliches an: In dem Blick, den er durchs Zimmer gehen lässt, mischen sich Neugier und entschlossener Optimismus. Als er Tana ansieht, steht die ganze Last der Bekehrung gottloser Asiaten in seinem Blick. Dies ist Frederick E. Paramore. Er war zusammen mit Anthony in Harvard, wo man die beiden der Anfangsbuchstaben ihrer Nachnamen wegen in den Kursen stets nebeneinander setzte. Daraus entwickelte sich eine flüchtige Bekanntschaft – aber seither haben sie sich nie wiedergesehen.

Dennoch vermittelt Paramore, als er das Zimmer betritt, den Eindruck, als sei er gekommen, um hier den Abend zu verbringen.

Tana beantwortet eine Frage.

TANA *(mit servilem Lächeln):* Zum «Inn» gegangen. Für Abendessen. Zulück halbe Stunde. Gehen weg halb sieben.

PARAMORE *(mit einem Blick auf die Gläser):* Haben sie Besuch?

TANA: Ja. Besuch. Mistah Caramel, Mistah und Misses Barnes, Miss Kane. Alle hier wohnen.

PARAMORE: Soso. *(Gütig.)* Wie ich sehe, ist hier mächtig was los.

TANA: Nicht verstehen.

PARAMORE: Sie hauen offenbar ganz schön auf den Putz.

TANA: Kaputts, ja. O viele, viele kaputts.

PARAMORE *(taktvoll das Thema wechselnd):* Irre ich mich, oder habe ich, als ich zum Haus kam, Musik gehört?

TANA *(krampfhaft kichernd):* Ja, ich spielen.

PARAMORE: Ein japanisches Instrument. *(Er ist offenkundig Abonnent des «National Geographic Magazine».)*

TANA: Ich spielen Flö-hö-te. Japanisch Flö-hö-te.

PARAMORE: Was für ein Lied haben Sie gespielt? Eine Ihrer japanischen Weisen?

TANA *(mit lächerlich gefurchter Stirn):* Ich spielen Eisenbahnsong. So sie nennen in meine Land … Es gehen sooo: Das meint Zug pfeifen, abfahlen ab. Dann gehen sooo: Das meint Zug fahlen. So fahlen. Sehl schöne Lied in meine Land. Kindel singen.

PARAMORE: Wirklich sehr hübsch.

(Es ist nicht zu übersehen, dass nur eiserne Selbstbeherrschung Tana davon abhält, nach oben zu eilen, um seine Postkarten, einschließlich der sechs in Amerika hergestellten, herunterzuholen.)

TANA: Ich machen Highball für Gentleman?

PARAMORE: Nein, danke. Rühre das Zeug nicht an. *(Er lächelt.)*

*(*TANA *zieht sich in die Küche zurück, wobei er die Tür nicht ganz schließt. Durch den Spalt ertönt plötzlich wieder die Melodie des japanischen Eisenbahnsongs – diesmal nicht zur Übung, sondern als schwungvolle, engagierte Darbietung. Das Telefon läutet. Tana, in seine Klangwelten vertieft, lässt sich nicht stören, aber Paramore hebt ab.)*

PARAMORE: Hallo ... Ja ... Nein, er ist zur Zeit nicht im Haus, wird aber gleich zurück sein. Butterworth? Hallo! Ich habe den Namen nicht genau verstanden ... Hallo, hallo, hallo. Hallo ... Na so was!

(Das Telefon weigert sich hartnäckig, weitere Geräusche von sich zu geben. Paramore legt auf. Jetzt erklingt wieder das Taximotiv, zu dessen Klängen ein zweiter junger Mann auftritt; er hat einen Koffer in der Hand und kommt herein, ohne zu klingeln.)

MAURY *(in der Diele)*: He, Anthony! Huhu! *(Er betritt das Wohnzimmer und entdeckt Paramore.)* Tag!

PARAMORE *(sieht ihn sich genau an)*: Ist das ... ist das Maury Noble?

MAURY: Erraten. *(Er kommt lächelnd näher und streckt die Hand aus.)* Wie geht's, alter Junge, wir haben uns ja seit einer halben Ewigkeit nicht mehr gesehen. *(Er verbindet das Gesicht irgendwie mit Harvard, ist sich aber nicht einmal in dem Punkt seiner Sache sicher. Den Namen hat er – falls er ihn je gekannt hat – längst vergessen. Mit großem Feingefühl und einem ebenso lobenswerten Maß an Nächstenliebe erkennt Paramore, woher der Wind weht, und rettet taktvoll die Situation.)*

PARAMORE: Du hast Fred Paramore vergessen? Wir waren beide in der Geschichtsvorlesung vom alten Unc Robert.

MAURY: Aber nein, Unc – ich meine Fred. Fred war – ich meine Unc war ein großartiger Bursche, nicht?

PARAMORE *(nickt ein paarmal erheitert):* Prächtiger alter Knabe. Prächtiger alter Knabe.

MAURY *(nach einer kurzen Pause):* Ja … wahrhaftig. Wo ist Anthony?

PARAMORE: Der japanische Diener hat etwas von einem Inn gesagt. Wohl zum Essen.

MAURY *(sieht auf die Uhr):* Schon lange weg?

PARAMORE: Vermutlich. Der Japaner meinte, sie würden bald zurück sein.

MAURY: Trinken wir was?

PARAMORE: Nein, danke. Rühre das Zeug nicht an. *(Er lächelt.)*

MAURY: Aber du hast doch nichts dagegen, wenn ich …? *(Er bedient sich gähnend aus einer Flasche.)* Was hast du denn nach dem College so gemacht?

PARAMORE: Ach, vielerlei. Ich führe ein sehr tätiges Leben, habe mich hier und da rumgetrieben. *(Sein Ton lässt von der Löwenjagd bis zum organisierten Verbrechen alle Möglichkeiten offen.)*

MAURY: Warst du in Europa?

PARAMORE: Nein, leider …

MAURY: Schätze, jetzt kommen wir bald alle hin.

PARAMORE: Glaubst du wirklich?

MAURY: Allerdings. Seit über zwei Jahren füttern sie das Land mit Sensationsmeldungen, so langsam werden die Leute ungeduldig. Sie wollen schließlich auch ihren Spaß haben.

PARAMORE: Dann glaubst du also nicht, dass es um Ideale geht?

MAURY: Kaum. Ab und zu brauchen die Leute einfach ein bisschen Abwechslung.

PARAMORE *(nachdrücklich):* Das ist ja hochinteressant. Ich habe mit einem gesprochen, der drüben gewesen ist … *(Während der nachfolgenden Auslassungen, die von seiten des Lesers durch Floskeln wie «Hat mit eigenen Augen gesehen, wie …», «Glorreicher Geist von Frankreich» und «Rettung der Kultur» zu ergänzen wären, sitzt Maury mit gesenkten Lidern und leidenschaftslos gelangweilt da.)*

MAURY *(die erstbeste Gelegenheit beim Schopf packend):* Weißt du übrigens, dass sich in diesem Haus ein deutscher Agent befindet?

PARAMORE *(lächelt zurückhaltend):* Im Ernst?

MAURY: Ehrenwort. Halte es für meine Pflicht, dich zu warnen.

PARAMORE *(überzeugt):* Eine Gouvernante?

MAURY *(im Flüsterton, mit dem Daumen in Richtung Küche deutend):* Tana! Das ist nicht sein richtiger Name. Wie ich höre, bekommt er ständig Post, die an «Leutnant Emil Tannenbaum» adressiert ist.

PARAMORE *(mit einem herzhaft-nachsichtigen Lachen):* Du willst mich auf den Arm nehmen.

MAURY: Kann sein, dass ich ihn fälschlich im Verdacht habe. Aber du hast mir noch nicht erzählt, was du machst.

PARAMORE: Also zunächst mal – ich schreibe.

MAURY: Romane?

PARAMORE: Nein. Sachbücher.

maury: Was ist das? Literatur, die halb aus Fiktion und halb aus Fakten besteht?

PARAMORE: Mir geht es ausschließlich um Fakten. Ich leiste sehr viel Sozialarbeit.

MAURY: Soso. (In seinen Blick tritt jäher Argwohn. Es ist, als habe Paramore sich als Amateurtaschendieb zu erkennen gegeben.)

PARAMORE: Im Augenblick tue ich Dienst in Stamford. Erst letzte Woche hat mir jemand erzählt, dass Anthony Patch hier ganz in der Nähe wohnt.

(Aus dem Tumult, der draußen entsteht und das Gespräch unterbricht, kristallisieren sich männliche und weibliche Stimmen heraus, die miteinander lachen und schwatzen. Dann treten gemeinsam auf: Anthony, Gloria, Richard Caramel, Muriel Kane, Rachael Barnes und Rodman Barnes, ihr Mann. Sie umringen Maury und quittieren sein allgemein gehaltenes «Hal-lo!» mit einem paradoxen «Bestens!». Inzwischen geht Anthony auf seinen neuen Gast zu.)

ANTHONY: Das darf doch nicht wahr sein! Wie geht's denn? Freut mich sehr.

PARAMORE: Auch ich freue mich, dich zu sehen, Anthony. Ich bin in Stamford stationiert, da hab' ich mir gesagt, ich komme mal vorbei. *(Schelmisch:)* Unsereins schuftet die meiste Zeit wie ein Kümmeltürke, da hat man sich die paar Stunden Freizeit redlich verdient.

(Anthony versucht verzweifelt, sich an den Namen zu erinnern. Nach heftigen Geburtswehen fördert sein Gedächtnis das Bruchstück «Fred» zutage, um das er rasch den Satz «Das hast du gut gemacht, Fred!» baut. Inzwischen ist eine kurze Pause eingetreten, wie sie einer Vorstellung voranzugehen pflegt. Maury, der helfend einspringen könnte, zieht es vor, mit boshaftem Vergnügen den Zuschauer zu spielen.)

ANTHONY (voller Verzweiflung): Meine Damen und Herren, dies ist – dies ist Fred.

MURIEL *(heiter in die Bresche springend): Hallo, Fred! (Richard Caramel und Paramore sprechen sich vertraulich mit Vornamen an. Letzterer erinnert sich, dass Dick einer der Kommilitonen seines Jahrgangs war, der sich immer zu gut war, mit ihm zu reden. Dick bildet sich ein, er habe Paramore irgendwann bei Anthony kennengelernt. Die jungen Damen gehen nach oben.)*

MAURY *(halblaut zu Dick):* Ich habe Muriel seit Anthonys Hochzeit nicht mehr gesehen.

DICK: Sie war nie besser in Form. Ihr Neuestes ist: «Also ich möchte mal sagen.»

(Anthony müht sich eine Weile mit Paramore ab und versucht schließlich, alle in das Gespräch einzubeziehen, indem er sie auffordert, etwas zu trinken.)

MAURY: Ich hab' die Flasche hier schon ganz gut dezimiert. Von «Proof» bis «Distillery». *(Er tippt die Worte auf dem Etikett an.)*

ANTHONY *(zu Paramore):* Man weiß nie, wann die beiden auftauchen. Einmal hab' ich mich nachmittags um fünf von ihnen verabschiedet, und was soll ich dir sagen – früh um zwei waren sie wieder da. Ein großer gemieteter Tourenwagen aus New York fuhr vor, und sie stiegen aus. Voll wie die Strandhaubitzen natürlich. *(Mit erlesenem Takt betrachtet Paramore den Deckel eines Buches, das er in der Hand hält. Maury und Dick wechseln einen Blick.)*

DICK *(unschuldig, zu Paramore):* Arbeitest du hier in der Stadt?

PARAMORE: Nein, in der Laird-Street-Siedlung in Stamford. *(Zu Anthony):* Du ahnst ja gar nicht, wie viel Arbeit es in diesen Kleinstädten in Connecticut gibt. Italiener und andere Einwanderer. Meist Katholiken, deshalb kommt man sehr schwer an sie heran.

ANTHONY *(höflich):* Viel Kriminalität?

PARAMORE: Nicht so sehr Kriminalität als Ignoranz und Schmutz.

MAURY: Nach meiner Theorie gehören alle Ignoranten und Schmutzfinken unverzüglich auf den elektrischen Stuhl. Ich hab' viel übrig für Kriminelle, sie machen das Leben farbiger. Allerdings müsste man wohl, wenn man anfangen würde, Ignoranz unter Strafe zu stellen, bei den ersten Familien anfangen. Als nächste Gruppe wären dann die Leute aus der Filmindustrie dran, danach könnte man sich den Kongress und die Geistlichkeit vornehmen.

PARAMORE *(etwas beklommen lächelnd)*: Ich sprach von einem Mangel an Wissen auf niedrigerem Niveau – mangelnde Beherrschung unserer Sprache zum Beispiel.

MAURY *(nachdenklich)*: Muss ganz schön hart sein, wenn man sich nicht mal über die neueste Lyrik auf dem Laufenden halten kann.

PARAMORE: Erst wenn man einige Monate in der Siedlung gearbeitet hat, begreift man, wie schlimm es dort steht. Wie unser Sekretär es ausdrückt: «Dass deine Fingernägel schmutzig sind, merkst du erst, wenn du dir die Hände wäschst.» Natürlich haben wir schon viel Aufmerksamkeit erregt.

MAURY: Wie euer Sekretär sagen würde: «Wenn du Papier in einen Kamin steckst, brennt es einen Moment mit heller Flamme.»

(In diesem Moment tritt Gloria, frisch geschminkt und nach Bewunderung und Unterhaltung dürstend, zu der Gruppe, der die beiden Freundinnen folgen. Kurze Zeit reden alle durcheinander. Gloria winkt Anthony beiseite.)

GLORIA: Bitte trink nicht so viel, Anthony.

ANTHONY: Warum nicht?

GLORIA: Weil du so einfältig bist, wenn du getrunken hast.

ANTHONY: Herrgott noch mal, was soll das heißen?

GLORIA *(nach einer Pause, in der sie ihn kühl gemustert hat)*: Einiges. Zunächst mal: Warum musst du ständig alles auf deine Rechnung nehmen? Die beiden haben mehr Geld als du.

ANTHONY: Aber Gloria! Sie sind meine Gäste.

GLORIA: Deshalb brauchst du noch lange nicht eine Flasche Champagner zu zahlen, die Rachael Barnes zerdeppert hat. Dick war durchaus bereit, die zweite Taxirechnung zu übernehmen, aber du hast ihn nicht gelassen.

ANTHONY: Aber Gloria …

GLORIA: Wenn wir ständig Wertpapiere verkaufen müssen, um unsere Schulden zu zahlen, ist es höchste Zeit, übertriebene Großzügigkeit zu bremsen. Außerdem würde ich an deiner Stelle Rachael Barnes nicht ganz so auffällig den Hof machen. Ihrem Mann gefällt das ebensowenig wie mir.

ANTHONY: Aber Gloria …

GLORIA *(höhnisch nachäffend)*: «Aber Gloria!» Das machst du nämlich in diesem Sommer ein bisschen zu oft – mit jeder hübschen Frau, die dir über den Weg läuft. Es ist schon fast Usus geworden, und das lasse ich mir nicht gefallen. Wenn du herumpoussierst, kann ich das schon lange. *(Dann kommt ihr ein neuer Gedanke)*: Dieser Fred ist doch wohl hoffentlich kein zweiter Joe Hull?

ANTHONY: Du lieber Himmel, nein! Ich nehme an, er ist gekommen, weil er glaubt, ich könnte Großvater Geld für seine Schäflein entlocken.

(Gloria lässt einen sehr deprimierten Anthony stehen und geht zurück zu ihren Gästen. Die zerfallen um neun in zwei Gruppen – die eine, die unentwegt, und die andere, die kaum

etwas oder gar nichts getrunken hat. Zur zweiten Gruppe gehören die Barneses, Muriel und Frederick E. Paramore.)

MURIEL: Ich wünschte, ich könnte schreiben. Ideen hab' ich jede Menge, doch ich schaffe es einfach nicht, sie in Worte zu kleiden.

DICK: Wie hat Goliath gesagt? Er könne David nachfühlen, wie ihm zumute war, könne es aber nicht ausdrücken. Die Bemerkung wurde sofort von den Philistern als Motto übernommen.

MURIEL: Da komme ich nicht mit. Ich werde doch nicht auf meine alten Tage begriffsstutzig?

GLORIA *(die zwischen ihren Gästen einen Zickzackkurs steuert wie ein angeheiterter Engel):* Wenn jemand Hunger hat – auf dem Esszimmertisch stehen Blätterteigpastetchen.

MAURY: Wenn die nur nicht diese viktorianischen Formen hätten!

MURIEL (höchlich erheitert): Also ich würde mal sagen, dass du ganz schön angegangen bist, Maury. *(Ihr Busen ist noch immer eine gepflasterte Straße, die sie den Hufen vieler Hengste zum Traben zur Verfügung stellt in der Hoffnung, ihre Hufeisen könnten in der Dunkelheit romantische Funken schlagen …*

Die Herren Barnes und Paramore führen ein Gespräch über irgendein bekömmliches Thema – so bekömmlich, dass Mr. Barnes seit ein paar Minuten versucht, sich heimlich in die ungesündere Luft des Wohnzimmers zu verziehen. Ob Paramore aus Höflichkeit oder Neugier im grauen Haus verharrt oder um später einen soziologischen Abriss über die Dekadenz des amerikanischen Lebens verfassen zu können, steht dahin.)

MAURY: Ich habe dich eigentlich für einen sehr toleranten Menschen gehalten, Fred.

PARAMORE: Das bin ich auch.

MURIEL: Genau wie ich. Also, in meinen Augen ist eine Religion so gut wie die andere und so.

PARAMORE: Etwas Gutes steckt in jeder Religion.

MURIEL: Ich bin katholisch, aber ich möchte mal sagen, dass ich nicht drauf rumreite.

PARAMORE *(in einer ungeheuerlichen Anwandlung von Toleranz):* Die katholische Religion ist … ist eine sehr mächtige Religion.

MAURY: Ein so toleranter Mensch sollte bedenken, wie viel an erweitertem Bewusstsein und Zugewinn an Optimismus in diesem Cocktail steckt.

PARAMORE *(nimmt einigermaßen herausfordernd das Glas):* Danke. Ich probiere mal – einen.

MAURY: Einen? Na hör mal! Abschluss-Jahrgang 1910 feiert Klassentreffen, und du willst dir keinen antütern? Los jetzt!

«Ein Prosit auf König Karl!
Ein Prosit auf König Karl!
Den bordenden Becher herbei!»

(Paramore stimmt herzhaft ein.)

MAURY: Schenk dir nach, Frederick. Du weißt, dass sich alles dem unterordnet, was die Natur mit uns vorhat, und mit dir hat sie vor, dich zu einem Schluckspecht erster Güte zu machen.

PARAMORE: Wenn einer nicht trinken kann wie ein Gentleman …

MAURY: Und was ist ein Gentleman?

ANTHONY: Einer, der nie Nadeln unter dem Revers hat.

MAURY: Unfug. Der gesellschaftliche Rang eines Menschen bemisst sich an der Brotmenge, die er mit einem Sandwich zu sich nimmt.

DICK: Ein Gentleman ist einer, der die Erstausgabe eines Buches der Spätausgabe einer Zeitung vorzieht.

RACHAEL: Einer, der nie zur allgemeinen Belustigung einen Kokser spielt.

MAURY: Ein Amerikaner, der einem englischen Butler vormachen kann, er wäre selber einer.

MURIEL: Ein Mann, der aus einer guten Familie kommt und in Yale oder Harvard oder Princeton studiert hat und Geld hat und gut tanzt und so.

MAURY: Endlich die perfekte Definition. Dagegen ist Kardinal Newman ein alter Hut.

PARAMORE: Ich finde, wir sollten die Frage großzügiger auslegen. War es Abraham Lincoln, der gesagt hat, ein Gentleman sei ein Mensch, der niemandem ein Leid zufügt?

MAURY: So viel ich weiß, wird dieser Ausspruch General Ludendorff zugeschrieben.

PARAMORE: Das war doch wohl ein Witz?

MAURY: Trink noch was.

PARAMORE: Ich dürfte eigentlich nicht. *(Er senkt die Stimme, damit nur Maury ihn hört.)* Wenn ich dir nun sage, dass das erst der dritte Drink meines Lebens ist?

(Dick wirft das Grammofon an, was Muriel veranlasst, aufzustehen und sich hin und her zu wiegen, die Ellbogen gegen die Rippen gepresst, die Unterarme senkrecht zum Körper und nach außen gedreht wie Flossen.)

MURIEL: Kommt, wir rollen die Teppiche auf und tanzen.

(Dieser Vorschlag wird von Anthony und Gloria heimlich stöhnend, aber mit schwächlich zustimmendem Lächeln aufgenommen.)

MURIEL: Los, ihr Faulpelze. Steht auf, und rückt die Möbel an die Wand.

DICK: Lass mich erst austrinken.

MAURY *(der sein Ziel bei Paramore nicht aus den Augen verloren hat):* Ich will dir was sagen. Wir schenken uns beide nach, trinken aus – und dann tanzen wir.

(Eine Welle des Protests, die sich am Fels von Maurys Hartnäckigkeit bricht.)

MURIEL: Huch, um mich dreht sich alles.

RACHAEL *(leise zu Anthony):* Hat Gloria gesagt, du sollst die Finger von mir lassen?

ANTHONY *(verwirrt):* Aber nein. Wo denkst du hin …

(Rachaels Lächeln ist undeutbar. In den letzten zwei Jahren ist ihr eine harte, gepflegte Schönheit zugewachsen.)

MAURY (hebt sein Glas): Auf die Niederlage der Demokratie und den Sturz des Christentums.

MURIEL: Also wirklich!

(Sie wirft Maury einen gespielt vorwurfsvollen Blick zu und trinkt. Sie trinken alle – mit mehr oder minder großen Schwierigkeiten.)

MURIEL: Macht die Tanzfläche frei!

(Anthony und Gloria fügen sich in das Unvermeidliche und beteiligen sich tapfer an dem großen Tischerücken, Stühlestapeln, Teppichaufrollen und Lampenzerbrechen. Als die Möbel in hässlichen Haufen an der Wand stehen, ergibt sich eine Fläche von drei Metern im Quadrat.)

MURIEL: Musik, Kinder, Musik!

MAURY: Tana wird uns das Liebeslied eines Hals-Nasen-und-Ohren-Arztes vortragen.

(Nach einigem Hin und Her, weil Tana sich bereits zur Ruhe begeben hat, werden Vorbereitungen für die Darbietung getroffen. Der pyjamabekleidete Japaner mit der Flöte in der Hand wird in eine Decke gewickelt und auf einen Stuhl, der Stuhl auf einen der Tische gesetzt, wo er ein lächerliches und bizarres Bild abgibt. Paramore ist merklich betrunken und so stolz darauf, dass er die Wirkung noch durch clowneskes Torkeln und gelegentliche Hickser unterstreicht.)

PARAMORE *(zu Gloria):* Wollen Sie mit mir tanzen?

GLORIA: Nein, danke! Ich will den Schwanentanz tanzen. Können Sie den?

PARAMORE: Aber sicher. Ich kann alles.

GLORIA: In Ordnung. Sie fangen da drüben an und ich hier.

MURIEL: Auf los geht's los.

(Und dann kriecht der Irrsinn kreischend aus den Flaschen: Tana verliert sich in dem abstrusen Labyrinth des Eisenbahnsongs, dessen klagendes Tut-tut-tu-huut mit dem aus dem Grammofon quäkenden ‹Armer Schmetterling-lingling, den ich auf den Blüten fing, fing, fing› verschmilzt.

Muriel ist so schlapp vom Lachen, dass sie sich hilflos an Barnes klammert, der in der kompromisslos steifen Haltung des Offiziers tanzt und auf der kleinen Fläche herumstampft, ohne eine Miene zu verziehen. Anthony versucht zu hören, was Rachael flüstert, ohne dass Gloria es merkt.

Doch der groteske, unglaubliche, dramatische Vorfall steht noch aus, einer jener Vorfälle, mit denen das Leben offenkundig darauf abzielt, die niederste Form der Literatur nachzuahmen. Paramore versucht, Gloria nachzueifern, und als der Tumult auf seinem Höhepunkt ist, fängt er an, sich immer schneller um die eigene Achse zu drehen, taumelt, fängt sich wieder, taumelt erneut und fällt in Richtung Diele ... fast dem alten Adam Patch in die Arme, dessen Ankunft in dem Pandämonium, das im Zimmer herrscht, unbeachtet geblieben ist. Adam Patch ist sehr blass. Er stützt sich auf einen Stock. Sein Begleiter ist Edward Shuttleworth, und er ist es, der Paramore an der Schulter packt und den Sturz auf den ehrwürdigen Philanthropen verhindert.

Es dauert an die zwei Minuten, bis sich Stille auf den Raum senkt wie ein monströses Leichentuch, allerdings quäkt auch danach noch kurze Zeit das Grammofon, und die Töne des japanischen Eisenbahnsongs tröpfeln von Tanas Flöte. Von den neun Anwesenden ist nur Barnes, Paramore und Tana die Identität des späten Gastes unbekannt. Keiner der neun weiß, dass Adam Patch erst heute vormittag fünfzigtausend Dollar für die Sache der landesweiten Prohibition gespendet hat.

Es bleibt Paramore vorbehalten, die lastende Stille zu durchbrechen. Der Gipfel seiner Schlechtigkeit ist mit dieser unglaublichen Bemerkung erreicht.)

PARAMORE *(auf Händen und Knien in Richtung Küche krabbelnd)*: Ich bin kein Gast, ich arbeite hier.

(Wieder tritt Stille ein, die jetzt so tief ist, in der eine so unerträglich ansteckende Bangigkeit schwingt, dass Rachael sich zu einem kurzen, nervösen Kichern hinreißen lässt und Dick sich dabei ertappt, dass er sich immer wieder eine Zeile von Swinburne vorsagt, die der Szene auf bizarre Weise Rechnung trägt:

«Einer düster entstellten Blüte
duftloser Hauch.»

Aus der Stille erhebt sich die Stimme Anthonys, nüchtern und gepresst, der etwas zu Adam Patch sagt. Dann verhallt auch sie.)

SHUTTLEWORTH *(erregt)*: Ihr Großvater wollte hergefahren werden, um sich Ihr Haus anzusehen. Ich habe von Rye aus angerufen und eine Nachricht hinterlassen.

(Eine Folge kleiner Seufzer, die scheinbar von nirgendwoher und von niemandem kommen, fallen in die nächste Pause. Anthony ist kreideweiß. Glorias Lippen sind geöffnet, und der Blick, mit dem sie den Alten unverwandt ansieht, ist starr und voller Angst. Weit und breit ist kein Lächeln zu sehen. Keins? Oder öffnet sich mit leisem Beben der schlaffe Mund von Murrkopf Patch, sodass man die gleichmäßigen Reihen seiner dünnen Zähne sieht? Er spricht. Fünf milde, schlichte Worte.)

ADAM: Wir fahren jetzt zurück, Shuttleworth.

(Und das ist alles. Er dreht sich um und geht, auf seinen Stock gestützt, durch die Diele zur Haustür, und dann hört man unter dem Augustmond seine tapernden Schritte unheilverkündend über den Kiesweg knirschen.)

Rückblick

In dieser verzweifelten Lage glichen sie zwei Goldfischen in einem Glas, aus dem man das Wasser abgelassen hat, sodass sie nicht einmal aufeinander zuschwimmen konnten.

Gloria wurde im Mai sechsundzwanzig. Dazu wünschte sie sich, wie sie sagte, nichts weiter, als lange Zeit jung und schön, glücklich und zufrieden zu sein, Geld zu haben und geliebt zu werden. Sie wünschte sich das, was die meisten Frauen sich wünschen, aber sie wünschte es sich sehr viel stürmischer und leidenschaftlicher. Sie war jetzt seit über zwei Jahren verheiratet. Zuerst hatte es Tage voll heiterer Harmonie gegeben, die sich zu lustvollem Stolz und Besitzergefühl gesteigert hatte. Dazwischen waren sporadisch Anwandlungen von Hass aufgetreten, die eine kurze Stunde währten und nach höchstens einem Nachmittag vergessen waren. Diese Phase währte ein halbes Jahr.

Dann waren Heiterkeit und Zufriedenheit grau und müde geworden – nur sehr selten noch, ausgelöst durch Eifersucht oder erzwungene Trennung, kam es zu dem früheren Überschwang, der scheinbaren Seelengemeinschaft, den hoch aufschießenden Gefühlen. Sie konnte nun Anthony einen vollen Tag lang hassen, sich eine Woche beiläufig über ihn ärgern. Anstelle der Zuneigung leisteten sie sich gegenseitige Vorwürfe fast wie einen Zeitvertreib, und manchmal, wenn sie sich abends zu Bett legten, hatten sie Mühe, sich zu erinnern, wer böse auf wen war und wer am nächsten Morgen schmollen musste.

Und als das zweite Jahr zu Ende ging, waren zwei neue Aspekte hinzugekommen. Gloria merkte, dass Anthony es jetzt fertigbrachte, ihr mit völliger Gleichgültigkeit zu begegnen, die zwar zeitlich begrenzt und mehr als zur Hälfte Lethargie war, aus der sie ihn aber nicht mit einem geflüsterten Wort, einem gewissen vertraulichen Lächeln herauszuholen vermochte. Es gab Tage, da ihre Zärtlichkeiten ihm geradezu die Luft zu nehmen drohten. Sie wusste darum, gestand es sich selbst aber nie offen ein.

Erst neuerdings hatte sie begriffen, dass sie ihn ungeachtet ihrer Anbetung, ihrer Eifersucht, ihrer Abhängigkeit, ihres Stolzes im Grunde verachtete – und diese Verachtung verschmolz untrennbar mit ihren anderen Gefühlen. All das machte ihre Liebe aus – diese entscheidende weibliche Illusion, die sich an einem Abend im April vor vielen Monaten auf ihn gerichtet hatte.

Anthony sah in ihr trotz dieser Vorbehalte noch immer seinen einzigen Lebensinhalt. Hätte er sie verloren, wäre er ein gebrochener Mann gewesen, für den Rest seines Lebens jämmerlich und sentimental in der Erinnerung an sie schwelgend. Er war nicht gern einen ganzen

Tag mit ihr allein; meist holte er sich deshalb eine dritte Person dazu. Manchmal hatte er das Gefühl, er müsse wahnsinnig werden, wenn sie ihn nicht ganz in Ruhe ließ – ein paarmal hatte er einen ausgesprochenen Hass auf sie. Hatte er getrunken, fühlte er sich hin und wieder kurz zu anderen Frauen hingezogen – bisher unterdrückte Regungen eines experimentierfreudigen Wesens.

Im Frühling und Sommer hatten sie über künftige glückliche Tage spekuliert – wie sie von einem Sommerland zum anderen reisen und früher oder später zu einem prächtigen Anwesen und eventuellen bezaubernden Kindern zurückkehren, dann in den diplomatischen Dienst oder in die Politik gehen, eine Weile Schönes und Wichtiges leisten und schließlich als Paar mit weißem Haar (wunderschönem, seidig-weißem Haar) in heiterer Herrlichkeit sich irgendwo in beschaulicher Muße von der Bourgeoisie des Landes huldigen lassen würden … All das sollte beginnen, «wenn wir unser Geld bekommen»; auf derlei Träume – nicht etwa darauf, in ihrem zunehmend chaotischen, zunehmend verzettelten Leben Zufriedenheit zu finden – richteten sich ihre Hoffnungen. An grauen Vormittagen, wenn die Späße des vergangenen Abends sich auf Clownerien ohne Witz oder Würde reduziert hatten, holten sie diesen Packen gemeinsamer Hoffnungen hervor, um sie zu zählen, und dann lächelten sie sich zu und wiederholten abschließend Glorias ebenso knappen wie aufrichtigen Spruch im Sinne Nietzsches: «Es ist mir schnuppe!»

Es ging merklich bergab mit ihnen. Da war die zunehmend lästige, zunehmend bedrohliche Geldfrage; da war die Erkenntnis, dass ihnen Alkohol für ihre Vergnügungen praktisch unverzichtbar geworden war – ein Phänomen, das in der britischen Aristokratie vor hundert Jahren nicht ungewöhnlich gewesen, aber in einer Kultur, die sich ständig größerer Mäßigung und Vorsicht befleißigte, einigermaßen beängstigend war. Überdies schienen beide charakterlich anfälliger, nicht so sehr in dem, was sie taten, als in ihren subtilen Reaktionen auf das Umfeld, in dem sie lebten. In Gloria hatte sich etwas entwickelt, was sie bisher nie nötig gehabt hatte, was ihr früher ein Gräuel gewesen war – das noch unvollständige, aber klar erkennbare Gerippe eines Gewissens. In dem Maße, wie sie das selbst einsah, nahm auch ihr physischer Mut ab.

Und nun erwachten sie an dem Augustmorgen nach dem unerwarteten Besuch von Adam Patch verkatert und müde, vom Leben enttäuscht und von nur einem intensiven Gefühl beherrscht – dem der Angst.

Panik

«Und jetzt?» Anthony setzte sich im Bett auf und sah auf sie herab. Seine Mundwinkel wiesen mutlos nach unten, seine Stimme klang gepresst und hohl.

Statt einer Antwort hob sie die Hand an den Mund und begann langsam und systematisch an ihrem Finger zu knabbern.

«Jetzt haben wir es bei ihm verspielt», sagte er nach einer Pause, und als sie noch immer schwieg, fuhr er sie ungeduldig an: «Warum sagst du nichts?»

«Was soll ich denn sagen?»

«Was denkst du?»

«Nichts.»

«Dann hör auf, an deinem Finger zu kauen.»

Es folgte eine kurze, konfuse Diskussion darüber, ob sie gedacht hatte oder nicht. Anthony lag sehr daran, dass sie sich laut zu der Katastrophe der vergangenen Nacht äußerte. Ihr Schweigen hatte Methode: Sie wollte ihm die Verantwortung zuschieben. Gloria sah keine Notwendigkeit, etwas zu sagen – in diesem Moment war für sie nichts wichtiger, als an ihrem Finger zu knabbern wie ein nervöses Kind.

«Ich muss diese verflixte Geschichte mit meinem Großvater wieder in Ordnung bringen», meinte er unbehaglich. Ein leiser, ganz neuer Respekt deutete sich darin an, dass er «mein Großvater», sagte statt «Großpapa».

«Ausgeschlossen», erklärte sie schroff. «Das schaffst du nie. Er wird dir sein Lebtag nicht verzeihen.»

«Mag sein», bestätigte Anthony kläglich. «Aber vielleicht könnte ich doch irgendwie … wenn ich Besserung gelobte …»

«Er sah krank aus», fiel sie ihm ins Wort. «Wie eine Leiche auf Urlaub.»

«Er ist krank, das hab' ich dir schon vor einem Vierteljahr gesagt.»

«Ich wünschte, er wäre letzte Woche gestorben», sagte sie verdrießlich. «Rücksichtsloser alter Trottel.»

Doch beiden war nicht zum Lachen zumute.

«Aber eins sage ich dir», fügte sie leise hinzu. «Wenn ich noch einmal erlebe, dass du dich bei einer Frau so benimmst wie gestern Abend bei Rachael Barnes, verlasse ich dich. Auf … der … Stelle! Das kannst du mit mir nicht machen.»

Anthony zuckte zusammen. «Sei nicht albern. Du weißt, dass es auf der ganzen weiten Welt außer dir keine Frau für mich gibt. Keine, mein Liebling.» Sein Versuch, dem Gespräch eine zärtliche Note zu geben, scheiterte kläglich; die nähere Gefahr forderte sofort wieder ihr Recht.

«Wenn ich zu ihm ginge», meinte Anthony, «und ihm mit den passenden Bibelstellen eröffnete, dass ich lange genug auf dem Pfad der Sünde gewandelt und endlich erleuchtet worden sei …» Er unterbrach sich und sah mit drollig verzogenem Gesicht seine Frau an. «Die Frage ist, was er dann tun würde …»

«Ich weiß es nicht.» Sie überlegte, ob ihre Gäste wenigstens so taktvoll sein würden, um gleich nach dem Frühstück abzureisen.

Anthony hatte erst nach einer Woche Mut genug gefasst, nach Tarrytown zu fahren. Es war eine abscheuliche Vorstellung, und aus eigener Initiative hätte er sich nicht dazu aufgerafft – aber nicht nur seine Willenskraft hatte in den letzten drei Jahren nachgelassen, sondern auch seine Fähigkeit, ständigem Drängen zu widerstehen. Gloria nötigte ihn zu dem Besuch. Eine Woche zu warten, sei schon in Ordnung, sagte sie, denn in dieser Zeit konnte sich die heftige Animosität seines Großvaters ein wenig legen – doch länger dürfe man auch wieder nicht zuwarten, weil sie sich dann verfestigen konnte.

So machte er sich denn auf den Weg – mit Hangen und Bangen und letztlich umsonst. Adam Patch fühle sich nicht wohl, erklärte Shuttleworth indigniert, er habe ausdrückliche Anweisungen gegeben, niemanden vorzulassen.

Vor dem rachsüchtigen Blick des früheren «Gindoktors» verließ Anthony der Mut. Wie ein begossener Pudel ging er zu seinem Taxi; erst als er im Zug saß, gewann er ein Stück Selbstachtung zurück und freute sich wie ein Kind, in die trostreichen Traumschlösser fliehen zu können, die sich noch immer glitzernd und funkelnd vor seinem inneren Auge erhoben.

Gloria empfing ihn mit Spott und Hohn, als er nach Marietta zurückkam. Warum hatte er sich nicht den Zugang erzwungen? Sie an seiner Stelle hätte das getan!

Gemeinsam verfassten sie einen Brief an den Alten und schickten ihn nach wiederholter sorgfältiger Überarbeitung ab. Er war halb Entschuldigung, halb erfundene Erklärung. Eine Antwort erhielten sie nie.

Und dann kam ein Septembertag, der abwechselnd Sonne und Regen brachte, eine Sonne ohne Wärme, einen Regen ohne Frische, an dem sie das graue Haus verließen, jenes Haus, das die Blütezeit ihrer Liebe erlebt hatte. Vier Schrankkoffer und drei riesige Kisten standen in dem ausgeräumten Zimmer, in dem sie sich vor zwei Jahren wohlig gerekelt und fernen, genussvollen, zufriedenen Träumen nachgehangen hatten. Die Leere hallte von den Wänden wider. Gloria saß in einem neuen braunen Kleid mit Pelzbesatz schweigend auf einem der Schrankkoffer, und Anthony ging nervös rauchend hin und her, während sie auf den Wagen warteten, der ihre Sachen in die Stadt befördern sollte.

«Was ist das?», fragte sie und deutete auf einige Bände, die auf einer der Kisten lagen.

«Meine alte Briefmarkensammlung», gestand er verlegen. «Ich hab' vergessen, sie einzupacken.»

«Wozu willst du denn die mitschleppen, Anthony? Das ist doch albern.»

«Ich hatte sie mir angesehen, als wir im Frühjahr die Wohnung verließen, und wollte sie nicht mit einlagern lassen.»

«Kannst du sie nicht verkaufen? Wir haben doch wahrhaftig schon genug Trödel.»

«Entschuldige», sagte er demütig.

Rumpelnd und stöhnend fuhr der Wagen vor. Gloria drohte den vier Wänden herausfordernd mit der Faust.

«Ich bin froh, dass wir gehen», rief sie. «Was bin ich froh! Mein Gott, wie ich dieses Haus hasse!»

Und so fuhr die schöne, glanzvolle Lady mit ihrem Mann nach New York. Noch im Zug fingen sie an zu streiten – Glorias bittere Bemerkungen waren so zahlreich, so regelmäßig, so unausweichlich wie die Bahnhöfe, an denen sie vorüberkamen.

«Sei nicht böse», bettelte Anthony kläglich. «Wir haben doch nur einander.»

«Meist haben wir nicht einmal das», stieß Gloria hervor.

«Wann denn nicht?»

«Sehr oft. Angefangen hat es auf dem Bahnsteig von Redgate.»

«Du willst doch nicht sagen …»

«Nein», fiel sie ihm frostig ins Wort. «Ich hänge der Sache nicht nach. Sie kam und ging – und hat im Gehen etwas mitgenommen.» Sie verstummte unvermittelt.

Schweigend, hilflos, bedrückt saß Anthony da. Der dem Zug zugewandte triste Blick auf Mamaroneck, Larchmont, Rye, Pelham Manor zog vorbei, dazwischen immer wieder kahle, verwahrloste Öde, die sich erfolglos als Landschaft ausgab. Er ertappte sich bei der Erinnerung daran, wie sie sich an einem Sommermorgen von New York aus aufgemacht hatten, das Glück zu suchen. Sie hatten vielleicht nie wirklich damit gerechnet, es zu finden, aber schon die Suche danach war beglückender gewesen als alles, was er von der Zukunft noch erwartete. Im Leben war es wohl wichtig, Stützen um sich herum zu errichten, sonst gab es eine Katastrophe. An Ruhe und Stille war nicht zu denken, seine Hoffnung, sich treiben lassen und träumen zu können, war dahin; das Sichtreibenlassen führte nur in den Strudel, aus Träumen wurden wüste Nachtmahre der Unentschlossenheit und Reue.

Pelham! In Pelham hatten sie gestritten, weil Gloria sich unbedingt ans Steuer setzen wollte. Und als sie den kleinen Fuß aufs Gaspedal setzte, hatte der Wagen einen gereizten Satz gemacht, und ihre Köpfe waren nach hinten geruckt wie Marionetten an einer gemeinsamen Schnur.

Die Bronx – eine Versammlung leuchtender Häuser unter einer Sonne, die jetzt aus einem hohen, klaren Himmel und stürzenden Lichtmassen in die Straßen fiel. Ja, New York war wohl sein Zuhause – Stadt des Wohllebens und des Geheimnisses, Stadt bizarrer Hoffnungen und ausgefallener Träume. Hier in den Außenbezirken reckten sich bizarre Stuckpaläste in den kühlen Sonnenuntergang, schwebten einen Moment in kühler Unwirklichkeit und glitten vorbei, gefolgt von der labyrinthischen Konfusion des Harlem River. Der Zug bewegte sich durch die tiefer werdende Dämmerung über ein halbes Hundert munter schwitzender Straßen der oberen East Side, die am Zugfenster vorbeizogen wie die Zwischenräume zwischen Speichen eines riesigen Rades, von denen jeder das lebensvoll-farbige Bild armer Kinder zeigte, die in hektischer Betriebsamkeit herumwimmelten wie Ameisen auf Straßen aus rotem Sand. Aus den Fenstern der Mietskasernen lehnten runde, mondförmige Mütter als Sternbilder an diesem unreinen Himmel; Frauen wie dunkle, fehlerhafte Edelsteine; Frauen wie Gemüse oder Frauen wie große Säcke mit entsetzlich verschmutzter Wäsche.

«Ich mag diese Straßen», bemerkte Anthony laut. «Es

kommt mir immer vor, als werde für mich eine Vorstellung gegeben, als würden, sobald ich vorbei bin, alle aufhören, zu lachen und herumzuspringen, sehr traurig werden, weil ihnen eingefallen ist, wie arm sie sind, und mit gesenktem Kopf in ihren Häusern verschwinden. Im Ausland sieht man so was oft, aber hierzulande nur sehr selten.»

In einer großen, geschäftigen Straße las er ein Dutzend jüdische Namen an einer Ladenzeile. Unter jeder Ladentür stand ein kleiner dunkler Mann, der die Passanten scharf beobachtete, Argwohn, Stolz, Klarsicht, Gier, Verständnis im Blick. New York – für ihn war es nun nicht mehr von dem langsamen, kriechenden Aufwärtsstreben dieser Leute zu trennen; die kleinen Läden, die – mit Adlerblick und bienenfleißiger Detailbesessenheit überwacht – wuchsen, expandierten, konsolidierten und stets in Bewegung blieben, breiteten sich nach allen Seiten aus. Es war eindrucksvoll – als Ausblick war es atemberaubend.

Seltsam passend unterbrach Glorias Stimme seine Gedanken: «Wo hat wohl Bloeckman den Sommer verbracht?»

Den Gewissheiten der Jugend folgt eine Phase intensiver und unerträglicher Komplexität. Bei einem, der in der Eisbar die Getränke mixt, ist diese Phase so kurz, dass sie kaum ins Gewicht fällt. Wer auf der Leiter weiter oben steht, versucht länger, an letzten Feinheiten menschlicher Beziehungen, an «unpraktikablen» Vorstellungen von Integrität festzuhalten. Doch wenn man Ende zwanzig ist, wird dies endgültig zu kompliziert, und was bislang bedrohlich nah und verwirrend war, rückt allmählich in eine verschwommene Ferne. Die Routine senkt sich herab wie Zwielicht, das den Anblick einer schroffen Landschaft mildert. Die Komplexität ist zu subtil, zu vielfältig; mit jeder Wunde, die der Lebenskraft geschlagen wird, verändern sich die Werte völlig. Nach und nach dämmert uns, dass aus der Vergangenheit nichts zu lernen ist, womit wir der Zukunft entgegentreten könnten. In diesem Moment hören wir auf, spontan, überzeugbar und interessiert an den feinen Abschattierungen des Wahren und Guten zu sein, wir setzen Verhaltensregeln an die Stelle unserer Vorstellung von Integrität, wir schätzen Sicherheit höher als Romantik, wir werden ganz unbewusst pragmatisch. Einigen wenigen Menschen bleibt es vorbehalten, sich intensiv auf die Nuancen menschlicher Beziehungen einzulassen – und sogar die nur in bestimmten, eigens dafür vorgesehenen Stunden.

Von einem jungen Mann voll geistiger Abenteuerlust und Wissbegier hatte sich Anthony Patch zu einem Individuum gewandelt, das voller Einseitigkeiten und Vorurteile steckte und eifrig bestrebt war, jedem Aufruhr der Gefühle aus dem Weg zu gehen. Diese allmähliche Wandlung hatte sich im Lauf der letzten Jahre vollzogen und durch etliche Ängste, die ihm ständig zu schaffen machten, noch beschleunigt. Da war zunächst das Gefühl der Wertlosigkeit, das stets in seinem Herzen schlief und durch seine Lebensumstände wieder geweckt worden war. In Momenten der Verunsicherung quälte ihn die Vorstellung, das Leben könne vielleicht doch sinnvoll sein. Mit Anfang zwanzig hatte er sich in seiner Überzeugung, alles sei eitel und Negation die allein seligmachende Weisheit, durch die von ihm bewunderte Weltanschauung wie auch durch das Zusammensein mit Maury Noble und später mit seiner Frau bestätigt gefunden. Dennoch hatte es Augenblicke gegeben – unmittelbar vor seiner ersten Begegnung mit Gloria beispielsweise und als sein Großvater ihm angeboten hatte, ihn als Kriegsberichterstatter nach Europa zu schicken –, in denen sein Missbehagen ihn um ein Haar zu einem positiven Schritt getrieben hätte.

An einem Tag kurz vor ihrer endgültigen Abreise aus Marietta war er beim müßigen Blättern in einem «Harvard Alumni Bulletin» auf einen Artikel gestoßen, in dem über die Leistungen seiner Kommilitonen in den sechs Jahren nach der Abschlussprüfung berichtet wurde. Gewiss, die meisten waren ins Geschäftsleben gegangen, und etliche hatten sich dafür entschieden, die Heiden in China oder Amerika zu einem nebulösen Protestantismus zu bekehren. Einige aber hatten, wie er feststellte, konstruktive Arbeit in Positionen geleistet, die weder eine Sinekure noch reine Routine waren. Da war Calvin Boyd, dem, kaum dass er sein Medizinstudium abgeschlossen hatte, schon die Entdeckung einer neuen Typhusbehandlung gelungen und der nach Europa gegangen war, um die Auswirkungen der von den Großmächten nach Serbien gebrachten Zivilisation zu lindern. Da war Eugene Bronson, dessen Artikel in «The New Democracy» ihn als einen Mann mit Ideen auswies, die auf ordinäre Aktualität wie auch auf populäre Hysterie verzichten konnten. Ein gewisser Daly war aus dem Lehrkörper einer gottesfürchtigen Universität entfernt worden, weil er im Hörsaal marxistische Lehrsätze verbreitet hatte. In der Kunst, in der Naturwissenschaft und Politik sah er die maßgeblichen Persönlichkeiten seiner Zeit in Erscheinung treten – bis hin zu Severance, dem Quarterback, der sein Leben tapfer und mit Anstand in der Fremdenlegion an der Aisne hingegeben hatte.

Er legte das Heft aus der Hand und beschäftigte sich in Gedanken eine Weile mit diesen unterschiedlichen Männern. In den Tagen seiner Integrität hätte er seine Haltung bis aufs Letzte verteidigt, hätte – ein Epikur im Nirwana – erklärt, kämpfen bedeute glauben, Glaube bedeute Einschränkung. Ebensogut, wie zum Kirchgänger zu werden, weil die Aussicht auf Unsterblichkeit ihm behagte, hätte er in die Lederbranche einsteigen können, weil die Schärfe des Wettbewerbs ihn daran gehindert hätte, unglücklich zu sein. Zur Zeit aber lagen ihm derlei delikate Skrupel fern. In diesem Herbst, zu Beginn seines neunundzwanzigsten Lebensjahres, war er geneigt, vor vielen Dingen die Augen zu verschließen, tiefe Einblicke in Motive und Ursachen zu vermeiden und vor allem leidenschaftlich Sicherheit vor der Welt und vor sich selbst anzustreben. Er verabscheute das Alleinsein, so wie er – wir sagten es schon – häufig das Alleinsein mit Gloria fürchtete.

Weil der Besuch seines Großvaters einen Abgrund vor ihm aufgetan hatte und er deshalb Widerwillen vor seinem derzeitigen Lebensstil empfand, war es unvermeidlich, dass er sich in dieser plötzlich so feindseligen Stadt nach jenem Freundes- und Lebenskreis umtat, in dem er früher die herzlichste Geborgenheit gefunden hatte. Sein erster Schritt war der verzweifelte Versuch, seine frühere Wohnung zurückzubekommen.

Im Frühjahr 1912 hatte er einen Vierjahresvertrag mit einer Jahresmiete von siebzehnhundert Dollar und einer Option auf Verlängerung unterschrieben. Dieser Mietvertrag war im Mai abgelaufen. Als er die Wohnung seinerzeit gemietet hatte, konnte man noch kaum erkennen, welche Möglichkeiten in ihr steckten. Anthony aber hatte sie sehr wohl erkannt und im Mietvertrag festlegen lassen, dass sowohl er als auch der Hauswirt eine gewisse Summe für Verbesserungen investieren würden. In den letzten vier Jahren waren die Mieten gestiegen, und als im Frühjahr Anthony auf seine Option verzichtet hatte, war seinem Hauswirt, einem gewissen

Sohenberg, durchaus klar, dass er für diese jetzt durchaus ansprechende Wohnung eine sehr viel höhere Miete erzielen konnte. Es lag deshalb nahe, dass er Anthony, als der ihn im September in dieser Sache ansprach, einen Dreijahresvertrag zu zweitausendfünfhundert im Jahr anbot. Anthony war empört. Wäre er darauf eingegangen, hätten sie über ein Drittel ihres Einkommens allein für Miete ausgeben müssen. Vergeblich argumentierte er, dass die Wohnung erst durch sein Geld und seine Umbauvorschläge attraktiv geworden war.

Vergeblich bot er zweitausend Dollar, zweitausendzweihundert, auch wenn das ihre Verhältnisse schon fast überschritt: Mr. Sohenberg stellte sich stur. Zwei weitere Herren spekulierten auf die Wohnung, sagte er, gerade solche Wohnungen seien zur Zeit sehr gefragt, und zu verschenken habe er schließlich nichts. Außerdem hätten, was er bisher nie erwähnt hatte, im letzten Winter andere Mieter über den Lärm – Singen und Tanzen bis spät in die Nacht und so weiter – Beschwerde geführt.

Zornbebend eilte Anthony zurück ins «Ritz», um Gloria seine Niederlage zu gestehen.

«Ich sehe dich richtig vor mir, wie du dich von ihm hast einschüchtern lassen.»

«Was hätte ich denn sagen sollen?»

«Du hättest ihm klarmachen können, was er ist. *Ich* hätte mir das nicht gefallen lassen. Kein anderer Mann hätte sich das gefallen lassen. Du lässt dich herumschubsen und prellen und schikanieren und ausnützen wie ein dummer kleiner Junge. Geradezu lächerlich ist das.»

«Schrei nicht so, um Himmels willen!»

«Schon gut, Anthony. Aber du bist auch wirklich ein Esel!»

«Sei's drum – wir können uns die Wohnung sowieso nicht leisten. Aber immer noch eher als das ‹Ritz›.»

«Du hast doch darauf bestanden, hier zu wohnen.»

«Ja, weil ich wusste, wie unglücklich du in einem billigen Hotel gewesen wärst.»

«Allerdings!»

«Aber jetzt müssen wir uns eine Wohnung suchen.»

«Wie viel können wir zahlen?», fragte sie.

«Wenn wir weitere Wertpapiere verkaufen, sogar das, was er fordert, aber wir haben uns doch gestern Abend geeinigt, dass wir, bis ich eine feste Anstellung habe …»

«Das kenne ich alles. Ich will wissen, wie viel wir aus unserem Einkommen zahlen können.»

«Es heißt, dass man nicht mehr als ein Viertel für die Miete ausgeben soll.»

«Wie viel ist ein Viertel?»

«Hundertfünfzig im Monat.»

«Willst du damit sagen, dass wir im Monat nur sechshundert Dollar zum Leben haben?» In ihre Stimme hatte sich ein beklommener Ton eingeschlichen.

«Ja», erwiderte er gereizt. «Meinst du, wir konnten zwölftausend im Jahr ausgeben, ohne unser Kapital anzugreifen?»

«Ich habe gewusst, dass wir Wertpapiere verkauft haben – aber dass es so viel war … Wie haben wir das eigentlich gemacht?»

«Ich schaue gern in unseren gewissenhaft geführten Büchern nach», versetzte er ironisch und fügte hinzu: «Einen Großteil des Jahres doppelte Miete, Kleidung, Reisen, und die Frühjahrstour durch Kalifornien hat uns jedes Mal um die viertausend Dollar gekostet. Der verflixte Wagen ist uns von Anfang an teuer zu stehen gekommen. Und Feste und Vergnügungen und … es läpperte sich eben zusammen.»

Sie waren beide aufgewühlt und unverhältnismäßig niedergeschlagen. Die Situation erschien ihm jetzt, da er Gloria davon erzählte, schlimmer als zu der Zeit, als er selbst entdeckt hatte, wie es um sie stand.

«Du musst irgendwie Geld verdienen», sagte sie plötzlich.

«Ich weiß.»

«Und du musst noch mal versuchen, mit deinem Großvater zu sprechen.»

«Das mache ich auch.»

«Wann?»

«Wenn wir uns eingerichtet haben.»

Eine Woche später war es so weit. Sie mieteten eine kleine Wohnung in der Fifty-seventh Street zu hundertfünfzig Dollar im Monat. Sie bestand aus Schlafzimmer, Wohnzimmer, einer kleinen Küche und Bad in einem dünnwandigen Miethaus aus weißem Stein, und wenn auch die Räume zu klein waren, um Anthonys beste Möbel darin zur Schau zu stellen, waren sie doch sauber, neu und auf eine hygienisch-blonde Art nicht hässlich. Bounds war nach England gegangen, um sich als

Freiwilliger bei der Armee zu melden, und statt seiner erduldeten sie eine hagere, grobknochige Irin, gegen die Gloria eine heftige Abneigung gefasst hatte, weil sie sich, während sie das Frühstück auftrug, ständig über die Heldentaten von Sinn Fein ausließ. Aber sie hatten sich geschworen, keinen Japaner mehr zu nehmen, und englische Dienstboten waren derzeit rar. Wie Bounds machte auch die Irin nur das Frühstück. Die übrigen Mahlzeiten nahmen sie in Restaurants und Hotels ein.

Was Anthony schließlich in aller Eile nach Tarrytown trieb, war die in mehreren New Yorker Zeitungen verbreitete Meldung, dass Adam Patch, der Multimillionär, der Philanthrop und ehrwürdige Menschheitsverbesserer, ernsthaft erkrankt und mit einer Genesung nicht mehr zu rechnen war.

Das Kätzchen

Anthony bekam ihn nicht zu sehen. Der Arzt habe strenge Anweisungen gegeben, keinen Besuch zu ihm zu lassen, sagte Mr. Shuttleworth, der sich aber mit großer Liebenswürdigkeit bereit erklärte, Adam Patch eine Nachricht zu überbringen, sofern dessen Zustand es erlaube. Der unüberhörbare Unterton in seiner Stimme aber bestätigte Anthonys düsteren Verdacht, dass der verlorene Enkel am Krankenbett ganz besonders unwillkommen wäre. Im Lauf des Gesprächs machte Anthony, Glorias nachdrückliche Instruktionen im Ohr, sogar

Anstalten, sich an dem Sekretär vorbeizudrängen, doch Shuttleworth straffte nur lächelnd die kräftigen Schultern, und Anthony begriff die Sinnlosigkeit eines solchen Versuchs.

Kläglich eingeschüchtert, kehrte er nach New York zurück, wo sie eine unruhige Woche verbrachten.

Ein kleiner Vorfall machte deutlich, wie angespannt ihre Nerven waren.

Als sie nach dem Abendessen über eine Seitenstraße heimgingen, sah Anthony eine streunende Katze an einem Geländer entlangstreichen.

«Wenn ich eine Katze sehe, möchte ich am liebsten immer zutreten», sagte er nebenher.

«Ich mag Katzen.»

«Einmal habe ich es tatsächlich getan.»

«Wann?»

«Es ist Jahre her. Wir kannten uns damals noch nicht. An einem Abend in einer Theaterpause. Es war kalt wie heute, und ich war angetrunken – so mit das erste Mal, dass ich betrunken war», fügte er hinzu. «Das arme Vieh war wohl auf der Suche nach einem Schlafplatz, und ich hatte verteufelt schlechte Laune, und da kam mich plötzlich die Lust an, ihm einen Tritt zu geben …»

«Ach, das arme Kätzchen», sagte Gloria ehrlich gerührt.

Vom Schwung seiner Erzählung mitgerissen, spann Anthony den Faden weiter. «Es war schon schlimm», räumte er ein. «Das arme kleine Vieh drehte sich um und guckte mich recht kläglich an, als hoffte es, ich würde es auf den Arm nehmen und nett zu ihm sein – es war wirklich noch sehr jung –, und stattdessen kommt da dieser große Schuh und erwischt den kleinen Rücken …»

«O nein!», stieß Gloria gequält hervor.

«Es war eine so kalte Nacht», fuhr er hartnäckig und in bekümmertem Ton fort. «Das Kätzchen hatte sich wohl Freundlichkeit erhofft, stattdessen tat man ihm weh …» Er unterbrach sich jäh – Gloria schluchzte.

Inzwischen waren sie vor ihrem Haus angekommen. In der Wohnung warf sie sich aufs Sofa und weinte, als habe er sie mitten ins Herz getroffen. «Das arme kleine Kätzchen», jammerte sie immer wieder. «Das arme kleine Kätzchen. So kalt …»

«Gloria …»

«Komm mir nicht zu nah. Bitte, komm mir nicht zu nah. Du hast das weiche kleine Kätzchen umgebracht.»

Gerührt kniete Anthony sich neben sie. «Liebling», sagte er. «Gloria, Liebste. Es ist doch gar nicht wahr. Ich habe es erfunden, Wort für Wort.»

Aber sie glaubte ihm nicht. Die Details, die er geschildert hatte, verfolgten sie, sodass sie sich an diesem Abend in den Schlaf weinte. Sie weinte um das Kätzchen, um Anthony, um sich selbst, weinte über den Schmerz und die Härte und Grausamkeit der ganzen Welt.

Abgang eines amerikanischen Moralisten

Der alte Adam starb an einem Tag Ende November um Mitternacht, ein frommes Lob für seinen Gott auf den dünnen Lippen. Er, dem man so viel geschmeichelt hatte, schmeichelte im Hinübergehen jener abstrakten Allmacht, die er womöglich in der Lüsternheit seiner Jugend gegen sich aufgebracht hatte. Es hieß, er habe eine Art Waffenstillstand mit Gott geschlossen; die Bedingungen gelangten nicht an die Öffentlichkeit, allerdings wurde gemutmaßt, es sei dabei unter anderem eine beträchtliche Barzahlung im Spiel gewesen. Alle Zeitungen brachten seinen Lebenslauf, zwei außerdem kurze Leitartikel über seinen lauteren Charakter und seine Rolle im Drama der Industrialisierung, mit der er aufgewachsen war. Zurückhaltend verwiesen sie auch auf die Reformen, die er unterstützt und finanziert hatte. Erinnerungen an Comstock und Cato den Zensor wurden neu belebt und stakten gleich hageren Gespenstern durch die Spalten.

Keine Zeitung versäumte es, darauf hinzuweisen, dass er einen einzigen Enkel hinterließ, Anthony Comstock Patch, wohnhaft in New York. Er wurde in der Familiengrabstätte in Tarrytown zur letzten Ruhe gebettet. Anthony und Gloria fuhren im ersten Wagen, zu sehr mit ihren eigenen Sorgen beschäftigt, um sich lächerlich vorzukommen, und beide eifrig bemüht, ihr künftiges Schicksal von den Gesichtern getreuer Dienstboten abzulesen, die bis zu seinem Ende bei ihm gewesen waren.

Anstandshalber und mit großer Anstrengung warteten sie eine Woche, und als auch dann noch keine Mitteilung gekommen war, rief Anthony den Anwalt seines Großvaters an. Mr. Brett war nicht im Hause, er wurde in einer Stunde zurückerwartet. Anthony hinterließ seine Telefonnummer.

Es war der letzte Tag des Monats November. Draußen herrschte knisternde Kälte, und eine triste Sonne blickte lustlos durch die Fenster. Während sie, vorgeblich mit ihrer Lektüre beschäftigt, auf den Rückruf warteten, schien es, als sei innen wie außen alles darauf angelegt, bewusst eine Vermenschlichung der Natur zur Darstellung zu bringen. Eine kleine Ewigkeit verstrich, dann läutete es.

Anthony fuhr heftig zusammen und hob ab. «Hallo …» Seine Stimme war gepresst und hohl. «Ja – ich hatte gebeten … wer spricht da? Ja … Im Hinblick auf den Nachlass, ganz recht. Natürlich interessiert es mich, ich habe keine Nachricht wegen der Verlesung des Testaments bekommen – ich dachte, vielleicht haben Sie meine Adresse nicht … Was …? Ja …»

Gloria sank in die Knie. Die Pausen zwischen Anthonys Bemerkungen marterten sie. In ihrer hilflosen Nervosität drehte sie die großen Knöpfe von einem Samtkissen ab.

Dann: «Das … das ist sehr, sehr merkwürdig … sehr merkwürdig, wirklich … sehr merkwürdig. Nicht einmal eine … äh – Erwähnung oder … ein Grund …?» Anthonys Stimme klang schwach und entrückt.

Gloria entfuhr ein leiser Laut, halb Keuchen, halb Schrei.

«Ja, ich werde sehen … Ja gut, danke … danke …»

Es klickte in der Leitung. Ihr Blick ging über den Boden und erfasste seine Füße, die das Muster eines Sonnenflecks auf dem Teppich nachzeichneten. Sie stand auf und richtete ihren unbestechlichen grauen Blick auf ihn, während seine Arme sich um sie schlossen.

«Mein Liebling», flüsterte er rau. «Er hat's getan – der Teufel soll ihn holen!»

Der nächste Tag

«Wer sind die Erben?», fragte Mr. Haight. «Denn wenn Sie mir so wenig über die Sache sagen können …»

Mr. Haight war groß und gebeugt und hatte buschige Augenbrauen. Er war Anthony als schlauer und beharrlicher Anwalt empfohlen worden.

«Ich weiß auch nur grob Bescheid», gab Anthony zurück. «Ein gewisser Shuttleworth, den er sich als eine Art Haustier hielt, hat die ganze Sache in der Hand, als Verwalter oder Treuhänder oder etwas in der Art – mit Ausnahme der Legate für wohltätige Zwecke und die Vorkehrungen, die für die Dienstboten und die beiden Vettern in Idaho getroffen wurden.»

«Wie entfernt ist die Verwandtschaft?»

«Dritten oder vierten Grades. Ich habe mein Lebtag noch nie von ihnen gehört.»

Mr. Haight nickte verständnisvoll. «Und Sie möchten das Testament anfechten?»

«Ja, ich denke schon», sagte Anthony hilflos. «Ich möchte das tun, was am meisten Erfolg verspricht, und das sollen Sie mir sagen.»

«Sie möchten, dass die gerichtliche Testamentsbestätigung verweigert wird?»

Anthony schüttelte den Kopf. «Gute Frage. Ich habe keine Ahnung, was das bedeutet. Ich will einen Anteil am Erbe.»

«Am besten erzählen Sie mir noch ein paar Einzelheiten. Wissen Sie zum Beispiel, warum der Erblasser Sie enterbt hat?»

«Ich glaube schon. Er war immer ganz wild auf sittliche Reformen und dergleichen …»

«Ich weiß», bestätigte Mr. Haight, ohne eine Miene zu verziehen.

«… und ich glaube, von mir hat er nie sehr viel gehalten. Weil ich nicht ins Geschäftsleben gegangen bin. Aber ich bin überzeugt, dass ich bis zum Sommer zu den Erben gehörte. Wir hatten ein Haus in Marietta, und eines Abends wollte Großvater uns unbedingt dort besuchen. Zufällig war gerade ein ziemlich ausgelassenes Fest im Gang, als er ohne Voranmeldung hereinschneite. Nach einem Blick haben sie sich umgedreht, er und dieser Shuttleworth, und sind zurück nach Tarrytown gefahren. Danach hat er keinen meiner Briefe mehr beantwortet und mich nicht mehr empfangen.»

«Er war Prohibitionist, nicht?»

«Er war alles Mögliche. Ein religiöser Fanatiker reinsten Wassers.»

«Wie lange vor seinem Tod wurde das Testament abgefasst, in dem er Sie enterbte?»

«Erst kürzlich. Nach dem bewussten Tag im August.»

«Und Sie glauben, der unmittelbare Grund dafür, dass er nicht Ihnen den Großteil des Erbes vermacht hat, sei seine Verstimmung über Ihr Verhalten in letzter Zeit gewesen?»

«Ja.»

Mr. Haight überlegte. Mit welcher Begründung Anthony das Testament anfechten wolle, fragte er.

«Gibt es da nicht so was wie negativen Einfluss?»

«Ungebührlicher Einfluss ist eine Begründung, allerdings die heikelste. Sie müssten nachweisen, dass der Verstorbene so unter Druck gesetzt wurde, dass er Bestimmungen über seinen Besitz traf, die seinen ursprünglichen Absichten zuwiderliefen ...»

«Angenommen, dieser Shuttleworth hat ihn nach Marietta geschleppt, weil er wusste, dass da gerade gefeiert wurde?»

«Das wäre für diesen Fall unerheblich. Zwischen Rat und Einfluss wird streng unterschieden. Sie müssten den Beweis dafür antreten, dass der Sekretär finstere Absichten verfolgte. Ich würde zu einer anderen Begründung raten. Die gerichtliche Testamentsbestätigung wird automatisch verweigert im Fall von Irrsinn, Trunkenheit ...», Anthony lächelte, «... oder Geistesschwäche durch vorzeitige Vergreisung.»

«Aber sein Hausarzt», widersprach Anthony, «der ja einer der Begünstigten ist, würde aussagen, dass er nicht geistesschwach war. Und das war er auch nicht. Wahrscheinlich hat er mit seinem Geld genau das gemacht, was er machen wollte – es passte durchaus zu seinem sonstigen Verhalten -»

«Mit der Geistesschwäche verhält es sich ganz ähnlich wie mit ungebührlichem Einfluss. Dieser Zustand impliziert, dass über den Besitz nicht so verfügt wurde, wie es ursprünglich beabsichtigt war. Die häufigste Begründung ist Nötigung. Physischer Zwang.»

Anthony schüttelte den Kopf. «Ich fürchte, das können wir ausschließen. Ungebührliche Einflussnahme scheint mir am besten.»

Nach weiteren Erörterungen, die so fachlich waren, dass Anthony kaum ein Wort davon verstand, übergab er Mr. Haight den Fall. Der Anwalt wollte zunächst ein Gespräch mit Shuttleworth führen, der gemeinsam mit Wilson, Hiemer & Hardy Testamentsvollstrecker war. Anthony sollte Ende der Woche noch einmal vorbeikommen.

Es stellte sich heraus, dass der Nachlass etwa vierzig Millionen Dollar betrug. Das größte für eine Einzelperson vorgesehene Legat belief sich auf eine Million Dollar. Diese Summe sollte Edward Shuttleworth erhalten, dazu ein Gehalt von dreißigtausend im Jahr für seine Tätigkeit als Verwalter des Dreißig-Millionen-Dollar-Treuhandvermögens, mit dem er praktisch nach Gutdünken die verschiedensten wohltätigen Organisationen und Reformgesellschaften beglücken konnte. Die restlichen neun Millionen sollten unter die zwei Vettern aus Idaho und etwa fünfundzwanzig weitere Begünstigte aufgeteilt werden – Freunde, Sekretäre, Dienstboten und Angestellte, die Adam Patch irgendwann einmal geprüft und für gut befunden hatte.

Nach weiteren zwei Wochen hatte Mr. Haight, mit einem Vorschusshonorar von fünfzehntausend Dollar versehen, erste Vorbereitungen zur Anfechtung des Testaments getroffen.

Der Winter des Missvergnügens

Sie waren noch nicht zwei Monate in der kleinen Wohnung in der Fifty-seventh Street, als es für sie beide mit dem gleichen undefinierbaren, aber fast mit Händen zu greifenden Makel behaftet war wie das graue Haus in Marietta. Ständig roch es nach Rauch – beide hatten immer eine Zigarette in der Hand. Der Rauch hing in ihren Kleidern, dem Bettzeug, den Vorhängen und den Teppichen, die voll Asche waren. Dazu kamen die widerlichen Ausdünstungen von schalem Wein mit der unausweichlichen Assoziation von verpfuschter Schönheit und lärmenden Festlichkeiten, deren man sich angewidert erinnert. Besonders intensiv schien der Geruch über einem Gläserservice auf der Anrichte zu hängen, und der Mahagonitisch im Wohnzimmer war mit den weißen Kreisen bedeckt, die von abgestellten Gläsern stammten. Es hatte viele Partys gegeben; häufig ging etwas zu Bruch; Gäste übergaben sich in Glorias Badezimmer; Gäste verschütteten Wein; Gäste versetzten die kleine Küche in einen unbeschreiblichen Zustand.

Aber das gehörte nun mal zu ihrem Leben. Ungeachtet der an zahlreichen Montagen gefassten guten Vorsätze waren sie sich, wenn das Wochenende näher rückte, stillschweigend darüber einig, dass es eigentlich mit einem tollen Wirbel gefeiert werden müsse. Am Samstag riefen sie, ohne weiter darüber zu sprechen, den einen oder anderen aus ihrem leichtlebigen Kreis an und vereinbarten ein Treffen. Erst wenn die Freunde sich versammelt und Anthony die Karaffen bereitgestellt hatte, sagte er beiläufig: «Na, einen Highball kann ich mir wohl auch genehmigen …»

Zwei Tage ging es dann hoch her, bis sie an einem frostigen Morgen aufwachten und begriffen, dass sie wieder die Lautesten und Auffälligsten in einer lauten und auffälligen Gruppe im «Boul' Mich'» oder im «Club Ramée» oder einer anderen Vergnügungsstätte gewesen waren, wo man, was ausgelassene Gäste betraf, sehr viel weniger heikel war. Wieder einmal stellte sich heraus, dass sie achtzig oder neunzig Dollar losgeworden waren, ohne recht zu wissen, wofür. Meist schoben sie die Ausgaben auf die mittellosen «Freunde», die sie im Schlepptau hatten.

Es kam jetzt öfter vor, dass diejenigen unter ihren Bekannten, die es aufrichtig gut meinten, ihnen noch während einer Fete Vorhaltungen machten und ein schlimmes Ende mit dem Verlust von Glorias «Aussehen» und Anthonys «Konstitution» prophezeiten.

Die Geschichte von dem jäh unterbrochenen Trinkgelage in Marietta war natürlich in allen Einzelheiten bekannt geworden («Nicht so, dass Muriel damit hausieren geht», sagte Gloria zu Anthony, «aber bei allen, denen sie die Geschichte erzählt, bildet sie sich ein, dass sie die Einzigen sind, die es von ihr erfahren.») und hatte, nur dürftig getarnt, einen herausragenden Platz in «Town Tattle» eingenommen. Nachdem Einzelheiten über das Testament des Adam Patch an die Öffentlichkeit gelangt waren und die Presse Meldungen über Anthonys Rechtsstreit gebracht hatte, wurde die Geschichte liebevoll und sehr zu Anthonys Nachteil ausgeschmückt. Von überallher wurden ihnen Gerüchte über ihr Tun und Treiben zugetragen, Gerüchte, die meist einen Hauch von Wahrheit, aber absurde und gemeine Zugaben enthielten.

Äußerlich war ihnen keinerlei Anzeichen des Verfalls anzusehen. Gloria wirkte mit sechsundzwanzig nicht anders als mit zwanzig. Ihr Teint war noch immer ein samtig-frischer Rahmen für ihre aufrichtigen Augen, ihr Haar war noch immer von kindlicher Pracht, wobei das Weizenblond allmählich zu einem dunkleren rotgoldenen Ton nachdunkelte, die schlanke Figur ließ noch immer an eine Nymphe denken, die durch orphische Haine tollt. Dutzende von Männerblicken folgten ihr gefesselt, wenn sie durch die Lobby eines Hotels oder den Mittelgang eines Theaters schritt. Männer baten darum, ihr vorgestellt zu werden, verloren sich in langen, aufrichtig bewundernden Blicken und verliebten sich in sie – denn sie war noch immer ein Wesen von auserlesener, unfasslicher Schönheit. Und Anthony sah jetzt womöglich sogar besser aus als früher; seine Züge hatten etwas undefinierbar Tragisches, das in romantischem Gegensatz zu seiner modernen, makellos gepflegten Erscheinung stand.

Zu Beginn des Winters, als alle Gespräche sich um die Frage drehten, ob Amerika in den Krieg eintreten würde und Anthony einen verzweifelten und aufrichtigen Anlauf zum Schreiben machte, traf Muriel Kane in New York ein und kam sofort zu ihnen. Genau wie Gloria schien sie sich nicht zu verändern. Sie kannte den neuesten Slang, tanzte die neuesten Tänze und sprach von den neuesten Schlagern und Theaterstücken mit der gleichen Begeisterung wie in ihrer ersten Saison ziellosen Herumziehens in New York. Ihre neckische Art war ewig neu und ewig unergiebig, ihre Kleidung schrill. Das schwarze Haar hatte sie sich inzwischen wie Gloria zu einem Bubikopf schneiden lassen.

«Ich komme, weil ich zum Winterball in New Haven will», vertraute sie ihnen frohlockend an. Obgleich sie inzwischen älter sein musste als der älteste Collegestudent, gelang es ihr stets, irgendwelche Einladung zu ergattern, wobei sie immer wieder die verschwommene Hoffnung hegte, bei dem nächsten Tanzabend würde es zu einem Flirt kommen, der vor dem Traualtar endete.

«Wo warst du vorher?», fragte Anthony, belustigt wie immer.

«Hot Springs. Sehr schick und schmissig in diesem Herbst. Mehr Männer.»

«Bist du verliebt, Muriel?»

«Was heißt hier verliebt?» Das war die rhetorische Frage des Jahres. Doch dann wechselte sie unvermittelt das Thema. «Jetzt will ich euch mal was sagen. Eigentlich geht es mich nichts an, aber es wird langsam Zeit, dass ihr zur Ruhe kommt.»

«Wir sind die Ruhe selbst.»

«So seht ihr aus! Wohin ich auch komme, höre ich Geschichten über eure Eskapaden. Ich tu' mich recht schwer damit, euch die Stange zu halten.»

«Dann lass es bleiben», sagte Gloria kalt.

«Na hör mal, Gloria! Du weißt doch, dass ich eine eurer besten Freundinnen bin.»

Gloria schwieg, und Muriel fuhr fort: «Im Grunde hat keiner was dagegen, wenn eine Frau trinkt, aber Gloria ist so hübsch, und so viele Leute kennen sie vom Sehen, da fällt es eben auf …»

«Was hast du denn in letzter Zeit gehört?», fragte Gloria, deren Neugier nun doch stärker war als ihr Stolz.

«Zum Beispiel, dass diese Zecherei in Marietta Anthonys Großvater umgebracht hat.»

Beide fuhren empört hoch. «Das ist doch unerhört!»

«Aber das erzählen sich die Leute», versicherte Muriel.

Anthony lief im Zimmer hin und her. «Es ist einfach grotesk! Dieselben Leute, die wir zu Festen mitnehmen, erzählen die Geschichte als guten Witz herum – und schließlich kommt sie in dieser Form wieder zu uns zurück.»

Gloria spielte mit dem Finger an einer verirrten rotblonden Locke.

Muriel leckte an ihrem Schleier und überlegte einen Augenblick, dann sagte sie: «Ihr solltet euch ein Kind anschaffen.»

Gloria sah müde hoch. «Das können wir uns nicht leisten.»

«Die Leute in den Slums haben alle welche», versetzte Muriel maliziös.

Anthony und Gloria wechselten einen belustigten Blick. Sie waren inzwischen so weit, dass es ständig Streitereien zwischen ihnen gab, Streitereien, die lange weiterschwelten, plötzlich neu aufflammten oder aus reiner Gleichgültigkeit erloschen, aber Muriels Besuch brachte sie vorübergehend wieder zusammen. Wenn Dritte sich über ihre missliche Lage äußerten, spornte sie das dazu an, sich gemeinsam der feindlichen Welt zu stellen. Nur noch selten drängte es sie von innen heraus zur Einigung.

Anthony ertappte sich dabei, dass er sein eigenes Leben mit dem des Fahrstuhlführers von der Nachtschicht verglich, einem blassen Menschen mit schütterem Bart, der um die sechzig sein mochte und aussah, als habe er einmal bessere Tage erlebt. Wahrscheinlich verdankte er dieser Tatsache seine Stellung; er wurde dadurch zu einem anrührenden und denkwürdigen Symbol des Scheiterns. Anthony erinnerte sich eines Kalauers, über den er schon längst nicht mehr lachen konnte und in dem es hieß, das Leben eines Fahrstuhlführers sei ein ewiges Auf und Ab. Fest stand, dass es ein beengtes, unendlich trostloses Leben war. Wenn Anthony die Aufzugkabine betrat, wartete er immer schon mit angehaltenem Atem auf die Bemerkung des Alten: «Heute wird's wohl ein bisschen Sonne geben» und überlegte, wie wenig vom Regen oder vom Sonnenschein der Mann in seinem engen kleinen Käfig in der rauchfarbenen, fensterlosen Eingangshalle doch mitbekam.

Zu echter Tragik aber gelangte dieser traurige Mensch mit dem Abgang aus jenem Leben, das ihm so übel mitgespielt hatte. Drei bewaffnete junge Räuber kamen eines Nachts herein, fesselten ihn und ließen ihn auf einem Kokshaufen im Keller liegen, während sie den Kofferabstellraum durchsuchten. Als der Hausmeister ihn am nächsten Morgen fand, hatte er in der Kälte das Bewusstsein verloren. Vier Tage später starb er an einer Lungenentzündung.

An seine Stelle trat ein zungenfertiger Neger aus Martinique mit verblüffendem britischem Akzent und häufig schlechter Laune, den Anthony verabscheute. Der Tod des Alten hatte auf Anthony etwa die gleiche Wirkung wie die Kätzchengeschichte auf Gloria. Er führte ihm die Grausamkeit des Lebens und damit zwangsläufig die zunehmende Härte seines eigenen Daseins vor Augen.

Jetzt endlich hatte er sich ernsthaft auf die Schriftstellerei geworfen. Er war zu Dick gegangen und hatte sich eine Stunde lang all die technischen Einzelheiten erklären lassen, die er bisher eher geringschätzig abgetan hatte. Er brauchte dringend Geld – jeden Monat verkaufte er Wertpapiere, um ihre Rechnungen begleichen zu können. Dick hatte kein Blatt vor den Mund genommen: «Für Artikel über literarische Themen in obskuren kleinen Zeitschriften bekommst du so wenig, dass es nicht mal für die Miete reichen dürfte. Wer eine humoristische Ader oder Glück mit einer großen Biografie hat, oder auf dem einen oder anderen Gebiet Fachwissen besitzt, kann sich durchaus eine goldene Nase verdienen. Aber für dich bleibt Belletristik die einzige Möglichkeit. Du sagst, dass du sofort Geld brauchst?»

«Allerdings.»

«Ehe du für einen Roman etwas kriegst, kann es eineinhalb Jahre dauern. Versuch's einmal mit unterhaltenden Kurzgeschichten. Ach ja, und noch ein Rat: Wenn sie nicht ganz besonders genial sind, solltest du darin Zuversicht verströmen und möglichst dick auftragen.»

Anthony dachte an Dicks letzte Machwerke, die in einer bekannten Monatszeitschrift erschienen waren. Sie handelten hauptsächlich von dem bizarren Tun und Treiben einer Gruppe mit Sägemehl gefüllter Puppen, in denen man angeblich Angehörige der New Yorker Gesellschaft zu sehen hatte; vor allem wurden darin Fragen der technischen Unberührtheit der jeweiligen Heldin behandelt und daneben pseudosoziologische Seitenhiebe auf die Verrücktheiten der «Vierhundert» ausgeteilt.

«Aber deine Geschichten …», entfuhr es Anthony.

«Das ist etwas anderes», erklärte Dick zu seiner Verblüffung. «Ich habe einen gewissen Ruf, von mir erwartet man starke Themen.»

Anthony zuckte innerlich unter dieser Bemerkung zusammen, die ihm zeigte, wie weit Richard Caramel schon abgerutscht war. Glaubte er wirklich, diese erstaunlichen Produkte aus jüngster Zeit seien so gut wie sein erster Roman?

Anthony kehrte in die Wohnung zurück, machte sich an die Arbeit und stellte sehr bald fest, dass das Verströmen von Heiterkeit in einer Kurzgeschichte keine Kleinigkeit war. Nach fünf, sechs Fehlstarts ging er in die Stadtbücherei und vertiefte sich eine Woche in die Archive der Regenbogenpresse. Dergestalt gerüstet, brachte er seine erste Erzählung, «The Dictaphone of Fate», zu Papier und nutzte dabei einen der wenigen Eindrücke, die aus seiner sechswöchigen Tätigkeit an der Wall Street im Vorjahr haften geblieben waren. Es war die heitere Geschichte eines Büroboten, der zufällig eine wunderschöne Melodie ins Diktafon summt. Die Walze wird vom Bruder des Chefs, einem bekannten Produzenten musikalischer Komödien, entdeckt – und geht gleich darauf verloren. Danach rankte sich die Handlung hauptsächlich um die Suche nach der verlorenen Walze und die eheliche Verbindung des (inzwischen zum erfolgreichen Komponisten aufgestiegenen) edlen Büroboten mit der tugendhaften Stenotypistin Miss Rooney, einer Kreuzung aus Johanna von Orleans und Florence Nightingale.

Nach seiner Lektüre schloss er, dass die Zeitschriften so etwas haben wollten. Mit seinen Protagonisten hatte er die üblichen Bewohner einer rosaroten literarischen Welt geschildert und sie in eine saccharinsüße Handlung eingebettet, an der sich in Marietta keiner den Magen verderben würde. Er ließ sein Werk mit weitem Zeilenabstand tippen, womit er einem Ratschlag in dem Büchlein «Schriftstellerischer Erfolg leicht gemacht» von R. Meggs Widdlestien folgte, der dem nach Höherem strebenden Klempner klarmachte, wie sinnlos es war, im Schweiße seines Angesichts zu schuften, wenn er nach den sechs Lektionen des Lehrgangs mindestens tausend Dollar im Monat verdienen konnte.

Nachdem er die Story einer gelangweilten Gloria vorgelesen und ihr die unschlagbare Bemerkung entlockt hatte, es sei «besser als vieles von dem Zeug, das so gedruckt wird», setzte er in einer satirischen Anwandlung das Pseudonym «Gilles de Sade» darunter, legte einen korrekt frankierten Rückumschlag bei und schickte es ab.

Nach dem gigantischen Schöpfungsakt beschloss er, die Reaktion auf die erste Erzählung abzuwarten und erst dann die nächste in Angriff zu nehmen. Dick hatte ihm gesagt, dass er mit bis zu zweihundert Dollar rechnen könne. Wenn sie wider Erwarten doch nicht geeignet war, würde ihm der Redakteur sicher Hinweise auf notwendige Änderungen geben.

«Fest steht, dass es der größte Schund ist, der je geschrieben wurde», sagte Anthony.

Offenbar war der Redakteur ganz seiner Meinung. Er retournierte das Manuskript mit einer vorgedruckten Ablehnung. Anthony schickte es an einen anderen Verlag und machte sich an die nächste Story. Sie hieß «The Little Open Doors» und entstand in drei Tagen. Diesmal ging es um Okkultes: Ein Paar, das sich entfremdet hat, wird durch ein Medium in einer Vaudeville-Vorstellung wieder zusammengebracht.

Alles in allem wurden es sechs jammervolle Machwerke, in denen jemand, der bisher noch keinen ernsthaften Versuch unternommen hatte, überhaupt zu schreiben, sich an eine unterhaltsame Schreibweise wagte. Nicht eine Erzählung enthielt auch nur einen Funken von Leben, und alle miteinander gaben an Eleganz und Stilsicherheit weniger her als ein durchschnittlicher Beitrag für eine Tageszeitung. Auf ihrer Reise handelten sie sich alles in allem einunddreißig Ablehnungen ein – Grabsteine für die Päckchen, die er wie Leichen vor seiner Tür vorfand.

Mitte Januar starb Glorias Vater, und sie fuhren wieder nach Kansas City. Es war eine klägliche Fahrt, auf der Gloria unablässig nicht über den Tod ihres Vaters, sondern über den ihrer Mutter nachgrübelte. Als die Hinterlassenschaft von Russel Gilbert geregelt war, fielen ihnen dreitausend Dollar und eine große Menge an Möbeln zu, die in einem Lagerhaus standen, denn er hatte seine letzten Tage in einem kleinen Hotel verbracht. Nach seinem Tod machte Anthony eine neue Entdeckung, die Gloria betraf. Auf der Rückfahrt gab sie sich zu seiner Verblüffung als Bilphistin zu erkennen.

«Du willst mir doch nicht im Ernst erzählen, dass du an diesen Unsinn glaubst, Gloria!», stieß er hervor.

«Und warum nicht?», fragte sie herausfordernd.

«Weil es … weil es absurd ist. Du weißt ganz genau, dass du in jedem Sinn des Wortes Agnostikerin bist. Du lachst über jede orthodoxe Form des Christentums – und plötzlich rückst du damit heraus, dass du an irgendwelche blödsinnigen Regeln der Wiedergeburt glaubst.»

«Was stört dich daran? Du, Maury, alle, für deren Intellekt ich auch nur die geringste Spur von Achtung habe, seid euch darüber einig, dass das Leben, so wie es uns erscheint, völlig sinnlos ist. Und ich denke mir nun, dass es, sollte ich hier unbewusst irgendwas lernen, vielleicht nicht mehr so sinnlos ist.»

«Du lernst nichts – du wirst nur müde. Und wenn du unbedingt einen Glauben brauchst, um dir das Leben zu erleichtern, solltest du dir einen aussuchen, der nicht nur hysterische Weiber anspricht. Jemand wie du dürfte nichts akzeptieren, was nicht einigermaßen beweisbar ist.»

«Mir geht es nicht um die Wahrheit, sondern um ein bisschen Glück.»

«Wenn du einen passablen Verstand hast, ist das Zweite nicht ohne das Erste zu haben. Mit geistigem Müll kann sich jedes schlichte Gemüt etwas vormachen.»

«Das ist mir schnuppe», wehrte sie sich. «Und außerdem verkünde ich ja auch keinen Glaubenssatz.»

Der Streit legte sich, flackerte aber noch mehrmals wieder auf. Es war beunruhigend, dass diese offenbar von ihrer Mutter übernommene Überzeugung sich in der altehrwürdigen Verkleidung einer angestammten Idee wieder eingeschlichen hatte.

Im März kehrten sie von einer teuren und unbedachten Woche in Hot Springs nach New York zurück, und Anthony nahm seinen vergeblichen Kampf mit der erzählerischen Prosa wieder auf. Je klarer beiden wurde, dass die Trivialliteratur kein Ausweg für sie sein würde, desto mehr verflüchtigten sich das gegenseitige Vertrauen und die Zuversicht. Ständig tobte jetzt ein komplizierter Kampf zwischen ihnen. Alle Bemühungen, die Ausgaben niedrig zu halten, scheiterten an ihrer Trägheit, und im März griffen sie wieder begierig nach jedem Vorwand für ein «Fest». In einer Anwandlung von Bedenkenlosigkeit schlug Gloria vor, sich mit ihrem ganzen Geld in eine einzige große Festivität zu stürzen, bis alles ausgegeben war – das sei immer noch besser, als mit anzusehen, wie es vertröpfelte, ohne dass sie wirklich etwas davon hatten.

«Du wünschst dir doch diese Einladungen ebenso wie ich, Gloria.»

«Darum geht es nicht. Ich halte mich nur an meinen Vorsatz, jede Minute dieser Jahre, in denen ich jung bin, darauf zu verwenden, mich bestmöglich zu amüsieren.»

«Und danach?»

«Was danach kommt, ist mir schnuppe.»

«Ist es nicht.»

«Mag sein, aber zu ändern ist es doch nicht. Und dann habe ich mich wenigstens amüsiert.»

«Nur bist du dann auch nicht besser dran. Im Übrigen haben wir, wenn du so willst, unser Amüsement schon gehabt. Wir haben es ganz schön toll getrieben, und jetzt zahlen wir dafür.»

Trotzdem wurde das Vermögen immer kleiner. Auf zwei ausgelassene Tage folgten unweigerlich zwei Tage Katzenjammer – es war ein endloser, unveränderlicher Kreislauf. Hatten sie sich einmal energisch zur Ordnung gerufen, setzte sich Anthony gewöhnlich an seine Arbeit, während Gloria nervös und gelangweilt im Bett blieb oder gedankenverloren an den Fingern kaute. Ein, zwei Tage später trafen sie dann wieder die erste Verabredung, und danach – ach, es war ja doch alles egal. Diese Nacht, dieser Glanz, das Aussetzen der Ängste und das Gefühl, dass das Leben, wenn nicht sinnvoll, so doch zumindest romantisch war! Der Wein verlieh ihrem Versagen einen fast romantischen Anstrich.

Inzwischen ging der Erbenstreit langsam voran, mit endlosen Zeugenvernehmungen und der Vorlage von Beweismaterial. Die vorläufige Nachlassregelung war abgeschlossen. Mr. Haight meinte, man könne durchaus mit einer Verhandlung noch vor dem Sommer rechnen.

Ende März kam Bloeckman nach New York; er war fast ein Jahr in Sachen «Films Par Excellence» in England gewesen. Der Vorgang der allgemeinen Verfeinerung war nach wie vor im Gang. Er kleidete sich noch ein bisschen besser, sein Ton war noch gepflegter, und seiner Haltung merkte man noch deutlicher an, dass er es als sein natürliches und unveräußerliches Recht betrachtete, die schönen Dinge dieser Welt für sich zu beanspruchen. Er besuchte sie in ihrer Wohnung, blieb eine Stunde, in der er hauptsächlich vom Krieg erzählte, und sagte, er würde wieder vorbeikommen.

Als er zum zweiten Mal kam, war Anthony nicht zu Hause, und am späten Nachmittag empfing ihn eine aufgeregte Gloria.

«Anthony», begann sie, «hättest du immer noch etwas dagegen, wenn ich zum Film ginge?»

Alles in ihm sträubte sich gegen diese Vorstellung. In dem Moment, als auch nur die Möglichkeit drohte, Gloria könne sich ihm entziehen, war ihm ihre Anwesenheit nicht so sehr lieb und teuer als absolut notwendig. «Ach, Gloria …»

«Blockhead hat gesagt, er bringt mich herein, aber wenn überhaupt, dann muss ich jetzt anfangen. Sie sind nur an jungen Frauen interessiert. Denk an das Geld, Anthony.»

«Für dich – ja. Und was wird aus mir?»

«Weißt du nicht, dass alles, was ich habe, auch dir gehört?»

«Es ist ein so mieser Beruf», stieß er hervor, der ach so moralische, unendlich vorsichtige Anthony, «und eine so miese Zunft. Und es passt mir nicht, dass dieser Bloeckman hier auftaucht und sich einmischt. Ich hasse alles, was mit dem Theater zu tun hat.»

«Mit dem Theater hat es gar nichts zu tun, es ist ganz was anderes.»

«Und was soll ich machen? Landauf, landab hinter dir herfahren? Von deinem Geld leben?»

«Dann verdiene doch selber welches.»

Das Gespräch entwickelte sich zu einem ihrer bittersten Zerwürfnisse. Nach der Versöhnung und der unvermeidlichen Phase moralischer Passivität wurde ihr klar, dass er dem Vorhaben jeden Reiz genommen hatte. Dass Bloeckmans Handlungsweise vermutlich nicht uneigennützig war, blieb unerwähnt, aber beide wussten, dass dies der wahre Grund für Anthonys Widerstand war.

Im April kam die Kriegserklärung gegen Deutschland. Wilson und sein Kabinett – das in seinem Mangel an Bedeutung auf seltsame Weise an die zwölf Apostel erinnerte – ließen die mit Bedacht ausgehungerten Hunde des Krieges los, und die Presse zog geifernd über die vom teutonischen Temperament verbreitete finstere Moral, finstere Weltanschauung und finstere Musik her. Diejenigen, die sich für besonders tolerant hielten, machten den feinen Unterschied, dass es nur die deutsche Regierung sei, die derlei Hysterie in ihnen weckte; alle anderen steigerten sich in einen Zustand widerlichster Gemeinheit hinein. Jeder Gassenhauer, in dem die Worte «Mutter» oder «Kaiser» vorkamen, konnten jubelnder Zustimmung sicher sein. Endlich gab es etwas, worüber alle reden konnten – und fast alle genossen das in vollen Zügen, als hätte man ihnen Rollen in einem düster-romantischen Theaterstück zugeteilt.

Anthony, Maury und Dick bewarben sich um Aufnahme in einen Offizierslehrgang, und die beiden Letztgenannten bewegten sich fortan seltsam überspannt und tugendhaft durch die Welt. Sie faselten wie Studenten vom Krieg als der einzigen Entschuldigung und Rechtfertigung des Aristokraten und malten sich eine unmögliche Offizierskaste aus, die sich hauptsächlich aus den vielversprechenderen Ehemaligen von drei oder vier Colleges von der Ostküste rekrutieren sollten. Gloria schien es, als habe dieser große rote Schein, der die Nation überflutete, sogar Anthony neuen Glanz verliehen.

Die Angehörigen des von Panama kommenden Zehnten Infanterieregiments wurden zu ihrer größten Verwunderung von patriotischen Bürgern durch die Saloons eskortiert, West-Point-Kadetten zum ersten Mal seit Jahren beachtet, und jedermann fand, alles sei famos, aber nicht halb so famos, wie es in Kürze sein würde, alle miteinander seien prächtige Burschen und jede Rasse eine große Rasse – abgesehen von den Deutschen natürlich; und in allen Gesellschaftsschichten wurde Ausgestoßenen und schwarzen Schafen, sofern sie nur in Uniform erschienen, von Verwandten, früheren Freunden und Wildfremden gerührt Verzeihung gewährt und Beifall gespendet.

Bedauerlicherweise erklärte ein kleiner, korrekter Arzt, Anthonys Blutdruck sei nicht in Ordnung, sodass er ihn nicht guten Gewissens für die Offiziersschule zulassen konnte.

Der dritte Hochzeitstag ging ungefeiert und unbeachtet vorbei. Die Zeit erwärmte sich zu Tauwetter, schmolz in einen heißeren Sommer hinein, kam ins Sieden und verkochte. Im Juli wurde das Testament zur Bestätigung bei Gericht eingereicht, und da eine Anfechtung vorlag, beantragte der Nachlassrichter einen Verhandlungstermin.

Die Sache zog sich bis zum September hin – wegen der moralischen Fragen, die im Spiel waren, erwies es sich als schwierig, eine nicht befangene Jury zusammenzustellen. Zu Anthonys Enttäuschung wurde schließlich zugunsten des Erblassers entschieden, woraufhin Mr. Haight gegen Edward Shuttleworth in die Berufung ging.

Während der Sommer sich seinem Ende zuneigte, sprachen Anthony und Gloria von dem, was sie tun würden, wenn das Geld ihnen gehörte, von den Reisen, die sie nach dem Krieg machen würden, wenn sie sich «wieder geeinigt hatten», denn beide warteten sehnsüchtig auf eine Zeit, da die Liebe wie ein Phönix aus der Asche steigen und in ihren geheimnisvollen und unergründlichen Schlupfwinkeln eine Wiedergeburt erfahren würde.

Im Frühherbst wurde er eingezogen, und der untersuchende Arzt verlor kein Wort über den niedrigen Blutdruck. Es war alles sehr sinnlos und traurig, als Anthony eines Abends zu Gloria sagte, er würde sehr gern fallen. Aber wie immer bedauerten sie sich gegenseitig aus den falschen Gründen zur falschen Zeit.

Sie hatten ausgemacht, dass Gloria ihn zunächst nicht in das Militärlager im Süden begleiten sollte, zu dem sein Truppenkontingent beordert worden war. Sie würde in New York bleiben, in der Wohnung bleiben, um Geld zu sparen und um den Fortgang ihres Falls zu beobachten, der jetzt beim Appellationsgericht zur Verhandlung anstand, das, wie Mr. Haight ihnen sagte, in seinem Zeitplan weit zurück war.

Eines ihrer letzten Gespräche war ein unsinniger Streit über die angemessene Aufteilung des Einkommens – es hätte nicht viel gefehlt, und jeder hätte am liebsten alles dem anderen überlassen. Es war typisch für das Chaos und die Konfusion ihres Lebens, dass Gloria an dem Oktoberabend, als sich Anthony für die Fahrt ins Lager auf der Grand Central Station stellte, so spät kam, dass sie über der die Köpfe reckenden Menge, die sich auf dem Bahnsteig versammelt hatte, gerade noch seinen Blick erhaschen konnte. Durch die trübe Bahnhofshalle sahen sie über ein hysterisches Gewimmel hin, das von furchtsamem Schluchzen und dem Geruch armer Frauen erfüllt war. Beiden ging wohl durch den Kopf, was sie einander angetan hatten, und beide gaben sich selbst die Schuld daran, jenes düstere Muster entworfen zu haben, in dem sie jetzt auf tragisch-hilflose Weise befangen waren. Zum Schluss war die Entfernung zwischen ihnen so groß, dass einer die Tränen des anderen nicht sah.

DRITTES BUCH

1 EINE SACHE DER ZIVILISATION

Auf einen barschen Befehl von unsichtbarer Stelle hin tastete Anthony sich in den Wagen hinein. Er überlegte, dass er zum ersten Mal seit mehr als drei Jahren länger als eine Nacht von Gloria getrennt sein würde. Das Endgültige dieser Vorstellung hatte für ihn einen melancholischen Reiz. Es war die Trennung von seinem reinen, schönen Mädchen.

Sie hatten, wie er fand, die vernünftigste finanzielle Regelung getroffen: Sie sollte dreihundertfünfundsiebzig Dollar monatlich bekommen – nicht zu viel, wenn man berücksichtigte, dass über die Hälfte allein die Miete verschlang –, und er würde mit fünfzig Dollar seinen Sold ergänzen. Mehr würde er kaum brauchen. Essen, Kleidung und Unterkunft wurden gestellt, gesellschaftliche Verpflichtungen hatte man als Soldat nicht.

Der Waggon war überbesetzt, die Luft schon zum Schneiden. Es war ein sogenannter «Touristenwagen», auf billig gemachte Pullmanbauweise, mit nackten Böden und Strohgeflechtsitzen, denen eine Reinigung nicht geschadet hätte. Trotzdem atmete Anthony auf. Er hatte befürchtet, die Fahrt Richtung Süden in einem Güterwagen zurücklegen zu müssen, mit acht Pferden an einem und vierzig Mann am anderen Ende. Er hatte die Geschichte von «hommes 40, chevaux 8» so oft gelesen, dass sie mittlerweile etwas dunkel Bedrohliches für ihn hatte.

Während er, den Kleidersack über der Schulter wie eine monströse blaue Wurst, durch den Gang schwankte, sah er zunächst keinen freien Platz, dann entdeckte er einen Sitz, auf dem die Füße eines kleinen dunklen Sizilianers ruhten, der, die Mütze über die Augen gezogen, streitbar in der Ecke kauerte. Als Anthony neben ihm stehen blieb, sah er mit einem finsteren Blick hoch, der offenbar als Einschüchterung gedacht war, als Schutzmaßnahme gegen diese gigantische Gleichung, die hier aufgemacht wurde. Auf Anthonys scharfe Frage: «Ist der Platz da besetzt?», hob er so langsam, als handle es sich um ein Paket mit zerbrechlicher Ware, die Füße hoch und setzte sie vorsichtig auf den Boden. Dabei hielt er den Blick weiter auf Anthony gerichtet, der sich inzwischen hingesetzt hatte und die Uniformjacke aufknöpfte, die man ihm am Vortag in Camp Uptown verpasst hatte. Sie scheuerte unter den Armen.

Ehe Anthony sich die Insassen seines Abteils genauer hatte ansehen können, erschien am anderen Ende des Waggons ein junger Leutnant und verkündete, anmutig durch den Gang schwebend, mit erschreckend scharfer Stimme: «In diesem Waggon wird nicht geraucht! Rauchverbot! Dass ihr mir hier nicht raucht, Männer!»

Während er am anderen Ende entschwand, erhoben sich allenthalben kleine Wolken des Protests.

«Verdammich!»

«Himmel noch mal!»

«*Rauch*verbot?»

«He, Junge, mach's halblang!»

«Was soll denn das?»

Zwei, drei Zigaretten wurden durchs offene Fenster geschnippt. Andere blieben, notdürftig versteckt, im Wagen. Hier und da fielen herausfordernde, spöttische, ergeben humorige Bemerkungen, die sich alsbald in einem lustlos lastenden Schweigen verloren.

Der vierte in Anthonys Abteil machte plötzlich den Mund auf. «Ade, Freiheit», maulte er. «Ade, Welt! Jetzt sind wir bloß noch dazu da, den Offizieren die Stiefel zu küssen!»

Anthony sah ihn an. Es war ein hochgewachsener Ire, dem Gleichgültigkeit und abgrundtiefe Verachtung ins Gesicht geschrieben standen. Wie in Erwartung einer Erwiderung sah er erst Anthony und dann die anderen an. Als ihn stattdessen nur der streitbare Blick des Italieners traf, seufzte er und spuckte geräuschvoll auf den Boden, um sich so mit Anstand in neuerliches Schweigen zurückziehen zu können.

Wenig später sprang die Tür wieder auf, und vom launen Wind des Pflichteifers getragen, schwebte der Leutnant heran und brachte neue Kunde: «In Ordnung, Männer, raucht, wenn ihr wollt. Mein Fehler, Männer! Geht in Ordnung, Männer! Raucht ruhig – mein Fehler.»

Diesmal sah Anthony ihn sich genauer an. Er war jung, dünn, bereits ausgeblichen; er war wie sein eigener Schnurrbart; er war wie ein langer glänzender Strohhalm. Zum Ausgleich für das leicht fliehende Kinn trug er eine hochtrabende, finstere Miene zur Schau, die allerdings wenig überzeugend wirkte und die Anthony in den nächsten Jahren mit den Gesichtern vieler junger Offiziere in Verbindung bringen sollte.

Sofort – ob ihnen vorher danach gewesen war oder nicht – fingen alle an zu rauchen. Anthonys Zigarette trug zur dunstigen Oxydation bei, die mit jeder Bewegung des Zuges in opalisierenden Wolken hin und her zu schwappen schien. Das Gespräch, das zwischen den beiden beeindruckenden Auftritten des jungen Offiziers zum Erliegen gekommen war, wurde jetzt ziemlich lustlos wieder aufgenommen; die Männer auf der anderen Gangseite versuchten unbeholfen, ihren Strohgeflechtsitzen ein wenig Bequemlichkeit abzuringen; zwei halbherzig begonnene Kartenspiele lockten bald Zuschauer an, die sich auf die Armlehnen setzten. Wenig später drang ein ebenso hartnäckiges wie unerfreuliches Geräusch in Anthonys Bewusstsein – der streitbare kleine Sizilianer war deutlich hörbar eingeschlafen. Ein beklemmender Anblick, dieses belebte Protoplasma, nur aus Höflichkeit vernünftig, von einer unbegreiflichen Zivilisation in einen Eisenbahnwaggon gesperrt und irgendwohin verfrachtet, um irgendeine vage Sache auszuführen – ohne Ziel, Bedeutung oder Konsequenzen. Anthony seufzte, schlug eine Zeitung auf, die er sich nicht erinnern konnte gekauft zu haben, und fing in dem trübgelben Licht an zu lesen.

Aus der zehnten Stunde rumpelten sie in die elfte hinein; die Zeit geriet ins Stocken, wurde langsamer, dehnte sich. Erstaunlicherweise blieb der Zug immer wieder in der dunklen Landschaft stehen, wobei er sich hin und wieder kurze, täuschende Vorwärts- oder Rückwärtsbewegungen leistete und schrille Freudenpfiffe in den hohen Himmel der Oktobernacht schickte. Nachdem er die Zeitung vom Leitartikel bis zu den Witzzeichnungen und lyrischen Kriegsergüssen durchgelesen hatte, fiel sein Blick auf eine halbe Spalte mit der Überschrift «Shakespeareville, Kentucky». Die Handelskammer von Shakespeareville hatte kürzlich eine leidenschaftliche Debatte darüber geführt, ob man die amerikanischen Soldaten «Sammies» oder «Battling Christians» nennen sollte. Der Gedanke verursachte ihm Übelkeit. Er ließ die Zeitung fallen und gähnte. Seine Gedanken schweiften ab. Warum hatte Gloria sich wohl verspätet? Es schien so lange her – die Einsamkeit durchfuhr ihn wie ein Stich. Er versuchte sich vorzustellen, wie sie wohl ihre neue Lage sehen, welchen Stellenwert sie ihm in Gedanken einräumen würde. Die Überlegung deprimierte ihn noch mehr – er schlug die Zeitung wieder auf und las weiter. Die Mitglieder der Handelskammer von Shakespeareville hatten sich für «Liberty Lads» entschieden.

Zwei Tage und zwei Nächte ratterten sie Richtung Süden, in einer scheinbar wasserlosen Einöde geheimnisvolle, unerklärliche Aufenthalte einlegend und mit wichtigtuerischer Eile durch Großstädte brausend. Die

Launen des Zuges waren für Anthony ein Vorgeschmack auf die Launen des ganzen militärischen Apparats.

Beim Halt in der Einöde wurden sie vom Gepäckwagen mit Bohnen und Speck versorgt, die er zunächst nicht herunterbrachte – er nährte sich zum Abendessen frugal von Milchschokolade, die an einer Dorfkantine ausgegeben worden war. Vom zweiten Tag an erwies sich das, was aus dem Gepäckwagen kam, als erstaunlich schmackhaft. Am dritten Morgen kursierte das Gerücht, dass sie in einer Stunde an ihrem Zielort, Camp Hooker, eintreffen würden.

Im Waggon war es unerträglich heiß geworden, und die Männer waren alle in Hemdsärmeln. Durch die Fenster schien eine uralte, müde, pergamentfarbene Sonne, die sich auf ihrer Reise länglich verformt hatte. Sie versuchte, in siegessicheren Rechtecken ins Wageninnere einzudringen, und brachte nur verzerrte Flecken zustande, war aber erschreckend standfest; so standfest, dass es Anthony beunruhigte, dass nicht *er* der Angelpunkt all der belanglosen Sägewerke, Bäume und Telefonmasten war, die sich so geschwind um ihn drehten. Draußen spielte sie mit starkem Tremolo über olivfarbene Straßen und fahle Baumwollfelder, hinter denen eine unregelmäßige, von grauen Felsformationen unterbrochene Waldzeile verlief. Den Vordergrund bedeckte ein sparsames Tüpfelmuster aus Elendshütten, zwischen denen hin und wieder ein Vertreter der trägen bäuerlichen Bevölkerung von South Carolina auftauchte oder ein unsicher und verdrießlich dreinschauender Wollkopf dahinschlurfte.

Dann wichen die Wälder zurück, und sie rollten auf eine weite Ebene, die der obersten Schicht einer riesigen Torte glich, auf der als Verzierung unzählige, in geometrischen Mustern angebrachte Zelte prangten. Der Zug kam schwankend und stuckernd zum Stehen. Sonne, Telegrafenmasten und Bäume verblassten, und seine Welt schaukelte sich langsam wieder in ihre gewohnte Erscheinungsform zurück, in deren Mittelpunkt Anthony Patch stand. Während die Männer schwitzend und erschöpft aus dem Waggon kletterten, stach ihm jener unvergleichliche Duft in die Nase, von dem alle permanenten Lagereinrichtungen gesättigt sind: Es stank nach Müll.

Camp Hooker war ein erstaunliches und spektakuläres Gebilde, bei dem einem sofort der Untertitel «Eine Bergwerksstadt im Jahre 1870 – Die zweite Woche» in den Sinn kam. Es bestand aus Holzbaracken und weißlich-grauen Zelten, die durch ein Straßensystem verbunden waren, sowie harten, braunen, von Bäumen gesäumten Exerzierplätzen. Hier und da standen grüne CVJM- Gebäude – reizlose Oasen, umgeben von dem muffigen Gestank nach nassen Waschlappen und geschlossenen Telefonzellen –, und ihnen gegenüber befand sich gewöhnlich eine Kantine, in der reges Leben herrschte und die unter der lockeren Leitung eines Offiziers stand, dem es dank einer Seitenwagenmaschine meist gelang, seine Abkommandierung zu einer angenehmen und unterhaltsamen Sinekure zu gestalten.

Auf der staubigen Straße flitzten die Angehörigen der Versorgungskompanie, ebenfalls auf Seitenwagenmaschinen, hin und her. Hin und her rollten auch die Generäle in ihren Dienstwagen, ab und zu anhaltend, um lahme Trupps auf Trab zu bringen, Hauptleuten, die an der Spitze ihrer Kompanie marschierten, strenge Blicke zuzuwerfen und das bombastische Tempo in dem schönen Spiel der Großtuerei vorgebend, dem man sich im ganzen Lager mit großer Hingabe widmete.

Die erste Woche nach der Ankunft von Anthonys Abteilung verging mit endlosen Impfungen, ärztlichen Untersuchungen und erstem Drill. Am Ende des Tags war er stets restlos erschöpft. Ein beliebter, fröhlich-unbeschwerter Versorgungsoffizier hatte ihm Schuhe in der falschen Größe verpasst, und seine Füße schwollen infolgedessen so an, dass die letzten Stunden des Nachmittags zu einer einzigen Qual wurden. Zum ersten Mal in seinem Leben brachte er es fertig, wenn er sich zwischen Mittagessen und Nachmittagsdrill auf sein Feldbett warf, auf der Stelle einzuschlafen, wobei er jeden Augenblick scheinbar tiefer ins Bodenlose sank, während Lärm und Gelächter um ihn her zu einem freundlichen, einschläfernden Sommersummen wurden. Morgens erwachte er steif und mit schmerzenden Gliedern, hohläugig wie ein Geist, und beeilte sich, zu den anderen geisterhaften Gestalten zu stoßen, die auf den tristen Kompaniestraßen herumliefen, während ein grelles Signalhorn kreischende und spuckende Töne zum grauen Himmel hochschickte.

Er befand sich in einer Stammkompanie der Infanterie von etwa hundert Mann. Nach dem ewig gleichen Frühstück, bestehend aus fettem Speck, kaltem Toast und Getreideflocken, strebten alle Mann zu den Latrinen, die, so gewissenhaft sie auch gewartet wurden, wie die Toiletten in billigen Hotels nicht auszuhalten waren. Dann ging es in lockerer Reihe zum Exerzierplatz, wobei der Hinkefuß zu seiner Rechten auf groteske Weise Anthonys lustlose Bemühungen zunichtemachte, im Gleichschritt zu bleiben, und die Zugführer sich entweder mächtig spreizten, um Offizieren und Rekruten zu imponieren, oder sich still neben der Marschkolonne hielten, um sich so weit wie möglich sowohl der Arbeit als auch der Sicht zu entziehen.

Auf dem Truppenübungsplatz ging es sofort zur Sache. Für den Frühsport hieß es, sich aus den Hemden zu schälen. Das war für Anthony der einzige Lichtblick des Tages. Leutnant Kretching, der dem Zappelzirkus vorstand, war ein sehniger muskulöser Mann, und Anthony folgte seinen Bewegungen getreulich in dem Gefühl, etwas zu tun, was ihm echten Nutzen brachte. Die anderen Offiziere und Feldwebel strichen wie Schulbuben zwischen den Männern herum, nahmen den einen oder anderen Unglücklichen aufs Korn, dem es an Muskelbeherrschung fehlte, und gaben ihm konfuse Anweisungen und Befehle. Wenn sie ein besonders trauriges, schmächtiges Exemplar entdeckt hatten, blieben sie die volle halbe Stunde auf dem Platz, machten boshafte Bemerkungen und lachten leise miteinander.

Ein kleiner Offizier, ein gewisser Hopkins, der in der Berufsarmee Feldwebel gewesen war, erwies sich als besonders lästige Erscheinung. Er sah den Krieg als eine köstliche Rache, ein wahres Göttergeschenk, und der ständige Kehrreim seiner Tiraden lautete, dass die Rekruten überhaupt keine Vorstellung von den ernsten, verantwortungsvollen Aufgaben der Streitkräfte hatten. So wie er es sah, hatte er sich mit Weitblick und unerschrockenen Leistungen zu seiner derzeitigen herausragenden Position hochgearbeitet. Er äffte die Grausamkeiten sämtlicher Offiziere nach, unter denen er gedient hatte. Sein Stirnrunzeln war Dauerzustand – ehe er einem der Rekruten einen Passierschein in die Stadt ausstellte, bedachte er gewissenhaft die Konsequenzen seiner Abwesenheit auf die Kompanie, die Armee und das Wohlergehen der militärischen Zunft weltweit.

Leutnant Kretching, blond, fad und gepflegt, weihte Anthony mit gewichtigem Ernst in die Geheimnisse von «Stillgestanden! Rechtsum! Linksum! Rührt euch!» ein. Sein Hauptfehler war, dass er an extremer Vergesslichkeit litt. Oft ließ er die Kompanie mit schmerzenden Gliedern fünf Minuten lang strammstehen, während er sich vor ihr aufgebaut hatte und eine neue Übung demonstrierte – weshalb dann auch nur die in der Mitte begriffen, worum es ging. Die Männer an den Flanken hielten sich an das, was man ihnen eingebleut hatte, nämlich unverwandt geradeaus zu sehen.

Der Drill setzte sich bis zum Mittag fort. Er bestand aus einer Aneinanderreihung unendlich belangloser Einzelheiten, und auch wenn Anthony einsah, dass dies der Logik des Kriegs entsprach, empfand er ihn doch als recht ärgerlich. Dass ein Blutdruck in falscher Höhe, der bei einem Offizier unannehmbar gewesen wäre, sich auf die Pflichten eines einfachen Soldaten nicht störend auswirkte, war eine maßlose Ungereimtheit. Manchmal, wenn er sich eine längere Standpauke über ein langweiliges und auf den ersten Blick unsinniges Thema hatte anhören müssen, das sich militärische «Etikette» nannte, kam ihm der Verdacht, dass es der düstere Zweck des Kriegs war, den Berufsoffizieren – Männern mit der Mentalität und den Ambitionen von Schuljungen – die Gelegenheit zu geben, sich in einem richtig schönen Gemetzel auszutoben. Er wurde – und das war das Abstruse an der Sache – der zwanzigjährigen Geduld eines Hopkins zum Opfer gebracht.

Von seinen drei Zeltkameraden – einem mondgesichtigen Kriegsdienstverweigerer aus Tennessee, einem hochgewachsenen ängstlichen Polen und dem verachtungsvollen Kelten, mit dem er im Zug zusammengesessen hatte – verbrachten die beiden Erstgenannten die Abende damit, endlose Briefe nach Hause zu schreiben, während der Ire im Zelteingang saß und unentwegt ein halbes Dutzend schriller Vogelrufe vor sich hin pfiff. Nicht so sehr in der Hoffnung auf Abwechslung als vielmehr in dem Bestreben, ihnen für eine Stunde zu entgehen, fuhr er, als die Quarantäne Ende der Woche aufgehoben wurde, in die Stadt. Er nahm sich einen der billigen kleinen Omnibusse, die jeden Abend das Lager überschwemmten, und wurde eine halbe Stunde später vor dem «Stonewall Hotel» auf der heißen verschlafenen Hauptstraße abgesetzt.

Die Stadt erwies sich in der Abenddämmerung unerwartet reizvoll. Die Gehsteige waren bevölkert mit bunt gekleideten, zu stark geschminkten jungen Mädchen, die mit leiser, schleppender Stimme miteinander schwatzten, Dutzenden von Taxifahrern, die Offiziere auf der Straße mit ihrem «Ich fahr' Sie, wohin Sie wollen, Leutnant» überfielen, und vorbeiziehenden zerlumpten, schlurfenden, unterwürfigen Negern. Anthony verspürte, während er durch die warme Dämmerung schlenderte, zum ersten Mal seit Jahren den sinnlichen, schweren Atem des Südens, der in der weichen, warmen Luft, dem allgemeinen Stillstand der Gedanken und der Zeit fast mit Händen zu greifen war.

Er war etwa einen Häuserblock weit gegangen, als ein schroffer Befehl in unmittelbarer Nähe ihn erstarren ließ. «Hat man Ihnen nicht beigebracht, Offiziere zu grüßen?»

Sprachlos sah er den korpulenten, schwarzhaarigen Hauptmann an, der ihn aus braunen Quellaugen drohend anfunkelte. «Stillgestanden!», donnerte der.

Etliche Passanten hielten an und glotzten. Ein Mädchen in einem fliederfarbenen Kleid und mit sanften Augen kicherte mit ihrer Freundin.

Anthony gehorchte.

«Regiment und Kompanie?»

Anthony meldete sich.

«In Zukunft stehen Sie stramm und grüßen, wenn Sie einem Offizier begegnen!»

«Ist gut.»

«‹Ja, Herr Hauptmann› heißt das.»

«Ja, Herr Hauptmann.»

Der korpulente Hauptmann drehte sich auf dem Absatz um und marschierte davon. Anthony wartete einen Augenblick, dann ging auch er weiter; die Stadt war nicht mehr träge und exotisch, die Dämmerung hatte jäh ihren Zauber verloren. Sein Blick richtete sich unvermittelt nach innen, auf das Demütigende seiner Lage. Er hasste jenen Offizier, alle Offiziere – das Leben war unerträglich.

Nach einem halben Block die Straße hinunter merkte er, dass das Mädchen im Fliederkleid, das über seine Schmach gekichert hatte, mit ihrer Freundin zehn Schritte vor ihm ging. Sie hatte sich schon ein paarmal umgedreht und Anthony aus fröhlich lachenden Augen angesehen, die, so schien es ihm, dieselbe Farbe hatten wie ihr Kleid.

An der Ecke wurden sie und ihre Begleiterin merklich langsamer – er musste sich entscheiden, ob er auf sie zugehen oder scheinbar unbeteiligt an ihnen vorbeischlendern sollte. Er ging an ihnen vorbei, zögerte, verhielt den Schritt. Gleich hatten die beiden, die sich jetzt schüttelten vor Lachen, ihn wieder überholt. Es war nicht die schrille Heiterkeit, die er im Norden von Mitwirkenden in diesem vertrauten Gesellschaftsspiel erwartet hätte, sondern ein sanftes, leises Plätschern wie der Ausfluss aus einem diskreten kleinen Scherz, dessen Zeuge er unvermutet geworden war.

«Guten Abend», sagte er.

Ihre Augen waren weich wie Schatten. Waren sie wirklich violett, oder mischte sich ihr dunkles Blau nur mit den grauen Tönen der Dämmerung?

«Angenehmer Abend …», wagte sich Anthony zögernd vor.

«Da haben Sie recht», sagte das zweite Mädchen.

«Für Sie war's ja kein angenehmer Abend», seufzte die Fliederfarbene. Ihre Stimme schien ebenso Teil der Nacht zu sein wie die schläfrige Brise, die mit der breiten Krempe ihres Hutes spielte.

«Er hat wohl eine Gelegenheit gesucht, um sich großzutun», versetzte Anthony verächtlich auflachend.

«Kann schon sein», meinte sie zustimmend.

Die Mädchen bogen um die Ecke und gingen gemächlich eine Seitenstraße hoch, als folgten sie einem mit ihnen verbundenen schleifenden Seil. In dieser Stadt schien es völlig selbstverständlich, auf solche Art um Ecken zu biegen, kein bestimmtes Ziel zu haben, an nichts zu denken … Die Seitenstraße war dunkel, eine unvermutete Abzweigung in einen Bezirk von Heckenrosen und stillen, kleinen, weit von der Straße zurückgesetzten Häusern.

«Wohin gehen Sie?», fragte er höflich.

«Eigentlich nirgendwohin.» Die Antwort war Entschuldigung, Frage, Erklärung zugleich.

.«Darf ich Sie ein Stück begleiten?»

«Warum nicht …»

Es war von Vorteil, dass sie einen anderen Akzent hatte. Nach der Sprache hätte er die soziale Stellung eines Mädchens aus dem Süden nicht bestimmen können; in New York waren die jungen Frauen aus der Unterschicht rau und – außer durch die rosa Brille des Rausches gesehen – unerträglich.

Langsam senkte sich die Dunkelheit herab. Ohne viel zu reden – Anthony stellte hier und da eine beiläufige Frage, die anderen beiden antworteten provinzlerisch sparsam in Melodie und Phrasierung –, schlenderten sie an der nächsten Ecke und noch einer vorbei. In der Mitte einer Häuserzeile blieben sie unter einem Laternenpfahl stehen.

«Hier ganz in der Nähe wohne ich», sagte das andere Mädchen.

«Und ich um die Ecke», ergänzte die Fliederfarbene.

«Darf ich Sie nach Hause bringen?»

«Bis zur Ecke, wenn Sie wollen.»

Das andere Mädchen trat ein Paar Schritte zurück. Anthony nahm die Mütze ab.

«Sie sollten doch salutieren», lachte die kleine Fliederfarbene. «Alle Soldaten salutieren.»

«Ich werd's noch lernen», versetzte er knapp.

«Tja …», sagte das andere Mädchen, zögerte und setzte dann hinzu: «Ruf mich morgen an, Dot.» Dann verschwand sie aus dem gelben Lichtkreis der Straßenlaterne.

Schweigend gingen Anthony und die Fliederfarbene

die drei Blocks bis zu dem klapprigen kleinen Haus, in dem sie daheim war. Vor dem hölzernen Gartentor zögerte sie. «Ja, also dann … vielen Dank.»

«Müssen Sie so früh heim?»

«Eigentlich schon.»

«Dürfen Sie nicht noch ein bisschen länger spazieren gehen?»

Sie musterte ihn leidenschaftslos. «Ich kenne Sie doch gar nicht.»

Anthony lachte. «Es ist noch nicht spät.»

«Ich glaube, ich gehe doch besser heim.»

«Ich dachte, wir könnten vielleicht noch ins Kino.»

«Das wäre nett.»

«Danach würde ich Sie nach Hause bringen. Die Zeit reicht gerade. Um elf muss ich in der Garnison sein.»

Es war so dunkel, dass er sie jetzt kaum mehr erkennen konnte. Er sah nur ein leicht vom Wind bewegtes Kleid und zwei klare, unbekümmerte Augen.

«Warum kommst du nicht … Dot. Gehst du nicht gern ins Kino? Komm schon …»

Sie schüttelte den Kopf.

«Ich sollte nicht …»

Dass sie ihn hinhielt, um einen bestimmten Eindruck bei ihm zu erwecken, nahm ihn für sie ein. Er kam näher und ergriff ihre Hand. «Und wenn wir bis zehn zurück sind? Nur ins Kino.»

«Ja, also … meinetwegen …»

Hand in Hand gingen sie zur Stadtmitte zurück, eine dunstig dämmernde Straße entlang, auf der ein schwarzer Zeitungsjunge ein Extrablatt ausrief, so wie die Straßenverkäufer hierzulande seit jeher ihre Ware ausriefen – in einem Rhythmus, der so melodisch war wie ein Lied.

Dot

Anthonys Liebschaft mit Dorothy Raycroft war ein zwangsläufiges Ergebnis seiner zunehmenden Nachlässigkeit im Umgang mit sich selbst. Er ging nicht zu ihr mit dem Wunsch, das Wünschenswerte zu besitzen, noch erlag er den Verlockungen eines Menschen, der lebenstüchtiger, unwiderstehlicher war als er, wie es ihm vor vier Jahren mit Gloria ergangen war. Er schlitterte in die Geschichte einfach deshalb hinein, weil er sich zu nichts entschließen konnte. Er brachte es nicht fertig, einem Mann oder einer Frau «Nein» zu sagen; der Schnorrer und die Verführerin fanden in ihm ein gleichermaßen gutherziges und nachgiebiges Opfer. Selten traf er überhaupt Entscheidungen, und geschah es doch einmal, so waren es meist halb hysterische, in der Panik eines bestürzten, unwiderruflichen Erwachens gefasste Vorsätze.

Die spezielle Schwäche, der er diesmal nachgab, war ein Bedürfnis nach Abwechslung und äußeren Anreizen. Er hatte das Gefühl, sich zum ersten Mal nach vier Jahren aufs neue artikulieren und interpretieren zu können. Das Mädchen verhieß Ruhe und Rast, die Stunden, die er jeden Abend in ihrer Gesellschaft verbrachte, linderten das morbide und zwangsläufig zwecklose Rumoren seiner Vorstellungskraft. Er war nun ernstlich zum Feigling geworden – ganz und gar zum Sklaven Hunderter ungeordnet streunender Gedanken, die der Zusammenbruch seiner aufrichtigen Zuneigung zu Gloria freigesetzt hatte, einer Zuneigung, die die Oberaufsicht über sein Ungenügen geführt hatte.

Als sie an jenem Abend am Gartentor standen, küsste er Dorothy und verabredete sich mit ihr für den Samstag. Dann fuhr er ins Lager und schrieb bei gesetzwidrig in seinem Zelt brennenden Licht einen langen Brief an Gloria, einen glühenden Brief voll von sentimentaler Dunkelheit, voll von erinnertem Blumenduft, voll von echter, überbordender Zärtlichkeit; all das hatte er nun für einen Augenblick wieder erfahren – in einem Kuss, der vor einer Stunde unter üppigem warmem Mondlicht gegeben und empfangen worden war.

Am Samstagabend wartete Dorothy vor dem Eingang des «Bijou Moving Picture Theatre». Sie trug wie am Mittwoch das fliederfarbene Kleid aus hauchdünnem Organdy, das aber offenbar inzwischen gewaschen und gestärkt worden war, denn es war frisch und ohne Knitterfalten. Bei Tag bestätigte sich sein Eindruck, dass sie trotz kleiner Defekte und Unvollkommenheiten auf ihre Art durchaus hübsch war. Sie hielt sich sauber, das Gesicht war klein und unregelmäßig, aber ausdrucksvoll und in sich harmonisch. Sie war eine dunkle, vergängliche kleine Blume – und doch meinte er in ihr etwas wie geistige Widerstandskraft zu spüren, eine Stärke, die sich aus dem passiven Hinnehmen aller Dinge nährte. Darin irrte er sich.

Dorothy Raycroft war neunzehn. Ihr Vater hatte einen kleinen, schlecht gehenden Gemischtwarenladen betrieben, und sie war zwei Tage vor seinem Tod im letzten Viertel ihres Jahrgangs von der Highschool abgegangen. In der Highschool hatte sie sich einen etwas zweideutigen Ruf erworben. Dabei war ihr Verhalten auf dem Schulpicknick, wo die Gerüchte ihren Anfang genommmen hatten, nur unbesonnen gewesen; sie hatte sich die formale Unberührtheit noch über ein Jahr länger bewahrt. Der Junge war Kommis in einem Geschäft an der Jackson Street und am Tag danach unvermittelt nach New York gegangen. Vorgehabt hatte er das schon eine ganze Weile, die Abreise aber noch bis zum Vollzug seiner amourösen Unternehmung hinausgeschoben.

Nach einiger Zeit erzählte sie einer Freundin unter dem Siegel der Verschwiegenheit von ihrem Abenteuer; als sie das Mädchen danach auf der verschlafenen Straße im staubigen Sonnenlicht verschwinden sah, wusste sie blitzartig, dass damit ihre Geschichte in die Welt hinausging. Trotzdem fühlte sie sich nach dem Geständnis bedeutend wohler und näherte sich – leicht verbittert – einem Zustand von Charakterstärke so weit wie nie wieder in ihrem Leben, indem sie in eine andere Richtung davonging und sich mit einem Mann in der Absicht traf, sich selbst etwas Gutes zu tun. In der Regel ließ Dot die Dinge mit sich geschehen. Sie war nicht schwach, weil nichts in ihrem Inneren ihr sagte, dass sie Schwäche zeigte. Sie war nicht stark, weil sie nie erfuhr, dass manches von dem, was sie tat, Mut bewies. Sie kannte weder Auflehnung noch Anpassung oder Kompromiss.

Sie besaß keinen Humor, dafür aber die glückliche Veranlagung, im Beisein von Männern im richtigen Augenblick lachen zu können. Ambitionen hatte sie nicht; manchmal bedauerte sie vage, dass sie sich durch ihren Ruf jede Hoffnung auf eine gesicherte Zukunft verscherzt hatte. Einen öffentlichen Skandal hatte es nie gegeben: Ihrer Mutter war nur wichtig, sie morgens rechtzeitig auf den Weg zu dem Juwelier zu bringen, bei dem sie vierzehn Dollar die Woche verdiente. Aber einige ihrer Klassenkameraden aus der Highschool sahen jetzt weg, wenn sie mit «anständigen Mädchen» spazieren gingen, und derlei Vorfälle kränkten sie. Wenn sie so etwas erlebt hatte, lief sie heim und weinte.

Außer dem Kommis von der Jackson Street hatte es noch zwei Männer gegeben. Der erste war ein Offizier der Kriegsmarine, den es zu Beginn des Kriegs kurz in die Stadt verschlagen hatte. Er musste einer bestimmten Zugverbindung wegen dort übernachten und lehnte müßig an einer Säule des «Stonewall Hotel», als sie vorbeikam. Er blieb vier Tage. Sie glaubte ihn zu lieben und überschüttete ihn mit jener übersteigerten Leidenschaft, die sie sonst dem kleinmütigen Kommis geschenkt hätte. Bewirkt hatte den Zauber die Offiziersuniform der Kriegsmarine, die man damals noch nicht oft sah. Er reiste mit unbestimmten Versprechungen ab und frohlockte, sobald er im Zug saß, dass er ihr nicht seinen richtigen Namen genannt hatte.

Die trübe Stimmung, die sie danach überkam, hatte sie in die Arme von Cyrus Fielding getrieben, den Sohn eines Tuchhändlers am Ort, der sie eines Tages von seinem Roadster aus angesprochen hatte, als sie auf dem Gehsteig vorüberging. Vom Namen her kannte sie ihn. Wäre sie in bessere Kreise hineingeboren worden, hätte er sie schon vorher kennengelernt. Inzwischen war sie ein Stück tiefer gesunken, und deshalb kamen sie nun doch noch zusammen. Nach einem Monat hatte er sich ins Ausbildungslager abgesetzt, ein bisschen beunruhigt durch die Affäre, ein bisschen erleichtert, dass sie keine tiefe Zuneigung zu ihm gefasst hatte und nicht der Typ war, der Schwierigkeiten machen würde. Dot romantisierte die Liebschaft und war eitel genug, sich einzureden, der Krieg habe ihr die Männer genommen. Sie sagte sich, dass sie den Offizier der Kriegsmarine hätte heiraten können. Trotzdem war ihr nicht ganz wohl bei dem Gedanken, dass es innerhalb von acht Monaten drei Männer in ihrem Leben gegeben hatte. Insgeheim eher erschrocken als verwundert, überlegte sie, dass es mit ihr womöglich einmal so weit kommen würde wie mit den «schlechten Mädchen» auf der Jackson Street, die sie und ihre kaugummikauenden, kichernden Freundinnen vor drei Jahren fasziniert angestarrt hatten.

Eine Weile bemühte sie sich, vorsichtiger zu sein. Sie ließ sich von Männern «aufgabeln»; sie ließ sich von ihnen küssen und sich auch gewisse andere Freiheiten aufdrängen, ansonsten aber blieb es bei ihrem Trio. Nach einigen Monaten waren ihre guten Vorsätze – oder vielmehr ihre durchaus zweckmäßigen Ängste – dahin. Unruhe befiel sie über dem Dahindämmern in diesem gottverlassenen Nest, während die Sommermonate vergingen. Die Soldaten, denen sie begegnete, standen entweder erkennbar unter oder (weniger leicht erkennbar) über ihr. Im letzteren Falle wollten sie Dot nur ausnutzen; es waren grobe, ungehobelte Yankees, die in Schwärmen auftraten ... Und dann begegnete sie Anthony.

An jenem ersten Abend war er wenig mehr als ein traurig-einnehmendes Gesicht gewesen, eine Stimme, eine Möglichkeit, sich für eine Stunde die Zeit zu vertreiben; aber als sie am Samstag zu ihrer Verabredung kam, sah sie ihn sich genauer an. Er gefiel ihr. Ohne dessen gewahr zu werden, sah sie ihre eigene Tragödie in seinem Gesicht gespiegelt.

Wieder gingen sie ins Kino, wieder schlenderten sie durch die dämmernden, duftenden Straßen, diesmal Hand in Hand, hin und wieder ein paar leise Worte wechselnd. Sie traten durchs Gartentor – auf die kleine Veranda zu ...

«Ich kann doch noch ein Weilchen bleiben?»

«Pst», flüsterte sie, «wir müssen ganz leise sein. Mom ist noch auf und liest Romanhefte.» Wie zur Bestätigung hörte er, wie im Haus knisternd eine Seite umgeschlagen wurde. Durch die Schlitze der Jalousie fielen schmale waagerechte Lichtstreifen auf Dorothys Rock. Die Straße lag still da, nur auf den Stufen eines Hauses gegenüber saß eine Gruppe, aus der sich ab und zu ein leises neckendes Lied erhob:

«When you wa-ake
You shall ha-ave
All the pretty little hawsiz …»

Dann fiel unvermittelt, als habe er auf einem Dach in der Nähe auf sie gewartet, der Mond schräg durch das Weinlaub und ließ das Gesicht des Mädchens aufleuchten wie eine weiße Rose.

In Anthony stieg eine Erinnerung auf, die so lebendig war, dass das Bild deutlich wie eine Rückblende auf der Kinoleinwand vor seinen geschlossenen Augen stand. Eine Frühlingsnacht mit unzeitigem Tauwetter in einem halb vergessenen Winter vor fünf Jahren – ein anderes Gesicht, strahlend, blumengleich, Lichtern zugewandt, deren Verwandlungskraft ebenso stark war wie die der Sterne.

Ach ja, *la belle dame sans merci,* die in seinem Herzen wohnte und die sich ihm in vergänglich-welkender Pracht durch dunkle Augen im «Ritz-Carlton», durch einen flüchtigen Blick aus einer vorbeifahrenden Kutsche im Bois de Boulogne zu erkennen gegeben hatte! Doch jene Nächte waren nur Teil eines Liedes, Glanz der Erinnerung – hier waren wieder die leichten Winde, die Illusion, die ewige Gegenwart, die Romantik verhieß.

«Sag», flüsterte sie, «liebst du mich? Liebst du mich?»

Der Bann war gebrochen – der verwehte Sternenglanz war nur noch Licht, der Gesang gegenüber dämpfte sich zu einem eintönigen Geräusch, zum Wimmern der Heuschrecken im Gras. Fast seufzend küsste er ihren verlangenden Mund, während ihre Arme sich um seine Schultern legten.

Der Krieger

Während die Wochen verdorrten und verwehten, erweiterte Anthony seinen Aktionsradius, bis er sich nach und nach ein Bild vom Lager und seiner Umgebung machen konnte. Zum ersten Mal in seinem Leben hatte er nun ständig persönlichen Kontakt mit den Kellnern, denen er ein Trinkgeld gegeben hatte, den Chauffeuren, die ihn mit der Hand an der Mütze gegrüßt hatten, den Tischlern, Klempnern, Barbieren und Farmern, die er bislang nur aufgrund ihrer beruflichen Bücklinge zur Kenntnis genommen hatte. In den ersten beiden Monaten im Ausbildungslager führte er mit keinem einzigen Menschen ein Gespräch von zehn Minuten.

In seinen Akten war als Beruf «Student» vermerkt, auf dem ursprünglichen Fragebogen war er so voreilig gewesen, in die entsprechende Zeile «Schriftsteller» einzutragen; doch wenn die Männer aus seiner Kompanie wissen wollten, was er machte, sagte er gewöhnlich, er sei bei der Bank. Hätte er wahrheitsgemäß gesagt, dass er nicht arbeitete, wären sie ihm als einem Angehörigen der begüterten Klassen mit Argwohn begegnet.

Der Feldwebel seines Zugs, Pop Donnelly, war ein hagerer, vom Trinken ruinierter «alter Soldat». Früher hatte er unzählige Wochen im Arrestlokal verbracht, aber dank der Ausbilderknappheit hatte man ihn zu diesem illustren Rang erhoben. Sein Gesicht war voller Granatsplitternarben und hatte unverkennbare Ähnlichkeit mit Luftaufnahmen des «Schlachtfeldes bei ***». Einmal in der Woche betrank er sich in der Stadt mit klarem Schnaps, kehrte still ins Lager zurück und sackte auf seinem Feldbett zusammen. Wenn er am Morgen wieder zur Kompanie stieß, sah er mehr denn je wie eine weiße Totenmaske aus.

Er wiegte sich in der erstaunlichen Illusion, dem Staat ein «schönes Schnippchen» geschlagen zu haben. Achtzehn Jahre lang hatte er ihm zu einem Hungerlohn gedient, und jetzt würde er sich bald (an dieser Stelle pflegte er zu zwinkern) mit der respektablen Pension von fünfundfünfzig Dollar monatlich zur Ruhe setzen können. Für ihn war das ein glänzender Streich, den er den Dutzenden von Vorgesetzten gespielt hatte, die ihn schikaniert und wie Luft behandelt hatten, seit er sich als neunzehnjähriger Bauernjunge aus Georgia unter ihre Fuchtel begeben hatte.

Derzeit gab es im Lager nur zwei Leutnants, Hopkins und den beliebten Kretching. Letzterer galt als guter Kerl und fähiger Vorgesetzter, bis er sich ein Jahr später mit den elfhundert Dollar Kasinogeldern davonmachte und es sich – wie bei so vielen Vorgesetzten – als sehr schwierig erwies, ihm zu folgen.

Schließlich gab es noch Hauptmann Dunning, den Gott dieses zeitlich begrenzten, aber autarken Mikrokosmos. Er war Reserveoffizier, nervös, energisch und voller Begeisterung, die sich häufig als feiner Schaum in seinen Mundwinkeln materialisierte. Wie die meisten höheren Chargen sah er seine Untergebenen immer nur von vorn, und seinem hoffnungsvollen Blick erschienen die ihm Anvertrauten als eine vortreffliche Einheit, die diesem vortrefflichen Krieg angemessen war. Ungeachtet seiner Ängste und seiner Hingabe an die Sache genoss er den Krieg in vollen Zügen.

Baptiste, der kleine Italiener, den Anthony auf der Bahnfahrt kennengelernt hatte, kollidierte schon in der zweiten Woche mit ihm. Der Hauptmann hatte wiederholt angeordnet, dass die Mannschaft morgens rasiert anzutreten hatte. Eines Tages zeigte sich, dass gegen diese Vorschrift auf erschreckende Weise – vermutlich handelte es sich um ein teutonisches Komplott – verstoßen worden war: Im Lauf der Nacht hatten vier Mann sich Haare im Gesicht wachsen lassen. Dass drei von ihnen die englische Sprache nur minimal beherrschten, ließ es als umso dringender geraten erscheinen, ein Exempel zu statuieren, sodass Hauptmann Dunning kurz entschlossen einen freiwilligen Barbier nach einem Rasiermesser in die Kompaniestraße schickte. Woraufhin zum Schutz der Demokratie drei Italienern und einem Polen eine halbe Unze Haar trocken von den Wangen geschabt wurde.

Jenseits der Welt der Kompanie tauchte von Zeit zu Zeit der Oberst auf, ein schwerer Mann mit gebleckten Zähnen, der den Übungsplatz auf einem stattlichen Rappen zu umrunden pflegte. Er war West-Point-Absolvent und Möchtegern-Gentleman, hatte eine schludrige Frau und eine schludrige Denkweise und verbrachte einen Großteil seiner Zeit in der Stadt, wo er sich die neuerdings gehobene gesellschaftliche Stellung der Armee zunutze machte. Letztlich war da noch der General, dem, wenn er durch die Lagerstraßen zog, seine Fahne voranflatterte – eine so asketische, so ferne, so majestätische Gestalt, dass sie nie ganz fassbar wurde.

Dezember. Windig-kühle Abende und feucht-frostige Vormittage auf dem Exerzierplatz. Je mehr die Hitze wich, desto mehr freute Anthony sich seines Daseins. Durch seinen Körper auf erstaunliche Weise belebt, machte er sich wenig Gedanken und hatte sich in einer Art animalischer Zufriedenheit im Hier und Jetzt eingerichtet. Nicht, dass er sich weniger oft mit Gloria beschäftigt hätte oder mit dem Leben, für das Gloria stand; sie wurde für ihn nur täglich ein bisschen unwirklicher, ein bisschen weniger anschaulich. Eine Woche hatten sie leidenschaftlich, fast hektisch miteinander korrespondiert, dann hatten sie, einer ungeschriebenen Übereinkunft folgend, aufgehört, mehr als zweimal, später mehr als einmal in der Woche zu schreiben.

Sie langweile sich, schrieb sie; sollte seine Brigade länger dort sein, würde sie zu ihm kommen. Der Schriftsatz, den Mr. Haight eingereicht hatte, sei stichhaltiger als erwartet ausgefallen, er bezweifle aber, dass die Berufungsverhandlung vor Ende des Frühjahres stattfinden würde. Muriel sei in New York und arbeite für das Rote Kreuz, sie gingen häufig zusammen aus. Was würde Anthony davon halten, wenn *sie* sich zum Roten Kreuz meldete? Nur habe sie gehört, dass man da Neger in Alkohol baden müsse, und so hätten sich ihre patriotischen Gefühle etwas gelegt. Die Stadt sei voller Soldaten, und sie sei vielen Freunden begegnet, die sie seit Jahren nicht mehr gesehen hatte …

Anthony wollte nicht, dass sie in den Süden kam. Aus den verschiedensten Gründen, wie er sich sagte – er brauchte Erholung von ihr, und sie brauchte Erholung von ihm. Sie würde sich in der Stadt unendlich langweilen und Anthony jeden Tag nur ein paar Stunden sehen können. Insgeheim aber fürchtete er, dass er es nicht wollte, weil er sich zu Dorothy hingezogen fühlte, ja, er lebte in ständiger Angst, Gloria könne durch irgendeinen Zufall oder gar gezielt von seiner Liebschaft erfahren. Nach zwei Wochen machte ihn die Liaison seiner Treulosigkeit wegen zeitweilig ausgesprochen unglücklich. Trotzdem konnte er am Ende des Tags der Lockung nicht widerstehen, die ihn unwiderstehlich aus dem Zelt und zum Telefon beim CVJM zog.

«Dot.»

«Ja?»

«Möglich, dass ich heute Abend kommen kann.»

«Ich freu' mich ja so!»

«Bist du bereit, ein paar romantische Stunden lang meiner glanzvollen Beredsamkeit zu lauschen?»

«Du komischer Kerl, du …»

Flüchtig dachte er fünf Jahre zurück, an Geraldine. Dann: «Ich komme gegen acht.»

Um sieben saß er in einem kleinen Omnibus in Richtung Stadt, wo Hunderte kleiner Südstaatenmädchen auf mondbeschienenen Veranden ihres Liebsten harrten. Schon regte sich in ihm die Vorfreude auf ihre warmen, sich langsam entfaltenden Küsse, die staunende Stille ihrer Blicke. Blicke, wie er sie mit diesem fast anbetenden Ausdruck noch nie ausgelöst hatte. Gloria und er waren von gleich zu gleich miteinander umgegangen, hatten gegeben, ohne einen Gedanken an Dank oder Verpflichtung zu verschwenden. Für dieses Mädchen waren seine Zärtlichkeiten eine Gunst von unschätzbarem Wert. Leise weinend hatte sie ihm gestanden, dass er nicht der erste Mann in ihrem Leben war; es habe vor ihm schon einen gegeben – so wie er es verstand, hatte die Affäre kaum angefangen, als sie auch schon zu Ende war.

Tatsächlich hatte sie ihm von ihrer Warte aus die Wahrheit gesagt. Sie hatte den Kommis vergessen, den Marineoffizier, den Tuchhändlerssohn, aber auch – und darin liegt das wahre Vergessen – die Lebendigkeit ihrer Gefühle. Sie wusste, dass in einem opaken, schattenhaften Dasein jemand sie genommen hatte – es war, als sei es ihr im Schlaf geschehen.

Fast jeden Abend fuhr Anthony in die Stadt. Weil es für die Veranda inzwischen zu kühl geworden war, überließ Dots Mutter ihnen das winzige Wohnzimmer mit den Dutzenden von Farbdrucken in Billigrahmen, den vielen Metern Zierfransen und der von etlichen Jahrzehnten Küchennähe geschwängerten Luft. Sie machten Feuer im Kamin – und dann widmete sie sich glückselig und unermüdlich ihrem Liebeswerk. Pünktlich um zehn brachte sie ihn zur Tür, das schwarze Haar zerzaust, das Gesicht blass ohne die kosmetische Nachhilfe und noch blasser unter dem weißen Mond. Gewöhnlich herrschte draußen silbrige Helle; ab und zu fiel ein warmer Regen, dem es in seiner Trägheit kaum gelang, bis auf den Boden zu kommen.

«Sag, dass du mich liebst», flüsterte sie dann.

«Aber natürlich, du süßer kleiner Schatz.»

«Bin ich ein kleiner Schatz?» Das klang fast wehmütig.

«Nur ein kleiner Schatz.»

Dot wusste in groben Zügen von Gloria. Weil es ihr wehtat, an sie zu denken, stellte sie sich vor, dass sie eine hochmütige, kalte und stolze Frau sei. Sie war zu der Überzeugung gelangt, dass Gloria älter als Anthony sein müsse und dass sie sich als Mann und Frau nicht liebten. Manchmal erlaubte sie sich zu träumen, Anthony würde sich nach dem Krieg scheiden lassen und sie heiraten, aber mit Anthony sprach sie – warum, das wusste sie selbst nicht recht – nie darüber. Sie glaubte wie seine Kompanie, er sei eine Art Bankangestellter, sie hielt ihn für arm und wohlanständig.

«Wenn ich Geld hätte, Liebling», sagte sie manchmal, «würde ich dir alles geben, bis auf den letzten Cent. Fünfzigtausend Dollar hätt' ich schon gern.»

«Ja, das wäre eine schöne Summe», meinte Anthony zustimmend.

In dem Brief, der heute gekommen war, hatte Gloria geschrieben: «Wenn wir einen Vergleich über eine Million erreichen könnten, sollten wir Mr. Haight wohl sagen, dass er darauf eingehen soll. Aber ein Jammer wäre es schon …»

«Wir könnten uns ein Auto anschaffen», brach es triumphierend aus Dot heraus.

Ein eindrucksvoller Moment

Hauptmann Dunning bildete sich einiges auf seine Menschenkenntnis ein. Eine halbe Stunde nach der ersten Begegnung pflegte er jeden Menschen einer von mehreren verblüffenden Kategorien zuzuordnen: feiner Kerl, braver Bursche, schlauer Typ, Theoretiker, Dichterling und «wertlos».

An einem Tag Anfang Februar zitierte er Anthony ins Ordonnanzzelt.

«Patch», begann er salbungsvoll, «ich beobachte Sie jetzt seit einigen Wochen.»

Anthony stand reglos und stramm da.

«Und ich habe den Eindruck, dass Sie das Zeug zu einem guten Soldaten haben.»

Er wartete, bis die hitzige Röte, die sich bei so einer Eröffnung natürlich einstellen musste, abgeflaut war, und fuhr dann stirnrunzelnd fort: «Das ist kein Kinderspiel.»

Anthony bestätigte das mit einem melancholischen «Nein, Sir».

«Es ist ein Spiel für ganze Männer – und wir brauchen gute Führer.» Dann der Höhepunkt, rasch, zielsicher, elektrisierend: «Patch, ich werde Sie zum Gefreiten befördern.»

In diesem Moment hätte Anthony von Rechts wegen leicht taumelnd überwältigt zurückweichen müssen. Er sollte zu jener Viertelmillion gehören, die für diesen höchsten Vertrauensposten erwählt worden war. Er würde sieben weiteren Männern mit Angst im Herzen den Befehl «Mir nach!» zurufen können.

«Sie scheinen ein Mann von einiger Bildung zu sein», sagte Hauptmann Dunning.

«Ja, Herr Hauptmann.»

«Sehr gut. Sehr gut. Bildung ist eine vorzügliche Sache, solange sie einem nicht zu Kopf steigt. Machen Sie so weiter, dann wird ein ordentlicher Soldat aus Ihnen.»

Das Gespräch hatte Anthony zwar amüsiert, ihm aber auch den Gedanken nähergebracht, das Leben als Unteroffizier oder – falls er an einen weniger anspruchsvollen Stabsarzt geraten sollte – als Offizier könne durchaus auch seine angenehmen Seiten haben. Für seine Aufgaben brachte er wenig Interesse auf, weil er fand, dass sie die angeblich so ritterliche Haltung der Armee Lügen strafte. Beim Appell verwendete man Mühe auf seine Kleidung nicht etwa, um gut auszusehen, sondern um zu verhindern, dass man schlecht aussah.

Doch während der kurze, schneelose, durch feuchte Nächte und kühle regnerische Tage gekennzeichnete Winter verstrich, staunte er doch, wie schnell das System sich seiner bemächtigt hatte. Er war Soldat; wer nicht Soldat war, war Zivilist. Die Welt zerfiel in erster Linie in diese beiden Gruppen.

Ihm kam der Gedanke, dass alle hierarchisch gegliederten Institutionen, wie eben auch das Militär, die Menschen in zwei Kategorien aufteilten – ihre eigenen Leute und die anderen. Für den Pfarrer gab es Geistlichkeit und Laien, für den Katholiken Katholiken und Nichtkatholiken, für die Neger Schwarze und Weiße, für die Kranken Sieche und Gesunde … Und so war er, ohne im Leben auch nur einen Gedanken daran verschwendet zu haben, Zivilist, Laie, Nichtkatholik, Nichtjude, Weißer, frei und gesund gewesen …

Als die amerikanischen Truppen scharenweise in die französischen und britischen Schützengräben geschickt wurden, fand er im «Army and Naval Journal» immer mehr Namen von Harvard-Absolventen unter den Gefallenen. Trotz Schweiß und Blut aber schien die militärische Lage unverändert, und er vermochte in absehbarer Zeit keine Aussicht auf ein Ende des Kriegs zu erkennen. In alten Chroniken besiegte der rechte Flügel der einen Armee stets den linken der anderen, während der linke Flügel inzwischen von dem rechten Flügel des Gegners vernichtet wurde. Danach ergriffen die Söldner die Flucht. Wie einfach das damals gewesen war, fast wie vorher abgesprochen …

Gloria schrieb, dass sie viel las. «Was für ein Kuddelmuddel wir doch in unserem Leben veranstaltet haben», hieß es in ihrem Brief. Sie habe jetzt so wenig zu tun, dass sie sich ständig überlege, wie anders alles hätte verlaufen können. Ihr ganzes Umfeld scheine ihr zu entgleiten, dabei habe sie noch vor wenigen Jahren das Gefühl gehabt, dass sie alle Fäden in ihrer kleinen Hand hielt …

Im Juni wurden ihre Briefe flüchtiger und seltener. Davon, dass sie in den Süden kommen würde, war plötzlich nicht mehr die Rede.

Niederlage

Im März blühten im Umland Jasmin und Narzissen, und im stetig sich erwärmenden Gras prangten Veilchentuffs. Später erinnerte er sich besonders eines Nachmittags von so glanzvoll magischer Frische, dass er, während er auf dem Übungsplatz Schießscheiben inspizierte, vor einem ratlosen Polen «Atalanta in Calydon» rezitierte, wobei sich seine Stimme mit dem Sausen, Singen und Spucken der Kugeln über ihnen vermischte.

«Wenn des Frühlings Hunde …»
Krabumm!
«sind auf Winters Spur …»
Peng!
«Des Monats Mutter …»
Heda!
Achtung, die Drrrei …!

Die Straßen der Stadt waren wieder in schläfrigen Träumen befangen, und Anthony und Dot folgten müßig ihren eigenen Spuren vom vergangenen Herbst, bis er spürte, dass ihm eine träge Zuneigung zu diesem Süden zuwuchs, einem Süden, der, wie ihm schien, mehr von Algier als von Italien hatte, dessen verblühte Ambitionen über unzählige Generationen zurück in die Vergangenheit wiesen, zu einem warmen, primitiven Nirwana ohne Hoffnung und ohne Sorgen. Ein Ton verständnisvoller Herzlichkeit war hier in jeder Stimme. «Das Leben erlaubt sich mit allen denselben quälerisch-charmanten Scherz», schienen sie in ihrem liebenswürdig singenden Tonfall zu sagen, in jener aufsteigenden Melodie, die in einer unaufgelösten Terz endete.

Er mochte den Friseursalon, wo er für einen blassen, ausgezehrten jungen Mann «Hallo, Korporal!» war, der ihn rasierte und eine kühl vibrierende Maschine endlos über seinen unersättlichen Kopf gehen ließ. Er mochte «Johnston's Gardens», wo man tanzen ging und wo ein trauriger Neger einem Saxofon sehnsuchtsvoll-schmerzliche Musik entlockte, bis aus dem billigen reizlosen Saal ein verzauberter Dschungel mit wilden Rhythmen und rauchigem Gelächter geworden war, wo es zum höchsten Ziel allen Strebens wurde, unter Dorothys leisen Seufzern und ihrem zärtlichen Geflüster den ereignislosen Tag zu vergessen.

In ihrem Wesen schwang Traurigkeit mit, ein bewusstes Vermeiden all dessen, was nicht zu den vergnüglichen Läppereien des Leben gehörte. Ihre veilchenblauen

Augen konnten stundenlang scheinbar ohne jede Empfindung in die Welt blicken, während sie gedankenlos und unbekümmert wie eine Katze in der Sonne lag. Er überlegte, was wohl ihre müde, phlegmatische Mutter von ihnen denken mochte und ob sie in einem ausnahmsweise zynischen Moment ihre Beziehung auch nur erahnte.

Am Sonntagnachmittag machten sie Ausflüge in die Umgebung und rasteten auf dem trockenen Moos abseits an einem Waldrand. Hier gab es Vogelversammlungen und Veilchenteppiche und weißen Hartriegel. Hier leuchteten die grauen Bäume – kristallin und kühl, unberührt von der betäubenden Hitze, die weiter draußen brütete; hier hielt er hin und wieder schläfrige Monologe in einem Gespräch ohne Bedeutung, ohne Antworten.

Der Juli kam mit sengender Hitze. Hauptmann Dunning wurde angewiesen, einen seiner Leute als Hufschmied anlernen zu lassen. Das Regiment wurde auf Kampfstärke vergrößert, und weil er seine alten Hasen zumeist als Ausbilder brauchte, verfiel er auf Baptiste, den kleinen Italiener, den er noch am ehesten verschmerzen konnte. Der kleine Baptiste hatte noch nie etwas mit Pferden zu tun gehabt. Seine angeborene Ängstlichkeit machte alles noch schlimmer. Eines Tages meldete er sich wieder im Ordonnanzzelt und eröffnete Hauptmann Dunning, er wolle sterben, wenn man ihn nicht ablöste. Die Pferde träten nach ihm, er sei für diese Arbeit einfach nicht geeignet. Zum Schluss kniete er vor dem Hauptmann nieder und flehte ihn in einer Mischung aus gebrochenem Englisch und biblischem Italienisch an, ihn zu erlösen. Er habe drei Tage nicht geschlafen; monströse Hengste tanzten aufbäumend durch seine Träume.

Hauptmann Dunning rügte den Kompanieschreiber (der laut losgelacht hatte) und sagte zu Baptiste, er wolle sehen, was sich tun ließ. Nach kurzer Überlegung aber kam er zu dem Schluss, dass er keinen besseren Mann entbehren konnte. Dem kleinen Baptiste erging es immer schlechter. Die Pferde schienen seine Furcht zu wittern und nutzten das weidlich aus. Zwei Wochen später schlug ihm eine große schwarze Stute mit den Hufen den Schädel ein, als er versuchte, sie aus ihrer Box zu holen.

Mitte Juli kamen erst Gerüchte, dann Befehle, die einen Lagerwechsel betrafen. Die Brigade sollte in ein hundert Meilen weiter südlich gelegenes Ausbildungslager verlegt und dort zu einer Division ausgebaut werden. Zunächst glaubten die Männer, es ginge in den Schützengraben, und den ganzen Abend standen auf der Kompaniestraße kleine Gruppen zusammen und riefen sich großspurig zu: «Aber klar doch!» Als die Wahrheit durchsickerte, wurde sie empört zurückgewiesen. Das sei nur eine Tarnung für ihren wahren Bestimmungsort, hieß es. Sie schwelgten in ihrer Wichtigkeit. Abends erzählten sie ihren Mädchen in der Stadt, jetzt würden sie sich «die Deutschen vorknöpfen». Anthony ging eine Weile von Gruppe zu Gruppe, dann hielt er einen kleinen Omnibus an und fuhr in die Stadt, um Dot zu sagen, dass er fortgehe.

Sie wartete auf der Veranda, in einem billigen weißen Kleid, das das jugendlich Weiche ihres Gesichts unterstrich. «Liebling, ich hab' so Sehnsucht nach dir gehabt», flüsterte sie. «Den ganzen Tag schon.»

«Ich muss dir etwas sagen.»

Sie zog ihn neben sich auf den Schaukelsitz, ohne den ominösen Ton wahrzunehmen. «Erzähle!»

«Wir werden nächste Woche verlegt.»

Der Arm, der seiner Schulter zugestrebt war, erstarrte in der Dunkelheit, ihr Kinn hob sich. Alle Sanftmut war aus ihrer Stimme gewichen. «Nach Frankreich.»

«Nein. Leider nicht. In irgendein blödsinniges Lager in Mississippi.»

Sie schloss die Augen, und er sah, dass ihre Lider zuckten.

«Liebe kleine Dot. Das Leben ist so verdammt hart.»

Sie weinte an seiner Schulter.

«So verdammt hart, so verdammt hart», wiederholte er vor sich hin. «Es tut den Menschen weh, immer mehr, immer öfter, und schließlich tut es ihnen so weh, dass sie keinen Schmerz mehr fühlen. Das ist das Letzte und Schlimmste, was es den Menschen antut.»

Völlig aufgelöst vor Kummer, zog sie ihn an ihre Brust. «Du kannst mich nicht verlassen», flüsterte sie gebrochen, «sonst sterbe ich.»

Er brachte es nicht fertig, seine Verlegung als einen alltäglichen, unpersönlichen Schlag hinzustellen. Er war ihr so nah, dass er nur immer wiederholen konnte: «Arme kleine Dot. Arme kleine Dot.»

«Und nun?», fragte sie müde.

«Was meinst du?»

«Du bist mein ganzes Leben. Ich würde auf der Stelle für dich sterben, wenn du es verlangtest. Ich würde ein Messer holen und mich umbringen. Du kannst mich nicht hierlassen.»

Ihr Ton machte ihm Angst. «So was kommt eben vor», sagte er leise.

«Dann gehe ich mit.» Tränen liefen ihr über die Wangen. Ihr Mund zuckte in tiefstem Kummer, höchster Angst.

«Meine Süße», murmelte er sentimental. «Meine kleine Süße. Begreifst du nicht, dass das nur ein Aufschub für das wäre, was früher oder später doch kommen muss? In ein paar Monaten gehe ich nach Frankreich …»

Sie wich zurück, ballte die Fäuste und hob ihr Gesicht zum Himmel. «Ich will sterben», sagte sie, als habe sie jedes Wort sorgsam in ihrem Herzen vorgeformt.

«Dot», flüsterte er beklommen, «du wirst mich vergessen. Alles ist begehrenswerter, sobald es verloren ist. Ich weiß das aus Erfahrung. Einmal habe ich mir etwas gewünscht und es bekommen. Es war das Einzige, was ich mir je leidenschaftlich gewünscht habe, Dot. Und als ich es bekam, wurde es in meiner Hand zu Asche.»

«Schon gut.»

In sich selbst versunken, fuhr er fort: «Ich habe mir oft gedacht, dass es mit mir wohl anders gekommen wäre, wenn ich nicht bekommen hätte, was ich mir gewünscht hatte. Ich hätte in meinem Kopf etwas gefunden und Freude daran gehabt, es in Umlauf zu bringen. Ich wäre damit zufrieden gewesen, es arbeiten zu sehen, und hätte dem Erfolg ein gewisses Maß an wohltuendem Selbstgefühl abgewonnen. Ich glaube wohl, dass ich irgendwann in gewissen Grenzen alles hätte haben können, was ich wollte, aber das war das Einzige, was ich mir je wirklich glühend gewünscht habe. Mein Gott! Und daraus habe ich gelernt, dass du nichts haben kannst, überhaupt nichts. Weil das Verlangen dich betrügt. Es ist wie ein Sonnenstrahl, der ziellos durchs Zimmer hüpft. Er hält inne und vergoldet irgendeinen belanglosen Gegenstand, und wir armen Narren versuchen, ihn festzuhalten – doch schon wandert er weiter, und der belanglose Gegenstand bleibt in deiner Hand, aber der Glanz, der dich verlockte, ist dahin ...» Er unterbrach sich verlegen.

Sie hatte sich erhoben, stand mit trockenen Augen da und zupfte Blätter von einer dunklen Weinrebe.

«Dot ...»

«Geh weg», sagte sie kalt.

«Was? Warum denn?»

«Was liegt mir an Worten? Wenn du mir nicht mehr zu bieten hast, gehst du besser.»

«Aber Dot ...»

«Was für mich den Tod bedeutet, das sind für dich nur Worte. Wie hübsch du sie aneinanderreihst ...»

«Es tut mir leid. Ich habe von dir gesprochen, Dot.»

«Geh weg.»

Er näherte sich ihr mit ausgestreckten Armen, aber sie wehrte ihn ab.

«Du willst nicht, dass ich mit dir gehe», stellte sie ruhig fest. «Vielleicht willst du dich mit … mit diesem Mädchen treffen, was weiß denn ich …» Sie brachte es nicht fertig, «mit deiner Frau» zu sagen. «Aber dann bist du nicht mehr mein Freund. Geh jetzt.»

Einen Augenblick, da ihn einander widersprechende Bedenken und Wünsche bewegten, schien es, als sei dies eine der seltenen Gelegenheiten, dass Anthony einen Schritt tun würde, zu dem es ihn von innen heraus trieb. Er zögerte. Dann schlug eine Welle der Resignation über ihm zusammen. Es war zu spät. Alles war zu spät. Seit Jahren träumte er sich aus der Welt hinaus und gründete seine Entscheidungen auf Gefühlsregungen, die schwankend wie Wasser waren. Diese einfache junge Frau in dem weißen Kleid hatte ihn in der Hand, wie sie da stand und in der strengen Symmetrie ihres Verlustes fast schön wirkte. Das Feuer, das in ihrem verdüsterten, verletzten Herzen brannte, schien sie zu umwabern wie eine Flamme. Ein tiefer, unergründlicher Stolz hatte ihr zu Distanz verholfen, und damit hatte sie ihr Ziel erreicht.

«Ich möchte nicht, dass du mich für … für gefühllos hältst, Dot.»

«Ach lass …»

Das Feuer rollte über Anthony hin, in seinem Inneren krampfte sich etwas zusammen, und er stand hilflos und geschlagen vor ihr. «Komm mit mir, Dot, liebe kleine Dot. Ja, komm mit, ich kann dich jetzt nicht allein lassen …»

Schluchzend streckte sie die Arme aus und hängte sich an ihn, während der Mond, wie immer bemüht, die Widrigkeiten der Welt zu verdecken, seinen unerlaubten Honig über die schläfrige Straße fließen ließ.

Die Katastrophe

Anfang September in Camp Boone, Mississippi. Die von Insekten durchschwirrte Dunkelheit schlug an das Moskitonetz, unter dessen Schutz Anthony versuchte, einen Brief zu schreiben.

Aus dem Nachbarzelt, in dem ein Pokerspiel im Gang war, hörte man Gesprächsfetzen, und draußen schlenderte jemand über die Kompaniestraße und grölte einen Gassenhauer, in dem von «K-K-K-Katy» die Rede war.

Anthony richtete sich mühsam auf, stützte sich auf einen Ellbogen und starrte mit gezücktem Bleistift auf den leeren Bogen. Dann begann er ohne Anrede: «Ich verstehe nicht, was los ist, Gloria. Seit zwei Wochen keine Zeile von Dir, da ist es wohl begreiflich, wenn ich mir Sorgen mache …» Ärgerlich schnaubend warf er den ersten Versuch weg und nahm einen neuen Anlauf: «Ich weiß nicht, was ich denken soll, Gloria. Dein letzter Brief, kurz, kalt, ohne ein liebes Wort, ohne einen ordentlichen Bericht von Deinem Tun und Treiben, kam vor zwei Wochen. Es ist doch verständlich, wenn ich mir

Gedanken mache. Wenn Deine Liebe zu mir nicht mausetot ist, könntest Du mir wenigstens diese Sorge ersparen …»

Auch dieses Blatt zerknüllte er und warf es wütend durch einen Riss in der Zeltwand – nur, um sich gleich darauf zu sagen, dass er es am nächsten Morgen doch würde aufheben müssen.

Er hatte keine Lust, es noch einmal zu versuchen. Es wollte ihm nicht gelingen, einen herzlichen Ton in seine Worte zu legen. Aus allem, was er schrieb, hörte man nur Eifersucht und Argwohn heraus. Seit Mitte des Sommers waren diese Unstimmigkeiten in Glorias Briefen immer auffälliger geworden. Zunächst hatte er sie kaum bemerkt. Er war an die in ihren Briefen großzügig verstreuten Kosenamen wie «Schatz» oder «Liebling» so gewöhnt, dass er sie gar nicht mehr zur Kenntnis nahm. In den letzten vierzehn Tagen aber war ihm zunehmend zu Bewusstsein gekommen, dass irgendetwas nicht stimmte.

In einem Eilbrief hatte er ihr mitgeteilt, dass er die Prüfung für die Offiziersschule bestanden hatte und in Kürze nach Georgia gehen würde. Keine Antwort. Er hatte telegrafiert; als sie auch darauf nicht reagierte, hatte er sich gedacht, dass sie vielleicht verreist war. Doch je wahrscheinlicher es ihm erschien, dass sie nicht verreist war, desto stärker bedrängten ihn quälende Vorstellungen. Wenn nun Gloria, gelangweilt und ruhelos, jemanden gefunden hatte – so wie es ihm gegangen war? Allein die Möglichkeit erschreckte ihn zutiefst; vor allem, weil er sich ihrer Integrität so sicher war, hatte er sich im vergangenen Jahr so wenig um sie gekümmert. Und jetzt, da der Zweifel geboren war, stürzten sich die alten Ängste auf ihn, das Toben des Habenwollens, des Besitzenwollens. Was war naheliegender, als dass er sich erneut verliebte?

Er erinnerte sich an jene Gloria, die verkündet hatte, dass sie, würde sie je etwas haben wollen, es sich nehmen und aus einer solchen Liaison, da sie damit nur sich selbst zufriedenstellte, ohne Makel hervorgehen würde. Was zähle, pflegte sie zu sagen, sei ohnehin nur die Wirkung aufs Gemüt, und da würde sie absolut männlich reagieren, nämlich mit Überdruss und leisem Widerwillen.

Doch damals waren sie jung verheiratet gewesen. Später, als sie entdeckt hatte, dass sie eifersüchtig auf Anthony sein konnte, hatte sie – zumindest nach außen hin – ihre Einstellung geändert. Für sie gab es keine anderen Männer, das hatte er nur zu gut gewusst. Nachdem er begriffen hatte, dass ihre hohen Ansprüche sie zurückhalten würden, hatte er sich nicht mehr genügend darum bemüht, sich der Unversehrtheit ihrer Liebe zu versichern, die doch letztlich der Grundpfeiler des ganzen Gebäudes war.

Schon den ganzen Sommer über wohnte Dot auf seine Kosten in einer Pension. Dazu hatte er seinen Börsenmakler um Geld angehen müssen. Dot hatte ihre Reise nach Süden dadurch getarnt, dass sie einen Tag, ehe die Brigade das Lager abbrach, das Haus verlassen und ihrer Mutter in einem kurzen, knappen Briefchen mitgeteilt hatte, sie sei auf dem Weg nach New York. Am nächsten Abend war Anthony zu ihr nach Hause gekommen, vorgeblich, um sie zu besuchen, und hatte eine untröstliche Mrs. Raycroft und im Wohnzimmer einen Polizisten vorgefunden. Der hatte einen ganzen Fragenkatalog parat gehabt, dem sich Anthony nur mit Mühe hatte entziehen können.

Als er im September begann, sich mit seinen Zweifeln wegen Gloria herumzuschlagen, wurde ihm Dots Gesellschaft erst lästig, dann fast unerträglich. Er war nervös und gereizt, weil es ihm an Schlaf fehlte; er war todunglücklich und voller Angst. Vor drei Tagen hatte er Hauptmann Dunning um Urlaub gebeten, der ihn mit freundlichen Ausflüchten abgespeist hatte. Die Division würde bald nach Europa gehen, Anthony dagegen in eine Offiziersschule; Urlaubsscheine waren vorerst den künftigen Frontkämpfern vorbehalten.

Nach dieser Abfuhr hatte sich Anthony auf den Weg zum Telegrafenamt gemacht. Er wollte Gloria bitten, zu ihm zu kommen. An der Tür war er entmutigt umgekehrt, weil er eingesehen hatte, wie unmöglich so ein Schritt gewesen wäre.

Abends hatte er mit Dot gestritten. Es hatte eine unerfreuliche Szene gegeben, er war Hals über Kopf davongelaufen und mit sich und der Welt zerfallen ins Lager zurückgekehrt. Was aus ihr werden sollte, interessierte ihn im Augenblick nur am Rand – das beunruhigende Schweigen seiner Frau nahm ihn ganz in Anspruch …

Unvermittelt wurde die Zeltklappe zu einem Dreieck zurückgeschlagen, und vor dem Nachthimmel erschien ein dunkler Kopf.

«Sergeant Patch?», fragte jemand mit italienischem Akzent. An seinem Gürtel sah Anthony, dass es eine Ordonnanz aus dem Hauptquartier war.

«Ja?»

«Eine Dame hat vor zehn Minuten im Hauptquartier angerufen. Wollte mit Ihnen sprechen. Sehr dringend.»

Anthony schob das Moskitonetz beiseite und stand auf. Vielleicht war es ein Telegramm von Gloria, das telefonisch durchgegeben worden war.

«Ich soll Sie holen, hat sie gesagt. Um zehn ruft sie wieder an.»

«Gut. Danke.» Er griff nach seiner Mütze und ging neben der Ordonnanz her durch die fast erstickend heiße Dunkelheit. In der Ordonnanzbaracke salutierte er vor dem dösenden Offizier vom Nachtdienst.

«Setzen Sie sich ruhig, und warten Sie hier», meinte der Leutnant formlos. «Das Mädel hat es mächtig dringend gemacht.»

Anthonys Hoffnungen verflüchtigten sich. «Vielen Dank, Herr Leutnant.» Und sobald das Telefon an der Wand quäkte, wusste er, wer ihn sprechen wollte.

«Hier Dot», kam eine schwankende Stimme. «Ich muss dich sehen.»

«Ich habe dir doch gesagt, dass ich in den nächsten Tagen nicht kommen kann, Dot.»

«Ich muss dich heute Abend noch sehen. Unbedingt.»

«Aber jetzt doch nicht mehr», sagte er ungeduldig. «Es ist zehn, und um elf muss ich im Lager sein.»

«Also schön.» In den zwei Worten lag so viel gedrängter Jammer, dass Anthony das Gewissen schlug.

«Was ist denn?»

«Ich will dir Lebewohl sagen.»

«Sei nicht albern», fuhr er sie an, doch seine Stimmung hob sich. Was für ein Glück, wenn sie heute Abend noch abreisen würde. Damit wäre ihm eine Last von der Seele genommen. Laut aber sagte er: «Vor morgen kannst du unmöglich abreisen.»

Aus dem Augenwinkel sah er, dass der Offizier ihn spöttisch beobachtete.

Dots nächste Worte ließen ihn zusammenfahren. «Von Abreisen hab' ich nichts gesagt …»

Anthonys Hand krampfte sich um den Hörer. Ihm wurde eiskalt. «Was?»

Verzweifelt, mit gebrochener Stimme stieß sie hervor: «Leb wohl … ach, leb wohl!» Plopp! Sie hatte aufgelegt.

Mit einem Laut, der halb ein Keuchen, halb ein Schrei war, stürzte Anthony hinaus. Draußen, unter den Sternen, die wie Silbertroddeln zwischen den Bäumen des Wäldchens hingen, blieb er einen Augenblick reglos stehen und zögerte. Wollte sie sich umbringen? Die kleine Närrin. In diesem Augenblick hasste er sie geradezu. In seiner Hilflosigkeit begriff er nicht mehr, wie er sich je auf so eine Liebschaft hatte einlassen können, auf dieses Durcheinander, dieses schmierige Gemisch aus Unruhe und Schmerz.

Dann merkte er, dass er sich langsam wieder in Bewegung gesetzt hatte und weglief, während er sich immer wieder sagte, dass es sinnlos sei, sich Sorgen zu machen. Am besten ging er zurück in sein Zelt und legte sich schlafen. Er brauchte Schlaf. Mein Gott – würde er je wieder schlafen können? In seinem Gemüt herrschten Tumult und Ratlosigkeit. Als er die Straße erreicht hatte, drehte er sich in jäher Angst um und setzte sich in Trab – nicht auf seine Kompanie zu, sondern von ihr weg. Die Männer kamen nach und nach ins Lager zurück, da würde es nicht schwerhalten, ein Taxi zu bekommen. Nach einer Minute bogen zwei gelbe Augen um die Ecke. Er lief eilig auf sie zu.

Es war ein leerer Ford. «In die Stadt bitte.»

«Kostet Sie einen Dollar.»

«Einverstanden. Aber beeilen Sie sich …»

Nach einer halben Ewigkeit stürzte er die Stufen eines dunklen, klapprigen kleinen Hauses hoch und durch die Tür, wobei er um ein Haar eine gewaltige Negerin über den Haufen gerannt hätte, die mit einer Kerze in der Hand über den Gang wandelte. «Wo ist meine Frau?», rief er aufgeregt.

«Zu Bett gegangen.»

Drei Stufen auf einmal nehmend, hastete er die Treppe hoch und über den knarrenden Korridor. Das Zimmer war still und dunkel. Mit zitternden Fingern riss er ein Streichholz an. Sie lag angekleidet auf dem Bett wie ein Häufchen Elend und sah ihn aus aufgerissenen Augen an.

«Ich wusste, dass du kommen würdest», sagte sie leise und traurig.

Anthony packte kalter Zorn. «Das war also nur ein Trick, um mich herzulocken, um mir Ärger zu machen», sagte er. «Verdammt, du hast einmal zu oft blinden Alarm geschlagen.»

Sie sah ihn kläglich an. «Ich musste dich sehen. Ich hätte nicht weiterleben können. Ich musste dich sehen …»

Er setzte sich auf die Bettkante und schüttelte langsam den Kopf.

«Du bist hoffnungslos», sagte er streng. Unbewusst redete er so, wie Gloria zu ihm hätte reden können. «Das ist nicht fair.»

«Komm näher.» Er mochte jetzt sagen, was er wollte – Dot war glücklich. Er machte sich Gedanken um sie; sie hatte ihn an ihre Seite zu holen vermocht.

«O Gott», sagte Anthony entmutigt. Zwangsläufig kam wieder die Welle der Resignation auf ihn zu, sein Zorn legte sich, trat den Rückzug an, verschwand. Plötzlich fiel er schluchzend neben ihr aufs Bett.

«Nicht weinen, Liebling», bat sie. «Nicht weinen. Ach, weine doch nicht …» Sie bettete seinen Kopf an ihre Brust und tröstete ihn, mischte ihre glücklichen mit seinen bitteren Tränen. Ihre Hand spielte sanft in seinem dunklen Haar.

«Ich bin so dumm», murmelte sie gebrochen, «aber ich liebe dich, und wenn du hässlich zu mir bist, hab' ich immer das Gefühl, dass es sich nicht mehr lohnt, weiterzuleben.»

Wie friedlich es hier war, in diesem stillen, nach Puder und Parfüm duftenden Raum, in dem Dots Hand sanft wie eine Brise auf seinem Haar lag. Dots Brust sich sachte hob und senkte – einen Augenblick war ihm, als sei es Gloria, die dort lag, als habe er in einem nie gekannten, liebevoll bergenden Zuhause Ruhe gefunden.

Eine Stunde verging. Auf der Diele schlug eine Uhr. Er sprang auf und sah auf die Leuchtzeiger seiner Armbanduhr. Es war Mitternacht.

Er hatte Mühe, ein Taxi zu finden, das bereit war, ihn um diese Zeit ins Lager zu bringen.

Während er den Fahrer zur Eile antrieb, überlegte er, wie er am besten ins Lager käme. Er hatte sich in letzter Zeit mehrmals verspätet und wusste, dass man ihn, falls er noch einmal erwischt wurde, wahrscheinlich von der Liste der Offiziersanwärter streichen würde. Sollte er das Taxi wegschicken und versuchen, im Dunkeln an den Posten vorbeizukommen? Andererseits passierten Offiziere oft nach Mitternacht mit einem Fahrzeug die Posten …

«Halt!», rief es aus dem gelben Licht, das die Scheinwerfer auf die Straße warfen. Der Taxifahrer kuppelte aus, und ein Posten, das Gewehr schräg vor der Brust, trat heran. Das Unglück wollte es, dass bei ihm der Offizier vom Ortsdienst war.

«Spät dran, Sergeant.»

«Ja, Sir. Wurde aufgehalten.»

«Pech. Aber ich muss Ihren Namen notieren.»

Der Offizier wartete, Notizbuch und Stift in der

Hand, und in diesem Moment drängten sich, aus Panik, Verwirrung, Verzweiflung geboren, Worte auf Anthonys Lippen, die er nie hatte sagen wollen. «Sergeant R. A. Foley», erwiderte er atemlos.

«Einheit?»

«Kompanie Q. Dreiundachtzigstes Infanterieregiment.»

«In Ordnung. Und jetzt geht's zu Fuß weiter, Sergeant.»

Anthony salutierte, zahlte rasch sein Taxi und setzte sich in Richtung des von ihm genannten Regiments in Trab. Als er außer Sicht war, wechselte er die Richtung und strebte mit hämmerndem Herzen und mit dem Gefühl, einen verhängnisvollen Fehler begangen zu haben, seiner Kompanie zu.

Zwei Tage später erkannte ihn der Offizier vom Ortsdienst beim Barbier in der Stadt. Ein Militärpolizist brachte Anthony ins Lager zurück, er wurde ohne Gerichtsverhandlung degradiert und durfte einen Monat seine Kompaniestraße nicht verlassen.

Nach diesem Schlag verfiel er in abgrundtiefe Verzweiflung und wurde eine Woche später erneut gefasst – eine Flasche schwarzgebrannten Whisky in der Hüfttasche und schwer betrunken. Nur weil er vor Gericht einen etwas verrückten Eindruck machte, lautete das Urteil lediglich auf drei Wochen Arrest.

Schon zu Beginn seiner Haft hatte sich in ihm die Überzeugung festgesetzt, dass er auf dem besten Weg war, den Verstand zu verlieren. Es war, als steckten in seinem Kopf mehrere schattenhafte, aber durchaus konkrete Personen, von denen ihm einige bekannt vorkamen, andere fremd und beängstigend waren, und die allesamt von einem kleinen Wächter in Schach gehalten wurden, der irgendwo in erhabener Höhe saß und sie beobachtete. Was ihn beunruhigte, war die Tatsache, dass der Wächter krank war und sich nur mit Mühe aufrecht hielt. Sollte ihn seine Kraft verlassen, sollte er auch nur einen Augenblick schwach werden, würden die unerträglichen Erscheinungen außer Rand und Band geraten, und nur Anthony wusste um die Finsternis, die sich ausbreiten würde, wenn dies alles ungehemmt auf sein Bewusstsein einstürmte.

Die Hitze des Tages hatte sich in eine blank polierte Finsternis verwandelt, die erdrückend auf dem verheerten Land lastete. Hoch über ihm drehten sich unablässig die blauen Kreise unbekannter Sonnen, ungezählter Feuerkerne vor seinen Augen, als läge er, ständig dem heißen Licht ausgesetzt, in einem Zustand fiebrigen Komas. Früh um sieben machte sich etwas Geisterhaftes, etwas fast grotesk Unwirkliches, von dem er wusste, dass es sein sterblicher Leib war, mit sieben weiteren Arrestanten und zwei Posten auf den Weg zur Arbeit auf den Lagerstraßen. An einem Tag luden sie Kies auf und ab, verteilten und harkten ihn – am nächsten Tag arbeiteten sie an großen Fässern mit heißem Teer, gossen schwarz glänzende Kleckse aus geschmolzener Hitze über den Kies. Nachts, hinter Schloss und Riegel im Arrestlokal, lag er da, ohne zu denken, ohne den Mut, sich seinen Gedanken zu stellen, und starrte die ungleichmäßigen Deckenbalken an, bis er früh um drei in einen immer wieder unterbrochenen unruhigen Schlaf verfiel.

Während der Arbeitszeit rackerte er sich bewusst ab in der Hoffnung, sich, wenn der Tag in einem schwülen Mississippi-Sonnenuntergang zur Neige ging, so verausgabt zu haben, dass er vor lauter Erschöpfung würde schlafen können. In der zweiten Woche hatte er eines Nachmittags das Gefühl, dass ihn ein, zwei Meter hinter den Posten ein Augenpaar beobachtete. Ein Grauen kam ihn an. Er kehrte den Augen den Rücken zu und schaufelte hektisch, bis er sich umdrehen musste, um neuen Kies zu holen. Dann kamen sie wieder in sein Blickfeld, und seine angespannten Nerven drohten zu zerreißen. Die Augen funkelten ihn an. Aus einer heißen Stille heraus hörte er eine todtraurige Stimme seinen Namen rufen, und während ihm ein Babel von Stimmen in den Ohren gellte, kippte die Erde unter seinen Füßen weg.

Als er wieder zu sich kam, war er im Arrestlokal, und die anderen Gefangenen streiften ihn mit verstohlen neugierigen Blicken. Die Augen kamen nie wieder. Viele Tage vergingen, bis ihm klar wurde, dass es Dots Stimme gewesen sein musste, dass sie nach ihm gerufen und eine Störung verursacht hatte. Zu diesem Schluss kam er kurz vor Ablauf seiner Strafe, als die erdrückende Wolke sich verzogen hatte und er nur noch eine tiefe, trostlose Gleichgültigkeit empfand. Je stärker der bewusste Vermittler wurde, jener Wächter, der das grausige Horrorkabinett in Schach hielt, desto schwächer wurde Anthony körperlich. Nur mit Mühe quälte er sich durch die restlichen zwei Arbeitstage, und als er an einem regnerischen Nachmittag entlassen wurde und zu seiner Kompanie zurückkam, verfiel er in seinem Zelt sofort in tiefen Schlaf, aus dem er vor Anbruch der Dämmerung unerholt und mit schmerzenden Gliedern erwachte.

Auf seinem Feldbett lagen zwei Briefe, die schon seit einiger Zeit im Ordonnanzzelt auf ihn gewartet hatten. Der erste war von Gloria, darin hieß es kurz und kühl:

Die Verhandlung ist Ende November. Könntest Du dafür Urlaub bekommen?

Ich habe immer wieder versucht, an Dich zu schreiben, habe aber den Eindruck, dass dadurch alles nur noch schlimmer wird. Ich möchte mehrere Sachen mit Dir besprechen, aber Du weißt, dass Du mich einmal am Kommen gehindert hast, und jetzt mag ich es nicht noch einmal versuchen. Wegen verschiedener Dinge sollten wir uns aber zusammensetzen. Deine Beförderung freut mich sehr.

Gloria

In seiner Erschöpfung brachte er für den Brief weder Verständnis noch Interesse auf. Das, was sie schrieb, und das, was sie wollte, lag sehr fern in einer unverständlichen

Vergangenheit. Auf den zweiten Brief verschwendete er kaum einen Blick; er war von Dot – ein unzusammenhängendes, tränenverschmiertes Gekrakel, eine Flut von Beteuerungen, Zärtlichkeiten und Klagen. Nachdem er eine Seite überflogen hatte, ließ er ihn aus der schlaffen Hand fallen und zog sich dämmernd zurück in sein eigenes nebelhaftes Hinterland. Beim Morgenappell hatte er hohes Fieber und verlor das Bewusstsein, als er versuchte, das Zelt zu verlassen; mittags wurde er mit Influenza ins Lazarett eingeliefert.

Ihm war bewusst, dass diese Krankheit ein Geschenk des Himmels war. Sie bewahrte ihn vor einem Rückfall in die Hysterie – und er war so rechtzeitig wiederhergestellt, dass er an einem feuchten Novembertag mit den anderen den Zug besteigen konnte, um sich nach New York und von dort weiter zu dem endlosen Gemetzel in Übersee schaffen zu lassen.

Als das Regiment in Camp Mills, Long Island, eingetroffen war, hatte Anthony nur den einen Gedanken, sobald wie möglich in die Stadt zu kommen und Gloria zu sprechen. Es war offenkundig, dass der Waffenstillstand vor der Tür stand, aber die Gerüchte besagten, dass man bis zum letzten Moment weitere Truppen nach Frankreich schicken würde. Anthony dachte beklommen an die lange Seereise, an das mühselige Ausschiffen in einem französischen Hafen und die Möglichkeit, als Ablösung für die Truppen, die an der Front gewesen waren, ein Jahr drüben bleiben zu müssen.

Er hatte zwei Tage Urlaub beantragen wollen, aber Camp Mills war wegen der Influenza unter strenge Quarantäne gestellt, nicht einmal Offiziere durften, sofern sie keine dienstlichen Gründe hatten, das Lager verlassen. Für einen einfachen Soldaten war es völlig ausgeschlossen.

Das Lager war ein trostloses Durcheinander, kalt, windgezaust und von dem Schmutz der vielen Divisionen starrend, die hier durchgezogen waren. Abends um sieben traf ihr Zug ein, und sie warteten in Reih und Glied, bis irgendwo ein militärischer Engpass beseitigt war.

Offiziere liefen unablässig hin und her, brüllten Befehle und veranstalteten einen Riesenwirbel. Wie sich herausstellte, steckte der Oberst dahinter, der vor Wut schäumte, weil er West-Point-Absolvent war und den Krieg zu Ende gehen sah, ehe er es geschafft hatte, an die Front zu kommen. Hätten die Regierungen der kriegführenden Staaten gewusst, wie vielen alten West-Pointern in jener Woche das Herz gebrochen war, hätten sie gewiss das Gemetzel um einen weiteren Monat verlängert. Es war eine erbärmliche Sache!

Anthony ließ den Blick über die trostlose Ansammlung von Zelten gehen, die sich über Meilen von zertrampeltem Matsch und Schnee erstreckten, und begriff, dass es ein Ding der Unmöglichkeit sein würde, sich noch heute Abend zu einem Telefon durchzukämpfen. Er würde sie gleich morgen früh anrufen.

In der frostigen Morgendämmerung ließ er beim Appell eine leidenschaftliche Tirade von Hauptmann Dunning über sich ergehen.

«Ihr denkt, der Krieg ist aus, Männer, aber das ist ein Irrtum! Die Burschen werden den Waffenstillstand nicht unterschreiben. Es ist wieder nur ein Trick, und wir wären schön dumm, hier in der Kompanie Laxheiten einreißen zu lassen, denn das eine will ich euch sagen – in einer Woche geht's los, und dann riechen wir mal endlich richtigen Pulverdampf.» Er legte eine Pause ein, um diese Mitteilung voll auf sie wirken zu lassen. «Wenn ihr denkt, der Krieg ist vorbei, braucht ihr bloß mit denen zu sprechen, die an der Front waren. Fragt sie doch, ob sie glauben, dass die Deutschen erledigt sind. Die glauben das nämlich nicht. Keiner glaubt das. Ich hab' mit Leuten gesprochen, die Bescheid wissen, und die sagen, dass der Krieg mindestens noch ein Jahr geht. *Die* glauben auch nicht, dass er vorbei ist. Also bildet euch bloß keine Schwachheiten ein, Männer!»

Die letzte Mahnung noch einmal nachdrücklich betonend, ließ er die Kompanie wegtreten.

Mittags begab sich Anthony im Laufschritt zum nächsten Telefon. Als er zur Lagermitte kam, sah er, dass außer ihm noch viele andere im Laufschritt unterwegs waren, dass ein Mann neben ihm plötzlich einen Luftsprung machte und dabei die Hacken zusammenschlug. Das Gerenne wurde allgemein, und in den hier und da herumstehenden erregten Grüppchen wurden Hochrufe laut. Er blieb stehen und horchte; über dem kalten Land hörte man schrilles Pfeifen, und unvermittelt fingen mit hallendem Klang die Kirchen von Garden City an zu läuten.

Anthony setzte sich wieder in Trab. Die Rufe, die mit den weißen Atemwolken in die frostige Luft aufstiegen, waren jetzt deutlich zu verstehen: *«Deutschland hat kapituliert! Deutschland hat kapituliert!»*

Der falsche Waffenstillstand

Abends um sechs schob sich Anthony in tiefer Finsternis zwischen zwei Güterzügen durch, ging immer den Gleisen nach bis Garden City und stieg dort in einen elektrischen Zug nach New York. Die Gefahr, erwischt zu werden, war nicht von der Hand zu weisen – er wusste, dass die Militärpolizei häufig die Züge kontrollierte und sich die Passierscheine zeigen ließ –, doch er dachte sich, dass sie es heute vielleicht nicht so genau nehmen würden. Versucht hätte er es aber in jedem Fall, denn er hatte Gloria telefonisch nicht erreicht, und hätte einen weiteren Tag der Ungewissheit nicht ertragen.

Nach unerklärlichen Aufenthalten und Wartezeiten, die ihn an die Nacht erinnerten, in der er vor über einem Jahr New York verlassen hatte, fuhren sie in die Pennsylvania Station ein. Er ging den vertrauten Weg zum Taxistand und empfand fast so etwas wie einen grotesken Kitzel, als er seine eigene Adresse angab.

Der Broadway war ein Lichtermeer und so belebt, wie er ihn noch nie gesehen hatte. Eine glitzernde, ausgelassene Menge schob sich durch knöcheltief auf dem Gehsteig liegendes Papier. Hier und da standen Soldaten auf Bänken und Kisten und hielten Ansprachen an eine Menge, die nicht auf sie hörte und deren Gesichter in dem grellen Licht in allen Einzelheiten zu erkennen waren. Anthony registrierte ein halbes Dutzend von ihnen: Ein betrunkener Matrose, von zwei weiteren Blaujacken gestützt, schwenkte die Mütze und ließ wilde Schreie los; ein verwundeter Soldat wurde, die Krücke in der Hand, auf den Schultern johlender Zivilisten durchs Gedränge getragen; ein dunkelhaariges Mädchen saß im Schneidersitz auf dem Dach eines Taxis und sah nachdenklich vor sich hin. Hier war der Sieg entschieden zur rechten Zeit gekommen, der Höhepunkt mit bewundernswertem himmlischem Weitblick geplant. Die große reiche Nation hatte einen siegreichen Kampf geführt, hatte genug gelitten, um gerührt, aber nicht verbittert zu sein – daher jetzt Volksfeststimmung, Lustbarkeiten und Triumph. Unter diesen gleißenden Lichtern glitzerten die Gesichter von Völkern, deren Ruhm längst dahin, deren Kulturen tot waren, von Menschen, deren Vorfahren vor hundert Generationen die Nachricht von Siegen in Babylon, in Ninive, in Bagdad, in Tyros vernommen hatten; von Menschen, deren Vorfahren zugesehen hatten, wie sich ein mit Blumen geschmückter, mit Sklaven gezierter Triumphzug, Gefangene mit sich führend, über die Straßen des kaiserlichen Rom bewegte.

Vorbei am «Rialto», der glitzernden Fassade des «Astor», der edelsteinfunkelnden Pracht von Times Square –

vor seinem Blick ein einziges weiß glühendes Strahlen … Dann – Jahre später, so schien es – zahlte er das Taxi vor einem weißen Haus in der Fifty-seventh Street. Er stand im Hausflur – ja, da war der Neger aus Martinique, träge, unverschämt, unverändert.

«Ist Mrs. Patch zu Hause?»

«Bin grade erst zum Dienst gekommen, Sir», sagte der Mann mit seinem merkwürdigen britischen Akzent.

«Bringen Sie mich hinauf …»

Der gemächlich summende Aufzug, die drei Stufen zur Tür, die sich unter seinem energischen Klopfen nach innen öffnete.

«Gloria!», Seine Stimme zitterte. Keine Antwort. Ein dünner Rauchfaden stieg von einem Aschbecher hoch – mehrere Exemplare von «Vanity Fair» lagen aufgeschlagen, mit dem Gesicht nach unten auf dem Tisch.

«Gloria!» Er lief ins Schlafzimmer, ins Bad. Sie war nirgends. Ein auf dem Bett ausgebreitetes lichtblaues Négligé verströmte einen zarten, unwirklichen, dennoch vertrauten Parfümgeruch. Auf einem Stuhl lagen ein Paar Strümpfe und ein Straßenkleid; eine Puderdose klaffte auf dem Ankleidetisch. Sie war offenbar gerade erst aus dem Haus gegangen.

Unvermittelt läutete das Telefon. Anthony fuhr zusammen und kam sich, als er abnahm, vor wie ein Betrüger.

«Hallo. Ist Mrs. Patch da?»

«Nein, ich suche sie selbst. Wer spricht dort.»

«Mr. Crawford.»

«Hier Mr. Patch. Ich bin unerwartet zurückgekommen und weiß nicht, wo sie sein könnte.»

«Ach so», versetzte Mr. Crawford offenbar leicht verblüfft. «Schätze, sie ist beim Waffenstillstandsball. Sie wollte hin, das weiß ich, aber dass sie sich so früh auf den Weg machen würde, hätte ich nicht gedacht.»

«Wo ist der Waffenstillstandsball?»

«Im ‹Astor›.»

«Danke.»

Anthony legte abrupt auf und erhob sich. Wer war Mr. Crawford? Und mit wem war sie auf den Ball gegangen? Wie lange ging das schon? All diese Fragen stellten und beantworteten sich ein Dutzend Mal auf ein Dutzend verschiedene Arten. Ihre Nähe, die er so deutlich spürte, brachte ihn fast um den Verstand.

Voller Argwohn lief er durch die Wohnung, auf der Suche nach Anzeichen männlicher Besatzung, machte den Badezimmerschrank auf, durchwühlte hektisch die Schubladen der Kommode. Was er dort fand, veranlasste ihn, seine Suche jäh einzustellen und sich auf eines der Betten zu setzen. Seine Mundwinkel verzogen sich, als wollte er gleich anfangen zu weinen. In einer Ecke ihrer Schublade lagen, mit einem zarten blauen Band zusammengebunden, alle Briefe und Telegramme, die er ihr im vergangenen Jahr geschickt hatte. Glückselige, sentimentale Reue durchströmte ihn.

«Ich bin es nicht wert, sie anzurühren», verkündete er laut den vier Wänden. «Ich bin es nicht wert, ihre kleine Hand zu berühren.»

Dennoch machte er sich auf die Suche nach ihr.

In der Hotelhalle des «Astor» steckte er sofort in einer dichten Menschenmenge, die ein Vorankommen fast unmöglich machte. Er fragte fünf, sechs Leute nach dem Ballsaal, ehe er eine nüchterne, verständliche Antwort bekam. Nach einer letzten, quälend langen Wartezeit konnte er seinen Uniformmantel in der Garderobe abgeben.

Es war erst neun, aber der Tanz war in vollem Gange. Es war ein unglaubliches Bild. Frauen, überall Frauen – weinselige Mädchen, die den Lärm der glitzernden, konfettibedeckten Menge mit schrillen Gesängen übertönten; Mädchen, die sich vor den Uniformen von zehn, zwölf Nationen in Positur setzten; dicke Weiber, die, nachdem sie würdelos hingefallen waren, ihre Selbstachtung bewahrten, indem sie «Ein Hoch auf die Alliierten!» kreischten; drei weißhaarige Damen, die Hand in Hand um einen Matrosen herumtanzten, der, eine Flasche Schampus an die Brust gedrückt, in schwindelerregendem Tempo auf dem Boden herumtrudelte.

Atemlos musterte Anthony die Tanzenden, die schwankenden Menschenketten, die sich zwischen den Tischen durchschoben, die tutenden, küssenden, hustenden, lachenden, trinkenden Gruppen unter den großen vollbusigen Fahnen, die sich in leuchtender Farbenpracht über das bunte, lärmende Bild lehnten.

Dann sah er Gloria. Sie saß an einem Zweiertisch direkt in seinem Blickfeld. Sie trug ein schwarzes Kleid, und ihr angeregtes, rosig strahlendes Gesicht war in all dem Trubel wie ein ruhender Pol von herzbewegender Schönheit.

Sein Herz hüpfte wie zu einer neuen Musik. Er drängte sich zu ihr durch und rief ihren Namen. Im gleichen Augenblick sahen die grauen Augen hoch und fanden zu ihm. In diesem einen Moment, als ihre Körper sich trafen und verschmolzen, schwanden die Welt, die laute Fröhlichkeit, das stolpernde Gewimmer der Musik; was blieb, war ein verzückter Singsang, verhalten wie Bienengesumm.

«Meine Gloria!», rief er.

Ihr Kuss war ein kühles Rinnsal, das aus ihrem Herzen sprudelte.

2 EINE SACHE DER ÄSTHETIK

An dem Abend, als Anthony ein Jahr zuvor nach Camp Hooker abgereist war, stieg alles, was von der schönen Gloria Gilbert übrig geblieben war – ihre Hülle, ihr junger, wunderschöner Leib –, die breiten Marmorstufen der Grand Central Station hinauf, während der Rhythmus der Lokomotive traumgleich in ihren Ohren dröhnte, und trat auf die Vanderbilt Avenue, wo die gewaltigen Massen des «Biltmore Hotel» die Straße überragten und tief unten die vielfarbigen Theatermäntel hinreißend gekleideter junger Frauen in sein glitzerndes Portal sog. Einen Augenblick blieb sie am Taxistand stehen und konnte nur darüber staunen, dass sie noch vor wenigen Jahren zu ihnen gehört hatte, ständig unterwegs zu einem strahlenden Irgendwo, immer kurz vor jenem höchsten leidenschaftlichen Abenteuer, in dessen Erwartung die Mäntel der jungen Frauen so zart und so schön mit Pelz besetzt und ihre Wangen geschminkt waren und ihre Herzen sich höher erhoben als jener vergängliche Vergnügungsdom, der sich gerade anschickte, sie samt Frisur, Mantel und allem Drum und Dran zu verschlingen.

Es wurde kälter, und die Männer schlugen den Mantelkragen hoch. Die Wetteränderung war ihr lieb. Noch lieber hätte sie es gesehen, wenn sich schlagartig alles – Wetter, Straßen, Menschen – verändert und sie in einen hohen, frisch duftenden Raum entführt hätte, in dem sie allein und innerlich und äußerlich von unberührter Schönheit hätte aufwachen können wie in ihrer jungfräulichen, bewegten Vergangenheit.

Als sie im Taxi saß, fing sie hilflos an zu weinen. Dass sie mit Anthony seit über einem Jahr nicht mehr glücklich war, tat kaum etwas zur Sache. In letzter Zeit sah sie in Anthony wenig mehr als eine Erinnerung an jenen denkwürdigen Juni. Der neue Anthony, leicht gereizt, schwach und mittellos, bewirkte nur, dass auch sie reizbar und gleichgültig wurde – nur nicht der Tatsache gegenüber, dass sie in ihrer fantasievollen, wortgewandten Jugend in einem ekstatischen Sturm der Gefühle zueinander gefunden hatten. Wegen dieser Erinnerung, die auf beiden Seiten noch lebendig war, hätte sie für Anthony mehr getan als für jeden anderen Menschen, und deshalb weinte sie in ihrem Taxi heiße Tränen und hätte am liebsten laut seinen Namen gerufen.

Todunglücklich, einsam wie ein vergessenes Kind, saß sie in der stillen Wohnung und schrieb ihm einen Brief voll wirrer Gefühle:

… Ich kann fast die Gleise entlangblicken und Dich wegfahren sehen, aber ohne Dich, mein Liebster, Allerliebster, kann ich nicht sehen oder hören oder fühlen oder denken. Getrennt zu sein – was immer uns widerfahren ist oder uns widerfahren wird – ist so, als würde man ein Gewitter bitten, Gnade walten zu lassen, Anthony; es ist wie Altwerden. Ich möchte Dich gern küssen – Deinen Nacken möchte ich küssen, da, wo Deine schwarzen Haare anfangen. Weil ich Dich liebe und was immer wir auch einander antun oder sagen oder angetan haben oder gesagt haben – Du musst spüren, was ich treibe, wie leblos ich bin, wenn Du nicht da bist. Ich kann mich nicht einmal über die verwünschte Anwesenheit von *Leuten* ärgern, jenen Leuten auf dem Bahnhof, die kein Recht haben zu leben – ich kann sie nicht hassen, obgleich sie unsere Welt besudeln, weil mich so ganz und gar die Sehnsucht nach Dir erfüllt.

Wenn Du mich hasstest, wenn Du mit Schwären bedeckt wärst wie ein Aussätziger, wenn Du mit einer anderen weglaufen oder mich aushungern oder schlagen würdest – wie albern das klingt –, wäre da immer noch die Sehnsucht nach Dir, die Liebe zu Dir, das *weiß* ich, mein Liebling.

Es ist spät – ich habe alle Fenster aufgemacht, und die Luft draußen ist frühlingsweich, aber irgendwie viel jünger und zarter als Frühling. Warum wird der Frühling immer als junges Mädchen dargestellt, warum tanzt und jodelt sich dieses Trugbild drei Monate lang durch die bizarre Wüstenlandschaft dieser Welt? Der Frühling ist ein dürrer alter Ackergaul, bei dem man alle Rippen sieht – ein Haufen Unrat auf einem Feld, dem Sonne und Regen zu makabrer Sauberkeit verholfen haben.

In wenigen Stunden wirst Du aufwachen, mein Liebling – und Du wirst unglücklich sein und das Leben satt haben. Du wirst in Delaware oder Carolina oder sonstwo und ganz, ganz unwichtig sein. Ich glaube nicht, dass es irgendeinen Menschen auf der Welt gibt, der es fertigbringt, sich als nicht ständige Einrichtung zu sehen, als überflüssiger Luxus oder unnötiges Übel. Kaum einer von denen, die immer betonen, wie sinnlos das Leben ist, nimmt die Sinnlosigkeit seiner eigenen Person zur Kenntnis. Vielleicht meinen sie, ihren eigenen Wert vor dem Ruin retten zu können, wenn sie das Übel allen Lebens verkünden – aber das kann niemand, das können nicht einmal Du und ich …

Ich sehe Dich noch immer. Blauer Dunst hängt in den Bäumen, an denen Du vorüberfahren wirst, zu schön, um die Oberhand zu gewinnen … Nein, am häufigsten werden die fahlen Erdvierecke sein – sie werden sich neben den Gleisen hinziehen wie schmutzige, grobe braune Betttücher, die in der Sonne trocknen, lebendig, mechanisch, widerwärtig. Die Natur, alte Schlampe, die sie ist, schläft darin mit jedem beliebigen Farmer, Neger oder Einwanderer, den es nach ihr gelüstet …

Wie Du siehst, habe ich Dir jetzt, da Du fort bist, einen Brief geschrieben, der voll Bitterkeit und Verzweiflung ist. Und das bedeutet nur, dass ich Dich liebe, Anthony, mit allem, was an Liebe steckt in

Deiner Gloria

Nachdem sie die Adresse geschrieben hatte, legte sie sich auf ihr Bett und drückte Anthonys Kissen an sich, als könne sie es durch schiere Willenskraft in seinen warmen, lebendigen Leib verwandeln. Um zwei Uhr sah sie mit trockenen Augen und unverändert leidvoll in die Dunkelheit hinein, quälte sich mit unbarmherzigen Erinnerungen, machte sich Vorwürfe wegen Hunderter eingebildeter Unfreundlichkeiten, schuf sich ein Abbild von Anthony, das einem gemarterten und verklärten Christus glich. Eine Weile sah sie ihn so, wie er in sentimentaleren Augenblicken vermutlich sich selbst sah.

Um fünf war sie immer noch wach. Ein mysteriös mahlendes Geräusch, das jeden Morgen auf der anderen Seite des Lichthofs einsetzte, sagte ihr, wie spät es war. Sie hörte einen Wecker klingeln, sah Licht angehen, das ein gelbes Viereck auf eine trügerisch kahle Wand gegenüber warf. Durch den schon halb und halb gefassten Entschluss, Anthony sofort in den Süden zu folgen, wurde ihr Kummer fern und unwirklich und bewegte sich von ihr weg, so wie die Dunkelheit sich nach Westen wegbewegte. Sie schlief ein.

Als sie aufwachte, brachte der Anblick des leeren Bettes an ihrer Seite neuen Kummer, den die zwangsläufige Fühllosigkeit des hellen Morgens für kurze Zeit vertrieb. Es war – auch wenn sie sich dessen nicht bewusst wurde – eine Wohltat, frühstücken zu können, ohne Anthonys müdes, verdrossenes Gesicht als Gegenüber zu haben. Jetzt, da sie allein war, verspürte sie gar keine Lust mehr, am Essen herumzumäkeln. Trotzdem beschloss sie, ihr Frühstück umzustellen – auf eine Limonade und ein Tomatensandwich statt des ewigen Specks mit Eiern und Toast.

Gegen Mittag aber, nachdem sie mehrere Bekannte, unter anderem auch die martialische Muriel, angerufen und erfahren hatte, dass sie alle miteinander zum Mittagessen nicht frei waren, leistete sie sich doch ein wenig stilles Selbstmitleid angesichts ihrer Einsamkeit. Mit Stift und Briefpapier auf dem Bett liegend, schrieb sie erneut an Anthony.

Am späten Nachmittag kam ein Eilbrief, aufgegeben in einer Kleinstadt in New Jersey, und die Formulierungen mit ihrem fast hörbaren Unterton von Überdruss und Unzufriedenheit klangen tröstlich vertraut. Vielleicht härtete die militärische Disziplin Anthony ab und gewöhnte ihn an die Vorstellung des Arbeitens. Sie war der unerschütterlichen Überzeugung, dass der Krieg vorbei sein würde, ehe er an die Front kam; inzwischen würde auch der Prozess gewonnen sein, und sie konnten noch einmal von vorn anfangen, diesmal auf einer anderen Basis. Die erste Veränderung würde darin bestehen, dass sie ein Kind haben wollte. Es war unerträglich, so ganz allein zu sein.

Es dauerte eine Woche, bis sie, wenn sie in der Wohnung blieb, damit rechnen konnte, keine Tränen zu vergießen. Die Stadt bot wenig Abwechslung. Muriel war an ein Krankenhaus in New Jersey versetzt worden, von dem aus sie nur jede zweite Woche einen Ausflug in die Metropole unternahm, und diese Treulosigkeit machte Gloria bewusst, wie wenige Freundschaften sie in all den Jahren in New York geschlossen hatte. Die Männer, die sie kannte, waren eingezogen. «Männer, die sie kannte …?» Sie hatte die verschwommene Vorstellung, dass alle Männer, die jemals in sie verliebt gewesen waren, ihr freundschaftlich verbunden bleiben würden. Alle hatten eine bestimmte, nicht unbeträchtliche Zeit lang behauptet, ihre Gunst höher zu schätzen als alles andere im Leben. Aber wo waren sie jetzt? Mindestens zwei waren tot, ein halbes Dutzend oder mehr verheiratet, die übrigen in alle Himmelsrichtungen verstreut, von Frankreich bis zu den Philippinen. Sie überlegte, ob der eine oder andere wohl an sie dachte und wie oft und in welchem Zusammenhang. Die meisten hatten wahrscheinlich noch das Bild der siebzehnjährigen Sirene von vor neun Jahren im Sinn.

Auch die Mädchen waren weit weg. In der Schule war sie nie beliebt gewesen. Dazu war sie zu schön, zu träge, nicht stolz genug darauf, eine Farmover-Absolventin und «künftige Frau und Mutter» zu sein. Und so manches tugendhafte, aber eher unscheinbare Mädchen, das noch nie geküsst worden war, hatte mit schockierter Miene angedeutet, Gloria habe auf diesem Gebiet schon einschlägige Erfahrungen. Dann waren diese Mädchen nach Osten oder Westen oder Süden gegangen, hatten geheiratet, waren zu «Leuten» geworden, die Gloria voraussagten – falls sie Voraussagen über Gloria trafen –, dass es ein schlimmes Ende mit ihr nehmen würde, – und wussten dabei nicht, dass kein Ende schlimm sein kann und dass sie ihr Schicksal ebensowenig in der Hand hatten wie Gloria.

Gloria ließ die Leute Revue passieren, die sie in dem grauen Haus in Marietta zu Gast gehabt hatten. Damals war es ihr so vorgekommen, als hätten sie ständig Besuch gehabt, und sie hatte in dem unausgesprochenen Glauben gelebt, dass alle Gäste ihr hinterher ein wenig verpflichtet waren, ihr gewissermaßen moralische zehn Dollar schuldeten, die sie im Bedarfsfall bei ihnen abfordern konnte. Doch nun waren sie fort, verweht wie Spreu im Wind, auf geheimnisvolle Weise verschwunden – im übertragenen Sinn oder auch in der Realität.

Bis Weihnachten war Gloria wieder zu der Überzeugung gelangt, dass sie Anthony nachreisen musste. Inzwischen war das kein spontanes Gefühl mehr, sondern ein periodisch auftretendes Bedürfnis. Sie wollte ihm ihre Absicht mitteilen, verschob es aber auf Anraten von Mr. Haight, der von Woche zu Woche mit dem Verhandlungstermin rechnete.

Anfang Januar traf sie auf der Fifth Avenue, die jetzt bunt von Uniformen und mit den Fahnen aller rechtschaffenen Nationen geschmückt war, Rachael Barnes, die sie fast ein Jahr nicht mehr gesehen hatte. Selbst Rachael, gegen die sie im Lauf der Zeit eine Abneigung gefasst hatte, verhieß eine Abwechslung, und sie ging mit ihr ins «Ritz» zum Tee.

Nach dem zweiten Cocktail redeten sie sich in Begeisterung. Sie mochten sich. Sie sprachen über ihre Männer – Rachael in jenem Ton öffentlicher Großtuerei mit privaten Vorbehalten, den alle Ehefrauen an sich haben.

«Rodman ist mit dem Versorgungscorps drüben. Als Hauptmann. Er wollte unbedingt nach Europa, und woanders, meint er, hätten sie ihn nicht genommen.»

«Anthony ist bei der Infanterie.» In Verbindung mit dem Cocktail weckten die Worte in Gloria eine sanfte Glut. Mit jedem Schluck kam sie einem heimelig-tröstlichen Patriotismus näher.

«Sag mal, kannst du morgen nicht zum Abendessen kommen?», fragte Rachael eine halbe Stunde später, als sie sich anschickten aufzubrechen. «Ich habe zwei ganz liebe Offiziere eingeladen, die jetzt nach Übersee gehen, denen sollten wir es noch ein bisschen hübsch machen.»

Gloria sagte bereitwillig zu. Sie notierte die Adresse und sah an der Nummer, dass es ein vornehmes Haus auf der Park Avenue war.

«Es war richtig nett, dich wiederzusehen, Rachael.»

«Wunderschön war es. Ich hab' mir das schon lange gewünscht.»

Mit diesen drei Sätzen war eine gewisse Nacht in Marietta vor zwei Sommern, als Anthony und Rachael einander ein allzu großes Maß an Aufmerksamkeit geschenkt hatten, verziehen – Gloria verzieh Rachael, Rachael verzieh Gloria. Und verziehen war auch, dass Rachael die größte Katastrophe im Leben von Mr. und Mrs. Anthony Patch miterlebt hatte.

Die Zeit versteht sich zu einem gütlichen Vergleich mit dem Vorgefallenen und zieht weiter.

Die Schliche von Hauptmann Collins

Die beiden Offiziere gehörten der beliebten Zunft der Maschinengewehrschützen an. Beim Abendessen sprachen sie von sich betont gelangweilt als Mitgliedern des «Selbstmordklubs» – damals bezeichnete sich jede obskure Gattung der Streitkräfte als Selbstmordklub. Der eine – Rachaels Hauptmann, konstatierte Gloria – war ein hochgewachsener Mann von dreißig Jahren mit Pferdegesicht, flottem Schnurrbart und hässlichen Zähnen. Der andere, Hauptmann Collins, hatte ein pausbäckiges rosafarbenes Gesicht und die Neigung, in hemmungsloses Gelächter auszubrechen, wenn er Glorias Blick begegnete. Er fand sofort Gefallen an ihr und überschüttete sie während des Essens mit törichten Komplimenten. Beim zweiten Glas Champagner stellte Gloria fest, dass sie sich zum ersten Mal seit Monaten rundum wohlfühlte.

Nach dem Essen wollte man irgendwohin zum Tanzen gehen. Die beiden Offiziere versorgten sich mit Alkohol von Rachaels Anrichte – der Ausschank alkoholischer Getränke an Angehörige der Streitkräfte war verboten –, und dergestalt gerüstet, absolvierten sie, brav die Partner wechselnd, in etlichen glitzernden Karawansereien auf dem Broadway unzählige Foxtrotts, wobei Gloria immer ausgelassener wurde und den Hauptmann mit dem rosa Gesicht so amüsierte, dass er sein vergnügtes Lächeln kaum mehr ablegte.

Um elf Uhr war sie zu ihrer Überraschung die Einzige, die noch bleiben wollte. Die anderen drängte es zurück in Rachaels Wohnung – um Nachschub an alkoholischen Getränken zu holen, wie sie sagten. Gloria wies hartnäckig darauf hin, dass die Taschenflasche von Hauptmann Collins noch halb voll sei, sie habe es genau gesehen – dann merkte sie, dass Rachael ihr unübersehbar zuzwinkerte. Sie vermutete vage, ihre Gastgeberin wolle wohl die Offiziere loswerden, und ließ sich gehorsam in ein Taxi schieben.

Hauptmann Wolf saß links, er hatte Rachael auf den Knien, in der Mitte saß Hauptmann Collins, und während er sich zurechtrückte, legte er einen Arm um Glorias Schulter, der dort einen Augenblick leblos liegen blieb, um sie dann wie ein Schraubstock zu umspannen. Er beugte sich über Gloria. «Du bist unheimlich hübsch», flüsterte er.

«Besten Dank.» Sie war weder geschmeichelt noch verärgert. Vor Anthony hatten sich zahlreiche Arme so benommen – «eine sentimentale, aber belanglose Geste», sagte sie sich, «mehr nicht.»

Rachaels lang gestreckter Salon wurde nur durch das matt brennende Feuer und zwei Lampen mit orangefarbenen Schirmen erhellt, sodass die Ecken voller tiefer, schläfriger Schatten waren. Die Gastgeberin in ihrem lockeren, dunkel gemusterten Chiffonkleid schien in der ohnehin schon schwülen Atmosphäre noch einen zusätzlichen Akzent zu setzen. Eine Weile widmeten sie sich zu viert den Sandwiches, die auf dem Teetisch bereitstanden, dann saß Gloria plötzlich allein mit Hauptmann Collins auf dem Sofa am Kamin; Rachael und Hauptmann Wolf hatten sich ans andere Ende des Zimmers zurückgezogen, wo sie leise miteinander sprachen.

«Zu schade, dass du verheiratet bist», sagte Collins mit der grotesken Karikatur eines Blicks «auf Treu und Glauben».

«Warum?» Sie streckte ihm das Glas hin, um sich noch einen Highball einschenken zu lassen.

«Trink nicht mehr», bat er stirnrunzelnd.

«Warum nicht?»

«Du wärst netter, wenn du es nicht tätest.»

Gloria begriff plötzlich, was diese Bemerkung suggerieren sollte, was für eine Stimmung er damit zu schaffen versuchte. Am liebsten hätte sie losgelacht, doch sie begriff, dass es hier nichts zu lachen gab. Der Abend hatte ihr Freude gemacht, sie mochte nicht nach Hause gehen – aber es kränkte ihren Stolz, dass sich der Flirt nur auf dieser Ebene bewegte.

«Schenk mir noch was ein», verlangte sie.

«Bitte …»

«Sei nicht albern!», fuhr sie ungeduldig auf.

«Also meinetwegen», versetzte er ungnädig.

Dann lag wieder sein Arm um sie, und wieder wehrte sie sich nicht. Aber als seine rosa Wange näher kam, beugte sie sich nach hinten.

«Du bist sehr süß», sagte er ins Leere hinein.

Sie begann leise zu singen und wünschte jetzt, er würde seinen Arm wegnehmen. Plötzlich fiel ihr Blick auf eine intime Szene am anderen Ende des Zimmers – Rachael und Hauptmann Wolf tauschten einen langen Kuss. Gloria fröstelte ein wenig, sie hätte selbst nicht sagen können, warum.

Wieder näherte sich das rosa Gesicht. «Du solltest da nicht hinsehen», flüsterte er. Dann hatte er auch schon den anderen Arm um sie gelegt, sein Atem streifte ihre Wange.

Wieder war ihr Sinn für das Absurde stärker als der Widerwille, und ihr Lachen war eine Waffe, die keiner zusätzlichen Worte bedurfte.

«Und ich hab' gedacht, du bist eine ganz flotte Motte», sagte er.

«Was ist eine flotte Motte?»

«Jemand der … der das Leben genießt.»

«Gilt es denn generell als genussvoll, dich zu küssen?»

Plötzlich standen Rachael und Hauptmann Wolf vor ihnen.

«Es ist spät, Gloria», sagte Rachael – sie war gerötet,

und ihr Haar war zerzaust. «Am besten übernachtest du hier.»

Einen Augenblick dachte Gloria, sie wolle die Offiziere wegschicken. Dann begriff sie und bemühte sich, möglichst lässig auf die Füße zu kommen.

Unbekümmert fuhr Rachael fort: «Ich geb' dir das Zimmer nebenan. Was du brauchst, kannst du von mir haben.»

In den Augen von Collins stand ein flehender Hundeblick. Hauptmann Wolf hatte den Arm vertraulich um Rachaels Taille gelegt; sie warteten.

Doch die Lockung der Promiskuität – bunt, abwechslungsreich, verschlungen und immer auch ein wenig schal und mit Geruch behaftet – konnte Gloria nicht reizen. Hätte sie das Verlangen danach gehabt, wäre sie ohne Zögern und ohne Zweifel geblieben; so aber ertrug sie ungerührt die sechs feindselig-gekränkten Augenpaare, deren Blicke ihr gezwungen höflich und unter nichtssagenden Worten in die Diele folgten.

«Er war nicht mal flott genug, um mich zu fragen, ob er mich nach Hause bringen dürfte», dachte Gloria, als sie im Taxi saß, und dann mit plötzlich aufwallendem Ärger: «Wie grauenhaft gewöhnlich!»

Im Februar hatte sie ein Erlebnis ganz anderer Art. Tudor Baird, ein früherer Verehrer, den sie einst ernsthaft hatte heiraten wollen, kam mit dem Aviation Corps nach New York und suchte sie auf. Sie gingen ein paarmal zusammen ins Theater, und nach einer Woche war er zu ihrer Genugtuung so verliebt in sie wie damals. Sie hatte es ganz bewusst dazu kommen lassen und begriff zu spät, dass sie damit Unheil angerichtet hatte. Es kam so weit, dass er unglücklich schweigend dasaß, wenn sie miteinander ausgingen.

Als Verbindungsstudent – er hatte in Yale studiert – besaß er die korrekte Zurückhaltung eines «feinen Kerls», die korrekten Vorstellungen von Ritterlichkeit und *noblesse oblige* und bedauerlicherweise natürlich auch die korrekten Vorurteile und die korrekte Ideenlosigkeit – all jene Wesenszüge, die Anthony sie gelehrt hatte zu verachten, die sie aber heimlich durchaus bewunderte. Anders als die meisten Männer seines Schlages war er kein Langweiler. Er sah gut aus, war witzig auf eine spritzig-leichte Art, und wenn sie mit ihm zusammen war, spürte sie, dass er, weil in seinem Wesen etwas lag, was man Stupidität nennen mochte, Loyalität oder Sentimentalität oder auch etwas viel schwerer Definierbares, alles in seiner Macht Stehende getan hätte, um sie zu erfreuen.

Das – unter anderem – sagte er ihr auch auf seine korrekte Art und mit einer gewichtigen Männlichkeit, hinter der sich echtes Leid verbarg. Sie liebte ihn nicht, aber mit der Zeit fing sie an, ihn zu bemitleiden, und eines Abends küsste sie ihn gefühlvoll, weil er ein so charmanter Mann war, ein Relikt einer aussterbenden Generation, die in der Illusion von Stil und Dünkel lebte und deren Nachfolger gleich töricht, aber weniger ritterlich waren. Hinterher war sie froh, dass sie ihn geküsst hatte, denn am nächsten Tag, als sein Flugzeug bei Mineola fünfzehnhundert Fuß in die Tiefe stürzte, durchschlug ein Stück eines Treibstofftanks sein Herz.

Gloria allein

Als sie von Mr. Haight erfuhr, dass es erst im Herbst zur Verhandlung kommen würde, beschloss sie, zum Film zu gehen, ohne Anthony etwas davon zu sagen. Wenn er merkte, dass sie schauspielerische und finanzielle Erfolge verbuchen konnte, wenn er sah, dass sie von Joseph Bloeckman haben konnte, was sie wollte, ohne sich dafür selbst etwas vergeben zu müssen, würde er sich von seinen dummen Vorurteilen trennen. Sie lag eine halbe Nacht wach, um ihre Karriere zu planen und die Vorfreude zu genießen, und am nächsten Morgen rief sie bei «Films Par Excellence» an. Mr. Bloeckman war in Europa.

Diesmal aber hatte die Idee so nachhaltig von ihr Besitz ergriffen, dass sie beschloss, bei den Filmschauspieler-Agenturen die Runde zu machen. Doch wie schon so oft stand ihr Geruchssinn allen guten Absichten im Weg. Die Agentur roch, als sei sie schon sehr lange tot. Sie wartete fünf Minuten, in denen sie ihre wenig einnehmenden Konkurrentinnen musterte, dann flüchtete sie in die hintersten Winkel von Central Park, wo sie so lange blieb, dass sie sich eine Erkältung zuzog. Sie hatte die Agentur aus ihrem Straßenkostüm auslüften wollen.

Im Frühjahr entnahm sie Anthonys Briefen – nicht einem bestimmten, sondern seinem Ton insgesamt –, dass er sie nicht bei sich haben wollte. Vorwände, die ihm, weil sie so unzureichend waren, offenbar zu schaffen machten, tauchten mit Freudscher Regelmäßigkeit auf. Er brachte sie in jedem Brief unter, als plage ihn die Angst, er habe beim letzten Mal vergessen, sie zu erwähnen, als sei es ihm ungeheuer wichtig, sie Gloria einzuprägen. Und die Koseworte, mit denen er den Text seiner Briefe zu strecken pflegte, klangen neuerdings mechanisch und gezwungen – fast so, als seien sie hinterher eingefügt wie die Epigramme in einem Oscar-Wilde-Stück. Sie wies die unabweisbare Erklärung zunächst zurück, war abwechselnd wütend und traurig, verschloss dann stolz die Augen vor dem Problem und ließ in ihre Briefe einen zunehmend kühleren Ton einfließen.

An Abwechslung fehlte es ihr jetzt nicht mehr. Einige Flieger, die sie durch Tudor Baird kennengelernt hatte, kamen nach New York, um sie zu besuchen, und auch zwei weitere frühere Verehrer tauchten wieder auf, die in Camp Dix stationiert waren. Als sie nach Übersee gingen, reichten sie Gloria an ihre Freunde weiter. Nach einem weiteren ziemlich unerfreulichen Erlebnis mit einem potenziellen Hauptmann Collins aber achtete sie stets sorgfältig darauf, bei neuen Bekanntschaften kein Missverständnis im Hinblick auf ihren Status und ihre persönlichen Absichten aufkommen zu lassen.

Als der Sommer kam, begann sie wie Anthony die Verlustlisten der Offiziere durchzusehen und empfand etwas wie melancholisches Behagen, wenn sie von dem Tod eines Mannes hörte, mit dem sie einmal einen Kotillon getanzt hatte, und dem Namen nach jüngere Brüder früherer Verehrer erkannte – und sagte sich, je weiter der Vormarsch auf Paris anhielt, dass nun die Welt ihrem unvermeidlichen und verdienten Untergang zutrieb.

Sie war siebenundzwanzig. Ihr Geburtstag ging fast unbemerkt vorbei. Als sie zwanzig und bis zu einem gewissen Grade auch, als sie sechsundzwanzig geworden war, hatte ihr dieser Tag Angst gemacht, aber jetzt konnte sie angesichts der britischen Frische ihres Teints und ihrer noch immer knabenhaft schlanken Figur ihrem Spiegelbild mit ruhiger Selbstzufriedenheit gegenübertreten.

Sie bemühte sich, nicht an Anthony zu denken. Ihr war, als schriebe sie an einen Fremden. Sie erzählte ihren Freundinnen, dass er zum Gefreiten befördert worden war, und ärgerte sich über die höfliche, gleichgültige Aufnahme, die ihre Mitteilung fand. Eines Nachts weinte sie, weil er ihr leid tat. Wäre er ihr auch nur ein wenig entgegengekommen, hätte sie den nächsten Zug nach Süden genommen. Was immer er angestellt hatte – er brauchte geistige Fürsorge, und sie hatte das Gefühl, dass sie sogar das jetzt würde leisten können. Sie fühlte sich, seit er nicht ständig ihre seelische Kraft anzapfte, wunderbar belebt. Vor seiner Einberufung hatte sie unter seinem Einfluss eine Neigung entwickelt, über ihre versäumten Chancen nachzugrübeln, jetzt aber fand sie zu ihrer früheren Einstellung zurück – sie war stark und stolz und lebte nur für den Tag. Sie kaufte eine Puppe und zog sie an. Eine Woche vergoss sie Tränen über Ethan Frome, in der nächsten schwelgte sie in Romanen von Galsworthy, den sie schätzte, weil er sich so gut darauf verstand, durch einen Frühling in Dunkelheit, die Illusion romantischer junger Liebe zu erschaffen, nach der jede Frau sich sehnt oder einmal gesehnt hat.

Im Oktober schwoll der Strom von Anthonys Briefen, die jetzt fast hektisch klangen, stetig an, um urplötzlich zu versiegen. Einen unruhigen Monat über brauchte sie ihre ganze Willenskraft, um nicht sofort nach Mississippi zu fahren. Dann erfuhr sie durch ein Telegramm, dass er im Lazarett gelegen hatte und dass sie ihn in zehn Tagen in New York erwarten konnte. Wie eine Traumgestalt kam er an jenem Novemberabend quer durch den Ballsaal auf sie zu – und in den langen Stunden, die vertraute Freuden schenkten, zog sie ihn eng an sich und hegte eine Illusion des Glücks und der Geborgenheit, von der sie nie gedacht hätte, sie noch einmal empfinden zu können.

Nach einer Woche kehrte Anthonys Regiment zu dem Lager in Mississippi zurück, um ordnungsgemäß entlassen zu werden. Die Offiziere schlossen sich in den Coupés der Pullmanwagen ein und tranken den in New York gekauften Whisky, und die Soldaten in ihren nicht unterteilten Wagen betranken sich ebenfalls nach Kräften – und taten, sobald der Zug in ein Dorf einfuhr, als seien sie gerade aus Frankreich zurückgekehrt und hätten dem deutschen Heer praktisch eigenhändig den Garaus gemacht. Da ihre Mützen sie als Truppen von Europa auswiesen und sie behaupteten, sie hätten noch keine Zeit gehabt, sich ihre Goldtressen aufnähen zu lassen, waren die einfachen Leute tief beeindruckt und wollten wissen, wie es ihnen im Schützengraben gefallen habe, was sie mit einem «Omannomann» sowie ausgiebigem Zungenschnalzen und Kopfschütteln beantworteten. Einer nahm ein Stück Kreide und krakelte an die Außenwand des Waggons: «Wir haben den Krieg gewonnen – jetzt geht's ab in die Heimat», und die Offiziere lachten und ließen den Satz stehen. Alle versuchten, aus dieser schmachvollen Rückkehr das größtmögliche Maß an Schwadronage herauszuschlagen.

Während sie dem Lager entgegenrumpelten, überlegte Anthony unruhig, ob womöglich auf dem Bahnhof eine geduldige Dot auf ihn wartete. Zu seiner Erleichterung sah und hörte er nichts von ihr, und da er sich sagte, sie würde, falls sie noch in der Stadt war, bestimmt versuchen, mit ihm in Verbindung zu treten, folgerte er, dass sie abgereist war – wohin, das war ihm unbekannt und auch gleichgültig. Er wollte nur eins – zurück zu einer wiedergeborenen und wunderbar lebendigen Gloria.

Nach seiner Entlassung verließ er die Kompanie auf der Ladefläche eines großen Lastwagens in einem Haufen, der seine Offiziere, besonders Hauptmann Dunning, nachsichtig, ja fast gefühlvoll hatte hochleben lassen. Der Hauptmann hatte ihnen mit Tränen in den Augen eine Rede gehalten, in der es um Vergnügen etc., Arbeit etc., keine verlorenen Monate etc. und Pflicht etc. ging. Es war eine sehr langweilige und sehr menschliche Rede gewesen, die Anthony, den die Woche in New York mächtig aufgemöbelt hatte, in seinem Abscheu vor der Armee und all dem, was sie vertrat, bestätigte. Insgeheim hegten zwei von drei Berufsoffizieren die kindliche Überzeugung, Kriege seien für die Streitkräfte da und nicht die Streitkräfte für den Krieg. Er frohlockte, als er Generäle und Stabsoffiziere, ihrer Kommandos beraubt, kummervoll durch das leere Lager fahren sah. Er frohlockte, als er die Männer seiner Kompanie verächtlich über die Anreize lachen hörte, die man ihnen geboten hatte, um sie zum Verbleib in der Armee zu bewegen. Sie sollten «Schulen» besuchen. Er wusste, was es mit diesen «Schulen» auf sich hatte.

Zwei Tage später war er bei Gloria in New York.

An einem Spätnachmittag im Februar kam Anthony in die Wohnung zurück, tastete sich durch die kleine, in der Winterdämmerung stockdunkle Diele und ins Wohnzimmer, wo Gloria am Fenster saß.

Sie wandte sich um. «Was hat Mr. Haight gesagt?», fragte sie matt.

«Nichts. Das Übliche. Nächsten Monat vielleicht.»

Sie sah ihn scharf an; ihr Ohr, auf seine Stimme eingestellt, hörte aus den Zweisilbern eine ganz leichte Verschwommenheit heraus. «Du hast getrunken», konstatierte sie nüchtern.

«Ein, zwei Glas.»

«So.»

Er gähnte in seinem Sessel, und einen Augenblick schwiegen sie beide.

Unvermittelt fragte sie: «Warst du bei Mr. Haight? Sag die Wahrheit.»

«Nein.» Er lächelte matt. «Keine Zeit.»

«Das hab' ich mir gedacht ... Er wollte dich sprechen.»

«Und wenn schon! Ich hab' das Herumsitzen in seiner Kanzlei satt. Er tut ja gerade so, als ob er mir eine Gnade erweist.» Er sah Gloria an, als müsste sie ihm jetzt moralisch den Rücken stärken, aber sie war schon wieder in die Betrachtung der unerquicklichen und dumpfen Welt draußen vertieft.

«Mich freut das Leben heute nicht sehr», gestand er. Sie schwieg noch immer. «Bin einem Bekannten über den Weg gelaufen, und in der Bar vom Biltmore sind wir ins Reden gekommen.»

Die Dämmerung war plötzlich hereingebrochen, aber sie rührten beide keinen Finger, um Licht zu machen. Versunken in weiß Gott was für Betrachtungen saßen sie da, bis ein Schneeschauer Gloria einen trägen Seufzer entlockte.

«Was hast du gemacht?», fragte er, als ihm das Schweigen zu drückend wurde.

«Gelesen. Eine Zeitschrift mit den blödsinnigsten Artikeln von erfolgreichen Autoren, die sich darüber auslassen, wie furchtbar es ist, wenn sich arme Leute Seidenhemden kaufen. Beim Lesen musste ich immer daran denken, wie sehr ich mir einen grauen Fehmantel gewünscht habe und dass wir uns so was nicht leisten können.»

«Können wir doch.»

«Können wir nicht.»

«Aber ja. Wenn du einen Pelzmantel willst, sollst du einen haben.»

In der Stimme, die da durch die Dunkelheit kam, schwang eine Spur von Verachtung. «Du meinst, wenn wir eine Aktie verkaufen?»

«Notfalls auch das. Ich will nicht, dass du auf etwas verzichten musst. Allerdings haben wir einen Haufen Geld ausgegeben, seit ich zurück bin.»

«Ach, sei doch still», fuhr sie auf.

«Warum?»

«Weil ich deine Redereien über das, was wir ausgegeben oder gemacht haben, nicht mehr hören kann. Du bist seit zwei Monaten zurück, und seither waren wir praktisch jeden Abend auf irgendwelchen Festen. Wir hatten beide Lust zum Ausgehen, und wir sind ausgegangen. Hast du schon mal erlebt, dass ich mich beklage? Aber du kannst nur immer winseln. Mir ist es gleich, was wir tun oder was aus uns wird, und damit bin ich zumindest konsequent. Doch deine ständigen Klagen, deine ewige Schwarzseherei dulde ich einfach nicht mehr …»

«Du bist manchmal selber nicht sehr nett.»

«Dazu bin ich auch nicht verpflichtet. Du versuchst ja nicht mal, etwas zu verändern.»

«Doch, ich …»

«Komm, hör auf. Heute früh hast du gesagt, dass du, bis du eine Stellung hast, keinen Schluck mehr trinken willst. Und dann kannst du dich nicht einmal dazu aufraffen, zu Mr. Haight zu gehen, wenn der dich wegen des Rechtsstreits sprechen will.»

Anthony stand auf und knipste das Licht an. «Jetzt hör mal her», stieß er blinzelnd hervor, «langsam hab' ich genug von deiner scharfen Zunge.»

«Und was gedenkst du dagegen zu unternehmen?»

«Glaubst du denn, dass ich so richtig glücklich und zufrieden bin?», fuhr er fort, ohne auf ihre Frage einzugehen. «Glaubst du denn, ich wüsste nicht, dass wir nicht so leben, wie wir eigentlich leben müssten?»

Bebend stand Gloria plötzlich neben ihm. «Das ist unerträglich», brach es aus ihr heraus. «Verschone mich mit deinem Gesäusel. Du und deine Leiden! Dabei bist und bleibst du ein jämmerlicher Schwächling.»

Ohne Sinn und Verstand konfrontierten sie einander, beide vergeblich bemüht, den anderen zu beeindrucken, beide mit tiefem, schmerzlichem Überdruss im Herzen. Dann ging sie ins Schlafzimmer und machte die Tür hinter sich zu.

Seine Rückkehr hatte all ihre Vorkriegskalamitäten wieder aufbrechen lassen. Die Preise waren beängstigend gestiegen, ihr Einkommen dagegen auf fast die Hälfte geschrumpft. Da war die hohe Summe, die sie Mr. Haight als Vorschuss hatten zahlen müssen; da waren Papiere, die sie zu einem Kurs von hundert gekauft hatten und die auf dreißig und vierzig gefallen waren; da waren andere Anlagen, die überhaupt keinen Gewinn brachten. Im Frühjahr hatte man Gloria vor die Wahl gestellt, entweder auszuziehen oder einen Vertrag mit einer Monatsmiete von zweihundertfünfundzwanzig Dollar zu unterschreiben. Sie hatte unterschrieben. Je drückender der Zwang zum Sparen wurde, desto deutlicher wurde auch, dass alle beide völlig unfähig waren, ihr Geld zusammenzuhalten. Sie flüchteten sich in die alten Tricks und Winkelzüge. Vor ihren Schwächen resignierend, faselten sie von dem, was sie morgen – ganz bestimmt morgen – machen, dass sie «nicht mehr zu Partys gehen» würden, dass Anthony sich Arbeit suchen würde. Doch wenn es dunkel wurde, überkam Gloria, die gewohnt war, jeden Abend eine Verabredung zu haben, die alte Unruhe. Sie stand unter der Schlafzimmertür, kaute nervös an den Fingern und erwiderte hin und wieder Anthonys Blick, wenn er von seinem Buch aufsah. Und dann läutete das Telefon, die Nervenanspannung wich, sie meldete sich mit mühsam verhehlter Vorfreude. Jemand wollte «nur auf ein paar Minuten» vorbeikommen – und wieder folgte das ermüdende So-tun-als-ob, während der Tisch mit den Getränken herangerückt wurde und die ermatteten Lebensgeister sich erneut regten, und schließlich das Erwachen – gleich dem Herzstück einer schlaflosen Nacht, in der sie sich bewegten.

Im Lauf des Winters, der die Parade der zurückkehrenden Truppen auf der Fifth Avenue brachte, wurde ihnen immer stärker bewusst, dass sich seit Anthonys Rückkehr ihr Verhältnis zueinander von Grund auf verändert hatte. Nach jenem erneuten Aufblühen von Zärtlichkeit und Leidenschaft hatte jeder sich in einen einsamen Traum zurückgezogen, an dem der andere keinen Anteil hatte, und was sie an liebevollen Worten austauschten, ging von der Leere des einen zur Leere des anderen Herzens und hinterließ einen hohlen Nachhall all dessen, was nun für immer dahin war.

Anthony hatte erneut bei der hauptstädtischen Presse die Runde gemacht, wo ihm eine bunte Schar von Büroboten, Telefonistinnen und Lokalredakteuren wieder jede Ermutigung versagt hatte. Überall hieß es: «Wenn wir freie Stellen haben, halten wir sie für unsere eigenen Leute, die noch in Frankreich sind.»

Dann fiel Ende März sein Blick auf eine Annonce in der Morgenzeitung, aus der sich endlich so etwas wie eine Beschäftigung für ihn ergab.

«Sie können verkaufen!!!
Kassieren schon beim Studieren –
wäre das nichts für Sie?
Unsere Verkäufer verdienen fünfzig bis
zweihundert Dollar die Woche.»

Es folgte eine Adresse in der Madison Street und die Aufforderung, sich gleichentags um ein Uhr dort einzustellen. Gloria sah, als sie ihm nach einem wieder einmal sehr späten Frühstück über die Schulter sah, dass er die Annonce müßig betrachtete.

«Warum versuchst du's nicht?», fragte sie.

«Aber das ist doch nur wieder so ein dummdreister Schwindel.»

«Vielleicht auch nicht. Zumindest wäre es eine Erfahrung.»

Auf ihr Drängen hin begab er sich um eins zu der angegebenen Adresse, wo er sich einer großen, bunt gemischten Schar von Männern zugesellte, die vor der Tür warteten. Von einem Botenjungen, der offensichtlich mit der Zeit seiner Firma Missbrauch trieb, bis zu einem uralten Individuum mit knorrigem Leib und ebenso knorrigem Stock, von heruntergekommenen Männern mit eingesunkenen Wangen und rötlich-verschwiemelten Augen bis zu blutjungen Burschen, die womöglich noch zur Schule gingen, war dort alles vertreten. Nachdem sie eine Viertelstunde, einander mit apathischem Argwohn beäugend, von einem Fuß auf den anderen getreten waren, trieb sie ein flotter junger Hirte mit tailliertem Anzug und dem Gebaren eines Hilfspfarrers die Treppe hoch in einen großen Raum, der aussah wie ein Klassenzimmer und mit einer großen Zahl von Pulten bestückt war. Hier ließen sich die künftigen Verkäufer nieder, um erneut zu warten. Nach einer Weile verdunkelte ein halbes Dutzend sachlich-dynamischer Herren das Podium, die – mit einer Ausnahme – in einem Halbkreis vor dem Publikum Platz nahmen.

Die Ausnahme war der allem Anschein nach Sachlichste, Dynamischste und Jüngste von allen, der jetzt vortrat. Das Publikum musterte ihn erwartungsvoll. Er war ziemlich klein und sah auf eine eher merkantil geprägte als bühnengeeignete Art ziemlich gut aus. Er hatte waagrechte, buschige blonde Augenbrauen und einen fast lachhaft rechtschaffenen Blick, den er, als er am äußersten Rand seiner Rednertribüne angekommen war, streng auf sein Publikum heftete, wobei er gleichzeitig die Arme mit zwei vorgereckten Fingern ausstreckte. Während er sich wiegend ins Gleichgewicht brachte, legte sich erwartungsvolles Schweigen über den Saal. Mit bewundernswerter Selbstsicherheit hatte der junge Mann es verstanden, die Aufmerksamkeit seiner Zuhörer für sich zu gewinnen. Er sprach ruhig und überzeugt, wobei er, wie es so schön heißt, kein Blatt vor den Mund nahm.

«Männer!», begann er und hielt inne. Das Wort verhallte mit einem lang andauernden Echo am Ende des Saals, die ihm zugewandten hoffnungsvollen, zynischen oder müden Gesichter waren gleichermaßen gefesselt und versunken. Sechshundert Augen waren leicht nach oben gerichtet. In einem ebenmäßig dahinfließenden Tonfall, der Anthony an das Rollen von Kegelkugeln erinnerte, begann er seine Ausführungen.

«An diesem schönen, sonnigen Morgen haben Sie Ihr Leibblatt zur Hand genommen und darin eine Anzeige gefunden, die schlicht und schmucklos die Behauptung aufstellt, Sie könnten verkaufen. Mehr stand nicht drin – nicht ‹was›, nicht ‹wie›, nicht ‹warum›. Sie traf nur die eine Feststellung, dass *Sie* und Sie und Sie», mit dem Finger ins Publikum deutend, «verkaufen können. Meine Aufgabe ist es nicht, Erfolgsmenschen aus Ihnen zu machen, denn jedermann ist als Erfolgsmensch geboren und macht sich selbst zum Versager; meine Aufgabe ist es auch nicht. Ihnen das Reden beizubringen, denn jedermann ist ein geborener Redner und macht sich selbst zur Auster; meine Aufgabe ist es, Ihnen etwas so darzulegen, dass Sie es begreifen – dass nämlich auf *Sie* und *Sie* und *Sie* eine Morgengabe an Geld und Wohlstand wartet, die Sie nur noch abzuholen brauchen.»

An dieser Stelle rappelte sich von einem Pult ziemlich weit hinten ein finster blickender Ire hoch und verließ den Saal.

«Der Mann will wohl an der Kneipe in der Ecke danach suchen (Gelächter). Dort wird er sie nicht finden.

Früher habe auch ich sie dort gesucht (Gelächter), aber da hatte ich noch nicht das getan, was jeder von Ihnen – ob jung oder alt, ob arm oder reich (kurz aufflackerndes ironisches Gelächter) – tun kann. Da hatte ich noch nicht ... mich *selbst* gefunden.

Ob wohl hier im Saal jemand ist, der sich unter ‹Reden von Herz zu Herz› etwas vorstellen kann? Es handelt sich dabei um ein Büchlein, in dem ich vor fünf Jahren aufzuschreiben begann, was ich als die Hauptgründe für das Versagen und die Hauptgründe für den Erfolg ansehe – von John D. Rockefeller bis hin zu John D. Napoleon (Gelächter) – und weiter zurück bis zu dem Tag, als Abel seine Erstgeburt für ein Linsengericht verkaufte. Inzwischen sind hundert dieser Reden von Herz zu Herz gesammelt. Diejenigen unter Ihnen, die es ernst meinen, die sich für meine Vorschläge interessieren, vor allem diejenigen, die nicht zufrieden sind mit dem Leben, das sie zur Zeit führen, können heute Nachmittag, wenn Sie durch diese Tür da gehen, eins der Bändchen mit nach Hause nehmen.

Ich habe Ihnen vier Briefe mitgebracht, die ich gerade bekommen habe und die sich zu den ‹Reden von Herz zu Herz› äußern. Die Absender sind jeder Familie in Amerika ein Begriff. Hören Sie, was man mir aus Detroit schreibt:

Hiermit bestelle ich weitere dreitausend Exemplare der ‹Reden von Herz zu Herz› zur Verteilung an meine Handelsvertreter. Sie haben aus den Leuten mehr Leistung herausgeholt, als das mit einem Prämiensystem je möglich gewesen wäre. Ich selbst lese sie ständig und möchte Ihnen herzlich gratulieren, dass sie zu den Wurzeln des größten Problems vorgestoßen sind, mit dem sich unsere heutige Generation auseinanderzusetzen hat – dem Problem des Verkaufenkönnens. Denn das ist der Fels, auf dem dieses Land gegründet ist.

Mit den besten Grüßen und Wünschen bin ich herzlich der Ihre Henry W. Terrall»

Er ließ den Namen in drei langen, schmetternden Fanfarenstößen durch den Saal hallen und danach eine Pause eintreten, damit er seine magische Wirkung entfalten konnte. Dann verlas er noch zwei Briefe, einen von einem Staubsaugerhersteller und einen von der «Great Northern Doily Company», die sich der Herstellung von Zierdeckchen verschrieben hatte.

«Und jetzt», fuhr er fort, «will ich Ihnen in kurzen Worten das Vorhaben schildern, durch das jeder, der es mit dem rechten Schwung anpackt, ein gemachter Mann werden kann. Schlicht gesagt geht es um Folgendes. ‹Reden von Herz zu Herz› hat sich als Firma etabliert, und wir wollen dieses Bändchen jedem großen Konzern zugänglich machen, jedem Handelsvertreter, jedem unserer Mitmenschen, der *weiß* – ich sage nicht ‹glaubt›, ich sage ‹weiß› –, dass er verkaufen kann. Wir möchten einen Teil der Firmenanteile auf dem freien Markt anbieten, und um einen möglichst großen Bereich abdecken zu können und auch um den Leuten am lebenden Objekt, an einem Beispiel aus Fleisch und Blut zu demonstrieren, was Verkaufenkönnen bedeutet oder bedeuten sollte, wollen wir denjenigen unter Ihnen, die das Zeug dazu haben, die Chance geben, diese Anteile zu verkaufen. Mich interessiert nicht, was Sie bisher versucht haben zu verkaufen oder wie Sie versucht haben, es zu verkaufen. Mich interessiert auch nicht, wie jung oder wie alt Sie sind. Mich interessiert nur zweierlei: Erstens: *Wollen* Sie den Erfolg? Und zweitens: Sind Sie bereit, dafür zu arbeiten?

Ich heiße Sammy Carleton, nicht ‹Mr.› Carle-ton, schlichtweg Sammy. Ich bin ein gerader, einfacher Kerl ohne Schnörkel und Schnokus. Sagt einfach ‹Sammy› zu mir. So, das wär's eigentlich schon für heute. Diejenigen, die sich die Sache gut überlegt und ihr Exemplar der ‹Reden von Herz zu Herz› gelesen haben, das sie am Ausgang von uns kriegen werden, möchte ich bitten, morgen wieder herzukommen, gleicher Raum, gleiche Zeit, dann steigen wir richtig in das Projekt ein, und ich erkläre Ihnen aus meiner Erfahrung heraus die Grundsätze des Erfolgs. Ich werde Ihnen das Gefühl vermitteln, dass *Sie* und *Sie* und *Sie* verkaufen können.»

Mr. Carletons Stimme hallte noch einen Moment im Raum nach. Dann wurde Anthony unter dem Stampfen vieler Füße mit der Menge aus dem Saal gedrängt.

Weitere Abenteuer mit «Reden von Herz zu Herz»

Anthony gab einen ironischen Bericht über seine Abenteuer in der Welt des Handels zum besten, aber Gloria konnte nicht darüber lachen.

«Du willst also wieder das Handtuch werfen?», fragte sie frostig.

«Du erwartest doch nicht im Ernst ...»

«Ich habe nie etwas von dir erwartet.»

Er zögerte. «Tut mir leid, aber über so eine Geschichte kann ich mich nun mal nicht amüsieren. Wenn etwas noch billiger ist als die alte billige Masche, ist es der neue Dreh.»

Gloria musste erstaunlich viel moralischen Druck aufwenden, um ihn so weit einzuschüchtern, dass er noch einmal hinging.

Als er sich – einigermaßen deprimiert nach der Lektüre der im Kapitel «Reden von Herz zu Herz: Ehrgeiz» neckisch ausgebreiteten senilen Plattheiten – am nächsten Tag wieder in dem bewussten Saal einstellte, sah er, dass von den ursprünglich dreihundert Interessenten nur noch fünfzig dem Auftritt des ebenso dynamischen wie dominanten Sammy Carleton entgegensahen.

Mr. Carleton verwandte seine Dynamik und Dominanz diesmal darauf, atemberaubende Betrachtungen über die hohe Kunst des Verkaufens anzustellen. Die bewährte Methode bestand offenbar nicht etwa darin, dass man fragte: «Wie ist es: Wollen Sie jetzt kaufen?» – o nein, so ging das nicht! –, sondern dass man seinen Vorschlag erläuterte, um dann, wenn man sein Gegenüber bis zur Erschöpfung ermüdet hatte, als kategorischen Imperativ zu verkünden: «Jetzt hören Sie mal her! Sie beanspruchen meine Zeit, weil ich Ihnen erklären muss, was hier Sache ist. Sie geben zu, dass meine Argumente Hand und Fuß haben. Und jetzt frage ich Sie nur eins: Wie viele nehmen Sie?»

Während Mr. Carleton eine Behauptung auf die andere türmte, entstand in Anthony so etwas wie widerwilliges Zutrauen zu diesem Menschen. Er schien zu wissen, wovon er sprach. Als offenkundig gutbetuchter Mann war er mittlerweile in der Lage, andere belehren zu können. Es kam Anthony nicht in den Sinn, dass geschäftlich erfolgreiche Menschen selten eine Antwort auf Fragen nach dem Wie oder Warum ihres Erfolges geben können und wenn sie doch einmal Gründe nennen, diese – wie im Fall seines Großvaters – meist unzutreffend und absurd sind.

Anthony stellte fest, dass von den zahlreichen alten Männern, die sich auf die Annonce hin gemeldet hatten, nur zwei bei der Stange geblieben waren und dass unter den dreißig Teilnehmern, die am dritten Tag zusammenkamen, um sich von Mr. Carleton handfeste Verkaufsunterweisungen geben zu lassen, nur ein Graukopf war. Bei den dreißig standhaft Gebliebenen aber handelte es sich um überzeugte Konvertiten. Sie folgten mit den Lippen Mr. Carletons Mundbewegungen, rutschten in ihrer Begeisterung unruhig auf den Plätzen herum und tauschten in den Pausen, die er hin und wieder einlegte, flüsternd ernste, anerkennende Bemerkungen aus. Von den wenigen Auserwählten, die, um mit Mr. Carleton zu reden, «entschlossen waren, den ihnen rechtmäßig und legitim zustehenden Lohn einzufordern», ließ nicht einmal ein halbes Dutzend im äußeren Erscheinungsbild auch nur andeutungsweise etwas von kämpferischen Gaben erkennen. Zu hören aber bekamen sie allesamt, sie seien von der Natur als Kämpfer geschaffen und müssten nur mit glühender Leidenschaft an das glauben, was sie gerade verkauften. Er drängte sie sogar, nach Möglichkeit selbst Anteile zu erwerben, um die eigene Glaubwürdigkeit zu erhöhen.

Als Anthony sich am fünften Tag auf die Straße begab, kam er sich vor wie ein von der Polizei zur Fahndung ausgeschriebener Krimineller. Weisungsgemäß suchte er sich ein hohes Bürogebäude, um ins oberste Stockwerk zu fahren, sich von dort nach unten zu arbeiten und in jedem Büro vorzusprechen, an dessen Tür ein Name stand. In letzter Minute aber zauderte er. Vielleicht war es sinnvoller, sich an die frostige Atmosphäre zu gewöhnen, die ihm zweifellos entgegenschlagen würde, indem er sein Glück in einigen Büros zum Beispiel auf der Madison Avenue versuchte. Er betrat eine Passage, die einen nur mäßig wohlhabenden Eindruck machte, erblickte ein Schild mit der Aufschrift «Percy B. Weatherbee, Architekt», öffnete heldenmütig die Tür und trat ein. Eine förmliche junge Frau sah fragend auf.

«Könnte ich Mr. Weatherbee sprechen?» Besorgt überlegte er, ob seine Stimme womöglich zittrig klang.

Sie legte die Hand zögernd auf den Telefonhörer. «Wen darf ich melden, bitte?»

«Er … äh … er kennt mich nicht. Auch nicht dem Namen nach.»

«Was wollten Sie denn von ihm? Sind Sie Versicherungsvertreter?»

«Nein, nein», wehrte Anthony eilig ab. «Um so etwas geht es nicht. Es ist … es ist eine persönliche Angelegenheit.» Hätte er das vielleicht besser nicht sagen sollen? Es hatte sich so einfach angehört, als Mr. Carleton seinen Schäflein eingebleut hatte: «Lassen Sie sich nicht abwimmeln. Zeigen Sie den Leuten, dass Sie fest entschlossen sind, mit ihnen zu reden, dann hören sie auch zu.»

Anthonys angenehmes Gesicht mit seinem leisen Zug von Schwermut stimmte sie nachgiebiger, und gleich darauf öffnete sich die Tür des Chefzimmers, und ein großer Mann mit Plattfüßen und angeklatschtem Haar erschien. Mit schlecht verhehlter Ungeduld kam er auf Anthony zu.

«Sie wollten mich in einer persönlichen Sache sprechen?»

Anthony zuckte zurück. «Ich wollte Sie sprechen», sagte er trotzig.

«Wegen was?»

«Das will ich Ihnen ja gerade erklären. Nur ist das nicht in einem Satz getan.»

«Nun sagen Sie schon, worum es geht.» Mr. Weatherbees Stimme klang zunehmend gereizter.

Um jedes Wort, jede Silbe ringend, fing Anthony an: «Ich weiß nicht, ob Sie schon von einem Büchlein mit dem Titel ‹Reden von Herz zu Herz› gehört haben …»

«Himmeldonnerwetter!», stieß Percy B. Weatherbee, Architekt, hervor. «Soll das eine Tränenarie werden?»

«Nein, es geht um eine geschäftliche Sache. ‹Reden von Herz zu Herz› hat sich als Kapitalgesellschaft eintragen lassen, und wir bieten einige Anteile auf dem freien Markt an …» Seine Stimme erstarb unter dem scharfen, verachtungsvollen Blick seines verstockten Opfers. Noch eine weitere Minute quälte er sich, immer nervöser werdend, und verfing sich in seinen eigenen Worten. Seine Selbstsicherheit verließ ihn in heftigen, würgenden Schüben, fast so, als stülpe sich damit sein Inneres nach außen.

Es war fast ein Segen, dass Percy B. Weatherbee, Architekt, in diesem Moment das Gespräch beendete. «Himmeldonnerwetter!», fuhr er Anthony ungehalten an. «Und das nennen Sie eine persönliche Angelegenheit?» Er drehte sich auf dem Absatz um, verschwand in seinem Büro und knallte die Tür hinter sich zu.

Anthony, der die Stenotypistin nicht anzusehen wagte, schlich sich schmählich davon. Schweißüberströmt blieb er im Hausflur stehen und staunte, dass er nicht vom Fleck weg verhaftet worden war; in jedem flüchtigen Blick meinte er abgrundtiefe Verachtung zu lesen.

Nach einer Stunde und gestärkt durch zwei steife Drinks raffte er sich zu einem weiteren Versuch auf. Er betrat ein Installationsgeschäft, aber als er sein Anliegen vorbrachte, fuhr der Klempner eiligst in seine Jacke und erklärte barsch, er müsse jetzt zum Essen.

Anthony bemerkte höflich, es sei sinnlos, einem Menschen, dem der Magen knurrte, etwas verkaufen zu wollen, und dem stimmte der Klempner aus vollem Herzen zu.

Der Vorfall machte Anthony Mut; er redete sich ein, dass der Klempner, wäre er nicht zum Essen gegangen, ihn zumindest angehört hätte.

Er ließ einige glitzernde und einschüchternde Tempel des Konsums links liegen und betrat stattdessen ein Lebensmittelgeschäft. Der redselige Besitzer erklärte, er wolle, ehe er Aktien kaufe, erst einmal abwarten, wie sich der Waffenstillstand auf die Börse auswirkte.

Das, fand Anthony, war fast unfair. Im verkäuferischen Utopia des Mr. Carleton gaben Interessenten als Grund für ihre Weigerung, Wertpapiere zu erwerben, stets nur an, sie wüssten nicht, ob es eine vielversprechende Anlage sei. Mit solchen Gesprächspartnern hatte man natürlich lächerlich leichtes Spiel, indem man sie allein durch die wohlüberlegte Anwendung der entsprechenden Verkaufsargumente zur Strecke brachte. Diese Leute aber hegten offenbar überhaupt keine Kaufabsichten.

Anthony leerte noch etliche Gläser, ehe er sich an sein viertes Opfer, einen Grundstücksmakler, heranmachte.

Der jedoch nahm ihm mit einem Argument, das nicht weniger schlagend war als jede logische Begründung, den Wind aus den Segeln. Er habe drei Brüder, die im Anlagegeschäft tätig seien, eröffnete ihm der Makler. Anthony sah sich selbst als potenziellen Zerstörer einer glücklichen Familie, entschuldigte sich und ging.

Nach dem nächsten Drink verfiel er auf die glänzende Idee, seine Papiere den Barkeepern an der Lexington Avenue anzudienen. Dazu brauchte er mehrere Stunden, denn er musste überall ein paar Glas trinken, um die Besitzer in die für eine geschäftliche Unterredung geeignete Stimmung zu bringen. Die Barkeeper aber behaupteten wie ein Mann, dass sie, wenn sie Geld hätten, um Wertpapiere zu kaufen, keine Barkeeper wären. Es war, als hätten sie sich zusammengesetzt und ihre Antwort vorher abgesprochen. Als es dunkel und feucht auf die fünfte Stunde zuging, stellte er fest, dass sie – und das war womöglich noch ärgerlicher – mehr und mehr dazu neigten, ihn mit einem Witzwort abzuspeisen.

Und so kam er denn um fünf nach angestrengtem Nachdenken zu dem Schluss, dass er seine Kundenwerbung abwechslungsreicher gestalten musste. Er suchte sich ein mittelgroßes Feinkostgeschäft und trat ein. Wie der Blitz traf ihn die Erkenntnis, dass er nicht nur den Ladenbesitzer, sondern auch sämtliche Kundinnen in seinen Bann ziehen musste, vielleicht würden sie sich dann, der Psychologie des Herdentriebs folgend, als überrumpeltes und überzeugtes Ganzes sogleich zum Kauf entschließen.

«Tag», begann er mit lauter Stimme und schwerer Zunge. «Hab'n klein' Vorschlag für euch!»

Falls ihm an Stille gelegen war, hatte er sein Ziel erreicht. Ein gleichsam feierliches Schweigen senkte sich auf die fünf, sechs einkaufenden Frauen und die grauhaarige Alte in Haube und Schürze, die an einem Hühnchen herumsäbelte.

Anthony zog eine Handvoll fliegender Blätter aus der klaffenden Aktentasche und schwenkte sie vergnügt.

«Biet' euch 'ne Aktschie an», sagte er. «Bombensicher. Wie Kriegsanleihn.» Der Vergleich gefiel ihm, und er führte ihn weiter aus. «Noch 'n gutes Stück sicherer. Meine Aktschie is zwei Kriegsanleihn wert.» Mit einem kühnen Gedankensprung ging er auf seine eingelernte Rede über, die er mit entsprechenden Gesten begleitete, wobei es sich als etwas hinderlich erwies, dass er sich mit einer Hand oder mit beiden Händen am Ladentisch festhalten musste. «Jetz hörn Sie mal her. Sie ham mich meine Zeit gekostet. Ich will nich wissen, was sie nich kaufen wolln. Will bloß, dass Sie sagen, was. Dass Sie sagen, wie viel ...»

Jetzt hätten sie mit gezückten Scheckbüchern, Füllfederhalter in der Hand, auf ihn zustürmen müssen. Offenbar hatten sie ihr Stichwort verpasst, und deshalb machte sich Anthony mit dem Instinkt eines Schauspielers daran, sein Finale zu wiederholen. «Jetz hörn Sie mal her. Hab' 'n Vorschlach gemacht. Sie gehm zu, dass meine Argu ... Argumente Hand und Fuß ham. Un jetz will ich nur eins wissen, ihr da, wie viele Kriegsanleihn?»

«He, Sie!», ließ sich eine neue Stimme vernehmen. Ein beleibter Mensch, dessen Gesicht symmetrisch angeordnete gelbe Haarrollen zierten, kam aus einem Glasverschlag am hinteren Ende des Ladenraums drohend auf Anthony zu. «He, Sie!»

«Wie viel?», fragte der Verkaufsstratege. «Ich hab' Ihn' doch erklärt …»

«Passen Sie nur auf, dass Sie der Polizei nichts erklären müssen!»

«Kommt überhaupt nich infrage», wehrte Anthony würdevoll ab. «Will ja bloß wissen, wie viel …»

Kritische, entrüstete Kommentare wurden im Laden laut.

«Empörend!»

«Der Mann ist ein gefährlicher Irrer.»

«Sinnlos betrunken ist er.»

Der Besitzer packte Anthony am Arm. «Raus, oder ich rufe die Polizei!»

Mit einem letzten Rest von klarem Verstand gab Anthony klein bei. Er nickte und stopfte die Aktentasche unbeholfen wieder mit seinen Papieren voll.

«Wie viele?», wiederholte er unsicher.

«Notfalls alle Mann», donnerte sein Widersacher mit grimmig zuckendem gelbem Schnurrbart.

«Können alle 'ne Aktschie von mir haben.» Damit drehte Anthony sich um, machte seinem Publikum eine feierliche Verbeugung und torkelte ins Freie.

An der Ecke fand er eine Motordroschke und fuhr nach Hause, wo er sich aufs Sofa legte und sofort einschlief. So fand Gloria ihn vor. Sein Atem verbreitete einen unangenehm scharfen Geruch im Zimmer, seine Hand war noch um die offene Aktentasche verkrampft.

Wenn Anthony nicht trank, war die Spannweite seiner Empfindungen mittlerweile geringer als die eines gesunden alten Mannes, und als im Juli die Prohibition eingeführt wurde, stellte er fest, dass in den Kreisen, die es sich leisten konnten, mehr getrunken wurde denn je. Bei Einladungen genügte dem Gastgeber der kleinste Vorwand, um eine Flasche hervorzuholen. In der Neigung, Alkohol zur Schau zu stellen, manifestierte sich der gleiche Instinkt, der einen Mann dazu treibt, seine Frau mit Schmuck zu behängen. Mit Alkohol konnte man protzen, Alkohol zu haben war fast ein Siegel der Wohlanständigkeit.

Morgens erwachte Anthony müde, nervös und sorgenzerquält. Selig-sommerliche Abenddämmerung und kühle Morgenröte ließen ihn gleichermaßen unberührt. Nur für einen Moment, wenn der erste Highball des Tages ihn erwärmt und neu belebt hatte, wandten sich seine Gedanken den schillernden Träumen von künftigen Freuden zu, dem gemeinsamen Erbe der Glücklichen und Verdammten. Doch dieser Moment währte nie lange. Je betrunkener er wurde, desto ferner rückten die Träume, und er wurde zu einem konfusen Schatten, der in dunklen Winkeln seines eigenen Gemüts herumirrte, plötzlich die tollsten Possen reißen konnte, sich im besten Falle grob und geringschätzig gab und in tiefste Niederungen trunkener Depression absinken konnte.

An einem Abend im Juni war es zwischen ihm und Maury wegen einer Bagatelle zu einem heftigen Streit gekommen. Am nächsten Morgen erinnerte er sich dunkel, dass es sich um eine halbe Flasche Champagner gehandelt hatte, die zu Bruch gegangen war. Maury hatte gemeint, er solle erst einmal wieder nüchtern werden. Daraufhin war Anthony tief gekränkt und mit einem misslungenen Anflug von Würde aufgestanden und hatte Gloria am Arm gepackt, die ihm halb gezwungenermaßen, halb aus Scham zu einem Taxi gefolgt war, während Maury auf drei bestellten Essen und Opernkarten sitzen geblieben war.

Derlei tragikomische Katastrophen waren inzwischen so sehr an der Tagesordnung, dass Anthony es nicht einmal mehr für nötig hielt, sich um Wiedergutmachung zu bemühen. Wenn Gloria Einspruch erhob – und neuerdings neigte sie immer mehr dazu, sich in verachtungsvolles Schweigen zu hüllen –, hielt er entweder eine verbitterte Verteidigungsrede oder schlich sich kläglich aus der Wohnung. Seit dem Vorfall auf dem Bahnsteig von Redgate hatte er nie wieder im Zorn die Hand gegen sie erhoben, auch wenn ihn davor häufig nur ein dunkles Gefühl bewahrte, das allein ihn schon in zitternden Zorn versetzte. Sie war ihm noch immer wichtiger als jedes andere Geschöpf auf der Welt, doch immer häufiger und immer heftiger packte ihn jetzt auch der Hass auf sie.

Bis dato hatten die Richter des Revisionsgerichts noch keine Entscheidung gefällt, nach einer weiteren Terminverschiebung aber bestätigten sie schließlich die

Verfügung der Vorinstanz, wobei zwei Richter Dissens anmeldeten. Edward Shuttleworth wurde eine Berufungsschrift zugestellt. Der Fall ging in die letzte Instanz, und sie mussten sich auf eine weitere schier endlose Wartezeit – ein halbes, vielleicht ein ganzes Jahr – gefasst machen.

Der Fall war unsäglich irreal für sie geworden, fern und ungewiss wie das Himmelreich.

Den ganzen Winter über hatte eine Kleinigkeit sie als hintergründiges, allgegenwärtiges Ärgernis begleitet – die Frage von Glorias grauem Fehmantel. Damals konnte man auf der Fifth Avenue alle paar Schritte in lange Fehmäntel gehüllte, zu lebenden Kreiseln gewordene Damen sehen. Sie wirkten schweinisch, obszön, ausgehaltenen Weibern gleich in der verhüllenden Üppigkeit, der weiblichen Animalität dieses Kleidungsstücks. Gleichviel – Gloria wünschte sich einen grauen Fehmantel.

Nachdem sie darüber gesprochen – oder vielmehr darüber gestritten hatten, denn mehr noch als in ihrem ersten Ehejahr entwickelte sich jedes Gespräch zu einer erbitterten Diskussion mit reichlicher Verwendung von Ausdrücken wie «aber gewiss doch», «absolut empörend!», «es ist aber so!» und dem ultimativ-emphatischen «trotzdem» –, kamen sie zu dem Schluss, dass sie ihn sich nicht leisten konnten. Und so wurde er nach und nach zum Symbol ihrer immer drückenderen finanziellen Nöte.

Für Gloria war das Schrumpfen ihres Einkommens ein unerklärliches, beispielloses Phänomen; dass es innerhalb von fünf Jahren überhaupt dazu hatte kommen können, schien ihr fast wie eine von einem boshaften Gott ersonnene, gezielte Grausamkeit. Als sie geheiratet hatten, waren siebentausendfünfhundert Dollar im Jahr für ein junges Paar mehr als auskömmlich gewesen, zumal im Hintergrund die Hoffnung auf viele Millionen stand. Dass diese Summe nicht nur nominell, sondern auch von der Kaufkraft her geringer wurde, begriff Gloria erst, als mit Mr. Haights Vorschusshonorar von fünfzehntausend Dollar diese Tatsache jäh und erschreckend offenkundig geworden war. Als Anthony eingezogen wurde, hatten sie als monatliches Einkommen eine Summe von über vierhundert Dollar berechnet, wobei der Dollar auch zu diesem Zeitpunkt schon stetig an Kaufkraft verlor, nach Anthonys Rückkehr aber stellten sie fest, dass die Lage noch kritischer geworden war. Ihr Kapital warf nur noch viereinhalbtausend Dollar jährlich ab. Und obwohl der Prozess um das Testament immer ein Stück vor ihnen herzog wie eine hartnäckige Fata Morgana und das finanzielle Debakel in immer bedrohlichere Nähe rückte, war ihnen das Auskommen mit dem Einkommen nach wie vor schlicht unmöglich.

Und so musste Gloria auf ihren Fehmantel verzichten und schämte sich täglich auf der Fifth Avenue ein wenig ihres abgetragenen halblangen und inzwischen hoffnungslos altmodischen Leopardenfellmantels. Jeden zweiten Monat verkauften sie ein Wertpapier, aber wenn die Rechnungen bezahlt waren, verschlangen die laufenden Kosten sofort gierig den schäbigen Rest. Anthonys Berechnungen zufolge würde ihr Kapital noch etwa sieben Jahre reichen. Deshalb war Glorias Herz voll Bitternis, denn in einer Woche hatten sie bei einem ausgedehnten, überdrehten Fest, auf dem Anthony voller Übermut im Theater Jackett, Weste und Hemd abgelegt hatte, woraufhin er von einer Platzanweiserrotte aus dem Haus komplimentiert worden war, die doppelte Summe dessen ausgegeben, was der graue Fellmantel gekostet hätte.

Es war November oder vielmehr noch Altweibersommer und eine warme Nacht, eine durchaus unnötig warme Nacht, denn das Werk des Sommers war vollendet. Babe Ruth hatte zum ersten Mal den Homerun-Rekord gebrochen und Jack Dempsey in Ohio Jess Willard den Wangenknochen zerschmettert. In Europa hatte die übliche Zahl von Kindern dicke Hungerbäuche, und die Diplomaten waren wie immer damit beschäftigt, die Welt für neue Kriege zu befrieden. In New York City wurde das Proletariat «diszipliniert», und die Chancen für Harvard wurden allgemein auf fünf zu drei geschätzt. Der Friede war nun ernstlich ausgebrochen, neue Tage zogen herauf.

Im Schlafzimmer der Wohnung in der Fifty-seventh Street lag Gloria auf ihrem Bett, warf sich hin und her, setzte sich ab und zu auf, um eine überflüssige Decke abzuwerfen, und bat einmal Anthony, der neben ihr wach lag, um ein Glas Eiswasser. «Aber dass du auch Eis hineingibst», verlangte sie nachdrücklich. «So, wie es aus dem Hahn kommt, ist es nicht kalt genug.»

Durch die fadenscheinigen Vorhänge sah sie den runden Mond über den Dächern und dahinter am Himmel den gelben Glanz des Times Square; diese beiden widersprüchlichen Lichter im Blick, schlug sie sich mit einem Gefühl oder vielmehr einem ganzen verschlungenen Komplex von Gefühlen herum, der sie schon lange beschäftigte, den ganzen Tag und den Tag davor, ja, eigentlich bis hin zu jenem Moment, in dem sie zum letzten Mal klar und zusammenhängend über etwas nachgedacht hatte, was während Anthonys Zeit in der Armee gewesen sein musste.

Im Februar wurde sie neunundzwanzig. Der Monat hatte eine unheildrohende, unausweichliche Bedeutung angenommen, sodass sich ihr in diesen nebelhaften, halb fiebrigen Stunden die Frage aufdrängte, ob sie womöglich ihre ein ganz klein wenig verbrauchte Schönheit vergeudet hatte, ob es für eine Eigenschaft, der eine grausam-unvermeidliche Sterblichkeit Grenzen setzte, überhaupt so etwas wie Nutzen gab.

Vor Jahren, mit einundzwanzig, hatte sie in ihr Tagebuch geschrieben: «Schönheit ist nur zum Bewundern, zum Lieben da – man muss sie sorgsam ernten und dann einem auserwählten Liebhaber zuwerfen wie eine Rosengabe. Mir scheint, soweit ich das überhaupt beurteilen kann, dass meine Schönheit so genutzt werden sollte …»

Jetzt aber, den ganzen trostlosen Novembertag hindurch, hatte Gloria unter einem schmutzigweißen Himmel darüber nachgedacht, ob sie sich vielleicht geirrt hatte. Um die Unversehrtheit ihrer höchsten Gabe zu bewahren, hatte sie sich nicht mehr um Liebe bemüht. Nachdem das erste Feuer, die erste Verzückung verblasst, in sich zusammengesunken, dahingegangen war, hatte sie angefangen – ja, was zu bewahren …? Es verwirrte sie, dass sie nicht mehr genau hätte sagen können, was sie bewahrte – eine sentimentale Erinnerung oder einen tiefgründig-elementaren Ehrbegriff? Inzwischen waren ihr Zweifel daran gekommen, ob es überhaupt eine moralische Komponente in ihrer Lebensweise gegeben hatte – einer Lebensweise, die darauf ausgerichtet war, unbekümmert und ohne Reue über die heiterste aller möglichen Straßen zu ziehen und an ihrem Stolz festzuhalten, indem sie immer sie selbst blieb und das tat, was sie als schönes Tun begriff. Von dem ersten Jungen mit breitem Umlegekragen, dessen «kleine Freundin» sie gewesen war, bis zu dem neuesten zufälligen Bekannten, dessen Augen einen wachen, wohlgefälligen Ausdruck annahmen, wenn sie auf ihr ruhten, hatte es immer nur jenes beispiellosen Freimuts bedurft, den sie in einen Blick legen oder in einen belanglosen Satz fassen konnte – denn sie sprach immer in gebrochenen Sätzen –, um unermessliche Illusionen, unermessliche Distanz, unermessliches Licht um sich zu legen. Um im Mann eine Seele, um erhabenes Glück und erhabene Verzweiflung zu schaffen, musste sie im Innersten stolz bleiben – stolz darauf, unverletzlich, stolz aber auch darauf, hingebungsvoll, leidenschaftlich, besessen zu sein.

Sie wusste, dass sie im Grunde ihres Herzens nie Kinder hatte haben wollen. Die Realität, die Erdnähe, das unerträglich Gefühlige einer Schwangerschaft, die Gefährdung ihrer Schönheit – das alles schreckte sie zutiefst. Am liebsten hätte sie nur als empfindungsfähige Blume existiert, die sich in ihrer Zeitlichkeit selbst verlängert und bewahrt. Mochte sich auch ihre Sentimentalität leidenschaftlich an Illusionen klammern – Glorias ironische Seele flüsterte ihr zu, das Glück der Mutterschaft sei auch den Pavianweibchen gegeben. Und so träumte sie nur von Geisterkindern – den frühen, vollkommenen Symbolen ihrer frühen, vollkommenen Liebe zu Anthony.

Letztlich war also allein ihre Schönheit etwas, was sie nie im Stich ließ. Sie kannte keine Schönheit, die der ihren glich. Was sie ethisch oder ästhetisch bedeutete, verblasste vor der konkreten Herrlichkeit ihrer rosaweißen Füße, der strahlend sauberen Vollkommenheit ihres Körpers, dem Kindermund, der wie das stoffliche Symbol für einen Kuss war.

Im Februar wurde sie neunundzwanzig. Während die lange Nacht dahinging, erkannte sie sehr klar, dass sie und die Schönheit diese drei Monate nutzen würden. Zunächst konnte sie sich nicht recht entscheiden, wofür, doch deutete schließlich alles auf die noch immer lockende Leinwandkarriere hin. Jetzt war es ihr ernst damit. Kein materieller Mangel hätte als Anreiz so stark wirken können wie diese Furcht. Einerlei, was Anthony davon halten mochte, dieser Arme im Geiste, dieser schwache, gebrochene Mann mit den blutunterlaufenen Augen, für den sie noch immer Anwandlungen von Zärtlichkeit empfand. Einerlei. Im Februar wurde sie neunundzwanzig – hundert Tage, so viele Tage. Morgen würde sie zu Joseph Bloeckman gehen.

Der Entschluss brachte Erleichterung. Die Vorstellung, dass die Illusion der Schönheit sich doch würde aufrechterhalten oder auf Zelluloid bewahren lassen, auch wenn die Wirklichkeit dahin war, machte ihr Mut. Also dann – auf morgen!

Am nächsten Tag fühlte sie sich schwach und elend. Als sie aus dem Haus gehen wollte, wäre sie fast zusammengebrochen und konnte sich gerade noch an einem Briefkasten nahe der Haustür festhalten. Der Fahrstuhlführer aus Martinique begleitete sie nach oben, und sie erwartete, auf dem Bett liegend, Anthonys Rückkehr, zu schwach, um auch nur ihren BH aufzuhaken.

Fünf Tage lag sie mit einer Influenza, die sich, während der Monat die Kurve zum Winter nahm, zu einer doppelten Lungenentzündung auswuchs. In ihren wirren Fieberfantasien irrte sie durch ein Haus mit düsteren unbeleuchteten Räumen und suchte nach ihrer Mutter. Sie wünschte sich nur eins: wieder ein kleines Mädchen zu sein, umgeben von der Fürsorge einer nachgiebigen und trotzdem überlegenen Macht, die beschränkter und beständiger war als sie selbst. Es schien, dass der einzige Liebhaber, den sie je hatte haben wollen, ein Liebhaber in einem Traum gewesen war.

Im Verlauf von Glorias Krankheit kam es zu einem sonderbaren Zwischenfall, der Miss McGovern, der diplomierten Krankenschwester, noch einige Zeit nachging. Es war um die Mittagszeit, aber das Zimmer, in dem die Kranke lag, war abgedunkelt und still.

Miss McGovern stand am Bett und mischte eine Medizin, als Mrs. Patch, die offenbar fest geschlafen hatte, sich aufrichtete und erregt zu reden anfing: «Millionen von Menschen, die wie Ratten wimmeln, wie Affen schnattern, zum Himmel stinken … Rüpel! Oder vielleicht Läuse. Für einen wirklich erlesenen Palast … auf Long Island etwa … oder meinetwegen in Greenwich … für einen Palast voller Bilder aus der Alten Welt und erlesener Dinge – mit baumbestandenen Alleen und grünen Rasenflächen und dem Blick aufs blaue Meer und schöne Menschen in modischer Kleidung … würde ich hunderttausend opfern, eine Million.» Matt hob sie die Hand und schnippte mit den Fingern. «Ich schere mich nicht um sie, ist das klar?»

Der Blick, den sie auf Miss McGovern richtete, als sie ihre Rede beendet hatte, hatte etwas eigenartig Koboldhaftes, Eindringliches. Dann stieß sie einen kurzen, wunderlichen, mit bitterer Verachtung versetzten Lacher aus, fiel zurück und schlief wieder ein.

Miss McGovern wusste nicht, was sie davon halten sollte. Was mochten diese hunderttausend sein, die Mrs. Patch für ihren Palast zu opfern bereit war? Dollar vermutlich – aber irgendwie hatte es sich nicht so angehört, als hätte sie Dollar gemeint.

Kinowelten

Es war Februar. Noch sieben Tage bis zu ihrem Geburtstag. Der viele Schnee, der sich in den Seitenstraßen festgesetzt hatte, so wie sich Schmutz in den Fußbodenspalten festsetzt, war zu Matsch geworden und wurde von den Schläuchen der Straßenreinigung in die Gosse expediert. Ein leichter, aber kalter Windzug fuhr durch die geöffneten Wohnzimmerfenster, brachte die kläglichen Geheimnisse des Lichthofes mit und säuberte bei seinem freudlosen Kreislauf die Wohnung von Mr. und Mrs. Patch von kaltem Rauch.

Gloria betrat, in einen warmen Kimono gehüllt, das frostige Zimmer und griff zum Hörer, um Joseph Bloeckman anzurufen.

«Meinen Sie Mr. Joseph Black?», fragte die Telefonistin von «Films Par Excellence».

«Bloeckman, Joseph Bloeckman. B-l-o …»

«Mr. Joseph Bloeckman hat seinen Namen in Black geändert. Möchten Sie ihn sprechen?»

«Ich … ja bitte.» Beklommen erinnerte sie sich daran, dass sie ihn einmal ins Gesicht hinein «Blockhead» genannt hatte.

Durch die freundliche Vermittlung zweier weiterer weiblicher Stimmen landete sie in seinem Büro, wo eine

Sekretärin sich ihren Namen geben ließ. Erst als sie seinen vertrauten, aber ein wenig unpersönlichen Tonfall hörte, wurde ihr klar, dass ihre letzte Begegnung drei Jahre zurücklag. Und dass er inzwischen seinen Namen in Black geändert hatte.

«Hättest du wohl kurz Zeit für mich?», fragte sie leichthin. «Es geht im Grunde um etwas Geschäftliches. Ich möchte jetzt doch zum Film – wenn ich kann.»

«Das freut mich wirklich sehr. Ich war schon immer der Meinung, dass es etwas für dich wäre.»

«Kannst du mir zu einer Probeaufnahme verhelfen?», fragte sie in jener hochfahrenden Art, die allen schönen Frauen eigen ist; allen Frauen, die sich je für schön gehalten haben.

Sie brauche nur zu sagen, wann es ihr passte, versicherte er ihr. Jederzeit? Gut, dann würde er im Lauf des Tages anrufen und ihr einen Termin durchgeben. Das Gespräch endete mit förmlichen Floskeln auf beiden Seiten.

Dann saß sie von drei bis fünf direkt neben dem Telefon, ohne dass etwas geschah.

Am nächsten Morgen aber kam ein Brief, der sie mit Zufriedenheit und Vorfreude erfüllte.

Meine liebe Gloria,
Zufällig bin ich auf eine Sache gestoßen, die, wie ich glaube, für Dich bestens geeignet wäre. Einerseits wäre es gut, wenn Du gleich mit einer Rolle anfangen könntest, die Dir Aufmerksamkeit verschafft. Andererseits

würde es, wollte man eine sehr schöne Frau wie Dich einer der recht angestaubten weiblichen Diven an die Seite stellen, mit denen jede Filmgesellschaft geschlagen ist, vermutlich Gerede geben. In einer Percy-B.-Débris-Produktion aber gibt es die Rolle eines ‹Flappers›, die Dir wie auf den Leib geschrieben ist und in der man Dich mit Sicherheit beachten würde. Willa Sable soll neben Gaston Mears so etwas wie eine Charakterrolle spielen, und Du wärst ihre jüngere Schwester.

Wenn Du übermorgen (Donnerstag) ins Studio kommen könntest, würde Percy B. Débris, der in dem Film Regie führt, eine Probeaufnahme mit Dir machen. Falls es Dir um zehn passt, erwarte ich Dich dann dort.

Mit allen guten Wünschen immer der Deine

Joseph Black

Gloria hatte beschlossen, dass Anthony nichts erfahren sollte, bis sie verbindlich eine Rolle bekommen hatte, und deshalb war sie am nächsten Tag angekleidet und aus dem Haus, noch ehe er aufgewacht war. Ihr Spiegel hatte ihr, wie sie meinte, so ziemlich den gleichen Bericht gegeben wie sonst auch. Sie überlegte, ob noch letzte Spuren ihrer Krankheit zu sehen waren. Sie hatte noch nicht wieder ihr früheres Gewicht und meinte vor ein paar Tagen festgestellt zu haben, dass ihre Wangen eine Spur schmaler geworden waren, «aber das», sagte sie sich, «waren vorübergehende Erscheinungen», und heute sah sie so frisch aus wie eh und je. Sie hatte sich einen neuen Hut gekauft und ihr Konto damit belasten lassen, und da es ein warmer Tag war, konnte der Leopardenfellmantel zu Hause bleiben.

In den Studios von «Films Par Excellence» meldete man sie telefonisch an. Mr. Black würde sofort herunterkommen, hieß es. Sie sah sich um. Zwei junge Frauen wurden von einem dicken kleinen Mann in einem Staubmantel herumgeführt, und eine deutete auf einen Stapel schmaler Päckchen, die brusthoch und auf einer Länge von fünf, sechs Metern an der Wand standen.

«Post für die Fans. Fotos der Stars von ‹Films Par Excellence›.»

«Ach so …»

«Mit eigenhändiger Unterschrift von Florence Kelley oder Gaston Mears oder Mack Dodge …» Er zwinkerte vertraulich. «Wenn Millie McClook in Sauk Centre das Bild kriegt, *denkt* sie zumindest, dass ein richtiges Autogramm drauf ist.»

«Nur ein Stempel?»

«Na klar. Wenn sie bloß die Hälfte von dem Zeug unterschreiben würden, ginge ein Achtstundentag dafür drauf. Es heißt, dass Mary Pickford sich ihre Fanpost fünfzigtausend im Jahr kosten lässt.»

«Was Sie nicht sagen!»

«Ehrlich. Fünfzigtausend. Aber eine bessere Reklame gibt's gar nicht …»

Langsam weiterschlendernd, waren sie bald außer Hörweite, und wenig später erschien Bloeckman – dunkel, liebenswürdig, ganz Gentleman und eleganter Mittvierziger –, der Gloria mit ehrerbietiger Herzlichkeit begrüßte und versicherte, sie habe sich in den drei Jahren kein bisschen verändert. Er ging ihr voraus in einen exerzierhallengroßen Saal mit geschäftigen Sets und blendenden Reihen ungewohnter Lichter. Auf den Kulissen stand in großen weißen Lettern «Gaston Mears Company», «Mack Dodge Company» oder einfach «Films Par Excellence».

«Warst du schon mal in einem Filmstudio?»

«Nein, nie.»

Es gefiel ihr. Keine Spur von dem schweren, stickigen Geruch nach Schminke und schmuddeligen Kostümen, der sie vor Jahren hinter den Kulissen einer musikalischen Komödie so angewidert hatte. Diese Arbeit wurde in sauberem Vormittagslicht verrichtet; die Requisiten machten einen prunkvollen Eindruck und schienen neu zu sein. Auf einem Szenenaufbau mit leuchtenden Mandschu-Draperien spielte ein perfekter Chinese nach Anweisungen aus dem Megafon eine Szene durch – Teil einer weiteren altehrwürdig-erbaulichen Mär, die von der großen Glitzermaschine Film zu Nutz und Frommen der Nation hervorgebracht wurde.

Ein rothaariger Mann kam auf die beiden zu und sprach Bloeckman in vertraulich-achtungsvollem Ton an.

«Hallo, Débris», gab der zurück. «Ich möchte Sie mit Mrs. Patch bekannt machen … Mrs. Patch will, wie ich Ihnen schon sagte, zum Film … Wo müssen wir hin …?»

Mr. Débris – «der große Percy B. Débris», dachte Gloria – führte sie zu einem Set, das als Büro eingerichtet war. Um die davor aufgebaute Kamera wurden Stühle gerückt, und sie setzten sich. «Waren Sie schon mal in einem Filmstudio?», fragte Mr. Débris und warf ihr einen durchdringenden Blick zu. «Nein? Gut, dann erkläre ich Ihnen jetzt genau, wie das hier läuft. Wir machen eine sogenannte Probeaufnahme, damit wir wissen, wie sich Ihr Gesicht fotografiert, ob Sie eine natürliche Ausstrahlung haben und wie Sie auf Regieanweisungen reagieren. Kein Grund zur Nervosität. Der Kameramann dreht ein paar hundert Meter aus einer Szene, die ich hier im Drehbuch angestrichen habe. Danach können wir uns schon ein ganz gutes Bild machen.»

Er holte ein maschinengeschriebenes Manuskript hervor und erklärte ihr die Episode, die sie spielen sollte. Eine gewisse Barbara Wainwright hat heimlich den Juniorpartner der Firma geheiratet, deren Büro sie vor sich sahen. Eines Tages betritt sie zufällig das leere Büro und interessiert sich begreiflicherweise dafür, wo ihr Mann arbeitet. Das Telefon läutet, und nach kurzem Zögern meldet sie sich. Der Anrufer berichtet, dass ihr Mann von einem Automobil erfasst wurde und auf der Stelle tot war. Sie ist überwältigt, kann das Gehörte zuerst gar nicht fassen, dann aber wird ihr alles klar, und sie sinkt ohnmächtig zu Boden.

«Mehr wollen wir gar nicht von Ihnen», schloss Mr. Débris. «Ich stelle mich hierher und sage Ihnen in etwa, was Sie zu tun haben, und Sie achten nicht weiter auf mich und machen es so, wie Sie denken. Sie brauchen keine Angst zu haben, dass wir zu strenge Maßstäbe anlegen. Uns geht's nur um einen allgemeinen Eindruck von Ihrer Leinwandpersönlichkeit.»

«Ich verstehe.»

«Make-up ist in dem Raum hinter dem Set. Tragen Sie nicht zu dick auf. Wenig Rot.»

«Ich verstehe», wiederholte Gloria nickend und fuhr sich nervös mit der Zungenspitze über die Lippen.

Die Probeaufnahme

Als sie das Set durch die echte Holztür betrat und sie behutsam hinter sich schloss, wurde sie von dem Gedanken abgelenkt, dass sie mit dem, was sie anhatte, nicht recht zufrieden war. Sie hätte eins dieser Jungmädchenkleider anziehen sollen – so etwas konnte sie durchaus noch tragen –, und hätte sie damit ihre jugendliche, anmutige Erscheinung unterstreichen können, wäre das Geld gut angelegt gewesen.

Als aus dem gleißenden Scheinwerferlicht heraus die Stimme von Mr. Débris ertönte, kehrte sie jäh in die so wichtige Gegenwart zurück.

«Sie sehen sich suchend nach ihrem Mann um … können ihn nicht entdecken … interessieren sich für das Büro …»

Jetzt hörte sie das gleichmäßige Surren der Kamera. Es irritierte sie. Unwillkürlich sah sie hin und überlegte, ob sie sich richtig geschminkt hatte. Dann aber konzentrierte sie sich – nicht ohne Mühe – auf ihre Rolle.

Noch nie war ihr aufgefallen, dass ihre Bewegungen so banal, so unbeholfen, so ohne jede Anmut und Würde waren. Sie durchquerte langsam das Büro, wobei sie hier und da nach einem Gegenstand griff, den sie mit törichtem Gesichtsausdruck anstarrte. Dann sah sie erst zur Decke hoch und darauf zum Fußboden und unterzog einen belanglosen Bleistift auf dem Schreibtisch einer genauen Musterung. Weil ihr nichts einfiel, was sie sonst noch hätte tun, und weniger als nichts, was sie sonst noch hätte spielen können, quälte sie sich ein Lächeln ab.

«In Ordnung. Jetzt läutet das Telefon. Klingeling …. Sie zögern, dann nehmen Sie ab.»

Sie zögerte und griff dann – «zu schnell», dachte sie – zum Hörer.

«Hallo.»

Das klang hohl und unwirklich und hallte durch den leeren Szenenaufbau wie ein wirkungsloses Gespensterwort. Sie war entsetzt darüber, wie unsinnig im Grunde alles war, was hier von ihr verlangt wurde. Erwartete man wirklich, dass sie sich von einer Minute zur anderen in diese lächerliche, unverständliche Figur hineinversetzen konnte?

«Nein … nein … Noch nicht! Jetzt hören Sie: ‹John Summer ist soeben von einem Auto erfasst worden. Er war auf der Stelle tot.›»

Langsam öffnete sich Glorias Kindermund.

Dann: «Jetzt legen Sie auf. Mit einem Knall.»

Sie gehorchte; mit geweiteten Augen hielt sie sich an

der Tischkante fest. Sie hatte ein wenig Mut gefasst und wurde sicherer.

«Mein Gott!», stieß sie hervor. «Die Stimme ist gut», dachte sie. «O mein Gott!»

«Jetzt werden Sie ohnmächtig!»

Sie fiel auf die Knie, warf sich nach vorn auf den Boden und blieb mit angehaltenem Atem liegen.

«Gut», rief Mr. Débris. «Das genügt, besten Dank. Genügt uns völlig. Stehen Sie auf, es reicht.»

Gloria erhob sich mit aller Würde, die ihr zu Gebote stand, und klopfte ihren Rock ab.

«Schrecklich», sagte sie mit spöttischem Lachen und hämmerndem Herzen. «Schlimm, was?»

«Hat es Sie Überwindung gekostet?» Mr. Débris lächelte milde. «Ist es Ihnen schwergefallen? Ich kann mich dazu überhaupt nicht äußern, bis ich die Probeaufnahme gesehen habe.»

«Nein, natürlich nicht», bestätigte sie und versuchte vergeblich, aus seiner Bemerkung irgendeinen Hintersinn herauszulesen. Etwas Derartiges hätte er auch sagen können, um ihr zu bedeuten, sie solle sich keine allzu großen Hoffnungen machen.

Wenig später lag das Studio hinter ihr. Bloeckman hatte versprochen, dass man ihr das Ergebnis der Probeaufnahme in wenigen Tagen mitteilen würde. Zu stolz, um eine verbindliche Stellungnahme zu erzwingen, verharrte sie nun in quälender Ungewissheit, und erst jetzt, da sie sich zu diesem Schritt entschlossen hatte, begriff sie, dass die Möglichkeit einer erfolgreichen Filmkarriere ihr schon seit drei Jahren im Kopf herumspukte. Abends zählte sie sich die Gründe auf, die unter Umständen für oder gegen sie sprachen. Sie überlegte, ob sie genug Make-up benutzt und ob sie, da die Frau, die sie gespielt hatte, erst zwanzig war, nicht ein wenig zu gesetzt gewesen war. Die schauspielerische Leistung fand sie besonders unbefriedigend. Ihren Auftritt hatte sie ganz und gar verpfuscht, erst am Telefon hatte sie etwas wie Haltung gezeigt, und da war schon alles vorbei. Wenn sie nur wüssten …! Am liebsten hätte sie es noch einmal versucht. Plötzlich kam ihr der unsinnige Gedanke, gleich morgen früh anzurufen und um eine Wiederholung der Probeaufnahme zu bitten, den sie aber rasch wieder verwarf. Es war sicherlich weder diplomatisch noch höflich, Bloeckman um einen weiteren Gefallen zu bitten.

Am dritten Tag des Wartens hatte sie sich in hochgradige Nervosität hineingesteigert. Sie hatte auf der Innenseite ihres Mundes herumgebissen, bis er voll wunder Stellen war, die unerträglich brannten, wenn sie mit Listerine spülte. Sie hatte so ausdauernd mit Anthony gestritten, dass er wütend die Wohnungstür hinter sich zugeschlagen hatte. Weil ihn aber angesichts ihrer außergewöhnlichen Kälte die Angst gepackt hatte, rief er eine Stunde später an, entschuldigte sich und sagte, er würde im «Amsterdam Club» essen, dem einzigen Club, in dem er noch Mitglied war.

Es war nach eins, und sie hatte um elf gefrühstückt, deshalb beschloss sie, das Mittagessen ausfallen zu lassen und einen Spaziergang durch den Park zu machen.

Um drei wurde Post ausgetragen. Bis drei würde sie zurück sein.

Es war ein vorgezogener Frühlingstag. Auf den Gehwegen trocknete das Wasser, und unter den schmächtigen Bäumen schoben kleine Mädchen ernsthaft weiße Puppenwagen hin und her. Ihnen folgten paarweise gelangweilte Kindermädchen, in die Erörterung jener weltbewegenden Geheimnisse vertieft, die Kindermädchen allenthalben beschäftigen.

Auf ihrer kleinen goldenen Uhr war es zwei. Sie hätte gern eine neue Armbanduhr gehabt, eine mit länglichem, brillantenbesetztem Platinzifferblatt, aber so etwas kostete noch mehr als ein Fehmantel und war für sie jetzt so unerschwinglich wie alles andere – es sei denn, der richtige Brief erwartete sie in … in etwa einer Stunde … in genau achtundfünfzig Minuten. Wenn sie die zehn Minuten Fußweg abzog, blieben noch achtundvierzig … jetzt noch siebenundvierzig …

Kleine Mädchen, die sachlich ihre Puppenwagen über die feuchten, besonnten Gehwege schoben. Paarweise dahinschlendernde Kindermädchen, die schnatternd ihre unergründlichen Geheimnisse besprachen. Hier und da ein zerlumpter Mann, der eine Zeitung auf einer trocknenden Parkbank ausgebreitet hatte und nicht dem strahlenden Nachmittag angehörte, sondern dem schmutzigen Schnee, der erschöpft in dunklen Ecken schlief und seiner Beseitigung harrte …

Eine kleine Ewigkeit später erblickte sie, als sie den dämmrigen Hausflur betrat, ein seltsam widersprüchliches Bild – den Fahrstuhlführer aus Martinique, der im Licht des bunten Fensters stand.

«Ist Post für uns da?», fragte sie.

«Oben, Madame.»

Die Telefonzentrale quäkte misstönend, und Gloria musste warten, bis er sich um den Anruf gekümmert hatte. Ihr wurde immer elender, während der Aufzug sich stöhnend nach oben arbeitete – die Stockwerke zogen vorbei wie der langsame Ablauf von Jahrhunderten, jedes einzelne unheildrohend, anklagend, gewichtig. Der Brief, ein weißer Leprafleck, lag auf den schmutzigen Bodenfliesen der Diele …

Meine liebe Gloria,
wir haben uns gestern die Probeaufnahme angesehen, und Mr. Débris meint, dass er für die Rolle, die ihm vorschwebt, eine jüngere Frau braucht. Die schauspielerische Leistung sei nicht übel, sagt er, und er habe da eine kleine Charakterrolle, eine sehr arrogante reiche Witwe, von der er glaubt, dass Du …

Trostlos hob Gloria den Kopf, bis sie auf den Lichthof sehen konnte. Aber sie vermochte die gegenüberliegende Wand nicht zu erkennen, denn ihre grauen Augen standen voller Tränen. Sie ging ins Schlafzimmer, den zerknüllten Brief in der Hand, und sank vor dem hohen Spiegel des Ankleidetischs in die Knie. Es war ihr neunundzwanzigster Geburtstag, und vor ihren Augen fiel die Welt in Scherben. Sie versuchte sich einzureden, dass es am Make-up gelegen hatte, aber ihre Gefühle gingen so zu Herzen und waren so aufgewühlt, dass der Gedanke ihr keinen Trost brachte.

Sie bemühte sich, ihr Spiegelbild zu sehen, bis sie spürte, wie sich die Haut an den Schläfen straffte. Ja, die Wangen waren entschieden schmaler geworden, die Augenwinkel umgaben winzige Fältchen. Die Augen waren anders. Warum waren sie anders …? Und dann erkannte sie plötzlich, wie müde ihre Augen waren. «O du mein schönes Gesicht», flüsterte sie voll leidenschaftlicher Trauer. «O du mein schönes Gesicht! Ich mag nicht leben ohne mein schönes Gesicht. Was ist nur geschehen?»

Dann rutschte sie näher an den Spiegel heran, warf sich wie bei der Probeaufnahme mit dem Gesicht nach unten zu Boden und blieb dort schluchzend liegen. Es war die erste ungraziöse Bewegung ihres Lebens.

3 EINERLEI!

Ein Jahr später waren Anthony und Gloria wie Schauspieler, denen ihre Kostüme abhanden gekommen sind und die nicht mehr genug Stolz haben, weiter im tragischen Ton zu spielen, und deshalb war es auch erklärlich, dass Mrs. und Miss Hulme aus Kansas City sie eines Abends im «Plaza» eiskalt schnitten, denn Mrs. und Miss Hulme verabscheuten, wie die meisten Menschen, das Spiegelbild ihres atavistischen Ichs.

Ihre neue Wohnung, für die sie fünfundachtzig Dollar im Monat zahlten, war auf der Claremont Avenue, zwei Blocks von der Hudson in den unbeachtlichen Hunderternummern. Sie wohnten seit einem Monat dort, als Muriel Kane sie an einem Spätnachmittag aufsuchte.

Es war eine makellose Stunde zwischen Nachmittag und Abend auf der Sommerseite des Frühlings. Anthony lag auf dem Sofa und sah die One Hundred and Twenty-seventh Street hoch in Richtung Fluß, wo er gerade noch einen Fleck leuchtend grüner Bäume erkennen konnte, die als billige Schattenspender für den Riverside Drive dienten. Auf der anderen Flußseite waren die Palisades, gekrönt von den hässlichen Aufbauten des Vergnügungsparks, aber schon bald, mit Anbruch der Dämmerung, würde das nämliche eiserne Spinngewebe in leuchtender Pracht vor dem Himmel stehen, ein verzaubertes Schloss über dem sanften Glanz eines tropischen Kanals.

Die Straßen um ihre Wohnung herum waren, wie Anthony festgestellt hatte, Straßen, in denen Kinder spielten – ein bisschen netter anzusehen als die, an denen er immer auf der Fahrt nach Marietta vorbeigekommen war, aber generell von der gleichen Sorte; hier und da hörte man eine Drehleier oder eine Handharmonika, und in der Abendkühle schlenderten viele junge Mädchen paarweise zum Drugstore an der Ecke, um Eiscremesoda zu kaufen und sich unter dem tief hängenden Himmel in grenzenlosen Träumen zu verlieren.

Jetzt dämmerte es in den Straßen, von den Spielenden stieg abgerissenes Kindergeschrei zu ihnen hoch, das kurz vor dem geöffneten Fenster verhallte, und durch eine opake Düsternis kam die muntere Stimme Muriels, die eigentlich Gloria hatte besuchen wollen.

«Können wir nicht Licht machen?», fragte sie. «Es ist ja richtig gruselig hier.»

Mit einer müden Bewegung stand er auf und erfüllte ihren Wunsch; die grauen Fensterscheiben verschwanden. Anthony streckte sich. Er hatte zugenommen, der Bauch drückte gegen den Gürtel, sein Fleisch war schlaffer und fülliger geworden. Er war zweiunddreißig und sein Verstand ein wirres, verdüstertes Wrack.

«Was zu trinken, Muriel?»

«Nein, danke. Ich rühre das Zeug nicht mehr an. Was treibst du eigentlich, Anthony?», fragte sie neugierig.

«Durch den Prozess habe ich eine ganze Menge am Hals», erwiderte er ohne große Anteilnahme. «Der Fall liegt beim Revisionsgericht, im Herbst erwarten wir die Entscheidung – so oder so. Erst hatte es noch einen Einspruch gegen die Zuständigkeit des Revisionsgerichts gegeben.»

Muriel schnalzte mit der Zunge und legte den Kopf schief. «Nicht zu fassen. Dass etwas so lange dauert, habe ich überhaupt noch nie gehört.»

«Doch, das ist immer so», erwiderte er matt. «Bei allen Erbstreitigkeiten. Vor vier oder fünf Jahren sind solche Prozesse angeblich nur in Ausnahmefällen bereits abgeschlossen.»

«Ach ja …» Muriel packte beherzt ein neues Thema an. «Warum suchst du dir dann keine Arbeit, du Faulpelz?»

«Als was?», fragte er schroff.

«Nun als irgendetwas. Du bist schließlich noch jung.»

«Besten Dank für die Blumen», sagte er trocken und dann unvermittelt in resigniertem Ton: «Stört es dich sehr, dass ich nicht arbeiten will?»

«Mich nicht, aber es stört eine Menge Leute, die behaupten …»

«O Gott», stöhnte er. «Seit drei Jahren muss ich mir nun ständig nur unsinnige Geschichten über mich selbst oder eine Moralpredigt nach der anderen anhören. Ich habe das so satt. Wenn du nichts mehr von uns wissen willst, lass uns in Ruhe. Ich dränge mich meinen früheren ‹Freunden› nicht auf. Doch auf Mitleidsbesuche und auf Kritik, die in Form von guten Ratschlägen daherkommt, kann ich verzichten.» Entschuldigend fügte er hinzu: «Tut mir leid, Muriel, aber auch wenn du einen Besuch bei der unteren Mittelschicht machst, ist es nicht nötig, dass du wie eine feine Dame von der Fürsorge redest.» Er sah sie vorwurfsvoll aus seinen blutunterlaufenen Augen an; aus diesen früher so klaren, leuchtend blauen Augen, die jetzt matt und geschwächt waren, Augen, die er sich verdorben hatte, wenn er versucht hatte zu lesen, obgleich er betrunken war.

«Warum sagst du so schreckliche Sachen?», protestierte sie. «Du redest, als ob ihr zum Mittelstand gehört, du und Gloria.»

«Weshalb sollten wir uns besser machen, als wir sind? Ich hasse Leute, die sich als große Aristokraten aufspielen und es nicht einmal schaffen, den Schein zu wahren.»

«Glaubst du, dass man, um aristokratisch zu sein, Geld haben muss?»

Muriel … die entrüstete Demokratin …!

«Selbstverständlich. Aristokratie ist nur das Eingeständnis, dass sich bestimmte Charakterzüge, die wir edel nennen – Mut und Ehre und Schönheit und dergleichen –, am besten in einem Umfeld entwickeln, in dem sie nicht durch Not und Ignoranz ungünstig beeinflusst werden.»

Muriel biss sich auf die Unterlippe und schüttelte den Kopf. «Also ich kann nur so viel sagen, dass Leute, die aus einer guten Familie kommen, immer nette Leute sind. Das ist nämlich das Kreuz mit dir und Gloria. Ihr bildet euch ein, dass all eure alten Freunde euch meiden, nur weil es zur Zeit bei euch nicht so läuft, wie ihr wollt. Ihr seid zu empfindlich …»

«Du redest, wie du's verstehst», sagte Anthony. «Ich habe zumindest noch meinen Stolz, und ausnahmsweise geht Gloria in dieser Sache mit mir einig: Dort, wo wir nicht erwünscht sind, sollten wir uns auch nicht sehen lassen. Und wir sind eben nicht mehr erwünscht. Weil wir zu sehr das ideale schlechte Beispiel sind.»

«Unsinn. Bei mir kannst du mit deinem Pessimismus nicht landen. Du solltest diese morbiden Spekulationen einfach vergessen und arbeiten gehen.»

«Ich bin zweiunddreißig. Angenommen, ich fange in irgendeiner blödsinnigen Firma an. Vielleicht bringe ich es in zwei Jahren auf fünfzig Dollar die Woche – wenn ich Glück habe. Falls ich überhaupt eine Stellung bekomme; es gibt erschreckend viel Arbeitslosigkeit. Aber nehmen wir an, ich bekomme fünfzig Dollar die Woche. Meinst du, dann wäre ich glücklicher? Meinst du, das Leben wäre, wenn ich das Geld meines Großvaters nicht bekomme, auch nur erträglich?»

Muriel lächelte selbstgefällig: «Das ist vielleicht geistreich formuliert, aber nicht vernünftig.»

Wenig später kam Gloria; es schien, als habe sie einen dunklen, undefinierbaren und seltenen Farbton mit in die Wohnung gebracht. Auf ihre wortkarge Art freute sie sich über Muriels Besuch. Anthony begrüßte sie mit einem beiläufigen «Hallo!».

«Ich habe mit deinem Mann ein philosophisches Gespräch geführt», sagte die unverbesserliche Miss Kane.

«Wir haben einige grundlegende Konzepte erörtert», bestätigte Anthony, während ein mattes Lächeln über sein blasses Gesicht ging, das unter dem Zweitagebart noch blasser wirkte.

Ohne seine Ironie zu beachten, servierte Muriel einen zweiten Aufguss ihrer Argumentation.

Gloria ließ sie ruhig ausreden, dann sagte sie: «Anthony hat recht. Es macht keinen Spaß auszugehen, wenn man das Gefühl hat, dass die Leute einem gewisse Blicke zuwerfen.»

In kläglichem Ton ergänzte er: «Wenn selbst Maury

Noble, der mein bester Freund war, uns nicht mehr besucht, ist es höchste Zeit, unsere Anrufe bei Bekannten einzustellen.» In seinen Augen standen Tränen.

«Das mit Maury war deine Schuld», sagte Gloria frostig.

«War es nicht.»

«War es doch.»

Muriel legte sich rasch ins Mittel: «Ich hab' neulich ein Mädchen getroffen, das Maury kennt, und sie sagt, dass er nicht mehr trinke. Er wird allmählich richtig spießig.»

«Er trinkt nicht mehr?»

«So gut wie gar nicht mehr. Dafür verdient er sich dumm und dämlich. Seit dem Krieg ist er irgendwie verändert. Er will eine millionenschwere Frau aus Philadelphia heiraten, Ceci Larrabee – jedenfalls steht das im ‹Town Tattle›.»

«Er ist dreiunddreißig», dachte Anthony laut. «Dass er heiratet, ist schon eine eigenartige Vorstellung. Ich habe ihn immer für einen ganz großen Geist gehalten.»

«War er auch», bestätigte Gloria. «Auf seine Art.»

«Aber können denn aus großen Geistern erfolgreiche Geschäftsleute werden? Oder was sonst? Was wird überhaupt aus all denen, die man kannte, mit denen man so viele Gemeinsamkeiten hatte?»

«Man lebt sich auseinander», sagte Muriel mit angemessen versonnenem Blick.

«Sie ändern sich», sagte Gloria. «Alle Eigenschaften, die sie im Alltag nicht brauchen, setzen Spinnweben an.»

«Zuletzt hat er zu mir gesagt», erinnerte sich Anthony, «dass er arbeiten wollte, um zu vergessen, dass es nichts gibt, wofür es sich zu arbeiten lohnt.»

Muriel hakte rasch nach. «So solltest du das auch machen», sagte sie begeistert. «Klar, keiner arbeitet gern um Gotteslohn, aber du hättest zumindest eine Beschäftigung. Was fangt ihr beiden überhaupt mit euch an? Keiner sieht euch mehr im ‹Montmartre› oder … oder sonstwo. Müsst ihr sparen?»

Gloria lachte verächtlich auf und warf Anthony einen kurzen Blick zu.

«Worüber lachst du?», fragte er.

«Das weißt du ganz genau.»

«Über die Kiste Whisky?»

«Ja.» Sie wandte sich an Muriel. «Er hat gestern fünfundsiebzig Dollar für eine Kiste Whisky gezahlt.»

«Na und? Das ist günstiger, als wenn man die Flaschen einzeln kauft. Jetzt tu nicht so, als ob du keinen Tropfen trinkst.»

«Jedenfalls nicht tagsüber.»

«Eine reizende Einschränkung. Gratuliere!» In mattem Zorn rappelte er sich auf. «Aber ich will verdammt sein, wenn ich mir das alle paar Minuten unter die Nase reiben lasse.»

«Stimmt doch aber.»

«Stimmt eben nicht. Ich habe es nachgerade satt, dass du mich ständig vor Besuchern niedermachst.» Er war jetzt so erregt, dass Arme und Schultern merklich zitterten. «Du stellst es so hin, als wäre an allem ich schuld.

Keine Rede davon, dass du mich zum Geldausgeben ermutigt und für dich mehr ausgegeben hast, als ich es je getan habe.»

Jetzt war auch Gloria aufgestanden. «So kannst du nicht mit mir reden, das lass' ich mir nicht bieten.»

«Ach, mach doch, was du willst!» Er stürmte aus dem Zimmer.

Die beiden Frauen hörten seine Schritte auf der Diele, dann schlug die Wohnungstür zu. Gloria ließ sich in ihren Sessel zurücksinken. Im Lampenlicht war ihr Gesicht wunderschön, gefasst und undurchdringlich.

«Um Himmels willen», stieß Muriel erschrocken hervor, «was ist denn bloß los?»

«Nichts Besonderes. Er ist nur betrunken.»

«Betrunken? Aber er wirkte völlig nüchtern. So, wie er redet ...»

Gloria schüttelte den Kopf. «Man merkt es erst, wenn er sich kaum mehr auf den Beinen halten kann, und zu hören ist es nur, wenn er sich aufregt. Er formuliert viel besser als in nüchternem Zustand. Nein, er hat den ganzen Tag hier gehockt und getrunken – bis auf die paar Minuten, in denen er bis zur Ecke gegangen ist und eine Zeitung geholt hat.»

«Wie schrecklich.» Muriel war ehrlich erschüttert. Ihre Augen füllten sich mit Tränen. «Passiert das oft?»

«Meinst du das Trinken?»

«Nein. Dass er einfach wegläuft.»

«O ja. Häufig. Gegen Mitternacht ist er dann wieder da, weint und bittet mich um Verzeihung.»

«Und du verzeihst ihm?»

«Ich weiß nicht. Wir machen einfach weiter.»

Sie saßen sich im Lampenlicht gegenüber und sahen sich an, beide auf ihre Art hilflos vor dieser Situation. Gloria war noch immer hübsch – so hübsch, wie sie nie wieder sein würde –, ihre Wangen waren gerötet, und sie trug ein neues Kleid, das sie leichtsinnigerweise für fünfzig Dollar erstanden hatte. Sie hatte gehofft, Anthony zum Ausgehen bewegen zu können, in ein Restaurant oder vielleicht in einen der großen, prachtvollen Kinopaläste, wo ein paar Leute sie anschauen würden, deren Blick sie ohne Angst oder Hemmungen würde zurückgeben können. Sie hatte Lust zum Ausgehen gehabt, weil sie wusste, dass ihre Wangen gerötet waren und das, was sie anhatte, neu und kleidsam zart war. Eingeladen wurden sie heutzutage nur noch selten. Aber zu Muriel sagte sie nichts von all dem.

«Ich wünschte, wir könnten zusammen essen, Gloria, doch ich bin mit einem Mann verabredet, und es ist schon halb acht, ich muss mich wahnsinnig beeilen …»

«Das wäre sowieso nicht gegangen. Mir war den ganzen Tag nicht gut, ich könnte keinen Bissen herunterbringen.»

Nachdem sie Muriel zur Tür gebracht hatte, ging Gloria zurück ins Wohnzimmer, machte die Lampe an und sah, die Ellbogen aufs Fensterbrett gestützt, zum Palisades Park hinüber, wo das leuchtende Rund des Riesenrades wie ein zitternder Spiegel den gelben Widerschein des Mondes einfing. Auf der Straße war es still geworden; die Kinder waren hineingegangen, gegenüber sah sie eine Familie beim Essen sitzen: Mit scheinbar ziellosen, absurden Bewegungen standen sie auf und gingen um den Tisch herum. Von hier aus schien alles, was sie taten, widersinnig – als ließe man sie achtlos und ohne Sinn und Zweck an unsichtbaren Drähten zappeln.

Sie sah auf die Uhr; es war acht. Für sie hatte es an diesem Tag einige wenige schöne Stunden gegeben – am frühen Nachmittag, als sie über den Broadway von Harlem, die One Hundred and Twenty-fifth Street, gegangen war, wo ihr eine verschwenderische Fülle von Gerüchen in die aufnahmebereite Nase gestiegen war und die außerordentliche Schönheit einiger Italienerkinder ihr Gemüt beglückt hatte. Die Straße berührte sie ganz seltsam – so wie einstmals die Fifth Avenue sie berührt hatte, als sie in der ruhigen Sicherheit, die ihre Schönheit ihr schenkte, gewusst hatte, dass dies alles – sämtliche Geschäfte und das, was sich darin befand, jedes der vielen Spielzeuge für Erwachsene, die in den Auslagen blinkten – ihr zu Gebote stand und sie nur die Hand danach auszustrecken brauchte. Hier auf der One Hundred and Twenty-fifth Street spielten Blaskapellen der Heilsarmee, gab es in buntscheckige Tücher gehüllte, auf Eingangsstufen hockende alte Frauen und zuckrig-klebrige Bonbons in den schmutzigen Händen von Kindern mit glänzenden Haaren – und die Spätnachmittagssonne, die gegen die Wände der hohen Mietskasernen prallte. Eine gehaltvolle, würzige und pikante Mischung wie das Gericht eines sparsamen französischen Kochs, das man unwillkürlich mit Genuss ißt, auch wenn man weiß, dass es höchstwahrscheinlich aus Resten bereitet ist.

Gloria fuhr fröstelnd zusammen, als der Klang einer Sirene vom Fluss her klagend über die dunklen Dächer zog. Sie trat vom Fenster zurück, bis die dünnen Vorhänge von ihren Schultern fielen, und machte das elektrische Licht an. Es war spät geworden. Sie hatte noch ein wenig Kleingeld in ihrer Geldbörse und erwog, bis zur Manhattan Street zu gehen, wo die aus ihrem Tunnel befreite Untergrundbahn die Straße zu einer tosenden Schlucht machte, um sich dort einen Kaffee und ein Brötchen zu leisten, statt in der Küche Brot und Schinkenwürfel zu essen. Die Geldbörse machte ihr die Entscheidung leicht. Sie enthielt ein Fünf-Cent-Stück und zwei einzelne Cents.

Nach einer Stunde war das Schweigen im Raum unerträglich geworden, und sie ertappte sich dabei, wie sie von ihrer Zeitschrift aufsah und blicklos zur Decke starrte. Unvermittelt stand sie auf, zögerte, nervös auf den Lippen herumkauend, einen Augenblick und ging dann in die Speisekammer, nahm eine Flasche Whisky vom Regal und goss einen Schuss in ein Glas. Sie füllte es mit Gingerale auf, setzte sich wieder in ihren Sessel und las einen Artikel zu Ende. Darin ging es um die letzte Witwe der Revolution, die einen Veteranen der Kontinentalarmee geheiratet hatte und 1906 gestorben war. Gloria fand es bemerkenswert und irgendwie romantisch, dass sie und diese Frau Zeitgenossen gewesen waren.

Sie blätterte um und las, dass ein Bewerber um einen Sitz im Kongress von einem Gegner des Atheismus beschuldigt worden war. Glorias Verwunderung wich, als sich herausstellte, dass der Vorwurf unbegründet war. Der Kandidat hatte nur das Wunder des Brotes und der Fische geleugnet. Unter Druck räumte er ein, dass sein Glaube an den Gang über das Wasser ungebrochen war.

Gloria leerte ihr Glas und machte sich einen zweiten Drink zurecht. Sie zog ein Neglige über und streckte sich auf der Couch aus, dann erst merkte sie, dass sie kreuzunglücklich war und ihr Tränen übers Gesicht liefen. «Womöglich», sagte sie sich, «waren es Tränen des Selbstmitleids», und sie versuchte tapfer, das Weinen einzustellen, aber dieses Dasein ohne Hoffnung, ohne Glück drückte sie nieder, und sie schüttelte, die zuckenden Mundwinkel nach unten verzogen, unentwegt den Kopf, als verneine sie eine irgendwo von irgendwem aufgestellte Behauptung. Sie wusste nicht, dass diese Haltung älter ist als die Geschichte, dass unerträgliches, lange fortdauerndes Leid seit hundert Menschengenerationen diese Geste der Verneinung, des Protests, der Ratlosigkeit einem Etwas darbringt, das unergründlicher und mächtiger ist als der Gott, den der Mensch sich nach seinem Bild gemacht hat und vor dem jener, gäbe es ihn denn, gleichermaßen ohnmächtig wäre. Die traurige Wahrheit ist, dass diese Macht nichts erklärt, niemals antwortet; diese Macht, die ungreifbar ist wie Luft und endgültiger als der Tod.

Zu Beginn des Sommers trat Anthony aus seinem letzten Club, dem «Amsterdam», aus. Er war zuletzt kaum zweimal im Jahr dagewesen, und der Beitrag war eine regelmäßig wiederkehrende Belastung ihres Haushalts. Eingetreten war er nach seiner Rückkehr aus Italien, weil sein Großvater und sein Vater Mitglieder gewesen waren und weil es sich eben um einen Club handelte, in den man unter allen Umständen eintrat, wenn sich die Gelegenheit dazu bot; allerdings war ihm der Harvard Club lieber gewesen, hauptsächlich wegen Dick und Maury. Doch je weiter es mit ihm bergab ging, desto reizvoller schien es ihm, an dieser Spielerei festzuhalten, die er schließlich sogar mit einigem Bedauern aus der Hand gab.

Er verkehrte jetzt mit einem Dutzend recht sonderbarer Kumpane. Einige hatte er in einem Etablissement in der Forty-third Street kennengelernt, das sich «Sammy's» nannte und wo man, wenn man an eine Tür klopfte und hinter einem Gitterfensterchen geprüft und für gut befunden worden war, an einem großen runden Tisch sitzen und recht guten Whisky trinken konnte. Hier war er einem gewissen Parker Allison begegnet, der in Harvard genau der falsche Typ von Liederjan gewesen war und sich anschickte, so schnell wie möglich ein großes Vermögen durchzubringen. Parker Allisons Vorstellung von Distinktion war es, in einem lauten rotweißen Rennwagen, neben sich zwei glitzernde junge Frauen mit hartem

Blick, über den Broadway zu rasen. Er gehörte zu jenen Männern, die lieber mit zwei Frauen als mit einer dinieren – seiner Fantasie war es so gut wie unmöglich, über längere Zeit einen Dialog zu führen.

Neben Allison gab es noch Pete Lytell, der eine graue Melone schief auf dem Kopf trug. Da er immer Geld hatte und fast immer guter Laune war, führte Anthony im Sommer und Herbst an vielen Nachmittagen planlose, weitschweifige Gespräche mit ihm. Lytell redete nicht nur, er argumentierte auch in Phrasen. Seine Weltanschauung war ein Sammelsurium von Floskeln, die er im Lauf eines bewegten, von keines Gedankens Blässe angekränkelten Lebens hier und da aufgelesen hatte. Er hatte Phrasen – die uralten Phrasen – über den Sozialismus parat; Phrasen über die Existenz eines persönlichen Gottes, wobei er sich auf eigenes Erleben bei einem Eisenbahnunglück bezog; Phrasen über das Irlandproblem, den Frauentyp, vor dem er Achtung hatte, die Sinnlosigkeit der Prohibition. Seine Konversation erhob sich nur dann über die konfusen Satzteile, mit denen er die extravagantesten Vorfälle eines ungewöhnlich bewegten Lebens deutete, wenn er in eine ausführliche Erörterung der animalischen Seiten seines Daseins eintrat: Über das von ihm bevorzugte Essen, die von ihm bevorzugten Getränke und Frauen wusste er bis ins kleinste Detail Bescheid.

Er war zugleich das gewöhnlichste und das bemerkenswerteste Produkt der Zivilisation. Er stand für neun von zehn Menschen, an denen man auf einer Großstadtstraße vorübergeht – und er war ein haarloser Affe mit zwei Dutzend Tricks. Er war die Hauptfigur von tausend Romanzen im Leben und in der Kunst – und ein vollendeter Trottel, der im Lauf von sechzig Jahren in einer Art grotesker Harmlosigkeit eine Reihe komplizierter und absolut verblüffender Heldenstücke zur Aufführung gebracht hatte.

Mit solchen Männern saß Anthony Patch zusammen, um zu trinken und zu debattieren, zu trinken und zu streiten. Er mochte sie, weil sie nichts von ihm wussten, weil sie im Hier und Jetzt lebten und nicht die leiseste Vorstellung von der unvermeidlichen Kontinuität des Lebens hatten. Sie saßen nicht vor einem Kinofilm mit ordentlich aufeinanderfolgenden Filmrollen, sondern in einem muffig-altmodischen Lichtbildervortrag, bei dem alle Werte absolut und deshalb alle Folgerungen wirr waren. Sie selbst aber waren nicht wirr, weil sie nichts in sich trugen, das sie verwirren konnte; sie wechselten die Phrasen von einem Monat zum nächsten wie ihre Krawatten.

Anthony, der verbindliche, geistreiche, scharfsinnige Anthony, betrank sich jeden Tag – bei «Sammy's» mit seinen Kumpanen, in der Wohnung mit einem Buch, irgendeinem Buch, das er schon kannte, und sehr selten mit Gloria, die sich, wie er fand, langsam, aber sicher zu einem streitsüchtigen und unvernünftigen Frauenzimmer entwickelte. Fest stand, dass sie nicht mehr die Gloria von früher war, jene Gloria, die, wenn sie sich nicht wohl fühlte, lieber ihre ganze Umgebung tyrannisiert hätte, als zuzugeben, dass sie Mitgefühl oder Hilfe brauchte. Sie war jetzt nicht mehr zu stolz zum Jammern; sie war nicht mehr zu stolz, um Selbstmitleid zu haben. Ehe sie zu Bett ging, verkleisterte sie sich das Gesicht mit einer Creme, von der sie gegen jede Logik hoffte, sie würde ihrer schwindenden Schönheit neue Frische, neuen Glanz schenken. Wenn Anthony betrunken war, verhöhnte er sie deswegen. In nüchternem Zustand ging er höflich, zuweilen sogar zartfühlend mit ihr um. Für kurze Stunden zeigte sich dann eine Spur von jenem tiefen Verständnis, das es ihm verbot, ihr Schuld zuzuweisen, von jenem Wesenszug also, der das Beste an ihm war und ihn rasch und unaufhaltsam ins Verderben getrieben hatte.

Doch war er sehr ungern nüchtern, denn dieser Zustand brachte es mit sich, dass er die Menschen um sich herum wahrnahm, das Fluidum von Kampf, gewinnsüchtigem Streben, einer Hoffnung, die verächtlicher ist als Verzweiflung, eines ewigen Wechsels zwischen Auf und Ab, der in jeder Großstadt vor allem in der ungefestigten Mittelschicht zu beobachten ist. Da er das Leben der Reichen nicht teilen konnte, dachte er manchmal, dass die zweitbeste Lösung für ihn gewesen wäre, freiwillig unter den sehr Armen zu leben. Alles war besser als dieser Kelch von Schweiß und Tränen.

Der bei Anthony nie sehr stark ausgeprägte Sinn für das gewaltige Panorama des Lebens hatte sich fast völlig verloren. Nur noch in großen Abständen fand er Gefallen an irgendeinem Vorfall, einer Geste Glorias, doch die grauen Schleier hatten sich nun endgültig auf ihn gesenkt. Je älter er wurde, desto weiter rückte alles von ihm ab – danach blieb nur der Wein.

Der Rausch hatte etwas Gütiges an sich mit jenem undefinierbaren Glanz und Glitzer, der wie eine Erinnerung an flüchtige, längst vergangene Abende war. Nach einigen Highballs lag ein Zauber über dem hohen, märchenhaft leuchtenden Bush Terminal Building – seine Spitze war ein Gipfel erhabener Größe, goldleuchtend-verträumt vor dem unerreichbaren Himmel. Und die gewöhnliche, banale Wall Street – auch da der Triumph des Goldes, ein prächtiges, eindrucksvolles Bild; hier lagerten die großen Könige das Geld für ihre Kriege …

Die Frucht der Jugend oder der Traube, der vergängliche Zauber jenes kurzen Übergangs von Dunkelheit zu Dunkelheit – die alte Illusion, das Wahre und das Schöne seien irgendwie ineinander verschlungen.

Als er eines Abends vor dem «Delmonico» stand und sich eine Zigarette anzündete, sah er am Gehsteig zwei Hansoms warten, die auf einen zufällig vorübertorkelnden Betrunkenen als Fahrgast hofften. Die altmodischen Gefährte waren abgenutzt und schmutzig, das Lackleder verschrumpelt wie Greisenhaut, die Polster bräunlich-lila verschossen; auch die Pferde waren müde alte Klepper, ebenso abgearbeitet wie die weißhaarigen Männer, die auf dem Bock saßen und mit kläglich bemühter Forschheit die Peitsche knallen ließen. Ein Relikt vergangenen Frohsinns.

Plötzlich überkam Anthony Patch tiefe Melancholie. Im Weitergehen sann er darüber nach, wie bitter es war, auf diese Art zu überleben. Ihm schien, dass nichts so schal werden konnte wie das Vergnügen.

Auf der Forty-second Street traf er eines Nachmittags zum ersten Mal seit vielen Monaten Richard Caramel, einen prosperierenden, in die Breite gehenden Richard Caramel, dessen Gesicht sich der mächtig gewölbten Stirn anzupassen begann.

«Bin gerade von der Westküste zurück und wollte euch besuchen, aber ich kannte eure neue Adresse nicht.»

«Wir sind umgezogen.»

Richard Caramel konstatierte, dass Anthony ein schmutziges Hemd trug, seine Manschetten, wenn auch leicht, doch eindeutig ausgefranst waren und unter seinen Augen – bläulich wie Zigarrenrauch – halbmondförmige Schatten lagen.

«Hab' ich mir gedacht», sagte er und richtete sein gelbes Auge auf den Freund. «Aber wo ist Gloria, und wie geht es ihr? Anthony, ich habe sogar in Kalifornien die verrücktesten Geschichten über euch gehört – und dann komme ich nach New York, und ihr seid spurlos verschwunden. Warum reißt du dich nicht zusammen?»

«Hör zu», schwatzte Anthony leicht stammelnd los, «verschone mich mit einer langen Standpauke. Wir haben auf vielerlei Arten Geld verloren, und natürlich hat es Gerede gegeben – wegen des Rechtsstreits, der diesen Winter nun endgültig entschieden wird, und dann …»

«Du redest zu schnell, ich kann dich nicht verstehen», unterbrach Dick ihn gelassen.

«Ich habe gesagt, was zu sagen war», blaffte Anthony. «Komm uns besuchen, wenn du willst – oder lass es bleiben.»

Damit drehte er sich um und versuchte in der Menge unterzutauchen, aber Dick holte ihn ein und packte ihn am Arm. «Jetzt geh doch nicht gleich hoch, Anthony. Gloria ist meine Cousine, und du bist einer meiner ältesten Freunde, da ist es doch wohl verständlich, dass ich mir Gedanken mache, wenn ich höre, dass du vor die Hunde gehst – und sie mitnimmst.»

«Den Sermon kannst du dir schenken.»

«Schon gut. Wie ist es, kommst du auf einen Drink zu mir? Ich bin gerade eingezogen. Ein Steuerbeamter hat mir drei Kisten Gordon Gin verkauft.»

Während sie nebeneinander hergingen, fuhr es dann doch wieder ungehalten aus ihm heraus: «Was ist nun – bekommst du das Geld deines Großvaters?»

«Dieser alte Narr Haight», erwiderte Anthony grollend, «sieht den Fall offenbar ganz hoffnungsvoll, besonders weil die Leute im Augenblick mit Reformern nichts im Sinn haben – es könnte zum Beispiel eine gewisse Rolle spielen, wenn ein Richter meint, dass Adam Patch es ihm schwerer gemacht hat, an Alkohol heranzukommen.»

«Ohne Geld kannst du nichts werden», sagte Dick in lehrhaftem Ton. «Hast du in letzter Zeit versucht, etwas zu schreiben?»

Anthony schüttelte stumm den Kopf.

«Komisch», sagte Dick, «ich dachte, ihr würdet irgendwann mal schreiben, du und Maury, und jetzt ist aus ihm ein aristokratischer Knicker geworden, und du …»

«Ich bin das schlechte Beispiel.»

«Warum, möchte ich wissen …»

Anthony versuchte sich zu konzentrieren. «Du bildest dir wohl ein, dass du es weißt. Der Versager und der Erfolgsmensch glauben beide insgeheim, dass sie akkurat ausgewogene Ansichten haben, der Erfolgsmensch, weil er Erfolg hatte, und der Versager, weil er versagt hat. Der Erfolgsmensch sagt seinem Sohn, er soll von dem erfolgreichen Leben seines Vaters profitieren, und der Versager sagt seinem Sohn, er soll aus den Fehlern seines Vaters lernen.»

«Einspruch», sagte der Autor von «A Shave-tail in France». «Wenn ich als junger Mann dich und Maury reden hörte, hat mir euer konsequenter Zynismus imponiert, aber jetzt … Wer von uns dreien, zum Donnerwetter, hat sich für … für ein intellektuelles Leben entschieden? Ich will ja nicht prahlen, aber das bin ich. Und ich habe schon immer fest an sittliche Werte geglaubt und werde das auch in Zukunft tun.»

«Zugegeben, aber bekanntlich präsentiert uns das Leben in der Praxis die Probleme nie so klar und eindeutig», widersprach Anthony, der Gefallen an dem Gespräch gefunden hatte.

«Mir schon. Es gibt nichts, wofür ich bestimmte Grundsätze über Bord werfen würde.»

«Woher willst du wissen, wann du sie über Bord wirfst? In vielen Fällen bist du, genau wie andere Leute, auf Vermutungen angewiesen. Erst im Rückblick kannst du Wertzuweisungen vornehmen, erst dann das Bild mit allen Details und Schattierungen fertigstellen.»

Starrköpfig-überlegen schüttelte Dick den Kopf. «Immer noch derselbe alte Zyniker!», stellte er fest. «Im Grunde suchst du nur eine Möglichkeit, dir selbst leid zu tun. Weil du nichts bewegst, ist nichts wirklich wichtig.»

«Ja, zu Selbstmitleid bin ich durchaus fähig», räumte Anthony ein, «und ich behaupte auch nicht, dass ich ebenso viel Spaß am Leben habe wie du.»

«Du sagst – oder hast es zumindest früher gesagt –, dass Glück das Einzige ist, was das Leben lebenswert macht. Glaubst du, dass du als Pessimist glücklicher bist?»

Anthony knurrte böse. Das Gespräch verlor zunehmend an Reiz für ihn. Er war nervös und gierte nach einem Drink.

«Wo wohnst du denn eigentlich?», stieß er hervor. «Ich kann nicht in alle Ewigkeit so weiterlaufen.»

«Deine Ausdauer bezieht sich nicht auf praktische Dinge, wie?», versetzte Dick scharf. «Wir sind schon da.»

Er betrat das Miethaus in der Forty-ninth Street, und wenig später standen sie in einem großen neuen Raum mit offenem Kamin und Büchern an allen vier Wänden. Ein farbiger Butler servierte Gin-Rickeys, und während der Pegelstand in ihren Gläsern dezent sank und ein der Herbstmitte angemessenes mildes Feuer sie wärmte, ging eine Stunde höflich dahin.

«Die Künste sind sehr alt», sagte Anthony nach einer Weile. Mehrere Cocktails hatten seine Nerven beruhigt, und er konnte wieder denken.

«Welche Kunst?»

«Alle. Die Poesie stirbt zuerst. Früher oder später wird die Prosa sie absorbieren. So haben zum Beispiel das schöne, das farbige und glitzernde Wort und der schöne Vergleich inzwischen ihren Platz in der Prosa gefunden. Um Beachtung zu finden, muss die Lyrik sich um die unübliche Formulierung, das grobe, erdnahe Wort bemühen, das bisher nie als schön galt. Schönheit – als Summe mehrerer schöner Teile – hat ihren Höhepunkt bei Swinburne erreicht. Weiter kommt sie nicht – außer vielleicht im Roman.»

Dick unterbrach ihn ungeduldig: «Diese neuen Romane hängen mir zum Hals heraus. Mein Gott! Wohin ich auch komme, fragt mich irgendein dummes Mädel, ob ich ‹This Side of Paradise› gelesen habe. Sind unsere Frauen wirklich so? Wenn das Lebensnähe ist – was ich nicht glauben mag –, ist die nächste Generation dabei, vor die Hunde zu gehen. Dieser miese Realismus ist nichts für mich. Ich denke, dass es in der Literatur auch einen Platz für Romantiker gibt.»

Anthony versuchte sich zu erinnern, was er in letzter Zeit von Richard Caramel gelesen hatte. «A Shave-tail in France», einen Roman mit dem Titel «The Land of Strong Men» und einige Dutzend Erzählungen, die noch schlechter waren. Junge, gescheite Rezensenten sprachen von Richard Caramel inzwischen nur noch mit geringschätzigem Lächeln als «Mr.» Richard Caramel und betrieben in sämtlichen Literaturbeilagen obszöne Leichenschändung mit ihm. Man warf ihm vor, er verdiene mit dem Schund, den er für den Film schrieb, ein Vermögen. In dem Maße, wie die Büchermode wechselte, wurde er immer mehr zu einer Zielscheibe des Spottes.

Während Anthony diesen Dingen nachsann, war Dick aufgestanden. Es schien, als wollte er ein Geständnis ablegen. «Ich habe mir eine ganze Menge Bücher angeschafft», sagte er plötzlich.

«Man sieht's.»

«Eine große Sammlung guter Amerikaner aus alter und neuer Zeit. Ich meine nicht das Übliche – Longfellow, Whittier und dergleichen –, sondern hauptsächlich Zeitgenossen.»

Er trat an eine der Bücherwände heran, und Anthony, der begriff, was von ihm erwartet wurde, stand auf und folgte ihm.

«Da, schau!»

Unter einem gedruckten Schildchen «Americana» standen sechs lange Reihen wunderschön gebundener und offenbar sorgfältig ausgewählter Bücher.

«Und hier sind die zeitgenössischen Romanautoren.»

Dann entdeckte Anthony den Joker. Eingekeilt zwischen Mark Twain und Dreiser standen acht sonderbar aus dem Rahmen fallende Bände – die Werke von Richard Caramel. «The Demon Lover», gewiss, aber daneben sieben weitere, die absoluter Schund waren, ohne einen Hauch von Aufrichtigkeit oder Eleganz.

Anthony sah Dick widerstrebend an, in dessen Miene er etwas wie leise Unsicherheit zu erkennen meinte.

«Natürlich habe ich meine eigenen Bücher dazugestellt», sagte Richard Caramel rasch, «auch wenn das eine oder andere unausgeglichen ist – ich habe wohl ein bisschen zu schnell geschrieben, als ich den Vertrag mit der Zeitschrift hatte. Aber ich halte nichts von falscher Bescheidenheit. Natürlich werde ich, seit ich ein etablierter Schriftsteller bin, von manchen Kritikern nicht mehr so stark beachtet, doch auf diese Hammelherde kommt es ja schließlich auch nicht an.»

Zum ersten Mal seit fast undenklich langer Zeit regte sich in Anthony jenes alte, angenehme Gefühl der Verachtung für seinen Freund.

Richard Caramel fuhr fort: «Mein Verlag stellt mich in der Reklame als den Thackeray von Amerika heraus – wegen meines Romans über New York.»

Anthony gab sich einen Ruck. «Ja, das hat schon was für sich …»

Er wusste, dass seine Verachtung unbillig war. Er wusste, dass er ohne jedes Wenn und Aber auf der Stelle mit Dick getauscht hätte. Er selbst hatte sich beim Schreiben schließlich auch bemüht, über seinen eigenen Schatten zu springen. Wer bringt es schon fertig, herabsetzend über sein eigenes Lebenswerk zu sprechen …?

Und während sich an jenem Abend Richard Caramel, heftig auf die falschen Tasten einschlagend und die müden, ungleichen Augen zusammenkneifend, mit seinem Schund bis weit in jene freudlosen Stunden hinein abrackerte, da das Feuer herunterbrennt und sich von der allzu langen konzentrierten Arbeit alles anfängt zu drehen, lag Anthony Patch, alle viere von sich gestreckt, stockbetrunken auf der Rückbank eines Taxis, das ihn zu seiner Wohnung in der Claremont Avenue zurückbrachte.

Die Prügelei

Als es auf den Winter zuging, schien sich eine Art Wahn auf Anthony zu legen. Wenn er morgens aufwachte, war er so nervös, dass Gloria spürte, wie er im Bett zitterte, ehe es ihm unter Aufbietung aller Kräfte gelang, in die Speisekammer zu torkeln und nach der Flasche zu greifen. Inzwischen war er, wenn er nichts getrunken hatte, kaum mehr zu ertragen, und Gloria, die den Eindruck hatte, dass er vor ihren Augen immer gewöhnlicher wurde, immer mehr verfiel, zog sich körperlich und seelisch von ihm zurück; wenn er über Nacht wegblieb, was hin und wieder vorkam, empfand sie nicht nur keine Besorgnis, sondern fast so etwas wie traurige Erleichterung. Am nächsten Tag ließ er dann andeutungsweise Reue erkennen und sagte schroff, aber mit Armesündermiene, er trinke wohl ein bisschen viel.

Stundenlang saß er wie betäubt in dem großen Lehnsessel, der noch aus seiner Wohnung stammte; selbst für seine Lieblingsbücher interessierte er sich nicht mehr, und abgesehen von den ständigen ehelichen Sticheleien gab es nur ein Thema, über das sie noch ein echtes Gespräch führen konnten, nämlich den Prozess um das Testament. Was Gloria in den düsteren Tiefen ihrer Seele erhoffte, was sie sich von diesem großen Geldsegen versprach, ist schwer zu sagen. Die Umstände hatten aus ihr die Karikatur einer Hausfrau gemacht. Sie, die vor drei Jahren nicht einmal Kaffee gekocht hatte, bereitete jetzt manchmal drei Mahlzeiten am Tag. Nachmittags ging sie viel spazieren, und abends las sie – Bücher, Zeitschriften, alles, was gerade zur Hand war. Falls sie sich jetzt ein Kind wünschte, ein Kind sogar von jenem Anthony, der sturzbetrunken ihr Lager aufsuchte, sagte sie nichts davon und ließ auch keinerlei Interesse an Kindern erkennen. Es darf bezweifelt werden, ob sie irgend jemandem hätte klarmachen können, was sie sich wünschte oder was für Wünsche ihr noch offenstanden – einer schönen, einsamen Frau von inzwischen dreißig Jahren, verschanzt hinter einer unüberwindlichen Hemmung, die zusammen mit ihrer Schönheit geboren worden war und sie neben dieser Schönheit durchs Leben begleitete.

An einem Nachmittag, als wieder schmutziger Schnee auf dem Riverside Drive lag, kam Gloria vom Einkaufen in die Wohnung zurück, wo Anthony äußerst nervös hin und her lief. Die fiebrigen Augen, die ihr entgegenblickten, waren von dünnen rosa Linien durchzogen, die sie an Flüsse auf einer Landkarte erinnerten. Einen Augenblick hatte sie den Eindruck, dass er unvermittelt und ein für allemal alt geworden war.

«Hast du Geld?», fragte er hastig.

«Was? Wie meinst du das?»

«So, wie ich es sage. Geld! Geld! Verstehst du deine Muttersprache nicht mehr?»

Sie drängte sich an ihm vorbei in die Speisekammer, um Speck und Eier im Eisschrank unterzubringen.

Wenn er ungewöhnlich viel getrunken hatte, war er unweigerlich in Jammerlaune. Diesmal folgte er ihr, blieb unter der Tür zur Speisekammer stehen und wiederholte: «Du hast mich sehr wohl verstanden. Hast du Geld?»

Sie drehte sich um und sah ihn an. «Red keinen Unsinn, Anthony. Du weißt, dass ich nichts habe – bis auf einen Dollar Kleingeld.»

Er drehte sich auf dem Absatz um und ging zurück ins Wohnzimmer, wo er wieder anfing, hin und her zu laufen. Es war offenkundig, dass ihn etwas sehr Gewichtiges beschäftigte, und ebenso offenkundig, dass er danach gefragt werden wollte.

Wenig später kam auch sie herein, setzte sich auf das Sofa und löste ihr Haar. Sie hatte keinen Bubikopf mehr, und das Rotgold hatte sich im Lauf des letzten Jahres zu einem stumpfen Hellbraun hin verfärbt. Sie hatte Shampoopulver gekauft, weil sie sich die Haare waschen wollte, und überlegte ernsthaft, ob sie eine Flasche Blondierung ins Spülwasser geben sollte.

«Was ist?», gab sie ihm stumm zu verstehen.

«Diese verdammte Bank», stammelte er. «Zehn Jahre haben sie mein Konto geführt. Zehn Jahre! Aber irgendwie gibt es da so eine autokratische Regel, dass du immer fünfhundert Dollar auf deinem Konto haben musst, sonst behalten sie dich nicht. Vor ein paar Monaten haben sie mir schriftlich mitgeteilt, dass mein Kontostand zu niedrig ist. Einmal hab' ich zwei ungedeckte Schecks geschrieben, weißt du noch? An dem Abend bei ‹Reisenweber›. Aber ich habe die Sache gleich am nächsten Tag in Ordnung gebracht und dem alten Halloran, dem Filialleiter, einem habgierigen Iren, fest versprochen, dass ich in Zukunft aufpassen würde. Und ich habe wirklich gedacht, ich komme einigermaßen hin, und war mit den Abschnitten im Scheckbuch immer ziemlich auf dem Laufenden. Und wie ich heute zur Bank komme und einen Scheck einlösen will, stellt sich dieser Halloran vor mich hin und sagt, sie müssen mein Konto auflösen. Zu viele faule Schecks, sagt er, und nie mehr als fünfhundert im Haben – und auch das immer nur für ein, zwei Tage. Und der Teufel soll's holen, weißt du, was er dann gesagt hat?»

«Was?»

«Dass es eine günstige Gelegenheit ist, weil ich im Augenblick keinen Penny auf dem Konto habe.»

«Ach nein?»

«So hat er's jedenfalls gesagt. Offenbar habe ich den Leuten von Bedros einen Scheck über sechzig Dollar für die letzte Kiste gegeben – und auf meinem Konto waren nur fünfundvierzig. Da haben die von Bedros fünfzehn Dollar auf mein Konto eingezahlt und dann den ganzen Betrag eingezogen.»

In ihrer Unwissenheit sah Gloria sich und Anthony schon schmachvoll verurteilt und hinter Gittern.

«Keine Angst, da passiert nichts», tröstete er sie. «Dazu ist das Geschäft mit geschmuggeltem Alkohol zu riskant. Die schicken mir einfach eine Rechnung über fünfzehn Dollar, und die zahle ich dann.»

«Ach so.» Sie überlegte einen Augenblick. «Da müssen wir eben wieder was verkaufen.»

Er lachte spöttisch. «Eben! Das Einfachste von der Welt! Wo die wenigen Papiere, die wir noch haben, überhaupt keinen Gewinn abwerfen oder nur zwischen fünfzig und achtzig Cents je Dollar wert sind. Wenn wir verkaufen, verlieren wir regelmäßig die Hälfte.»

«Was könnten wir sonst tun?»

«Nur verkaufen – wie sonst auch. Was wir haben, hat einen Wert von achtzigtausend», wieder lachte er hässlich auf, «was auf dem offenen Markt etwa dreißigtausend bringen dürfte.»

«Ich habe diesen Zehnprozentern von Anfang an misstraut.»

«Erzähl mir doch nichts! Du hast so getan, um mich in der Luft zerreißen zu können, falls wir damit baden gehen, aber das Risiko hat dich genauso gereizt wie mich.»

Sie schwieg einen Augenblick nachdenklich. Plötzlich stieß sie hervor: «Zweihundert im Monat ist schlimmer als nichts, Anthony. Lass uns alles verkaufen und die dreißigtausend Dollar auf die Bank bringen – und wenn wir den Prozess verlieren, können wir drei Jahre in Italien leben und dann sterben.» In ihrer Erregung spürte sie – zum ersten Mal seit vielen Tagen – eine leise Aufwallung von Gefühl.

«Drei Jahre», wiederholte er erregt, «drei Jahre. Du bist ja verrückt. Mr. Haight wird uns mehr als das abknöpfen, wenn wir verlieren. Glaubst du, er arbeitet für Gotteslohn?»

«Das hatte ich ganz vergessen.»

«Und heute ist Samstag», fuhr er fort, «und ich habe nur einen Dollar und ein bisschen Kleingeld, und wir müssen bis Montag davon leben, vorher kann ich nicht zu meinem Börsenmakler … und wir haben keinen Tropfen Alkohol im Haus», fügte er als wichtigen Nachsatz hinzu.

«Kannst du nicht Dick anrufen?»

«Hab' ich schon. Sein Butler sagt, dass er in Princeton ist, zu einer Rede vor irgendeinem literarischen Club. Kommt erst am Montag zurück.»

«Lass mich überlegen … Hast du nicht irgendwelche Bekannte, an die du dich wenden könntest?»

«Bei einigen hab' ich's versucht, aber da war niemand zu Hause. Ein Jammer, dass ich letzte Woche nicht den Keats-Brief verkauft habe. Ich hatte es fest vor.»

«Und die Männer, mit denen du in diesem Lokal – Sammy oder wie es heißt – Karten spielst?»

«Glaubst du wirklich, die würde ich anzapfen?», fragte er ehrlich entsetzt.

Gloria fuhr unwillkürlich zusammen. Er würde lieber in Kauf nehmen, dass sie sich quälte, als sich schaudernd zu der Bitte um eine unangemessene Gefälligkeit durchzuringen.

«Ich dachte an Muriel», sagte er.

«Die ist in Kalifornien.»

«Und wie ist es mit den Herren, denen du so nett die Zeit vertrieben hast, als ich beim Militär war? Die müssten sich doch eigentlich freuen, wenn sie dir unter die Arme greifen können.»

Sie warf ihm einen verächtlichen Blick zu, den er geflissentlich übersah.

«Oder mit deinen alten Freundinnen? Rachael oder Constance Merriam?»

«Constance Merriam ist seit einem Jahr tot, und Rachael möchte ich nicht fragen.»

«Und der Gentleman, der dir früher so gern geholfen hätte, dass er kaum zu bremsen war? Bloeckman meine ich …»

«Oh!» Der Hieb hatte gesessen, und so abgestumpft oder unbedacht, dass er das nicht gemerkt hätte, war er nun doch noch nicht.

Aber er ließ nicht locker. «Warum nicht?», fragte er brutal.

«Weil … er mich nicht mehr mag», erwiderte sie zögernd, und als er nicht antwortete, sondern sie nur spöttisch lächelnd ansah, fuhr sie fort: «Wenn du es genau wissen willst: Vor einem Jahr bin ich zu Bloeckman gegangen – er hat sich übrigens in ‹Black› umbenannt – und habe ihn gebeten, mich zum Film zu bringen.»

«Du warst bei Bloeckman?»

«Ja.»

«Warum hast du mir das nicht gesagt?», fragte er fassungslos, und sein Lächeln erlosch.

«Vermutlich, weil du gerade irgendwo herumgesessen und getrunken hast. Sie haben eine Probeaufnahme mit mir gemacht und fanden, dass ich vom Alter her nur noch zu einer Charakterrolle tauge.»

«Einer Charakterrolle?»

«Die Frau von dreißig Jahren – so etwas in der Art. Ich war noch nicht dreißig, und ich glaube, ich ... ich sah auch noch nicht aus wie dreißig.»

«Der Teufel soll ihn holen!» Anthony legte sich mit unerwarteter Vehemenz für sie ins Zeug. «Das ist denn doch ...»

«Ja, und deshalb kann ich ihn nicht fragen.»

«Diese Frechheit», schäumte Anthony. «Eine solche Frechheit ...»

«Lass gut sein, Anthony, das ist jetzt nicht wichtig. Wichtig ist, dass wir das Wochenende überstehen müssen, und wir haben nur ein Brot, ein halbes Pfund Speck und zwei Frühstückseier im Haus.» Sie übergab ihm den Inhalt ihrer Geldbörse. «Siebzig, achtzig, ein Dollar fünfzehn. Zusammen mit dem, was du hast, macht das an die zweieinhalb Dollar, nicht? Das reicht, Anthony, dafür können wir uns mehr als satt essen.»

Er klimperte mit dem Kleingeld in seiner Hand und schüttelte den Kopf. «Nein, ich brauche was zu trinken. Ich bin wahnsinnig nervös, es schüttelt mich richtig.» Dann kam ihm eine Idee. «Vielleicht gibt mir Sammy etwas auf einen Scheck, und dann bringe ich am Montag schnell das Geld zur Bank.»

«Aber sie haben dein Konto aufgelöst.»

«Richtig, das hatte ich schon wieder vergessen. Pass auf, ich geh' trotzdem zu ‹Sammy's› und versuche jemanden aufzutun, der mir was leiht. Wird mir allerdings verdammt schwerfallen.» Er schnippte mit den Fingern. «Jetzt fällt mir was ein: Ich versetze meine Uhr. Für die kriege ich zwanzig Dollar, und wenn ich sechzig Cents draufzahle, kann ich sie mir am Montag zurückholen. Einmal war sie schon im Pfandhaus – als ich in Cambridge war.»

Er hatte den Mantel angezogen und ging mit einem kurzen Gruß über den Gang zur Wohnungstür.

Gloria stand auf. Sie wusste plötzlich, wo er vermutlich zuerst Station machen würde.

«Anthony», rief sie ihm nach, «willst du mir nicht zwei Dollar dalassen? Du brauchst doch nur das Fahrgeld.»

Die Wohnungstür schlug zu, als habe er sie nicht gehört.

Einen Augenblick blieb sie stehen und sah ihm nach; dann ging sie ins Badezimmer zu ihren traurigen Tinkturen und machte sich ans Haarewaschen.

Als Anthony zu «Sammy's» kam, saßen Parker Allison und Pete Lytell allein an einem Tisch und tranken Whisky Sour. Es war kurz nach sechs, und Sammy oder Samuele Bendiri, wie sein Taufname lautete, fegte gerade einen Haufen Zigarettenkippen und Glasscherben in eine Ecke.

«Hallo, Tony», rief Parker Allison zu Anthony hinüber. Manchmal redete er ihn mit Tony, dann wieder mit Dan an. Für ihn hatten alle Anthonys unter einer dieser beiden Verkleinerungsformen zu segeln.

«Setz dich. Was trinkst du?»

In der Untergrundbahn hatte Anthony sein Geld gezählt und festgestellt, dass es fast vier Dollar waren. Damit konnte er bei einem Preis von fünfzig Cents je Getränk zwei Runden zahlen. Danach würde er sich auf der Sixth Avenue zwanzig Dollar und einen Pfandschein für seine Uhr holen. «Na, ihr Gauner», sagte er jovial, «was macht die kriminelle Kunst?»

«Danke der Nachfrage.» Allison zwinkerte Pete Lytell zu. «Schade, dass du verheiratet bist. Gegen elf Uhr, wenn die Variétés aus sind, kriegen wir prima Waren rein. Jungejunge, ein Jammer um so einen Ehekrüppel, was, Pete?»

«Verdammtes Pech.»

Als um halb acht die sechs Runden getrunken waren, merkte Anthony, dass seine Absichten seinem Verlangen entgegenkamen. Er war jetzt glücklich und zufrieden und fühlte sich pudelwohl. Die Geschichte, die Pete gerade erzählt hatte, fand er ganz besonders lustig und gelungen und sagte sich, wie jeden Tag in diesem Stadium, dass die beiden «verdammt feine Kerle, Menschenskind noch mal» waren, die für ihn sehr viel mehr zu tun bereit wären als irgendjemand sonst aus seiner Bekanntschaft. Die Pfandhäuser würden am Samstagabend lange offenbleiben, und er hatte das Gefühl, dass er nur noch ein Glas brauchte, um einen Zustand rosenfarben-glückseligen Wohlbehagens zu erreichen.

Listig kramte er in seiner Westentasche, holte seine zwei Fünfundzwanzig-Cent-Stücke heraus und besah sie sich mit geheuchelter Überraschung.

«Na so was», stieß er ungehalten hervor, «jetzt bin ich doch tatsächlich ohne Brieftasche aus dem Haus gegangen.»

«Soll ich dir mit Bargeld aushelfen?», fragte Lytell leichthin.

«Ich hab' mein Geld auf dem Ankleidetisch liegen lassen. Und ich wollte euch doch noch eine Runde spendieren.»

«Lass gut sein!» Lytell winkte großzügig ab. «Einen guten Kumpel werden wir doch gelegentlich freihalten dürfen. Noch mal dasselbe?»

«Wie wär's», schlug Parker Allison vor, «wenn wir uns von Sammy ein paar Sandwiches holen lassen und hier zu Abend essen?»

Die anderen beiden stimmten zu.

«Gute Idee.»

«Hallo, Sammy, tust du uns mal einen Gefallen …»

Kurz nach neun erhob Anthony sich torkelnd, wünschte ihnen mit schwerer Zunge eine gute Nacht, schwankte zur Tür und drückte Sam im Vorbeigehen eines seiner Vierteldollar-Stücke in die Hand. Draußen zögerte er einen Augenblick, dann setzte er sich in Richtung Sixth Avenue in Marsch, wo er häufig an Pfandleihen vorbeigekommen war. Ein Zeitungsstand, zwei Drugstores – dann stand er vor dem gesuchten Geschäft, das zugesperrt und vergittert war. Ohne sich etwas dabei zu denken, ging er einen Block weiter; auch die nächste Pfandleihe war geschlossen, ebenso zwei weitere gegenüber und die fünfte in dem Häuserblock dahinter. Weil er dort ein mattes Licht zu erkennen meinte, klopfte er kräftig an die Glasscheibe und stellte seine Bemühungen erst ein, als im Hintergrund ein Wachmann auftauchte und ihm ärgerlich bedeutete, er möge weitergehen. Zunehmend entmutigt und zunehmend benebelt überquerte er die Straße und ging in Richtung Forty-third Street zurück. An der Ecke kurz vor «Sammy's» blieb er unentschlossen stehen; wenn er jetzt nach Hause ging, wonach sein Körper verlangte, handelte er sich mit Sicherheit heftige Vorwürfe ein. Doch wusste er, nachdem die Pfandleihen geschlossen waren, beim besten Willen nicht, woher er das Geld nehmen sollte. Schließlich rang er sich dazu durch, doch Parker Allison darum anzugehen, aber als er vor «Sammy's» stand, war die Tür fest verrammelt und alles dunkel. Er sah auf die Uhr. Halb zehn. Er ging weiter.

Zehn Minuten später machte er aufs Geratewohl an der Ecke Forty-third Street und Madison Avenue halt; schräg gegenüber war der hell erleuchtete, aber so gut wie verlassene Eingang zum «Biltmore Hotel». Einen Augenblick blieb er dort stehen, dann setzte er sich in einem Haufen von Bauschutt schwerfällig auf ein nasses Brett. Fast eine halbe Stunde ruhte er sich dort aus, im Kopf ein ständig wechselndes Muster von Gedanken ohne Tiefe, wobei die Überlegung im Vordergrund stand, dass er sich irgendwie Geld beschaffen und nach

Hause gehen musste, ehe er zu beduselt war, um hinzufinden.

Als er wieder zum «Biltmore» hinüberschaute, sah er direkt unter der Markisenbeleuchtung einen Mann neben einer Dame im Hermelinmantel stehen. In diesem Moment traten die beiden vor und winkten einem Taxi.

Am Gang – ein untrügliches Zeichen, wenn man einen Menschen gut kennt – sah Anthony, dass es Maury Noble war.

Er stand auf. «Maury!», rief er.

Maury sah in seine Richtung und wandte sich, als das Taxi vorfuhr, wieder der Dame zu.

In der vagen Absicht, sich zehn Dollar zu leihen, rannte Anthony, so schnell er konnte, über die Madison Avenue und die Forty-third Street entlang.

Als er bei Maury angekommen war, stand der vor der geöffneten Tür des Taxis. Seine Begleiterin drehte sich um und musterte Anthony befremdet.

«Hallo, Maury», sagte er und streckte ihm die Hand hin. «Wie geht's?»

«Danke, gut.»

Ihre Hände sanken herab, und Anthony zögerte. Maury machte keine Anstalten, ihn der Dame vorzustellen, sondern stand nur da und betrachtete ihn schweigend und katzenhaft unergründlich.

«Ich wollte mit dir reden …» Anthony verstummte unsicher. Weil er den Freund vor der keinen Meter entfernten Frau schlecht anpumpen konnte, machte er eine Kopfbewegung, als wollte er Maury beiseite winken.

«Ich hab's ziemlich eilig, Anthony.»

«Ich weiß, aber kannst du … könntest du …» Wieder stockte er.

«Wir reden ein andermal weiter», sagte Maury.

«Es ist wichtig.»

«Tut mir leid, Anthony.»

Ehe er sich entscheiden konnte, seine Bitte anzubringen, hatte sich Maury ungerührt seiner Dame zugewandt, half ihr ins Taxi, stieg mit einem höflichen «Guten Abend!» ebenfalls ein und grüßte mit völlig unveränderter Miene, wie es Anthony schien, noch einmal nickend durchs Fenster. Dann fuhr das Taxi mit rabiatem Rumpeln an, und Anthony stand allein im Lampenlicht.

Er betrat das «Biltmore» – ohne einen bestimmten Grund, nur weil der Eingang gerade da war –, stieg die breite Treppe hoch und setzte sich in einen der Alkoven. Die Brüskierung war ihm natürlich bewusst, und er war so gekränkt und zornig, wie ihm das in diesem Zustand überhaupt möglich war. Dennoch war nach wie vor seine größte Sorge, dass er, ehe er den Heimweg antrat, irgendwie zu Geld kommen musste, und wieder zählte er an den Fingern die Bekannten ab, die er in so einer Krise notfalls anrufen konnte. Dann fiel ihm ein, dass er versuchen könnte, seinen Börsenmakler, Mr. Howland, zu Hause zu erreichen.

Dort erfuhr er, nachdem man ihn lange hatte warten lassen, dass Mr. Howland ausgegangen war. Er ging zurück zu der Telefonistin, beugte sich über ihren Schreibtisch und spielte mit seinem Vierteldollar, als könne er sich nicht damit abfinden, unverrichteter Dinge abzuziehen.

«Rufen Sie Mr. Bloeckman an», sagte er plötzlich zu seiner eigenen Überraschung. Zwei Gedanken, die sich in seinem Kopf überkreuzten, hatten ihn unversehens auf diesen Namen gebracht.

«Und die Nummer, bitte?»

Fast unbewusst schlug er Joseph Bloeckman im Telefonbuch nach, fand ihn aber nicht. Er wollte es schon schließen, als ihm einfiel, dass Gloria etwas von einer Namensänderung gesagt hatte. Eine Minute später hatte er Joseph Black gefunden und wartete in der Telefonzelle, während die Zentrale die Verbindung herstellte.

«Hallooo! Ist Mr. Bloeck … ich meine, Mr. Black da?»

«Nein, er ist heute Abend nicht im Haus. Kann ich etwas ausrichten?» Die Cockney-Stimme erinnerte Anthony an die wohlklingenden stimmlichen Ehrerbietigkeiten eines Bound.

«Wo ist er?»

«Äh … hm … mit wem spreche ich bitte, Sir?»

«Hier Patch. Sehr dringende Sache.»

«Er ist mit Bekannten im ‹Boul' Mich'›, Sir.»

«Danke.»

Anthony nahm seine fünf Cents Wechselgeld entgegen und machte sich auf den Weg zum «Boul' Mich'», einem beliebten Tanzlokal auf der Forty-fifth Street. Es war fast zehn, aber die Straßen waren dunkel und wenig belebt; erst eine Stunde später würden die Theater ihre Massen ausspeien. Anthony kannte das «Boul' Mich'», er war im vergangenen Jahr mit Gloria dort gewesen, und erinnerte sich auch einer Hausregel, die den Gästen Abendkleidung vorschrieb. Nun gut, dann würde er eben nicht hochgehen, sondern einen Pagen zu Bloeckman schicken und unten auf ihn warten. In diesem Moment schien ihm das Vorhaben völlig naheliegend und eine elegante Lösung. Im Zerrspiegel seiner Fantasie sah er Bloeckman als guten alten Freund.

In der Eingangshalle zum «Boul' Mich'» war es warm. Helles gelbes Licht strahlte auf einen hochflorigen grünen Teppich herunter, in der Mitte führte eine weiße Treppe zu der oberen Etage, in der getanzt wurde.

«Ich möchte Mr. Bloeck … Mr. Black sprechen», sagte Anthony zu dem Pagen. «Er ist oben. Lassen Sie ihn ausrufen.»

Der Page schüttelte den Kopf. «Ausrufen gibt's bei uns nicht. Wissen Sie, an welchem Tisch er sitzt?»

«Nein. Aber ich muss ihn unbedingt sprechen.»

«Warten Sie, ich hole einen Kellner.»

Wenig später erschien ein Oberkellner mit einem Plan, auf dem die Tischnummern eingetragen waren. Er warf Anthony einen zynischen Blick zu, der aber an diesem wirkungslos abprallte. Zusammen beugten sie sich über den Plan und fanden den Tisch mühelos – acht Personen, auf Mr. Blacks Namen.

«Patch ist mein Name. Richten Sie's ihm aus. Ganz dringend.» – Wieder hieß es warten. Er lehnte sich ans

Treppengeländer und lauschte den schrillen Klängen von «Jazz-mad», die über die Treppe zu ihm drangen. Eine Garderobiere neben ihm sang den Text mit:

«Out in – the shimmee sanitarium
The jazz-mad nuts reside.
Out in – the shimmee sanitarium
I left my blushing bride.
She went and shook herself insane,
So let her shiver back again …»

Dann sah er Bloeckman die Treppe herunterkommen und ging einen Schritt auf ihn zu, um ihm die Hand zu geben.

«Sie wollten mich sprechen?», fragte der Ältere frostig.

«Ja.» Anthony nickte. «Eine Privatsache. Komm' Sie mal 'n Stück näher …»

Black behielt Anthony scharf im Auge, während er ihm zu einer Stelle folgte, wo die Treppe eine halbe Biegung beschrieb und keine Gefahr bestand, dass sie von Gästen, die das Restaurant betraten oder verließen, gesehen oder belauscht werden konnten.

«Nun?», fragte er.

«Wollte mal mit Ihn' reden.»

«Worüber?»

Anthony lachte auf, was ungezwungen hätte wirken sollen, aber nur albern klang.

«Worüber wollten Sie mit mir sprechen?», wiederholte Bloeckman.

«Wozu die Eile, alter Junge?» Er versuchte, Bloeckman freundschaftlich die Hand auf die Schulter zu legen, der aber zog sich ein wenig zurück. «Wie geht's denn immer?»

«Danke, gut … Hören Sie, Mr. Patch, ich bin mit Freunden hier, die mich für unhöflich halten werden, wenn ich zu lange wegbleibe. Worüber wollten Sie mit mir sprechen?»

Zum zweiten Mal an diesem Abend machten Anthonys Gedanken einen jähen Sprung, und das, was er sagte, war ganz und gar nicht das, was er hatte sagen wollen.

«Sie ham's meiner Frau vermasselt, dass sie zum Film kommt.»

«Was?» Bloeckmans Gesicht verschattete sich zu flächigem Dunkel.

«Sie ham's ganz genau verstanden.»

«Hören Sie, Mr. Patch», sagte Bloeckman ruhig und ohne eine Miene zu verziehen, «Sie sind betrunken. Sie sind widerlich und beleidigend betrunken.»

«Nich zu betrunken, um mit Ihn' zu reden», brachte Anthony grinsend hervor. «Was meine Frau angeht, die will nichts mit Ihn' zu tun haben. Hat sie nie gewollt. Is das klar?»

«Schluss jetzt!», fuhr Bloeckman erbost auf. «Der Respekt vor Ihrer Frau müsste Ihnen verbieten, sie unter diesen Umständen auch nur zu erwähnen.»

«Die Umstände von meiner Frau können Ihn' egal sein. Aber Sie lassen die Finger von ihr, klar? Zum Teufel mit Ihnen.»

«Ich glaube, Sie sind nicht ganz bei Trost», stieß Bloeckman hervor. Er tat zwei Schritte nach vorn, als wollte er Anthony einfach stehen lassen, der aber trat ihm in den Weg. «Nich' so schnell, Sie gottverdammter Jude!»

Einen Augenblick standen sie da und starrten sich an, Anthony leicht schwankend, Bloeckman fast zitternd vor Wut.

«Ich warne Sie!», sagte er gepresst.

In diesem Moment hätte Anthony sich an einen gewissen Blick erinnern können, mit dem Bloeckman ihn vor Jahren im «Biltmore Hotel» bedacht hatte. Aber er erinnerte sich an nichts, gar nichts …

«Ich sag's gern noch mal, Sie gottver …»

Und da schlug Bloeckman zu. Mit der ganzen Kraft eines durchtrainierten Mannes von fünfundvierzig Jahren holte er aus und traf Anthony voll auf den Mund.

Anthony fiel gegen die Treppe, rappelte sich wieder hoch und setzte zu einem trunken-ziellosen Konterschlag an, aber Bloeckman, der sich jeden Tag sportlich betätigte und etwas von Sparring verstand, blockte ihn mühelos ab und traf mit zwei schnellen, heftigen Jabs sein Gesicht. Leise ächzend kippte Anthony vornüber auf den flauschig-grünen Teppich. Im Fallen schmeckte er Blut und merkte, dass er vorn im Mund ein eigenartig lockeres Gefühl hatte. Keuchend und spuckend quälte er sich wieder hoch, aber als er erneut auf Bloeckman losgehen wollte, packten ihn zwei Kellner, die plötzlich wie vom Himmel gefallen neben ihm standen, an den

Armen, sodass er sich nicht mehr rühren konnte. Hinter ihm hatten sich auf wunderbare Weise schon zehn, zwölf Zuschauer eingefunden.

«Ich bring' ihn um», schrie Anthony, haltlos hin und her taumelnd. «Lasst mich los, ihr …»

«Werft ihn raus», befahl Bloeckman erregt, während sich ein kleiner Mann mit pockennarbigem Gesicht beflissen durch die Menge drängte.

«Hatten Sie Ärger, Mr. Black?»

«Der Pennbruder da hat versucht, mich zu erpressen», sagte Bloeckman, und mit erhobener Stimme, in der ein fast schriller Stolz mitschwang, fügte er hinzu: «Jetzt hat er bekommen, was er verdient.»

Der Mann mit dem Narbengesicht wandte sich an einen Kellner. «Holen Sie die Polizei!»

«Damit kann ich mich nicht aufhalten», wehrte Bloeckman rasch ab. «Setzen Sie ihn einfach vor die Tür … Unerhört, so was!»

Er wandte sich um und ging betont würdevoll in Richtung Waschraum, während sechs kräftige Hände Anthony packten und zur Tür zerrten. Der «Pennbruder» wurde mit Schwung auf den Gehsteig befördert, wo er klatschend auf Händen und Knien landete und langsam zur Seite rollte.

Der Aufprall hatte ihn betäubt. Einen Augenblick blieb er mit heftigen Schmerzen am ganzen Körper liegen. Dann konzentrierte sich der Schmerz auf den Bauch, und als er wieder einigermaßen bei sich war, merkte er, dass ihn an dieser Stelle ein großer Fuß traktierte.

«Hier kannst du nicht bleiben, du Penner! Zieh Leine!», ließ sich der breitschultrige Türsteher vernehmen.

Am Gehsteig hielt eine Limousine, deren Insassen ausgestiegen waren, das heißt, zwei der Damen waren unangenehm berührt auf dem Trittbrett stehen geblieben und warteten darauf, dass man ihnen das anstößige Hindernis aus dem Weg schaffte.

«Los, verschwinde! Oder soll ich dir Beine machen?»

«Moment, ich bring' ihn weg.»

Das war eine neue Stimme, und Anthony hatte den Eindruck, dass sie duldsamer und wohlwollender war als die erste. Wieder schlossen sich Arme um ihn, und er fand sich halb getragen, halb geschleift vier Türen weiter, wo er in willkommener Dunkelheit an die Fassade eines Hutsalons gelehnt wurde.

«Sehr verbunden», flüsterte Anthony matt. Jemand drückte ihm den Filzhut auf den Kopf, und er zuckte zusammen.

«Bleiben Sie sitzen, Freund, dann wird Ihnen gleich besser. Die Burschen haben Sie ganz schön hergenommen.»

«Ich will zurück, ich bring' ihn um, diesen dreckigen …» Anthony versuchte aufzustehen, klappte aber an der Wand wieder zusammen.

«Glauben Sie mir, Freund, im Augenblick können Sie überhaupt nichts machen», bemerkte die Stimme. «Den schnappen Sie sich eben ein andermal. Ich will Ihnen ja nur helfen.»

Anthony nickte.

«Und Sie gehören jetzt nach Hause. Sie haben heute Abend einen Zahn verloren, Freund, ist Ihnen das klar?»

Anthony erkundete mit der Zunge den Mund, dann hob er mühsam die Hand und lokalisierte die Lücke.

«Ich bring' Sie nach Hause, Freund. Wo wohnen Sie denn?»

«Bei Gott, der kann was erleben», unterbrach ihn Anthony und ballte erregt die Fäuste. «Die soll mich kennenlernen, diese dreckige Bande. Wenn Sie mir helfen, zeig' ich mich erkenntlich. Mein Großvater ist Adam Patch aus Tarrytown …»

«Wer?»

«Adam Patch, bei Gott.»

«Und Sie wollen jetzt nach Tarrytown?»

«Nein.»

«Dann sagen Sie, wo Sie hin wollen, Freund, und ich hol' ein Taxi.»

Anthony erkannte jetzt, dass sein Samariter ein ziemlich klein geratenes, etwas heruntergekommenes Individuum mit breiten Schultern war.

«He, Kumpel, wo wohnen Sie denn nun?»

So benebelt und mitgenommen er auch war, begriff er doch, dass seine Adresse nach der Großtuerei mit dem alten Adam Patch eine recht dürftige Sicherheit darstellte.

«Holen Sie mir ein Taxi», befahl er und kramte in seinen Taschen herum.

Wenig später fuhr eine Motordroschke vor, und wieder versuchte Anthony aufzustehen, aber sein Knöchel knickte ein, als sei er aus zwei Teilen gemacht. Es ließ sich nicht vermeiden, dass der Samariter ihm half und nach ihm einstieg.

«Hören Sie her», sagte er. «So blau, wie Sie sind, schaffen Sie's nie im Leben bis ins Haus, wenn Sie nicht einer reinträgt, darum komm' ich jetzt mit, und mit mir zusammen kriegen Sie's hin. Wo wohnen Sie?»

Einigermaßen widerstrebend nannte Anthony seine Adresse. Während das Taxi anfuhr, lehnte er den Kopf an die Schulter seines Begleiters und verfiel in einen nebelhaften, schmerzgepeinigten Dämmerzustand. Als er aufwachte, hatte der Mann ihn in der Claremont Avenue aus dem Wagen gehoben und versuchte, ihn auf die Füße zu stellen.

«Können Sie laufen?»

«Einigermaßen. Sie kommen besser nicht mit hinein.» Wieder tastete er ziellos in seinen Taschen herum. «Es ist nämlich …», entschuldigte er sich, gefährlich hin und her schwankend, «ich habe nämlich keinen Cent bei mir.»

«Wa-as?»

«Ich bin blank.»

«Das darf nicht wahr sein! Haben Sie nicht gesagt, dass Sie sich erkenntlich zeigen wollen? Und wer zahlt das Taxi?» Beistand heischend wandte er sich an den Fahrer. «Haben Sie's nicht mitgekriegt? Von seinem Großvater hat er geredet und dass er sich erkenntlich zeigen will …»

«Also eigentlich», wandte Anthony unvorsichtigerweise ein, «haben das Reden ja Sie besorgt. Aber wenn Sie morgen vorbeikommen …»

In diesem Moment beugte sich der Fahrer aus dem Fenster und sagte grimmig: «Hau ihm eine rein, dem miesen Knicker. Wenn er kein Pennbruder war', hätten sie ihn nicht rausgeschmissen.»

Die Faust des Samariters schoss vor wie ein Rammbock und schleuderte Anthony gegen die Steinstufen, wo er regungslos liegen blieb, während die hohen Häuser über ihm hin und her schwankten …

Nach langer Zeit wachte er auf und merkte, dass es viel kälter geworden war. Er versuchte, sich von der Stelle zu bewegen, aber die Muskeln versagten ihm den Dienst. Plötzlich wollte er unbedingt wissen, wie spät es war, doch als er seine Uhr ziehen wollte, griff er in die leere Tasche. Unwillkürlich kam ihm ein altehrwürdiger Satz über die Lippen: «Was für eine Nacht!»

Sonderbarerweise war er fast nüchtern. Ohne den Kopf zu bewegen, sah er zu dem in der Himmelsmitte verankerten Mond hoch, der sein Licht in die Claremont Avenue hinunterschickte wie auf den Grund einer tiefen, unerforschten Schlucht. Nichts Lebendiges war zu sehen oder zu hören außer dem stetigen Sausen in seinen Ohren; nach einer Weile aber brach Anthony selbst mit einem deutlich vernehmbaren, absonderlichen Laut das Schweigen. Es war jener Laut, den er im «Boul' Mich'» unentwegt versucht hatte hervorzubringen, als er Bloeckman gegenübergestanden hatte – ein unverkennbar ironisches Gelächter. Von seinen zerschlagenen, blutenden Lippen kam es wie ein jammervolles Würgen der Seele.

Drei Wochen später ging der Prozess zu Ende. Der über viereinhalb Jahre lang scheinbar unerschöpflich sprudelnde Quell juristischer Bürokratismen versiegte jäh. Anthony und Gloria auf der einen, Edward Shuttleworth und ein Aufgebot von Begünstigten auf der anderen Seite traten an, um in unterschiedlichen Abstufungen von Habgier und wilder Entschlossenheit ihre Aussagen zu machen, ihre Lügen auszubreiten oder sich sonstige Missgriffe zu leisten.

An einem Märznachmittag wachte Anthony auf und begriff, dass nachmittags um vier das Urteil ergehen würde, und dieser Gedanke trieb ihn dazu, aufzustehen und sich anzuziehen. In seine fiebrige Nervosität mischte sich ein durch nichts gerechtfertigter Optimismus. Er glaubte an eine Aufhebung des Urteils der Vorinstanz, und sei es auch nur, weil die öffentliche Meinung wegen der überzogenen Prohibition neuerdings gegen Reformen und Reformer eingestellt war. Er versprach sich mehr von den persönlichen Angriffen, die sie gegen Shuttleworth gerichtet hatten, als von den rein juristischen Aspekten des Verfahrens.

Als er angekleidet war, schenkte er sich einen Whisky ein, dann ging er zu Gloria, die schon hellwach war. Sie hütete seit einer Woche das Bett – aus einer Laune heraus, wie Anthony glaubte, auch wenn der Arzt gesagt hatte, es sei am besten, sie ganz in Ruhe zu lassen.

«Guten Morgen», sagte sie leise und ohne Lächeln. Ihre Augen schienen ihm ungewöhnlich groß und dunkel.

«Wie geht's?», fragte er mit einiger Überwindung. «Besser?»

«Ja.»

«Viel besser?»

«Ja.»

«So gut, dass du heute Nachmittag mit mir zum Gericht gehen kannst?»

Sie nickte. «Unbedingt. Dick hat gestern gesagt, dass er mich, wenn schönes Wetter ist, mit seinem Wagen zu einer Fahrt durch den Central Park abholt – und schau, das Zimmer ist voller Sonne.»

Anthony warf mechanisch einen Blick aus dem Fenster und setzte sich aufs Bett. «Herrgott, was bin ich nervös», stieß er hervor.

«Bitte setz dich nicht da hin», sagte sie rasch.

«Warum nicht?»

«Du riechst nach Whisky, das vertrage ich nicht.»

Zerstreut stand er auf und ging hinaus.

Wenig später rief sie nach ihm, und er holte ihr Kartoffelsalat und kaltes Huhn aus dem Feinkostgeschäft.

Um zwei stand Richard Caramel mit seinem Wagen vor der Tür, und als er sich über die Sprechanlage angemeldet hatte, fuhr Anthony mit Gloria nach unten und brachte sie bis zum Automobil.

Es sei schrecklich lieb von ihm, sie zu einer Spazierfahrt abzuholen, sagte sie zu ihrem Vetter.

«Sei nicht albern», wehrte Dick ab. «Ist doch nicht der Rede wert.»

Insgeheim aber fand er keinesfalls, dass es nicht der

Rede wert sei, und das war schon eine absonderliche Sache. Richard Caramel hatte vielen Menschen viele Verfehlungen vergeben, aber er hatte seiner Cousine nie eine Bemerkung verziehen, die sie kurz vor ihrer Hochzeit vor sieben Jahren gemacht hatte. Sie hatte gesagt, dass sie nicht die Absicht habe, sein Buch zu lesen.

Richard Caramel hatte diese Bemerkung sehr genau in Erinnerung behalten – seit sieben Jahren.

«Wann kann ich euch erwarten?», fragte Anthony.

«Wir kommen nicht hierher zurück», erwiderte Gloria. «Wir treffen uns dort mit dir.»

«Ja, gut», sagte er halblaut. «Wir treffen uns dort.»

Oben lag ein Brief für ihn, ein vervielfältigtes Schreiben, in dem «die Kameraden» in herablassendem Umgangston dringend gebeten wurden, ihren Mitgliedsbeitrag für die «American Legion» zu zahlen. Er warf das Schreiben ungehalten in den Papierkorb, setzte sich ans Fenster, stützte die Ellbogen aufs Fensterbrett und sah auf die sonnige Straße hinunter, ohne etwas wahrzunehmen.

Italien – wenn das Urteil zu ihren Gunsten ausfiel, hieß das Italien. Das Wort war für ihn zu einer Art Talisman geworden – ein Land, in dem die unerträglichen Ängste des Lebens von ihm abfallen würden wie ein altes Gewand. Sie würden zuerst die Badeorte besuchen und in der fröhlichen und bunten Gästeschar die tristen Attribute der Trostlosigkeit aus ihrem Gedächtnis tilgen. Wie neugeboren würde er wieder im Dämmerlicht über die Piazza di Spagna schlendern und sich in der Menge dunkler Frauen, zerlumpter Bettler, asketischer Barfußmönche treiben lassen. Der Gedanke an italienische Frauen weckte leise Erregung in ihm – wenn sein Geldbeutel erst wieder prall gefüllt war, kam vielleicht auch die Romantik wieder angeflogen und ließ sich darauf nieder, die Romantik blauer Kanäle in Venedig und der goldgrünen Hügel von Fiesole nach dem Regen und die Romantik von Frauen. Frauen, die sich wandelten, auflösten, in anderen Frauen aufgingen und wieder aus seinem Leben wichen, immer aber schön und immer jung waren.

Doch fand er, dass sich in seiner Einstellung etwas ändern müsse. Alle Nöte seines Lebens, alles Leid und aller Schmerz waren auf Frauen zurückzuführen. Auf die verschiedenste Weise hatten sie ihn verletzt – unbewusst, fast beiläufig. Vielleicht aus der Erkenntnis heraus, dass er zart besaitet und voller Ängste war, hatten sie all das in ihm getötet, was ihre absolute Herrschaft bedrohte.

Er drehte sich vom Fenster weg und betrachtete bedrückt sein Spiegelbild, das teigig-fahle Gesicht, die Augen mit dem Netzwerk von Linien, die wie eingetrocknete Blutsfäden waren, die schlaffe Figur, deren gebeugte Haltung so deutlich die Resignation verriet. Er war dreiunddreißig – und sah aus wie vierzig. Aber das würde sich ändern.

Unvermittelt schrillte die Türklingel, und sein Gesicht verzog sich gepeinigt wie unter einem Schlag. Dann nahm er sich zusammen, ging zur Wohnungstür und öffnete. Es war Dot.

Er wich vor ihr ins Wohnzimmer zurück, wobei er von dem langsam dahinfließenden Strom der Sätze, die ihr in einem hartnäckigen Singsang entquollen, nur den einen oder anderen auffasste. Sie war anständig und ärmlich gekleidet – ein klägliches, mit rosafarbenen und blauen Blumen aufgeputztes Hütchen bedeckte und verbarg ihr dunkles Haar. Er entnahm ihren Worten, dass sie vor ein paar Tagen in der Zeitung einen Artikel über einen Prozess gelesen und sich über den Kanzleileiter des Revisionsgerichts seine Adresse beschafft hatte. Sie hatte in der Wohnung angerufen und von einer Frau, der sie ihren Namen nicht genannt hatte, erfahren, dass Anthony nicht da war.

Unter der Tür zum Wohnzimmer blieb er stehen und starrte sie wie gelähmt vor Entsetzen an, während sie weiterredete. In diesem Moment beherrschte ihn vor allem das Gefühl, dass alle Zivilisation, alle Tradition, die ihn umgab, sonderbar unwirklich geworden war. Sie arbeite in einem Hutsalon auf der Sixth Avenue, erzählte sie; es sei ein einsames Leben. Sie sei lange krank gewesen, als er nach Camp Mills verlegt worden sei; ihre Mutter hatte sie heimgebracht nach Carolina … Sie sei nach New York gekommen in der Hoffnung, Anthony zu finden.

Es war ihr erschreckend ernst. Die veilchenblauen Augen waren verweint. Immer wieder brachen kurze kleine Schluchzer in die weiche Sprachmelodie ein.

Das war alles. Sie hatte sich nicht geändert. Sie wollte ihn haben, und wenn sie ihn nicht haben konnte, würde sie sterben …

«Du musst hier weg», brachte er schließlich ebenso gepeinigt wie eindringlich hervor. «Hab' ich nicht auch ohne dich schon genug am Hals? Mein Gott! Du musst hier weg!»

Schluchzend setzte sie sich in einen Sessel. «Ich liebe dich», stieß sie hervor. «Sag, was du willst – ich liebe dich.»

Er kreischte jetzt fast. «Was kümmert das mich? Raus mit dir! Raus! Hast du mir nicht schon genug Unglück gebracht? Hast … du … nicht … genug … getan?»

«Schlag mich!», flehte sie töricht und unbedacht. «Schlag mich, und ich will die Hand küssen, mit der du mich schlugst.»

Seine Stimme steigerte sich fast zu einem Schrei. «Ich bring' dich um! Wenn du nicht gehst, bring' ich dich um, ich bring' dich um.»

Wahnsinn stand jetzt in seinem Blick, aber Dot ließ sich nicht einschüchtern. Sie stand auf und tat einen Schritt auf ihn zu. «Anthony! Anthony!»

Er ließ kurz und scharf die Zähne aufeinanderschlagen und trat zurück, als wollte er Anlauf nehmen, um sich auf sie zu stürzen – dann hielt er inne und ließ den Blick hektisch über den Fußboden und an den Wänden entlanggehen.

«Ich bring' dich um», keuchte er in kurzen, abgerissenen Stößen. *«Ich … bring' … dich um!»* Er biss an dem

Satz herum, als wollte er ihn zwingen, zur Tat zu werden. Jetzt bekam sie es doch mit der Angst zu tun; sie näherte sich ihm nicht weiter, sondern machte, als sie seinen irren Blick sah, einen Schritt auf die Tür zu. Anthony rannte, unentwegt seine schrille Drohung ausstoßend, auf seiner Seite des Zimmers hin und her. Dann fand er, wonach er gesucht hatte, einen Stuhl aus solider Eiche mit gerader Lehne, der am Tisch stand. Mit einem rauen, gebrochenen Laut packte er ihn, schwang ihn über den Kopf und schleuderte ihn mit aller Kraft dem weißen, verängstigten Gesicht am anderen Ende des Zimmers entgegen … dann senkte sich tiefe, undurchdringliche Finsternis auf ihn, die jeden Gedanken, allen Wahn, alle Wut auslöschte. Mit einem fast fühlbaren Knacks änderte sich vor seinen Augen das Gesicht der Welt.

Um fünf kamen Gloria und Dick und riefen nach ihm. Keine Antwort. Auf der Schwelle zum Wohnzimmer lag ein Stuhl mit zerbrochener Lehne, im Zimmer selbst herrschte Unordnung – die Läufer hatten sich verschoben, Bilder und Nippes auf dem Mitteltisch waren umgefallen. Es roch widerlich süßlich nach billigem Parfüm.

Anthony saß in einem Sonnenflecken im Schlafzimmer auf dem Fußboden. Vor sich hatte er drei große aufgeschlagene Briefmarkenalben, und als sie eintraten, fuhr er gerade mit der Hand durch einen hohen Stoß von Marken, die er aus dem hinteren Teil eines der Alben auf den Boden gekippt hatte. Als er aufblickte und Dick und Gloria sah, legte er prüfend den Kopf schief und bedeutete ihnen, nicht näher zu kommen.

«Anthony!», stieß Gloria aufgeregt hervor. «Wir haben gewonnen! Sie haben das Urteil aufgehoben!»

«Kommt nicht herein», sagte er matt, «ihr bringt sie durcheinander. Ich bin beim Sortieren, ihr tretet nur drauf. Immer gerät alles durcheinander.»

«Was treibst du denn da?», fragte Dick fassungslos. «Kindische Spiele? Begreifst du nicht, dass du den Prozess gewonnen hast? Sie haben das Urteil der Vorinstanz aufgehoben. Du bist dreißig Millionen schwer.»

Anthony sah ihn nur vorwurfsvoll an. «Macht die Tür zu, wenn ihr rausgeht.» Er redete wie ein altkluges Kind.

In Glorias Blick erwachte ein leiser Schreck.

«Anthony! Was ist los? Was ist mit dir? Warum bist du nicht gekommen? Um Himmels willen, was *ist* mit dir?»

«Jetzt verzieht euch endlich», sagte Anthony leise. «Beide! Sonst sag' ich's meinem Großvater.»

Er griff sich eine Handvoll Briefmarken und ließ sie um sich herum zu Boden flattern; wie farbige leuchtende Blätter schwebten und kreisten sie bunt im Sonnenlicht; Marken aus England und Ecuador, Venezuela und Spanien – Italien.

Jene erhabene himmlische Ironie, die den Sturz so vieler Generationen von Sperlingen registriert hat, vermerkt zweifellos auch die subtilsten verbalen Äußerungen der Passagiere von Schiffen wie der «Berengaria». Und gewiss hörte sie auch zu, als der junge Mann mit der karierten Reisemütze rasch das Deck überquerte und das hübsche junge Mädchen in Gelb ansprach.

«Das ist er», sagte er und deutete auf eine in Decken gehüllte Gestalt in einem Rollstuhl an der Reling. «Das ist Anthony Patch. Er ist heute zum ersten Mal an Deck.»

«Ach, das ist er?»

«Ja. Es heißt, dass er nicht mehr ganz bei Verstand ist, seit er vor vier oder fünf Monaten sein Geld bekommen hat. Der andere, dieser Shuttleworth, der fromme Knabe, der das Geld nicht gekriegt hat, der hat sich in einem Hotelzimmer eingesperrt und erschossen.»

«Ach, wirklich?»

«Aber ich glaube, Anthony Patch kratzt das nicht weiter. Jetzt hat er ja seine dreißig Millionen. Und einen Leibarzt als ständigen Begleiter für den Fall, dass er sich doch einmal nicht so wohl in seiner Haut fühlt. War *sie* an Deck?»

Das hübsche Mädchen in Gelb sah sich vorsichtig um. «Eben war sie noch da. In einem russischen Zobelmantel. Muss ein kleines Vermögen gekostet haben.» Sie runzelte die Stirn, dann erklärte sie entschieden: «Weißt du, ich mag sie nicht. Sie kommt mir irgendwie … irgendwie gefärbt und unsauber vor. Manche Leute wirken einfach so, ob sie's sind oder nicht.»

«Da hast du recht», bestätigte der Mann mit der Reisemütze. «Aber sie sieht nicht übel aus.» Er hielt einen Augenblick inne. «Woran er wohl denkt? An sein Geld wahrscheinlich. Oder vielleicht geht ihm die Sache mit diesem Shuttleworth doch nach.»

«Wahrscheinlich ...»

Da aber irrte der Mann mit der Reisemütze. Anthony Patch dachte, während er an der Reling saß und aufs Meer hinaussah, keineswegs an sein Geld, denn materielle Eitelkeiten hatten in seinem Leben eigentlich immer eine eher untergeordnete Rolle gespielt, und auch nicht an Edward Shuttleworth, denn derlei Dinge betrachtet man am besten immer von der positiven Seite. Nein, er ließ Erinnerungen an sich vorüberziehen, so, wie ein General auf einen erfolgreichen Feldzug zurückblicken und seine Siege analysieren mag. Er dachte an die Prüfungen, die unerträglichen Heimsuchungen, die er durchlitten hatte. Sie hatten versucht, ihn für die Fehler seiner Jugend büßen zu lassen. Er war tief ins Unglück gestoßen, war für seine brennende Sehnsucht nach Romantik bestraft worden, seine Freunde hatten ihn verlassen – selbst Gloria hatte sich gegen ihn gewandt. Er war allein gewesen, hatte alles allein tragen müssen.

Noch vor ein paar Monaten hatte man ihn gedrängt, klein beizugeben, sich der Mittelmäßigkeit zu unterwerfen, eine Arbeit anzunehmen. Doch er hatte gewusst, dass er recht daran getan hatte, sein Leben so zu führen, wie er es tat – und er hatte sich tapfer geschlagen. Gerade jene Freunde, von denen er am schlechtesten behandelt worden war, hatten jetzt, da sie wussten, dass er von Anfang an recht gehabt hatte, Achtung vor ihm. Waren nicht die Lacys und die Merediths und die Cartwright-Smiths noch eine Woche vor Auslaufen des Schiffes bei ihm und Gloria im «Ritz» gewesen?

Dicke Tränen standen in seinen Augen, und seine Stimme zitterte, während er leise vor sich hinredete.

«Ich hab's ihnen gezeigt», flüsterte er. «Es war ein harter Kampf, aber ich habe nicht aufgegeben, und ich hab's geschafft.»

NACHWORT

Ob die Kunst das Leben oder das Leben die Kunst imitiert, ist bei Francis Scott Fitzgerald nicht leicht zu entscheiden. Geboren wurde er am 24. September 1896 in St. Paul, Minnesota, ein Naturtalent, das schon als Kind zu schreiben begann. Der erste seiner fünf Romane, «This Side of Paradise» (1920), machte ihn nicht nur mit dreiundzwanzig Jahren berühmt, sondern ermöglichte ihm auch die Heirat mit Zelda Sayre, die er beinah verloren hätte, weil ihm – wie er später offen sagte – ohne diesen Erfolg das Geld gefehlt hätte, um ihren Ansprüchen zu genügen. Zelda, die Tochter eines Richters in Montgomery, Alabama, war in gewisser Weise die Summe aller Frauen, für die er vorher geschwärmt hatte; typisch für Fitzgerald war eine Vorliebe für Mädchen mit hohem Sozialprestige, deren Lebensstandard zu halten ihm im Grunde unmöglich war. Zugleich entsprach sie jedoch den Heldinnen schon seiner frühesten Werke: verwöhnte und zugleich unwiderstehliche Geschöpfe, die die Welt herausfordern. Zelda sollte die wichtigste Person in seinem Leben und in seinem Werk werden. Verarbeitete er in seinem Debüt «This Side of Paradise» seine Jugendlieben und die Studienzeit in Princeton, so behandelte sein zweiter Roman, «The Beautiful and Damned» (1922), die ersten Jahre seiner Ehe.

Es ist nicht leicht, auf der Grundlage frühen Bestsellerruhms zu heiraten. Fitzgerald wollte zwar nach oben, reich und berühmt werden, aber je älter er wurde, desto deutlicher standen seine ästhetischen und moralischen Wertmaßstäbe seinen finanziellen Interessen im Weg. Da waren zum einen die leidigen Ansprüche des Publikums beziehungsweise der literarischen Zeitschriften, denen Fitzgerald seine Kurzgeschichten anbot und die ihn auf eine bestimmte Thematik festzulegen drohten: Weil sein Erfolg auf der Schilderung von Frauenfiguren wie Zelda beruhte, schien er nun dazu verdammt, den Lesern weiterhin Heldinnen wie Zelda zu bieten. Zum anderen erschien ihm seine öffentliche Rolle zunehmend fragwürdig: Fitzgeralds früher Ruhm war literarisch durchaus begründet, aber darüber hinaus war er auch ein Produkt der Öffentlichkeit und der Medien geworden, das zusammen mit seiner Frau ein fester Bestandteil der Klatschspalten wurde. Sein kometenhafter Aufstieg zum Sprecher der «Lost Generation» und zum Chronisten des «Jazz Age», der New Yorker Nobeladressen wie das «Plaza Hotel» frequentierte und zu viel trank – vermutlich auch, weil Letzteres seit Beginn der Prohibition als besonders schick galt –, löste in ihm einen tiefen inneren Zwiespalt aus; Fitzgeralds Erfolg war der Erfolg einer literarischen und medialen Selbstinszenierung, die ihm mit der Zeit wohl selbst nicht geheuer war. Sein Lebensstil verschlang zu viel Geld, also produzierte er auch bewusst kommerzielle Geschichten für die Magazine; später trieb ihn seine ständige Geldnot nach Hollywood, wo er als Drehbuchautor eine eher unglückliche Figur machte. Fitzgerald lebte über seine Verhältnisse, und er wusste es: «Geborgte Zeit» nannte er rückblickend die zwanziger Jahre.

«The Beautiful and Damned», sein zweiter Roman, spiegelt Fitzgeralds moralische Skrupel wider, denn was als überschäumende Komödie über reiche Müßiggänger und vergnügungssüchtige Mädchen beginnt – Zeldas Entwurf für das Cover sah eine nackte Frau vor, die in einem Champagnerglas kniet –, geht mehr und mehr in die Verfallsgeschichte einer Ehe über. Der Roman war Fitzgeralds letzter großer Erfolg, der allerdings manche Erwartungen enttäuschte; und so deutete sich hier bereits die Entfremdung von seinem Publikum an, die sich mit seinen Meisterwerken, «The Great Gatsby» (1925) und «Tender is the Night» (1934), vertiefen sollte. Obwohl seine Werke immer besser wurden und sein berühmtester Roman, «The Great Gatsby», schließlich von so unterschiedlichen Leuten wie Edith Wharton und T. S. Eliot einhellig gelobt wurde, verlor ihn die Öffentlichkeit immer mehr aus den Augen.

In den dreißiger Jahren war sein einziger Trost, es zumindest vorher gewusst zu haben: «Eine Vorahnung der Katastrophe» habe all seine Geschichten beherrscht, *beautiful and damned*, schön und verdammt, seien wohl all seine Heldinnen und Helden gewesen, schrieb er in seinem Essay «Early Success» (1937). Dabei hatte er nicht nur seine private Tragödie im Sinn: der Börsenkrach vom Oktober 1929 hatte die Vereinigten Staaten in eine der tiefsten Krisen ihrer Geschichte gestürzt. Doch das Private spiegelte das nationale Drama wider: Im April 1930 erlitt Zelda einen ersten Nervenzusammenbruch, und Fitzgerald wirkte, von Schuldgefühlen geplagt, zunehmend ausgebrannt. Aus dem Partytrinker war inzwischen ein Alkoholiker geworden. Die Behandlung von Zeldas Krankheit, die als Schizophrenie diagnostiziert wurde und nicht geheilt werden konnte, sowie die Ausbildung ihrer gemeinsamen Tochter Frances, genannt «Scottie», verschlangen die finanziellen Reserven. Versuche, seine Krise in einer Reihe autobiografischer Essays, «The Crack-Up» (1936), zu bewältigen, wurden ausgerechnet von alten Weggefährten wie Ernest Hemingway als peinliche Selbstentblößung missverstanden; zuvor hatte selbst «Tender is the Night» derart laue Kritiken erhalten, dass Fitzgerald die nächsten Jahre über die vermeintlichen Fehler des Buches grübelte.

Fitzgeralds früher Ruhm war auch ein Phänomen der Boomjahre, als das Geld nach dem Ersten Weltkrieg auf der Straße zu liegen schien: So, wie die Fitzgeralds als junges Paar die goldenen Zwanziger verkörpert hatten, symbolisierten sie nun den Niedergang. Der Börsenkrach war zwar kein Gottesurteil und Zeldas Krankheit schon gar nicht. Trotzdem musste es ihm vorkommen, als hätte er das Unheil herbeigeschrieben: Anthonys Trinkerkarriere nimmt Fitzgeralds Alkoholprobleme vorweg, Glorias hysterische Flucht aus dem Haus im «Symposium»-Kapitel lässt an Zeldas Zusammenbrüche denken, und das Sichabwenden alter Freunde, wenn

Anthony von Maury im Stich gelassen wird, erinnert an Fitzgeralds Erfahrungen nach der Veröffentlichung seiner «Crack Up»-Artikel. Im Nachhinein wirkt «The Beautiful and Damned», das Werk eines frisch verheirateten Fünfundzwanzigjährigen, wie eine sich selbst erfüllende Prophezeiung. Francis Scott Fitzgerald starb am 21. Dezember 1940 an Herzversagen in Hollywood, gerade vierundvierzig Jahre alt. Zelda, am 24. Juli 1900 geboren, begab sich im November 1947 erneut für eine Behandlung in ein Hospital in North Carolina. Dort kam sie am 10. März 1948 bei einem Brand des Sanatoriums in den Flammen um.

Nicht alles an «The Beautiful and Damned» ist perfekt: Zu viele Einflüsse, Techniken und Ideen können wie schon in «This Side of Paradise» nicht immer integriert beziehungsweise realisiert werden. Es ist unverkennbar das Werk eines jungen Schriftstellers, in dem Elemente der Gesellschaftskomödie, der Sozialsatire und des amerikanischen Naturalismus zum Teil lose nebeneinander stehen. Und doch ist es ein Werk, das heute, wie das Frühwerk insgesamt, zu Unrecht im Schatten der letzten drei Romane steht; nicht nur, weil es auch im Detail mit Gewinn biografisch gelesen werden kann, sondern auch, weil es sich um einen äußerst aufschlussreichen Zeitroman handelt.

Es ist bezeichnend, dass die zwanziger Jahre Beinamen wie «the Roaring Twenties», «die goldenen Zwanziger» oder eben das «Jazz Age» förmlich auf sich gezogen haben; es ist eine Zeit, die sich jedoch einfachen Einordnungen entzieht. Das «Jazz Age» ist geprägt von einem rapiden Struktur- und Wertewandel, in dem die Welt des 19. Jahrhunderts einer modernen Konsum- und Massengesellschaft weicht. Man erkennt einen Prozess der Modernisierung, in dem technische Neuerungen wie Auto, Radio und Film ihre volle Wirkung entfalten; einen Prozess der Urbanisierung, der von einem Verfall der alten Klassen- und Familienstrukturen sowie wachsender sozialer Mobilität begleitet wird; eine aufblühende Unterhaltungsindustrie, deren Säulen der Film, die Musik und der Sport sind; und schließlich eine sexuelle Revolution, in deren Verlauf sich die Rolle der Frau stark verändert. International gesehen steigt Amerika zur Weltmacht auf, während die amerikanische Literatur mit der Lyrik von Ezra Pound und T. S. Eliot, den Dramen O'Neills sowie den Romanen Hemingways und Faulkners den Anschluss an eine mittlerweile klassische Moderne findet: Auch Joyces «Ulysses» (1922) oder Virginia Woolfs «Mrs. Dalloway» (1925) erscheinen in dieser Zeit. Der Nimbus der zwanziger Jahre kommt also keineswegs von ungefähr. Trotzdem war es kein Goldenes Zeitalter, sondern eine Dekade voller Widersprüche. Wie wohl jede Phase gesellschaftlicher Modernisierung spaltete sie das Land in Anhänger des Neuen und Anhänger des Alten und wurde von einer Flut kulturkritischer Betrachtungen begleitet.

Fitzgeralds Haltung gegenüber den Modernisierungsprozessen seiner Zeit war von Anfang an ambivalent.

Der Erste Weltkrieg, der den Amerikanern als Kreuzzug für Freiheit und Demokratie verkauft worden war, hatte ihn desillusioniert. Insofern identifizierte er sich, ohne selbst im Krieg gewesen zu sein, mit der «verlorenen Generation», die Gertrude Stein durch den Krieg geschaffen sah; T. S. Eliots Gedicht «The Waste Land» (1922), in dem das Bild einer sterilen, geistig verödeten Nachkriegswelt gezeichnet wird, beeindruckte ihn tief. Obwohl er anfangs durchaus bereit war, an eine Erneuerung zu glauben, stimmte ihn die beispiellose Prosperitätsphase, die nach einer kurzen Nachkriegsdepression einsetzte und fast zehn Jahre anhielt, immer nachdenklicher. So gesehen, zeugt «The Beautiful and Damned» von einem Verdacht: dass die Euphorie der frühen Boomjahre trügt und die gesellschaftliche Modernisierung ihren Preis haben muss.

Die Zeitkritik in «The Beautiful and Damned» ist unübersehbar. Fitzgerald zeigt, wie zwei Menschen im Überfluss ihr Leben vergeuden; Anthony ist unfähig, zu arbeiten, sich ein Ziel zu setzen, und Gloria betrachtet die Welt als einen großen Supermarkt. Man sieht, wie die Widersprüche der Modernisierung die beiden innerlich zerreißen: Sie sind Stadtmenschen, die von einem Häuschen im Grünen träumen und schließlich eines in Marietta erwerben; New York wirkt elektrisierend und weckt zugleich Anthonys Lebensangst; Gloria bejaht die soziale Mobilität, wenn sie sich mit den Menschen in einem billigen Tanzlokal identifiziert, und hat im Fieber Anfälle von Menschenverachtung. Das heißt, obwohl sich beide progressiv geben – der Puritanismus der Vergangenheit und das Spießbürgertum der Gegenwart sind ihnen gleichermaßen zuwider –, sind es Phänomene des frühen 20. Jahrhunderts wie der Überfluß, die Urbanisierung oder die Massengesellschaft, die Anthony und Gloria überfordern.

Letzteres trifft besonders auf die sexuelle Revolution zu, deren Symbolfigur der sogenannte «Flapper» war, den Fitzgerald in Gloria porträtiert und in ihrer Freundin Muriel karikiert. Denn der «Flapper», ein neuer Frauen- beziehungsweise Mädchentyp, der in den zwanziger Jahren in Mode kam, stand mit seinem demonstrativ «gewagten» Benehmen bald für den Bruch mit der viktorianischen Vergangenheit: «Flappers» gaben sich betont «jung» (der Beginn des modernen Jugendkults) und «sexy» (ein Wort aus den zwanziger Jahren); sie flirteten, rauchten und tranken in der Öffentlichkeit und schockierten die Altvordern mit Bubikopffrisuren. Doch auch hier zeigt Fitzgerald, wie sich eine Generation übernimmt: Anthony, der «Connaisseur der Küsse», ist fasziniert von Gloria, die küsst, ohne sich zu verpflichten oder Ansprüche zu erheben, aber zugleich weckt sie, wie der Streit am Bahnsteig in Marietta zeigt, offenbar unüberwindliche Ressentiments. Gloria wiederum scheitert an ihrem Narzissmus und dem Verlangen nach ewiger Jugend: Als sie es doch noch beim Film versucht und bei den Probeaufnahmen durchfällt (für die Hauptrolle sei sie mit ihren neunundzwanzig Jahren zu alt, man bietet ihr die Nebenrolle einer reichen, arroganten Witwe an), bricht für sie die Welt zusammen. «Ich mag nicht leben ohne mein schönes Gesicht!», schluchzt sie vor dem Spiegel. Entscheidend ist, dass Anthony und Gloria der Modernisierung nicht nur zum Opfer fallen, sondern sich zunächst mit ihr identifizieren. Dies verwandelt «The Beautiful and Damned» in eine Parabel, die Fitzgeralds ambivalente Haltung gegenüber der Modernisierung zum Ausdruck bringt und in Bezug auf den Verlauf des «Jazz Age» geradezu prophetisch ist.

Betrachtet man das «Jazz Age» als einen Kampf zwischen Tradition und Moderne, lassen sich die Figuren leicht dem Alten und dem Neuen, dem bürgerlichen Zeitalter und dem «Jazz Age» zuordnen. So hebt sich Anthony zunächst vorteilhaft gegen seinen Großvater Adam Patch ab, der als Bürgerkriegsveteran, Selfmademan, Moralapostel und Prohibitionist eine Karikatur des «alten» Amerika darstellt; er ist «ein fanatischer Monomane, uneingeschränkter Quälgeist und lästiger Langweiler». Ebenso wird Gloria durch die Gegenüberstellung mit den Eltern sympathisch: Mr. Gilbert verfolgt das Treiben seiner Tochter mit spießbürgerlicher Missbilligung, und wenn es über Mrs. Gilbert heißt, die Jahre ihrer Ehe hätten ihr moralisch das Rückgrat gebrochen, so wird klar, dass Glorias «Unmoral» – sie hätten sich in erster Linie über Glorias Beine unterhalten, erinnert sich Maury – auch als Protest gegen die ihr zugedachte Rolle als Hausfrau und Mutter zu verstehen ist.

Aber obwohl sich Fitzgerald auf die Seite des Neuen schlägt, betont er zugleich, dass Leute wie Anthony und

Gloria keine Zukunft haben: Vom Geld anderer lebend, sind sie dem ganzen Wesen nach Konsumenten, die mit kindlichem Egoismus dem Glück nachjagen und deren Vorstellungen vom richtigen Leben verschwommen und tagträumerisch bleiben. Beide sehnen sich nach immer neuen Zerstreuungen, um eine innere Leere zu füllen; der Alkohol wird zum Symbol ihrer Lebenslügen. Wenn Anthony gefragt wird, wie er sich sein Leben mit vierzig vorstelle, antwortet er: «Ich hoffe von Herzen, dass ich das nicht erlebe.» Auch Gloria weigert sich, an das Morgen zu denken. Als Anthony bei ihrer ersten Verabredung die Maske der Nonchalance einmal ablegt und Gloria ironisch fragt: «Das ist also Ihre Welt?», zeigt sie sich unbeeindruckt: «Ja. Solange ich ... jung bin.»

Damit schildert Fitzgerald die Konfrontation zweier Lebensentwürfe, die im Grunde beide verfehlt sind. Die Zeit der Adam Patches ist vorbei, und Anthony und Gloria haben dies erkannt: «Er ist ein Reformer oder so was, nicht?», fragt Gloria, und Anthony antwortet: «Ich schäme mich für ihn.» Aber in ihrer Ablehnung der Vergangenheit gehen sie zu weit: Weil ihre Eltern und Großeltern keine Vorbilder mehr sind, würden sie am liebsten Kinder bleiben, und so mündet der Traum ewiger Jugend in eine narzisstische Selbstzerstörung. Das Resultat ist paradox: Obwohl das «alte» Amerika, das sich in der Prohibitionsgesetzgebung noch einmal aufbäumt, untergeht (Adam Patch stirbt, ebenso seine rechte Hand Shuttleworth, ein Frömmler), kommt das «neue» Amerika, wie es von Anthony und Gloria verkörpert wird, nicht zum Zug. Es sind andere Menschen, die vom sozialen Wandel profitieren – Aufsteiger wie Bloeckman, Zyniker wie Maury, Flittchen wie Rachael –, und so zeigt sich hier bereits das hässliche Gesicht des «Jazz Age», vor dem Anthony und Gloria vergeblich die Augen verschließen.

Der Schluss des Romans versucht, der Doppelwertigkeit der Protagonisten gerecht zu werden: Anthony und Gloria stehen für eine Alternative, sind aber selbst keine. Während sie auf die Erbschaft warten und der Prozess um die Rechtmäßigkeit des Testaments sich in die Länge zieht, offenbart sich ihre Unfähigkeit, auf eigenen Füßen zu stehen. Gloria verliert ihre Schönheit, Anthony den Verstand, und als das Geld ihnen endlich zugesprochen wird, ist es zu spät: Realistisch gesehen sind die beiden gescheitert. Aber auf einer anderen Ebene lässt Fitzgerald den in den Wahnsinn entrückten Anthony doch noch triumphieren; auf den letzten Seiten wird Anthony einer höheren Wahrheit inne, und so verwandelt sich seine Geschichte in eine Art Prüfung einer standhaften Seele, einen ruhmreichen Feldzug gegen die Mittelmäßigkeit. Man erkennt die Ironie, die am Anfang und am Ende des Romans beschworen wird. Indem Fitzgerald Anthony scheitern lässt, macht er ihn zum Märtyrer. Damit aber wird aus seiner Niederlage ein moralischer Sieg. Fitzgeralds «Jazz Age» bestätigt im Grunde eine alte Wahrheit: dass die Revolution ihre Kinder frisst. Doch gegenüber dem alten Patch oder den Gilberts waren Anthony und Gloria im Recht.

Fitzgerald ist zu einem Mythos geworden, wozu er selbst am meisten beitrug. Natürlich hatte er auch Glück im Unglück: Boom und Börsenkrach passten zueinander wie Hybris und Nemesis in der Tragödie. Aber es war mehr als Zufall, denn wenn wir die zwanziger Jahre heute in diesen Begriffen wahrnehmen, so ist das vor allem Fitzgeralds Verdienst.

Während der Ursprung seines Talents letztlich ein Geheimnis bleibt, lässt sich sein Drang zum Schreiben durchaus erklären. Fitzgeralds Biografie fügt sich nicht in das Klischee einer unglücklichen Kindheit. Und doch war er oft ein Außenseiter, der nicht so recht wusste, wohin er gehörte, besonders, als der Vater sich nach seinem Scheitern als Möbelfabrikant und Handlungsreisender aus dem Berufsleben zurückzog, sodass man im Wesentlichen vom Vermögen der Mutter lebte. Zunächst war das Schreiben eine Form von Eskapismus: Als kleiner Junge verbreitete Fitzgerald in der Nachbarschaft, er sei ein Findelkind von königlicher Herkunft. Darüber hinaus diente das Schreiben der Selbstbehauptung: Vielleicht zu oft hatte Fitzgerald Zugang zu Kreisen, zu denen er nicht wirklich gehörte. In St. Paul zählte er zu den ärmeren Kindern in einem reichen Viertel; in Princeton blieben größere Triumphe aus; selbst im Zenit seines Erfolgs war er ein Provinzler aus dem Mittleren Westen, der versuchte, in New York zu reüssieren. Jedenfalls wurde das Schreiben zu einer Methode, Niederlagen zu kompensieren, und zu einem Mittel, Anerkennung zu finden, vor allem aber zu einem ständigen Akt der Selbstdefinition. Nichts schien real, bevor er nicht darüber geschrieben hatte, und so wurde die Literatur ein Versuch herauszufinden, wer er eigentlich war.

Fitzgeralds Lebensweg durchlief viele Stationen: Er versuchte sich in den romantischen Rollen des Dichters, des Studenten und des Leutnants und wurde zusammen mit Zelda zum Inbegriff des «Jazz Age». Während er anfangs um sich selbst kreiste, schloss seine Selbstdefinition bald die Zeitumstände und die Nation mit ein. Mit «The Great Gatsby» sollte sich die Reichweite seiner Selbstinterpretation gegenüber dem Frühwerk erweitern: Die zwanziger Jahre wurden als Teil der amerikanischen Geschichte sichtbar, die Helden des «Jazz Age» zu Protagonisten des amerikanischen Traums. Nach dem Börsenkrach interpretierte er seine Rolle in Essays und Briefen («Der Börsenkrach! Zelda & Amerika» umreißt er die Formel in einer privaten Notiz), und die Nachwelt griff begierig auf diese Interpretationen zurück: Fitzgerald selbst wurde zum Symbol eines gescheiterten amerikanischen Traums. So, wie er die zwanziger Jahre zum «Jazz Age» stilisierte, verwandelte er auch sein Leben in eine Legende. Fitzgerald war nicht nur ein begnadeter Erzähler, sondern auch ein Mythopoet, der es immer wieder verstand, die widersprüchlichsten persönlichen und gesellschaftlichen Erfahrungen zu deuten und auf den Punkt zu bringen.

Tilman Höss

EDITORISCHE NOTIZ

Wer diesen Roman hundert Jahre nach seiner Veröffentlichung liest, stolpert unweigerlich über den latenten oder offenen rassistischen Ton, der da gegenüber Afro-Amerikanern und Juden angeschlagen wird. Natürlich macht es einen himmelweiten Unterschied, ob mit solchen Tönen zeittypische Ressentiments aufgerufen werden, oder ob durch Schmähungen in der Figuren-Rede – etwa dort, wo Joseph Bloeckman vom sturzbetrunkenen Anthony Patch als «gottverdammter Jude» beschimpft wird – der Antisemitismus und Rassismus der «besseren» Kreise aufgezeigt wird. Das Erstere dient der Verfestigung von Vorurteilen und negativen Stereotypen, das Letztere deren Entlarvung.

Der irisch-stämmige Katholik F. Scott Fitzgerald hat sich im Rückblick einmal selbstkritisch als «racially snobbish» bezeichnet. Dass diese geistige Haltung nicht nur seine Figuren, sondern auch sein Werk imprägniert hat, zeigte Arthur Krystal 2015 in seinem lesenswerten Artikel «Fitzgerald and the Jews»: https://www.newyorker.com/books/page-turner/fitzgerald-and-the-jews

Auch der vom Autor keineswegs unkritisch gezeichnete männliche Protagonist von «Die Schönen und Verdammten» ist «racially snobbish» durch und durch. Im Kapitel *Ein eindrucksvoller Moment* definiert er sich als

«Zivilist, Laie, Nichtkatholik, Nichtjude, Weißer». Prägnanter kann man den rassistisch grundierten Dünkel einer sozial und ethnisch privilegierten Klasse nicht zum Ausdruck bringen. F. Scott Fitzgerald wusste, wovon er sprach, als er diesen Dünkel mitsamt seinen ausgrenzenden, herabwürdigenden und stigmatisierenden Implikationen ins Werk setzte.

Penguin Verlag

INHALT